ADAC
Reiseführer

Budapest

von Hella Markus

Intro

Unterwegs

Service

Leserforum

Die Meinung unserer Leserinnen und Leser ist wichtig, daher freuen wir uns von Ihnen zu hören. Wenn Ihnen dieser Reiseführer gefällt, wenn Sie Hinweise zu den Inhalten haben – Ergänzungs- und Verbesserungsvorschläge, Tipps und Korrekturen – dann schreiben Sie uns bitte:

Redaktion ADAC Reiseführer
ADAC Verlag GmbH
81365 München
verlag@adac.de
www.adac.de/reisefuehrer

Budapest Impressionen

Donaukönigin

In ihrer liebenswerten Neigung zu Übertreibungen behaupten manche Ungarn, in ihrem Land gebe es nur *eine* Stadt – und das sei selbstverständlich Budapest, die **Hauptstadt**. Tatsächlich konzentriert sich hier das geistig-kulturelle, wissenschaftliche und politische Leben in solchem Maß, dass alle anderen Besiedlungszentren schlicht als ›Provinz‹ bezeichnet werden.

Weltstadt ›Buda-Pest‹

Am Anfang der in rasantem Tempo verlaufenden Entwicklung zur schillernden, janusgesichtigen Weltstadt stand vor über 130 Jahren der Zusammenschluss von **Buda, Óbuda** und **Pest** zu ›Buda-Pest‹. Innere Mitte, Nahtstelle und Trennlinie dieser Vereinigung ist das zwar nicht mehr blaue, an manchen Tagen jedoch silbrig leuchtende Band der **Donau**. Sieben Brücken verklammern die Stadt miteinander, im Wasser spiegeln sich die Fassaden der beiden dicht bebauten Uferpromenaden, sowohl in der verschwenderischen Pracht von Neo-Stilen des ausgehenden 19. Jh. als auch in klotzigen Bausünden jüngeren Datums. Sein zauberhafter Charme bringt Budapest bisweilen operettenhafte Lobpreisungen wie **›Königin der Donau‹** ein. In diesem ›Gesamtkunstwerk Stadt‹ liegen Erhabenheit und Trivialität, Schein und Wirklichkeit nahe beieinander. Budapest und ›sein‹ Strom verschmelzen zu einer Metapher für den der fliehenden Zeit entrissenen, monumentalisierten Augenblick.

Wie alles begann

Viel Wasser floss seit der Landnahme vor über 1100 Jahren die Donau hinab, als die Ungarn ins Karpatenbecken einzogen und mit der Schnelligkeit, Gewandtheit und verblüffenden Taktik ihrer Reiter bald ganz Europa in Angst und Schrecken versetzten. Doch bereits der staatsgründende **König István I.** ermahnte zu Beginn des 11. Jh. seinen Sohn Imre, an seinem

Oben: *Die erste Geige – abendliche Unterhaltung in einer ungarischen Gaststätte*
Rechts: *Erleuchtetes Budapest: Wenn es dunkel wird, ziehen die Donaudampfer an den angestrahlten Sehenswürdigkeiten des Burgbergs vorbei*
Rechts oben: *Turul, das Wappentier der Árpáden, schmückt den Burggartenausgang*

Hof die ausländischen »Ankömmlinge wohlgesinnt zu beschützen und zu schätzen, auf dass sie sich lieber bei ihm als anderswo aufhalten und wohnen«. Die Fremden würden nämlich durch ihre unterschiedlichen Sprachen, Bräuche und Vorbilder dem Reiche »großen Nutzen und Zierde bringen«.

Einer positiven, **gastfreundlichen Aufnahme** und zuvorkommenden Behandlung kann sich der Besucher dieses Landes und seiner Hauptstadt auch heute

gewiss sein. Dabei ist es sicherlich nicht von Nachteil, von einer weiteren, den Ungarn nachgesagten Fähigkeit zu wissen: an der Drehtür dem anderen höflich den Vortritt lassen, um dann doch bereits vor ihm anzukommen … Ob das vielleicht auch ein Relikt aus der Zeit der Reiternomaden ist?

Budapest zwischen gestern und morgen

Die ›Magyaren‹ selbst – von historischen Quellen im 10. Jh. als »ansehnlich und schön, lebensfroh, rasch auflodernd, aber auch schnell wieder versöhnt« beschrieben – sind stolz auf ihre Stadt, stolz auf **Monumente** aus Jahrhunderten, die Geschichten aus längst vergangenen Zeiten erzählen. Wie die zahlreichen Touristen bewundern sie beim nächtlichen Blick von der **Zitadelle** auf dem **Gellértberg** die Großartigkeit der ihnen zu Füßen liegenden, im diamantenen Licht strahlenden Schönen. Das hindert sie jedoch nicht daran, am nächsten Morgen, wenn die ersten Sonnenstrahlen die Realität zum Vorschein bringen, in distanzierter Ironie, mit schlagfertigem Witz oder auch von klatschsüchtiger Erzähllust getrieben, alle unrühmlichen Erscheinungen der **Metropole** aufzuführen: den drohenden Verkehrsinfarkt, die Flickschusterei mit den Schlaglöchern bei der sommerlichen Straßensanierung, die Umweltverschmutzung, die Methoden raffinierter Autodiebe, das so genannte Dankesgeld für Ärzte, die noch immer vorhandene Bürokratie und Vetternwirtschaft in allen Lebensbereichen. Doch wehe dem

Oben: *Liebe zum Detail – im Vestibül der Musikakademie*
Unten: *Hier stand die maurische Kunst Pate: Mittelhalle des Museums für Kunsthandwerk*
Rechts oben: *Doppeltes Vergnügen: Das Parlament, in morgendliche Sonne getaucht, spiegelt sich in der Donau*
Rechts unten: *Kaffeehaus mit Tradition – das gute alte Gerbeaud*

Fremden, der hier auch nur vage zustimmt! Das Recht zum Nörgeln haben in Budapest nur die Einheimischen.

Dem Besucher der Donaumetropole wird auffallen, dass in den vergangenen Jahren viel restauriert wurde, im Burgviertel ohnehin, aber auch in den anderen Stadtteilen. Pompös erstrahlt das altneue Bankviertel um die mit viel Liebe zum Detail wieder hergestellte Postsparkasse. Erneuert wurde u. a. auch das Gebäude der Akademie der Wissenschaf-

ten, die Fassade der Musikakademie, das Sándor-Palais, der Heldenplatz, das Palmenhaus, die Basilika St. Stephan, das Hotel Royal, der Gresham-Palast und vieles mehr. Gleichwohl bleibt noch viel zu tun, um alle erhaltenswerte Bausubstanz der Stadt auch wirklich zu retten.

Eine Stadt, die viel zu bieten hat

Die Stadtteile zu beiden Seiten der Donau haben ganz unterschiedliche Charaktere. Das hoch gelegene Plateau des **Budaer Burgbergs** mit dem einstigen Königspalast und den verträumten Gassen des Burgviertels versetzen den Besucher ins Mittelalter, auch wenn, bedingt durch Belagerungen und Zerstörungen, längst nicht alle Bauten aus dieser Zeit stammen. Der Stadtteil **Buda** bietet außerhalb der Burgbefestigung die Möglichkeit, die Badestadt mit ihren heilkräftigen **Thermalquellen** zu entdecken.

Über eine der Donaubrücken geht es schließlich hinüber auf die andere Seite nach **Pest**. Im Ringstraßenbereich legen wichtige **Sakralbauten** Zeugnis ab von der religiösen Glaubensvielfalt und Toleranz in dieser Stadt. Auf dem Gebiet der Profanarchitektur bildet der ›**Nationalstil**‹ der ungarischen Sezessionskunst um 1900 einen Schwerpunkt.

Und was wäre Pest ohne seine berühmten **Kaffeehäuser**? Sie werden mit Liebe besucht und gepflegt – das traditionsreiche New York etwa, Treffpunkt der Budapester Literaten und Schriftsteller,

Links oben: *Futuristisches Spiegelbild – Fischerbastei und Budapest-Hilton*
Links unten: *Wer kann dazu schon nein sagen? – In der Konditorei Ruszwurm*
Oben: *Entspannung in Jugendstil-Ambiente – das Gellértbad in Buda*
Mitte: *Am Vigadó tér – Stickereien zählen zu den beliebtesten Mitbringseln aus Budapest*
Unten: *Ungarische Folklore – touristisches Abendprogramm*

kann nach umfangreicher Restaurierung seit Mai 2006 wieder besucht werden.

Außerhalb des Altstadtrings liegen auch jene ›Musentempel‹, in denen die lebendige Musiktradition gepflegt und die Kunstschätze des Landes bewahrt werden: die **Musikakademie**, die **Ungarische Staatsoper**, das **Museum der Bildenden Künste**, die **Kunsthalle** und der **Palast der Künste**. Das im April 2004 eröffnete **Holocaust Museum** ist als Dokumentationszentrum dem Gedenken der jüdischen Opfer des Zweiten Weltkriegs gewidmet.

Ein Abstecher in das als Ausflugsziel beliebte **Stadtwäldchen** ermöglicht Ruhepausen im Grünen. Für das Kennenlernen des ältesten, bereits in der Römerzeit besiedelten Stadtteils **Óbuda** ist angesichts der Ausgrabungen von **Aquincum** einige Fantasie gefordert.

Der Reiseführer

Dieser Band zeichnet in sieben Kapiteln ein umfassendes Bild der Donaumetropole. Die Rubrik **1 Tag/1 Wochenende** bietet Empfehlungen für Kurzaufenthalte. **Stadtpläne** sowie ein **Lageplan** des Burghügels erleichtern die Orientierung. **Top Tipps** nennen u. a. die schönsten und stimmungsvollsten Restaurants, Kaffeehäuser, Bäder und Aussichtspunkte. **Budapest aktuell A bis Z** bietet nützliche Informationen vor Reiseantritt wie auch vor Ort. Hinzu kommt ein umfassender **Sprachführer**. Ein **Kaleidoskop** interessanter Kurzessays rundet den Reiseführer ab.

Geschichte, Kunst, Kultur im Überblick

Heldenmut und Künstlerträume prägen die lebensfrohe Donaumetropole

460 000 v. Chr. Seit der Altsteinzeit sind die Ufer der Donau und die Hänge der Budaer Berge besiedelt.

um 10 n. Chr. Die Römer errichten einen Militärstützpunkt im heutigen Óbuda.

106 n. Chr. Die römische Garnisonsstadt Aquincum (keltisch: Ak-ink = wasserreich) wird Hauptstadt der Provinz Pannonia Inferior.

194 Aquincum wird römische Colonia.

409 Mit dem Zerfall des Römischen Reiches fällt Aquincum in hunnischen Besitz.

569 Beginn der 200 Jahre andauernden Awarenherrschaft.

896 Ein Verband magyarischer Stämme, deren ursprüngliches Siedlungsgebiet zwischen der Wolga und dem Ural lag, dringt über die Karpaten in das Donau-Tiefland ein. Es kommt zur Landnahme unter den Fürsten Kurszán und Árpád (Árpáden 896–1301). Beginn der ungarischen Geschichte.

955 Sieg Ottos I. in der Schlacht auf dem Lechfeld gegen die Magyaren, Fürst Géza bekennt sich zum Christentum.

1000 Zu Weihnachten sendet der Papst dem ungarischen Herrscher Stephan I. (mit heidnischem Namen Vajk, Sohn Gézas, 997–1038) die Heilige Krone (Stephanskrone), mit der dieser zum ersten ungarischen König gekrönt wird. Er fördert das katholische Christentum in Ungarn und wird später heilig gesprochen.

Ungarns Nationalsymbol – die Stephanskrone ist von unschätzbarem Wert

1046 Zu den von Stephan ins Land gerufenen Missionaren (unter ihnen zahlreiche Benediktiner) gehört Bischof Gerhardus (Gellért). Anhänger der heidnischen Reiternomadengesellschaft stoßen ihn vom ›Gellértberg‹ hinab in die Donau.

1061 Erste urkundliche Erwähnung der am linken Donauufer gelegenen Stadt Pest.

um 1204 Meister P (so genannter Anonymus), der Notar Bélas III., verfasst die erste im Original überlieferte Chronik der Ungarn in mittellateinischer Sprache.

1241 Bei einem Mongolenüberfall wird die Stadt verwüstet.

1242–44 König Béla IV. will die verwüstete Kulturlandschaft durch eine weitsichtige Siedlungspolitik wieder zu beleben. Beginn des Baus einer Stadtmauer.

1247–65 Bau der ersten Budaer Königsburg.

◁ *Beginn der ungarischen Christianisierung im 10. Jh – Bildausschnitt aus ›Die Taufe des Vajk‹ (Gyula Benczúr, 1875)*

1255 Buda erhält Markt- und Zollrecht.
1255–69 Bau der Liebfrauenkirche (später Matthiaskirche) als deutsche Pfarrkirche auf dem Burgberg, nicht weit davon Bau der Maria-Magdalenen-Kirche als Pfarrkirche der ungarischen Bürger.
1301 Der Tod des letzten Árpáden löst innere Wirren aus.
1308–87 Herrschaft der Anjou.
1308 Karl I. von Anjou wird zum ungarischen König gekrönt. Die Bezeichnung ›Forint‹ für die ungarische Währung erinnert an seine ab dem Jahr 1325 nach florentinischem Vorbild geprägten Goldmünzen. Aufschwung des Handelsverkehrs mit dem Westen.
1387–1437 Sigismund von Luxemburg ist ungarischer König (ab 1410 deutscher König, ab 1433 Kaiser des Heiligen Römischen Reiches Deutscher Nation). Ehrgeizige Bauvorhaben auf dem Budaer Burggelände.
1438 Im Landtag zu Buda wird die rechtliche Gleichstellung ungarischer und deutscher Bürger der Stadt gesetzlich verfügt.
1456 Reichsverweser János Hunyadi schlägt die Türken bei Nándorfehérvár (heute Belgrad). Das tägliche Mittagsläuten (auch vor den 12-Uhr-Nachrichten im Rundfunk) erinnert noch heute an seinen Sieg.
1458–90 Mátyás Hunyadi (Matthias Corvinus), der 15-jährige Sohn János Hunyadis, wird ungarischer König. Während der Regierungszeit des kunstsinnigen Fürsten erlebt Buda als ein Zentrum europäischer Renaissancekultur eine Blüte.
1468 König Matthias verleiht Pest die Privilegien einer königlichen Freistadt.
1473 Die ›Chronica Hungarorum‹ erscheint als erstes in Ungarn gedrucktes Buch in der Budaer Druckerei von Andreas Hess.
1477 Aus der Hochschule der Dominikaner geht durch königliche Förderung die erste Budaer Universität hervor.
1514 Ein Bauernaufstand gegen die Willkür des Adels unter Führung des transsylvanischen Edelmanns György Dózsa wird von János Zápolyai, dem späteren König Johann I., blutig niedergeschlagen.
1526 Niederlage der Ungarn gegen die Türken bei Mohács. Buda wird geplündert und gebrandschatzt. Die Türken übergeben János Zápolyai die zerstörte Stadt.
1541–1686 Nach dem Tod von Zápolyai wird die Stadt von den Türken besetzt. Unter Sultan Suleiman II. dem Prächtigen verändert sich das Stadtbild: Bäder, Befestigungsanlagen, eine Medresse (islamische Hochschule für Juristen und Theologen), mehrere Janitscharenkasernen entstehen, sämtliche Kirchen werden zu Moscheen umgebaut.

Unter Sultan Suleiman II. dringen die Osmanen im 16. Jh. nach Budapest vor

1686 Karl von Lothringen vertreibt mit einem Heer der ›Heiligen Liga‹ die Türken. Burg und Burgviertel werden stark beschädigt.
1687 Landtag von Preßburg: Die Stände übertragen die ungarische Krone dem Haus Habsburg.
1703 Buda und Pest erhalten das königliche Privileg der freien Städte; freie Bürgerrechte aber nur für römisch-katholische Christen.

Der Burgberg von Buda im 15. Jh.

Franz Liszt (1811 – 1886), der berühmteste Komponist der ungarischen Romantik

1730 Erste Zeitung in deutscher Sprache in Buda: ›Ofnerischer Mercurius‹.
1740–80 Handwerker und Kaufleute auch aus dem deutschsprachigen Raum ziehen in die Stadt.
1777 Die Universität wird von Nagyszombat nach Buda umgesiedelt und sieben Jahre später von dort nach Pest.
1787 In Buda wird das Burgtheater eröffnet.
1788 Erste Zeitung in ungarischer Sprache in Pest: ›Magyar Mercurius‹.
1796 Kaiser Franz I. ernennt seinen 20-jährigen Bruder, Erzherzog Joseph, zum Palatin von Ungarn, der somit die ungarische Landesverwaltung übernimmt.
1802 Gründung der Széchenyi-Bibliothek.
1809 Vor den Napoleonischen Truppen flieht der kaiserliche Hof von Wien nach Buda.
1812 Eröffnung des Deutschen Theaters in Pest, auf dem heutigen Vörösmarty-Platz.
Ab 1820 Nationale Reformbewegung im Sinne eines gemäßigten Liberalismus um den Grafen István Széchenyi.
1848 Am Portikus des Nationalmuseums trägt der Freiheitsdichter Sándor Petőfi das ›Nationalgedicht‹ vor. Lajos Kossuth fordert eine eigene ungarische Regierung. Bildung eines Kabinetts unter Führung von Lajos Graf von Batthyány.
1849 General Windischgraetz' Truppen nehmen am 5. Januar die Burg ein, diese erleidet große Zerstörungen. 14. April: Unabhängigkeitserklärung Ungarns. Mit russischer Hilfe werfen die Österreicher den Aufstand nieder.

Ferenc Déak (1803 – 1876), liberaler Politiker des öster.-ungar. Ausgleichs 1867

1861 Während des Landtags in Pest strebt Ferenc Deák einen friedlichen Ausgleich an.
1861–69 Franz Liszt übernimmt den Vorsitzen der in Budapest auf seine Anregung hin gegründeten Musikakademie.
1867 Nach dem österreichisch-ungarischen Ausgleich erhält Ungarn eine eigene Verfassung; Umgestaltung des Reiches in eine Doppelmonarchie.
1872 Die drei Städte Pest, Buda und Óbuda werden vereinigt (etwa 300 000 Einwohner).
1896 Das 1000-jährige Bestehen Ungarns wird feierlich begangen. Millenniumausstellung. Bau der ersten U-Bahn auf dem europäischen Kontinent.
1900 Die Zahl der Einwohner beträgt 733 843.
um 1910 Wirtschaftlicher Aufschwung; Industrie und Dienstleistungsbetriebe siedeln sich an.
1918 16. November: Ausrufung der Ungarischen Republik.
1919 Nur wenige Monate währende Räterepublik. Im Herbst besetzen rumänische Truppen Budapest.

◁ *Freiheitsbestrebungen – Dichter Sandor Petőfi (1823 – 1849) trägt das von ihm verfasste ungarische Nationalgedicht vor*

Gescheiterte Reformen: der beim Volk beliebte einstige Ministerpräsident Imre Nagy (1896 – 1958) wird von der Kádár-Regierung als Landesverräter hingerichtet ▷

1920–40 Miklós Horthy ist Staatsoberhaupt und Reichsverweser, er proklamiert Ungarn als Monarchie mit vakantem Thron.
1920 Vertrag von Trianon, einer der Pariser Vorortverträge zur Beendigung des Ersten Weltkriegs: Ungarns Staatsgebiet wird zugunsten der Slowakei, Jugoslawiens und Rumäniens auf ein Drittel verkleinert.
1941 Ungarn tritt als Verbündeter Deutschlands in den Krieg ein.
1944 Am 10. März beginnt die Besetzung durch deutsche Truppen. Am 16. April wird mit der Deportation ungarischer Juden begonnen.
1945 Budapest wird von sowjetischen Truppen eingenommen.
1946 Ungarn wird Republik.
1947 Die Verstaatlichung aller Banken, Industrie- und Handelsunternehmen sowie anschließend der Kleinbetriebe beginnt.
1948 Durch einen skandalösen Wahlbetrug erzwingt die kommunistische Partei den Sieg, das Mehrparteiensystem wird abgeschafft.
1949 Am 20. August tritt die Verfassung der Ungarischen Volksrepublik in Kraft – entsprechend der sowjetischen Verfassung von 1936.
1950 Der Flughafen Ferihegy wird eröffnet.
1953 Der Reformpolitiker Imre Nagy wird Ministerpräsident.
1954 Imre Nagy wird im November als Rechtsopportunist beschuldigt, somit geht der erste mittel-osteuropäische Reformversuch zu Ende. Neuer Ministerpräsident wird András Hegedűs; Unterzeichnung des Warschauer Vertrages.
1956 Im Oktober schlagen sowjetische Streitkräfte den ungarischen Volksaufstand blutig nieder. János Kádár bildet eine neue Regierung.
1958 Imre Nagy wird als Hochverräter hingerichtet.
1972 100. Jahrestag der Vereinigung der drei Stadtteile. Budapest zählt inzwischen 2 Mio. Einwohner.
1989 Öffnung der Grenze zu Österreich. Ungarn wird Bürgerliche Republik. Rehabilitierung von Imre Nagy.
1990 Erste freie Parlamentswahlen.
1991 Am 30. Juni verlassen die letzten sowjetischen Truppen Ungarn.
1996 Millecentenarium: Feierlichkeiten zur 1100-jährigen Wiederkehr der Landnahme der Magyaren.
1999 Beitritt Ungarns zur NATO.
2000 1000 Jahre ›Heilige Krone‹, Jubiläum der Staatsgründung.
2002 Der Schriftsteller Imre Kertész (*1929) erhält den Nobelpreis für Literatur für seinen ›Roman eines Schicksallosen‹.
2004 Eröffnung des Holocaust Museums. – Zehn Jahre nach dem Aufnahmeantrag wird Ungarn am 1. Mai Vollmitglied der EU.
2006 Gedenkjahr ›50 Jahre Volksaufstand‹. – Der ›Lügenskandal‹ führt im September zu Protesten gegen Ministerpräsident Ferenc Gyuresany.

◁ *Zerstörte Hoffnungen: Sowjetische Panzer rollen 1956 in Budapests Straßen über den Volksaufstand hinweg*

Hoch oben am Burgberg thront ein eindrucksvolles Architekturensemble: die Matthiaskirche, das Budapest-Hilton und die Fischerbastei

Unterwegs

Der Burghügel zu Buda – ein Spaziergang durch die Jahrhunderte

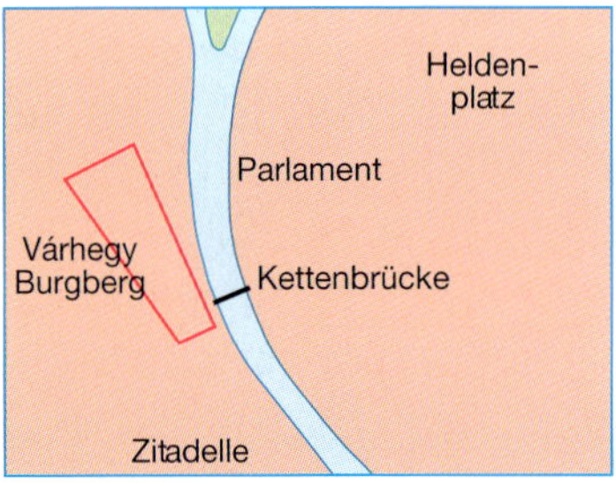

Der Burghügel zu Buda erhebt sich 50–60 m hoch über der Donau. Im Süden des 1,5 km langen, mauerumzogenen Felsplateaus liegt der **Burgpalast**, ihm zu Füßen das Wohnviertel der historisch gewachsenen **Bürgerstadt**. Das denkmalgeschützte Ensemble wurde 1988 von der UNESCO in die Liste des Weltkulturerbes aufgenommen. Der Burgpalast beherbergt heute das **Historische Museum** und die **Ungarische Nationalgalerie**. Bei einem Spaziergang durch die mittelalterlichen Gassen durchläuft man gleichsam die Geschichte Budas. Höhepunkt ist die Besichtigung der **Matthiaskirche**, Krönungskirche ungarischer Könige. Die benachbarten Aussichtsterrassen der **Fischerbastei** gewähren schöne Ausblicke über die Donau.

1 Burgpalast
Várpalota

Ein jeder Herrscher verewigte sich mit dem Bau eines neuen Schlossflügels.

Bus 5, 78, 86; Straßenbahn 18, 19 bis Szarvas tér

Die Baugeschichte des Budaer Burgpalastes ist von ständigen Erweiterungen geprägt, aber auch von Verfall und Zerstörung. Von den **Anfängen**, die in die Mitte des 13. Jh. zurückreichen, ist heute fast nichts mehr erhalten. Doch lässt sich die Entstehungsgeschichte der Anlage gut zurückverfolgen.

Die Befestigung des Burgbergs wurde notwendig, als 1241/42 in Ungarn einfallende Mongolenstämme Leid und Verwüstungen hinterlassen hatten.

König Béla IV. ließ an der Südwestspitze des Budaer Burgbergs zur Kontrolle und **Verteidigung** des **Donauhafens** gegen neuerliche Angriffe eine von schützenden Mauern umzogene königliche Festung mit Bergfried bauen. An der Stelle einer ehemals schutzlos am Burgberg gelegenen Siedlung aus dem 11. Jh. zogen sich seit 1243 die 2 m starken Steinmauern entlang, die zusätzlich die von Béla IV. gegründete Stadt Buda auf der flachen Bergkuppe schützten.

Unter den *Anjouherrschern* mussten die Burgmauern des 13. Jh. neuen Festungsbauten weichen. Der Bau des mittelalterlichen Palasts war vor allem mit den Macht- und Repräsentationsansprüchen von König Lajos (Ludwig) dem Großen verbunden, der nicht – wie sein Vater Karl Robert von Anjou – in Visegrád residierte, sondern seit 1347 wieder in der Burg zu Buda Hof hielt.

Dieser **Anjoupalast** wurde während der 50-jährigen Regierungszeit des *Sigismund von Luxemburg* (1387–1437) beträchtlich erweitert und zu einer der wehrkräftigsten wie prächtigsten Königsburgen Europas ausgebaut. Ein kompliziertes Festungssystem mit verstärkten Mauern und verteidigungstechnischen Raffinessen riegelte den vieltürmigen, drei Innenhöfe umschließenden Palast nicht nur zur Donauseite hin und entlang des westlichen Bergrückens ab, sondern auch von der Bürgerstadt: Dort, wo der 1311 begonnene, L-förmige ›Neue Palast‹ an den großen Burgmarkt grenzt, ließ Sigismund zusätzlich einen Graben von 20 m Breite und 6 m Tiefe ausheben. Am Nordhof wurde dem Westflügel bollwerkartig ein mehrstöckiger **Turm** vorangestellt, dessen Bau der Prager Dombauhütte unter Peter Parler zugeschrieben wird. Er blieb jedoch unvollendet und wird ›Stumpfer Turm‹ genannt.

Neuen Glanz erlebte der Palast von Buda unter der Herrschaft des Königs **Matthias Corvinus** (1458–1490). Der Pracht-

Beherrschend: Der mächtige Burgpalast von Buda nimmt die Südspitze des Burgbergs ein

bau wurde u. a. vom Hofchronisten Antonio Bonfini in seinem Werk ›Rerum Ungaricarum Decades‹ (1491–1496) gepriesen: »König Matthias ließ die Instandsetzung der Ofner Burg in Angriff nehmen, in der es außer Sigismunds prächtigen Gebäuden nichts Sehenswertes gab. Er ließ Paläste bauen, die nicht hinter den prächtigen römischen Palästen zurückstehen, große Speisesäle einrichten, herrliche Schlafgemächer, ebenfalls mit allerlei vergoldeten Decken, mit verschiedenen Wappen versehen, schöne Türen, oben mit Intarsien verziert, prächtige Kamine …«

Im nordöstlichen Teil der Burganlage ließ Matthias einen mächtigen Gebäudetrakt mit einem säulengeschmückten **Arkadenhof** errichten. An der Ostseite dieses Hofs liegt die von Bonfini erwähnte und in den Jahren 1947–55 wieder ausgegrabene Kapelle mit einem Heiligen Grab. Darüber befand sich in diesem Teil des Matthias-Schlosses neben der Sternwarte im 1. Obergeschoss die berühmte königliche Bibliothek, die Budaer **Bibliotheca Corviniana**, deren kostbarer Bestand an kunstvoll ausgeführten Kodizes im Laufe der Zeit auf 2000–2500 Bände anwuchs und auch italienische Humanisten wie Taddeo Ugoleto aus Florenz anzog.

Von den am Südwesthang des Burgbergs gelegenen **Königlichen Gärten** führte ein gedeckter Gang hinab zu den Königlichen Bädern. Zwischen Weinstöcken, Obstbäumen und aus Italien importierten Gemüsesorten soll nach Bonfini in der Gartenanlage auch die *Villa Marmorena* – eine Bravourleistung der Renaissancebaukunst – gestanden haben, deren Dach aus versilberten Kupferplatten hell in der Sonne strahlte.

Ein wichtiger Abschnitt der Bautätigkeit unter König Matthias ist mit dem Namen des aus Florenz stammenden Architekten *Chimenti Camicia* verbunden: Der Italiener war ab etwa 1479 als führender **Bauleiter** tätig und brachte die Renaissancekunst von Florenz nach Buda. Auch schickte König Matthias Corvinus einheimische ungarische Meister nach Florenz, an die Quelle der neuen Kunst, Wissenschaft und humanistischen Bildung. Es waren Italiener, die die ungarische Hauptstadt damals mit den Worten lobten: »In ganz Europa sind die drei schönsten Städte: Venedig am Meer, Buda am Berg und Florenz in der Ebene …« Diese rege *florentinische Bautätigkeit* am Budaer Burgpalast lässt sich heute jedoch nur noch anhand von Bauplänen und -zeichnungen sowie einiger spärlicher architektonischer Überreste rekonstruieren.

Obwohl die *Türken* den Palast seiner vergoldeten Dachziegel wegen ›Kazil Elma‹ (Palast des goldenen Apfels) nannten, ließen sie die einstige Königsburg in

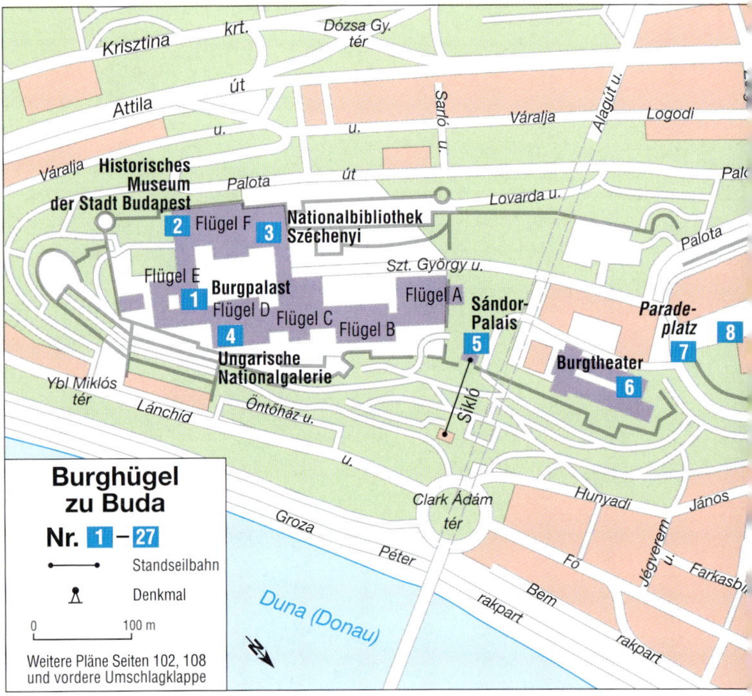

den Jahren ihrer Herrschaft zwischen 1541 und 1686 völlig verfallen. Während eines Frühlingsgewitters 1578 explodierte zudem das im ›Neuen Palast‹ eingelagerte Schießpulver und zerstörte das bedeutendste Gebäude der Sigismundzeit. Nach der **Rückeroberung** Budapests war die Burg nur noch eine **Ruine**.

Ehrwürdiger Ort der Kunst und der Geschichte: In den alten Gemäuern des Burgpalastes haben inzwischen hochrangige Museen Einzug gehalten

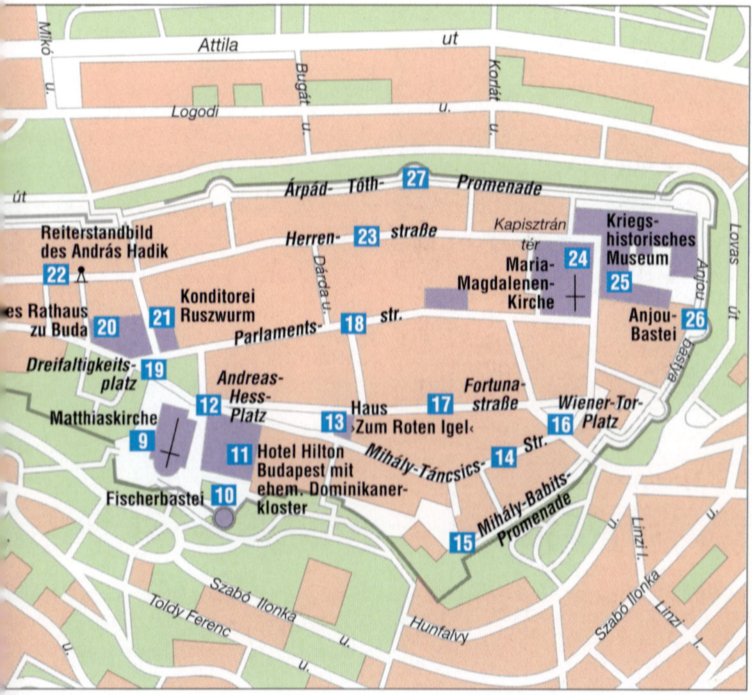

Als König *Karl III. von Habsburg* (1711–1740) sich zur Entwicklung eines neuen barocken Palastes entschloss, wurden die schadhaften Mauern des einst in ganz Europa berühmten Bauwerks abgerissen und die für den **Neubau** benötigte Fläche bis auf das Niveau des sich nach Norden anschließenden Großen Hofs planiert. Von jenen nach Plänen *Fortunato de Pratis* unter Bauleitung von Johann Hölbling zwischen 1714 und 1723 errichteten Gebäuden steht heute noch der erste südliche Flügel.

Die Tochter Karls III., Kaiserin *Maria Theresia* ließ dann 1740–80 die letzten Reste des alten Königspalastes beseitigen und den Bau nach Norden durch einen zweistöckigen Palast mit Mittelrisalit erweitern. Die Pläne stammen von dem Wiener Hofbaumeister Jean-Nicolas Jadot und von Nicolaus Pacassi. Für den der Donau zugekehrten Flügel des **Palastkomplexes** von Maria Theresia lieferten Franz Anton Hillebrandt und Ignaz Oracsek Entwürfe mit U-förmigem Grundriss. Die bis 1770 abgeschlossene Anlage gewährte 1762–72 dem Stift der Englischen Fräulein Domizil, 1779–84 war hier die von Nagyszombat nach Budapest verlegte **Universität** untergebracht.

Nach 1790 bestimmte der Wiener Hof die Burg zur **Residenz** des **Königlichen Statthalters**. Durch einen großen Brand im Jahre 1810 und die Belagerung durch die Honvéds während des ungarischen Freiheitskampfes im Mai 1849 erlitt auch der neue Budaer Burgpalast großen Schaden. Die Krönung von Kaiser *Franz Joseph I.* zum König von Ungarn und der Ausgleich zwischen dem Wiener Hof und der ungarischen Regierung im Jahre 1867 weckten neue Repräsentationswünsche für einen großzügigen Schlossum- und -ausbau. Dies verwirklichten die Architekten *Miklós Ybl* (1869–1891) und *Alajos Hauszmann* (1893–1905). 1875 begann Ybl an der Westseite des Burgbergs über der so genannten Kristina-Stadt einen Flügel im Stil der Neorenaissance zu bauen. Durch Hauszmanns architektonische Leistung erreichte die vereinheitlichte neobarocke **Donauhauptfassade** eine Länge von 304 m. Dabei wurden die Bauten Karls III. und Maria Theresias unter Einfügung eines kuppelgeschmückten und säulenverzierten Mittelflügels und einer gemeinsamen Dachkonstruktion miteinander verbunden.

Kurz vor Ende des Zweiten Weltkriegs brannte das Schloss aus. Parallel zum

Fundstück – Skulptur aus der Sigismundzeit, wiederentdeckt bei Ausgrabungsarbeiten

Wiederaufbau wurden in noch heute andauernden Ausgrabungsarbeiten Teile des mittelalterlichen Königspalastes, Skulpturen sowie verschiedene Baufragmente und mehrere tausend Kleinkunstgegenstände freigelegt. Bei der Restaurierung entschied man sich in den 1950er-Jahren für eine ›eklektizistische‹ Architekturvariante, wobei die Palastflügel zwei weiträumige Binnenhöfe bilden und die der Donau zugewandte kuppelgekrönte Hauptfassade recht wirkungsvoll in Erscheinung tritt.

Seit Ende der 60er-Jahre des 20. Jh. sind folgende Kulturinstitutionen im Burgbereich untergebracht: **Flügel A, B, C und D** – Ungarische Nationalgalerie (seit 1975); **Flügel E** – Historisches Museum der Stadt Budapest (seit 1967); **Flügel F** – Nationalbibliothek Széchenyi (seit 1985).

2 Historisches Museum der Stadt Budapest
Budapesti Történeti Múzeum

TOP TIPP *Die Sammlung macht die Geschichte von Stadt und Burgberg anschaulich.*

I., Szent György tér 2,
im Flügel E des Burgpalastes
Tel. 1/224 37 00
www.btm.hu
März–Okt. Mi–Mo 10–18 Uhr,
sonst tgl. 10–18 Uhr

Das Historische Museum von Budapest hat in den Räumen des Burgpalastes einen passenden Rahmen gefunden. Die Festung wurde auf den Mauern des alten Palastes erbaut. Heute durchwandert man von den Kellergeschossen nach oben gleichsam ihre verschiedenen Bauperioden. In den oberen Stockwerken des Museums wird anhand von Zeitdokumenten, Fundstücken, archäologischen Ausgrabungen und Zeugnissen der bildenden Kunst die territoriale **Entwicklungsgeschichte** der **Donaumetropole** veranschaulicht. Der Besucher erfährt Wissenswertes über die Besiedlung des Gebiets vor den Magyaren und die Entwicklung nach der Landnahme durch die Ungarn. Groß angelegte Wechselausstellungen behandeln wichtige Epochen der ungarischen Geschichte.

Aus dem Palast Ludwigs des Großen kann der (rekonstruierte) untere Teil der ursprünglich zweistöckigen gotischen *Schlosskapelle* von 1366 besichtigt werden. Am 18. August 1990 als St.-Stephans-Kapelle (Szent-István-Kápolna) neu geweiht, wird sie für ökumenische Gottesdienste genutzt. Der zweischiffige *Große gotische Saal*, der einst Gemach der Königin war, ist ein besonderes architektonisches Erlebnis.

Zu den bedeutendsten Ausstellungsstücken des Museums gehören die etwa 40 Skulpturen im **Mezzanin**, Teile eines umfangreichen Figurenprogramms, das *Kaiser Sigismund* in Buda in Auftrag gegeben hatte. Die Plastiken kamen 1974 bei Ausgrabungsarbeiten im nördlichen Burgvorhof ans Licht. Der Aufsehen erregende Fund rückte den ungarischen Königshof der Zeit um 1400 in den Rang eines europäisch bedeutsamen Zentrums für **gotische Skulptur** im Umfeld des so genannten Weichen Stils. Bei den bis zu 135 cm hohen Figuren, aus Kalkstein der Budaer Umgebung gefertigt und äußerst fein ausgearbeitet, handelt es sich um Darstellungen von Heiligen und Bischöfen sowie von Rittern und Damen des Hofes, deren Gewänder sich an der europäischen Mode um 1360/70 orientierten. Sie wurden wahrscheinlich von französischen Steinmetzen in Kenntnis des Figurenprogramms an der *Tour Maubergeon* – des Schlosses des Duc de Berry in Poitiers (1385) – angefertigt. Während sich an einigen Stücken der einzigartigen Kollektion die ursprüngliche Bemalung und Vergoldung nachweisen lässt, scheinen andere Figurenfragmente entweder unvollendet geblieben oder durch einen Akt von Bilderstürmerei zerschlagen und verstümmelt worden zu sein.

Die größtenteils aus der Sigismundzeit stammenden **Befestigungsanlagen** des Burgpalastes sind von der Terrasse des Historischen Museums besonders gut zu überblicken. Neben der Ruine des Stephansturms (um 1330) sind rechts Teile des inneren Mauerrings und, um den Kolbenturm herum, Reste der äußeren Burgmauer zu sehen. Sie werden von zwei zur Donau hinabführenden Mauerläufen (Kurtinen) überschritten, die am Flussufer in zwei gewaltigen Basteien enden. Eine große Rundbastei (Durchmesser 40 m, Wandstärke 5 m) mit einem Torturm – von den Türken des steilen Anstiegs wegen als Turm des ›Verschnauftores‹ bezeichnet – versperrte die südliche Wagenauffahrt zum Burgpalast.

Von klugem Bauen zeugt der das Rondell oben abschließende, rekonstruierte so genannte Mordgang. Die hohe Bastion mit Schießscharten zwischen vorspringenden Steinmauern und einem Holzgeländer an der Innenseite gilt als Erfindung des Ingenieurs Domenico da Bologna (vor 1541).

Im **Hof** des Historischen Museums markieren verschiedenfarbige Steine die Grundrisse der zerstörten mittelalterlichen Königsbauten.

Glanzvolle königliche Bibliotheca Corviniana – die Nationalbibliothek Széchenyi verwahrt 52 kostbare Originalcorvinas

3 Nationalbibliothek Széchenyi
Országos Széchenyi Könyvtár

TOP TIPP *Aufbewahrungsort einer der glanzvollsten Bibliotheken der Renaissance.*

I., Szent György tér 2,
am Löwenhof im Flügel F
Tel. 1/224 37 00
www.oszk.hu
Di–Fr 9–21, Sa 10–20 Uhr (Aug. geschl.)

Der durch das Nordtor Eintretende mag sich einen Moment lang an die Höhle des Löwen erinnert fühlen. Den Furcht einflößenden naturalistischen Tierskulpturen von *János Fadrusz* (1901/02) verdankt der große Binnenhof seinen Namen. An seiner Westseite wird der **Löwenhof** von einem in den 90er-Jahren des 19. Jh. errichteten Gebäude (Miklós Ybl/Alajos Hauszmann) abgeschlossen.

Die Bibliothek wurde 1802 von **Ferenc Graf Széchenyi** gegründet. Als kostbarsten Besitz birgt sie eine umfangreiche Sammlung von Handschriften aus der Zeit des Matthias Corvinus. Die glanzvolle königliche **Bibliotheca Corviniana** war seit der Mitte des 15. Jh. über die Grenzen Ungarns hinaus ein Begriff. Ihr Name leitet sich von jenem Raben mit dem Ring im Schnabel her, der das Wappen des humanistisch gebildeten Renaissancekönigs Matthias Corvinus zierte. Mit diesem Wappen ließ Taddeo Ugoleto, Matthias' Hofbibliothekar aus Florenz, jeden Kodex versehen. In vergoldetem Silber mit Emaille-Einlage prangt es als kunsthandwerkliches Kleinod auf den Bucheinbänden aus vergoldetem, gepunztem oder besticktem Leder, auf violettem Samt, roter oder grüner Seide.

Die in Griechisch und Latein verfassten und nach 1410 zudem mit üppiger Buchmalerei und prächtiger Kalligraphie ausgestatteten **Handschriften** behandeln Themen aus den Bereichen Philosophie, Dichtkunst, Rhetorik, Medizin, Astronomie, Geographie, Architektur und auch Kriegsgeschichte.

Einige der begehrten, kunstvollen Bücher wurden von den Königen in der Matthias-Nachfolge verschenkt. Sultan Suleiman II. ließ nach dem Sieg bei Mohács 1526 einen Teil der Bibliothek in die Türkei bringen. Quellen aus dem 17. Jh. berichten, dass der Pascha von Buda die verbliebenen Kodizes sorgsam gehütet habe. In einer diplomatischen Geste Sultan Abdul Hamids wurden Österreich-Ungarn 1877 einige Corvinen zurückgegeben. Die Bibliothek des Renaissancekönigs umfasste **2000–2500 Bände**. Ungarn besitzt heute 52 der 216 erhaltenen Originalcorvinas. Die anderen werden in 47 Bibliotheken in 16 Ländern aufbewahrt.

4 Ungarische Nationalgalerie
Magyar Nemzeti Galéria

TOP TIPP *Bildende Kunst Ungarns von der Romantik bis heute.*

I., Szent György tér 2,
in den Flügeln A, B, C und D des Burgpalastes
9. März– 31. Okt. Di–So 10–18 Uhr,
sonst Di–So 10–16 Uhr

Als selbstständige Einrichtung zur Sammlung, Erforschung und Präsentation der bildenden Kunst des Landes wurde die ungarische Nationalgalerie 1957 gegründet und zunächst in einem Gebäude am Kossuth-Platz untergebracht. Ihren Grundstock bildeten private, öffentliche und eine seit 1880 bestehende hauptstädtische Sammlung. Inzwischen ist der Bestand auf nahezu **70 000 Werke** angewachsen. Seit 1975 ist die Nationalgalerie in der Burg untergebracht.

Im **Erdgeschoss der Flügel D und C** werden mittelalterliche Plastik und Tafelmalerei Ungarns gezeigt, u. a. drei Holzskulpturen im ›Weichen Stil‹ des beginnenden 15. Jh. (›Hl. Dorothea‹ und ›Hl. Katalin‹ aus Barka und ›Madonna‹ aus Toporc). Im Januar 2000 wurde im D-Flügel das mittelalterliche Lapidarium wieder eröffnet. Etwa 200 Exponate geben einen Einblick in die Steinbildhauerkunst Ungarns im 12.–15. Jh.

Im **1. Obergeschoss des Flügels D** sind im ehem. Zeremoniensaal der Kaiserin Maria Theresia spätgotische Flügelaltäre ausgestellt. Eines der Hauptwerke ist die Tafel ›*Heimsuchung*‹ des Meisters M. S. von 1506 im Vorzimmer des Saals. Sie war Teil eines Altars in Selmecbánya. Ungarische Barockkunst ist in den Räumen der ehem. **Kaisersuite**, so auch im Prunkschlafsaal, zu sehen. Herrscherporträts, Grabmalplastik, Hausaltäre und Kabinettbilder mit religiöser Thematik zeugen vom Mäzenatentum des ungarischen Adels.

An diese Barockgalerie schließen sich im **1. Obergeschoss der Flügel B und C** Malerei und bildhauerische Werke des 19. Jh. an. Die Malerei der Romantik ist gut vertreten durch Landschaften von Károly

Bedeutender Vertreter der ungarischen Freiluftmalerei: Pál Szinyei Merse schuf das ›Maifest‹ im Jahr 1873

Markó und Károly Kisfaludy, das Biedermeier durch brav-behutsame Porträts und erzählfreudige Genrebilder von Miklós Barabás (›Ankunft der Braut‹, 1856). Ein wesentlicher Zug der ungarischen Malerei, das tief verinnerlichte, nicht selten melancholisch verklärte Treuebekenntnis der Künstler zu ihrer Nation kommt besonders in den großformatigen *Historienbildern* der zweiten Jahrhunderthälfte zum Tragen (Viktor Madarász ›Die Beweinung László Hunyadis‹, 1859; Bertalan Székely ›Die Frauen von Eger‹, 1867). Mit den Möglichkeiten der Freilichtmalerei setzte sich *Pál Szinyei Merse* auseinander (›Maifest‹, 1873). Der herausragenden Stellung *Mihály Munkácsys* in der ungarischen realistischen Malerei wird durch die Darbietung seiner Bilder in einem Sonderraum entsprochen. Für das Gemälde ›Der letzte Tag des Verurteilten‹ hatte der Maler beim Pariser Salon 1870 eine Goldmedaille erhalten.

Im **2. und 3. Obergeschoss** kann man die Entwicklung der bildenden Kunst Ungarns im 20./21. Jh. nachvollziehen. In den oberen Räumen sind auch Wechselausstellungen aus dem reichen Bestand der Grafischen Sammlung (sie umfasst ca. 10 000 Blatt) eingerichtet.

Zum Angebot der Ungarischen Nationalgalerie gehören ferner große *Sonderausstellungen*, wobei die *›Stilkunst um 900‹* einen Forschungsschwerpunkt bildet. Das Erscheinungsbild jener euphorischen Kunstbewegung der Jahre 1896–914 ist breit gefächert. In einer besonders auf Repräsentation bedachten Historienmalerei rückten Künstler 1000 Jahre nach der Landnahme das Nomadenleben der Ungarn ins Reich der Mythen. Neben dieser stark von kultischen Zügen geprägten Richtung gab es eine bekenntnishafte Heimatkunst voll malerischer Delikatesse. Inmitten dieser Kunstlandschaft steht *Tivadar Csontváry Kosztka* einmalig da. Drei seiner eigenwillig visionären Gemälde (darunter ›Die Ruinen des griechischen Theaters in Taormina‹, 904/05) sind im Treppenaufgang zwischen dem 2. und 3. Obergeschoss zu bewundern. Sie üben in ihrer ungewöhnlich strahlenden Farbkraft eine bezaubernde Wirkung auf den Besucher aus. In den Bildern von *József Rippl-Rónai* verbindet sich neoimpressionistischer Pointillismus französischer Prägung mit dem Raffinement graziöser Stilisierung und geheimnisvoller Symbolik (›Frau mit Vogelbauer‹, 1892).

Jagdausflug im Burghof – Renaissancekönig Matthias am gleichnamigen Brunnen in Gestalt eines Waidmanns

Von Flügel C gelangt man zum Eingang der **Habsburger Palatinskrypta**. Während der Regierungszeit Maria Theresias wurde im Innenhof des Nordtrakts unter Leitung des kaiserlichen Hofarchitekten Jean Nicolas Jadot eine dem hl. Sigismund geweihte Burgkapelle mit einer Krypta eingerichtet. Nicolaus Pacassi und Franz Anton Hillebrandt verlegten im Zuge des Palastausbaus die Kapelle in den Westtrakt des Nordflügels. Die Krypta diente bis 1777 dem Orden der Englischen Fräulein als Begräbnisstätte. Ab 1820 wurde sie von den in Ungarn eingesetzten Palatinen des Hauses Habsburg als Familiengrabstätte genutzt, wobei sich die mit dem Umbau befassten Architekten (Franz Hüppmann, Miklós Ybl, Alajos Hauszmann) die Florentiner Medici-Kapelle zum Vorbild nahmen. Die drei gewölbten Räume auf einer Grundfläche von 25 x 7,5 m sind mit einer Marmorauflage versehen, die Decke mit einem Sternenhimmel und die Zwickel mit Engelsfiguren ausgemalt. Die bildhauerischen Werke schufen Alajos Stróbl, Károly Senyei und György Zala (Standbild und Relief des Grabmals des Palatin Joseph, gestorben 1847). Ein Großteil der reichen kunsthandwerklichen Innenausstattung fiel 1972 einem Raub zum Opfer, die sterblichen Überreste der Palatine wurden verstreut. Ende der 1980er-Jahre stellte man die Krypta weitgehend wieder her.

Im äußeren Burghof beschwört ein in die Nordfassade der ehem. Sigismundkapelle eingepasster **Matthias-Brunnen** (Alajos Stróbl, 1904) die Glanzzeit des Königspalastes. Thematik des oft mit der Fontana di Trevi in Rom verglichenen Brunnens ist die Ruhmeshymne auf den volkstümlichen Renaissancekönig Matthias. In fürstlicher Herrscherpose erweckt er bei einer Jagd als unbekannter Weidmann in Begleitung seines Obersten Hofjägers und des italienischen Hofdichters Galeotto Marzio (zur Linken) die Liebe eines ungarischen Landmädchens, der schönen Ilonka (zur Rechten).

Der Flügel A des Burgpalastes wird nach Auszug des Ludwig Museums in den im IX. Stadtbezirk errichteten Palast der Künste künftig ebenfalls von der Ungarischen Nationalgalerie genutzt. In den umgebauten und nun klimatisierten Räumen sollen Sonderausstellungen und die Ständige Sammlung Ungarische Kunst ab 1946 gezeigt werden.

Gewiss unverbaut bleibt der grandiose Ausblick durch die Museumsfenster auf das Pester Donauufer.

5 Sándor-Palais
Sándor palota

Heute wieder Residenz der ungarischen Ministerpräsidenten.

I., Szent György tér 1–2
Standseilbahn ab Clark Ádám tér

An jener Stelle, an der der Burgberg 1853–57 nach Plänen des englischen Ingenieurs *Adam Clark* von einem Tunnel untergraben wurde und sich von der Ostseite die Wagen der Standseilbahn hinaufziehen, liegt der **Szent-György-Platz**. Im Mittelalter war er Schauplatz von Ritterspielen und Jahrmärkten.

An diesem geschichtsträchtigen Platz ließ Graf Vincent Sándor 1806 von Mihály Pollack einen **klassizistischen Palast** errichten. Von dem Gebäude spannte sich eine heute nicht mehr erhaltene geschlossene Verbindungsbrücke zum angrenzenden Theater. Im **Stadtpalais** des Grafen wurden einst rauschende Bälle gefeiert. Die wohl berühmtesten Gäste waren im Herbst 1814 Friedrich Wilhelm III. von Preußen, der russische Zar Alexander I. und Kaiser Franz von Österreich.

Beherbergte einst berühmte Staatsoberhäupter und heute wieder den ungarischen Staatspräsidenten und sein Kabinett – das Sándor-Palais

1867 wurde das Palais von *Miklós Ybl* umgebaut und diente von da an bis 1944 als Regierungssitz. Nach langjährigen Restaurierungsarbeiten und Diskussionen über die Nutzung des Gebäudes wurde das Haus am 15. März 2002, dem Jahrestag der Revolution von 1848, als **Residenz des ungarischen Staatspräsidenten** eingeweiht.

Täglich um 12 Uhr erklingt auf dem Balkon die Fanfare als Auftakt zur Zeremonie der Wachablösung in historischen Uniformen.

Der Vorläufer des Schachcomputers

Farkas Kempelen (1734–1804) war nicht nur Architekt des Budaer Burgtheaters, er war zugleich Techniker und Wissenschaftler. Zunächst jedoch schlug der **vielseitig Begabte** die Beamtenlaufbahn ein und arbeitete als Sekretär und Berater am Hof Maria Theresias.

Als ihm dies zu langweilig wurde, verlegte er sich kurzerhand aufs Erfinden. Mit seinen **genialen Ideen** machte sich Kempelen zu Lebzeiten weit über die Grenzen Ungarns hinaus einen Namen. Auf sein Konto gehen das Urbild der Dampfturbine, eine Schreibmaschine für Blinde und eine Maschine, die den Mechanismus der menschlichen Sprache nachahmte.

Mit seinem 1769 entworfenen **Schachautomaten** versetzte Kempelen jedoch ganz Europa in Staunen. Diese Erfindung, die 1954 in den USA verbrannte, ist durch eine Zeichnung von Edgar Allen Poe überliefert: Eine **Puppe** in Gestalt eines Türken saß an einem kastenförmigen Tisch, konnte ihren Arm bewegen und besiegte durch brillante **Schachzüge** jeden Gegenspieler. Als der Automat Friedrich II. schachmatt setzte, soll der Erfinder dem Preußenkönig sein Geheimnis verraten haben: Der Schachautomat war ein Scherz, der durch raffinierte optische und mechanische Tricks funktionierte: In seinem Inneren war ein **Zwerg** verborgen, der die Schachfiguren so geschickt bewegte, dass niemand etwas bemerkte.

Bewegte Baugeschichte – erst Kirche, dann Moschee, schließlich Burgtheater

6 Burgtheater
Várszínház

Erstes ständiges Theater Budapests in der ehem. Karmeliterkirche.

I., Színház utca 1–3

Die **Baugeschichte** des Burgtheaters reicht genau genommen an den Beginn der Budaer Stadtentwicklung zurück. Noch im 13. Jh. errichteten die Franziskaner an dieser Stelle ein Kloster. Während der Türkenherrschaft residierten die Paschas im Ordenshaus, die Johannes dem Evangelisten geweihte Kirche wurde als **Moschee** genutzt. Sie stürzte 1686, im Jahr der Rückeroberung von Buda, ein. Zwischen 1725 und 1736 errichtete der Karmeliterorden einen Kirchenneubau im Stil des Spätbarock. Nachdem Kaiser Joseph II. verfügt hatte, die Orden aufzulösen, wies er 1786 an, das Klostergebäude in ein **Kasino** und die Karmeliterkirche in ein **Theater** umzugestalten. Diese Aufgabe löste *Farkas Kempelen* durch eine Fassade im Zopfstil und einfallsreich konstruierte Holzeinbauten, mit denen er beispielsweise die ehem. Grabkapelle als Raum für die versenkbare Bühne nutz-

Für ein freies Vaterland: Das Honvéd-Denkmal erinnert an die Opfer des ungarischen Freiheitskampfs

te und die Emporen der Kirche in Logen für die gräflichen Familien verwandelte.

Im **Burgtheater**, dem ersten ständigen Theater von Budapest, wurde zunächst ausschließlich in deutscher Sprache gespielt. Die erste ungarische Aufführung eines nationalen Theaterstücks am 15. Oktober 1790 gilt als bedeutendes Ereignis im Gesellschaftsleben der zu dieser Zeit zahlenmäßig bereits überwiegend ungarischen Bürger der Hauptstadt.

Eine 1978 abgeschlossene **Restaurierung** hält jenen Zustand fest, den das Gebäude durch seine klassizistischen Erweiterungen im 19. Jh. erhielt. Die Zahl der Zuschauerplätze ist gegenüber der Gründungszeit auf ein Viertel reduziert (damals 1200, heute 264). Jetzt ist hier das Nationale Tanztheater (*Nemzeti Táncszínház*) untergebracht.

In den Sommermonaten wird der *Hof* des ebenfalls restaurierten **Ordenshauses** des ehem. Karmeliterklosters (Színház utca 5–11) für Freilichtaufführungen wie für spirituelles Rocktheater genutzt.

7 Paradeplatz
Dísz tér

Spalier aus Bürgerhäusern und Palais.

Bus 16

Der Disz tér ist das ›Nadelöhr‹ des Burgbergplateaus. Durch zwei nahe beieinander liegende Stadttore – das *Vizíváros*- (Wasserstadt-) Tor im Osten und das *Fehérvárer*- (Stuhlweißenburger-) Tor im Westen – gelangt man an jene zentrale Nahtstelle, an der die Bürgerstadt und der Palastbereich ineinander übergehen.

Der Platz vor der nicht mehr erhaltenen Georgskirche ist mit manch blutigen Erinnerungen belastet – von den umliegenden Häusern schaute man einst Hinrichtungen zu. Heute steht an der Stelle der 1686 abgebrannten Kirche das 1893 enthüllte **Honvéd-Denkmal** mit der Inschrift ›21. Mai 1849/Für ein freies Vaterland‹. Die Bronzefiguren von György Zala und das hohe Treppenpostament aus Kalkstein von Albert Schickedanz erinnern an die Opfer des *ungarischen Freiheitskampfes*.

Den heutigen Platz prägen palastartige Häuser aus der Zeit des Barock und des Klassizismus. Der Familie Batthyány gehörte bis 1945 der zweistöckige **Barockpalast** am Dísz tér 3. Graf Lajos Batthyány hatte ihn 1743 als Statthalter nach Plänen des Architekten Joseph Giessl aus Wien durch den Baumeister Martin Sigl aus Buda errichten lassen. Das Nachbargebäude, das **Kremsmünsterhaus** am Dísz tér 4–5, erbaute der italienische Architekt Venerio Ceresola gemeinsam mit Christopher Griuzenberg aus der Steiermark. In den Neubau wurden verbliebene Mauern mittelalterlicher Häuser einbezogen. Dank dieses Umstands sind im Torgang die ältesten *Sitznischen* des Burgviertels aus der 2. Hälfte des 13. Jh. erhalten geblieben.

An der gegenüberliegenden Platzseite (Dísz tér 11) baute Venerio Ceresola gegen Ende des 17. Jh. sein eigenes **Wohnhaus**, wobei er ebenfalls die Mauern der mittelalterlichen Vorgängerbauten nutzte. Das Gebäude erhielt bei späteren Renovierungen schließlich eine klassizistische *Fassade*.

Ebenfalls an der Westseite, Dísz tér 15, gleich neben der ältesten Konditorei Budas (›Korona‹), steht das sog. **Schultz-Haus**, in dem heute ein Postamt untergebracht ist. Reste mittelalterlichen Mauerwerks sind im Erdgeschoss erhalten. Zu Beginn des 16. Jh. gelangte der Bau in erzbischöflichen Besitz und wurde nach einem Brand 1723 von János Schultz gekauft, dem es den barocken Südflügel verdankt. Die heutige, eigenwillig gestaltete Fassade mit Torgang und stimmungsvollem, von Arkaden umzogenem Innenhof erhielt der Barockpalast jedoch erst Ende des 18. Jh.

8 Tárnokstraße
Tárnok utca

Mittelalterliche Marktstraße mit schönen Handelshäusern und stimmungsvollen Gaststätten.

Vom Dísz tér zum Szentháromság tér (Dreifaltigkeitsplatz) führt die Tárnok utca. Sie ist die **breiteste Straße** im Burgviertel und verläuft parallel zu der am oberen Bergrand erbauten Stadtmauer. Die Geschichte der Straße reicht in die Anfänge der Stadtentwicklung im 13. Jh. zurück, als Buda nach dem Mongolensturm unter König Bela IV. als Bürgerstadt errichtet wurde. Der Handelsplatz am bewachten Donauhafen blühte zu einem internationalen Handelszentrum auf, die Kaufmannschaft vereinigte sich in Zünften, genoss Sonderrechte und wurde durch königliche Privilegien geschützt. Die Tárnokstraße gehörte im Mittelalter den Kaufleuten. Mittwochs, wenn die deutschen Bürger hier ihren **Markt** abhielten, nahm das turbulente Treiben der Händler die gesamte Breite der Straße ein und zog sich hinunter bis zur Georgskirche, wo am Dísz tér ebenfalls ein Markt stattfand.

Die **Handelshäuser** in der Tárnok utca 14 und 16 sind typische Denkmäler dieses frühen Abschnitts der Stadtgeschichte: Sie besaßen ursprünglich nur ein Stockwerk und standen mit der Traufseite zur Straße. Gegen Ende des 15. Jh. wurde den unteren Verkaufsräumen mit Ladenfenstern aus dem 14. Jh. ein vorkragendes, auf Steinkonsolen ruhendes und durch eine Reihe von Segmentbögen gegliedertes oberes Stockwerk aufgesetzt. Die kräftige, fröhliche *Bemalung* der Innenräume und der Außenwände mit ornamentalen Mustern oder geometrisierenden Quaderimitationen in Schwarz, Grün, Weiß oder Gelb war für den gotischen Hausbau in Buda bezeichnend. Eine Vorstellung von diesem Schmuck vermittelt das **Haus Nr. 14**, dessen *Wandmalerei* aus der Zeit um 1500 nach gesicherten Farbspuren rekonstruiert werden konnte. Die beiden Handelshäuser Nr. 14 und 16 beherbergen heute stimmungsvolle **Gaststätten** (›Arany Hordó‹).

Ensemble aus Handelshäusern: In der Tárnokstraße, der breitesten Straße des Burgviertels, reihen sich Häuser aus verschiedenen Jahrhunderten aneinander

POSTA
Posta
PROVIDENCIA

Excellent
Handicrafts

m Burgviertel: ein Ständchen für die Touristen, das Apothekenmuseum in der Tárnokstraße, die Post am Paradeplatz, Paprika in allen Variationen und folkloristische Souvenirs

Das ehem. gotische Handelshaus *Tárnok utca 18* besitzt im Erdgeschoss einen Ladenraum in üppiger barocker Ausstattung, der 160 Jahre lang als Apotheke ›Zum Goldenen Adler‹ genutzt wurde und heute als **Apothekenmuseum** (Di–So 10.30–17.30 Uhr) zu besichtigen ist.

9 Matthiaskirche
Mátyás templom

Im 19. Jh. im gotischen Stil restaurierte Krönungskirche der ungarischen Könige.

Szentháromság tér

Etwa zeitgleich zum Bau des Königspalastes unter Béla IV. wuchs am nördlichen Ende des Burgbergs eine befestigte Stadt heran. Die für die vorwiegend deutschen Siedler errichtete **Pfarrkirche** *Unserer Lieben Frau* entstand 1255–69. Ende des 14. Jh. erfolgte der Umbau zur **hochgotischen Hallenkirche**. Im Jahr 1384 stürzte während eines Gottesdienstes der südliche Westturm ein.

Als König Sigismund Steinmetze der *Parlerwerkstatt* aus *Prag* zu Arbeiten in die königliche Burg nach Buda rief, schufen sie gleichzeitig die figurale **Bauplastik** in der Liebfrauenkirche und führten die beiden Seitenschiffe bis zur Höhe des Mittelschiffes auf. Um 1443 wurde das Dach der dreischiffigen Hallenkirche mit farbig glasierten Wiener Dachziegeln gedeckt.

Unter Matthias Corvinus wesentlich bereichert durch ein dem südlichen Seitenchor angefügtes königliches Oratorium und einen den eingestürzten Südwestturm ersetzenden fünfgeschossigen, 1470 vollendeten **Turm**, trug die Kirche fortan den Namen *Matthiaskirche*. 1526 von den Türken in Brand gesteckt, 1541 zur Moschee umgewandelt, gelangte sie nach der Rückeroberung Budas zunächst für kurze Zeit in den Besitz der Franziskaner und nachfolgend in den der Jesuiten. Zwischen 1688 und 1714 entstanden die Anbauten eines Kollegiums an der Nordseite und ein Priesterseminar an der Südseite. Gleichzeitig erhielt die Kirche eine barocke Innenausstattung.

Zwischen 1874 und 1896 verlieh ihr *Frigyes Schulek* in einer groß angelegten **Restaurierung** anlässlich der Tausendjahrfeier der Landnahme der Ungarn ihre heutige Gestalt. In seinem Bemühen, die

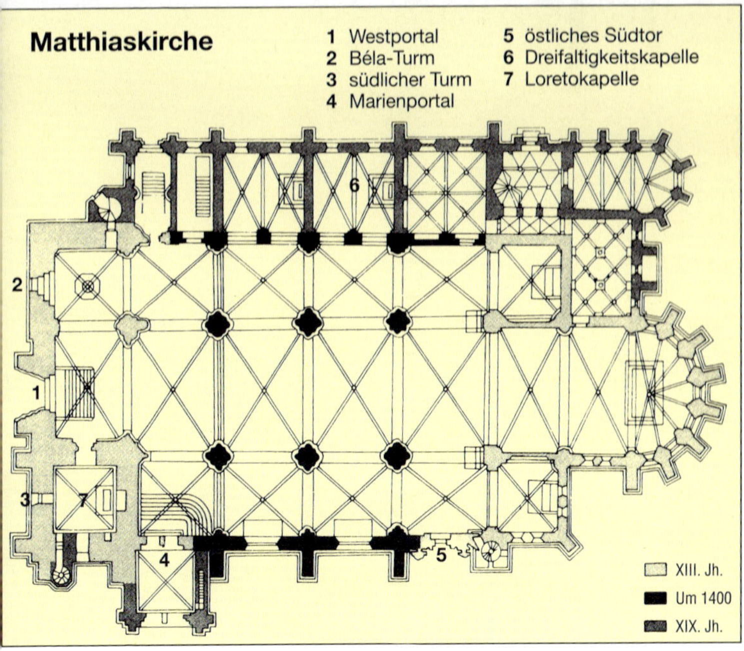

Matthiaskirche als mittelalterliches Bauwerk wieder herzustellen, opferte er nicht nur barocke Bausubstanz, sondern ersetzte auch originale Bauteile durch Kopien. Nach den schweren *Kriegsschäden* von 1944/45 blieb die Kirche lange Zeit gesperrt, ihre Restaurierung erfolgte zwischen 1954 und 1970. Seit Herbst 2005 laufen wieder Rekonstruktionsarbeiten.

Als eine der **Krönungskirchen** der ungarischen Könige besaß die Matthiaskirche über Jahrhunderte große Bedeutung. 1308 wurde hier *Karl Robert von Anjou* zum König gekrönt, 1385 Sigismund von Luxemburg.

Auch die feindlichen Eroberer vereinnahmten die Kirche: 1541 versammelten sich die Türken unter Sultan Suleiman zu einem Dankgebet für den geglückten Einzug in Buda. 1916 erlebte die Matthiaskirche mit der Krönung des **letzten ungarischen Königs**, Karl IV. aus dem Hause Habsburg, das letzte politische Großereignis.

Filigranes Maßwerk – die neogotische Vorhalle der Matthiaskirche

Westfassade: Die zweitürmige, dreifach gegliederte Westfront der Kirche ist als beherrschende Schauseite ausgebildet. Das spitzbogige **Westportal** [1] mit Weinblattornamentik im äußeren Bogenlauf zeigt im Tympanon eine Madonna zwischen knienden Engeln. Das Relief schuf *Lajos Lantai* nach dem Zweiten Weltkrieg in Anlehnung an mittelalterliche Vorbilder. Schulek erneuerte die frühgotische Fensterrosette. Ein Dreiecksgiebel über einem Kranzgesims beschließt die Mitte der Westfassade. Die Wände des nördlichen (linken) **Béla-Turms** [2] stammen aus dem 13. Jh., die Blendarkaden oberhalb des Kranzgesimses einschließlich des Turmhelms mit seinem bunten Dachziegelmuster sind das fantasievolle Werk Frigyes Schuleks. Auch den rechten, **südlichen Turm** [3] hat Schulek gegen Ende des 19. Jh. im Sinne der spät-

Durch die Jahrhunderte Krönungsort ungarischer Könige – die Matthiaskirche

Gotische Prachtentfaltung: Der Chorbereich der Matthiaskirche glänzt in dunklen Goldtönen

mittelalterlichen Baukunst errichtet. Während die beiden Untergeschosse auf den nördlichen Westturm abgestimmt sind, nehmen die feingliedrigen Achteckgeschosse dem 80 m aufragenden Turm mit seinem filigranen Steinhelm jegliche Schwere. Einen Akzent an der stadteinwärts gerichteten Seitenfront setzt das **Marienportal** [4]. Es wird durch einen von Schulek entworfenen Vorbau, den man von der Straße aus durch ein spitzbogiges Tor erreicht, geschützt. Die Ergänzungen am Marienportal mit dem Relief des ›*Marientodes*‹ im *Tympanon* sind durch die bräunliche Farbtönung leicht von den mittelalterlichen Originalstücken zu unterscheiden. Die Südfassade besitzt weiter rechts noch eine zweite Pforte, ein mit Zacken- und Rautenornamenten verziertes Gewändeportal, dem sechs seitlich eingestellte Säulen mit Knospenkapitellen räumliche Tiefe verleihen. Auch in diesem **östlichen Südtor** [5] wird dem Betrachter ein ursprünglich um 1250 entstandenes Portal durch eine Nachbildung Schuleks vermittelt.

Beim östlichen Südtor führt eine Treppe in die **Chorkrypta**, die ein sehenswertes Lapidarium birgt. Den Krypta-Zugang selbst flankieren die Statuen des hl. Franz von Assisi und der hl. Elisabeth.

Über das Treppenhaus an der Nordseite gelangt man auf die *Galerie* mit dem Kirchenschatz sowie Nachbildungen der *ungarischen Königskrone* und des Reichsapfels. Der neogotische *Hochaltar* ist ene Schöpfung Schuleks. Unter der Kapellenreihe im nördlichen Schiff verdient die **Dreifaltigkeitskapelle** [6] mit dem Grabmal Bélas III. und seiner Gemahlin Anne de Châtillon besondere Erwähnung. Die Gebeine des ungarischen Königs (1172–96) wurden 1848 in der *Basilika* von Székesfehérvár (Stuhlweißenburg) aufgefunden und am 21. Oktober 1898 feierlich in der Budapester Kapelle beigesetzt.

In der nach einem bedeutenden Pilgerort in Italien benannten **Loretokapelle** [7] stehen eine barocke Madonna aus Ebenholz und eine Madonna mit Kind aus rotem Marmor (17. Jh.). Die *Fresken* an den Innenwänden schufen bis 1896 Bertalan Székely und Károly Lotz. Auf beide Künstler gehen auch die Entwürfe der *Glasmalereien* im Chor zurück, ausgeführt von Ede Kratzmann. Als ›Neuerfinder‹ der Matthiaskirche tauschte Schulek das Barockgestühl gegen eine historisierende, am Vorbild der Gotik orientierte und von ihm selbst gestaltete *Inneneinrichtung* aus.

10 Fischerbastei
Halászbástya

TOP TIPP *Die beliebte Aussichtsterrasse mit ihren sechs runden Türmen ist eines der Wahrzeichen der Hauptstadt.*

Bus 16

Das Bravourstück **historisierender Baukunst** vermag durch sein virtuos gehandhabtes Spiel mit historisch überlieferten Bauformen die Atmosphäre romantischer Ritterburgen und mittelalterlicher Klosterhöfe überzeugend hervorzubringen. Mit der Fischerbastei, die zwischen 1899 und 1905 entstand, beweist sich *Frigyes Schulek* (1841–1919) nach seinen Verdiensten in der Restaurierung historischer Baudenkmäler auch als eigenständiger Architekt. Im Rahmen der Vorbereitung der **Millenniumsfeierlichkeiten** Ungarns wurde für den zu erwartenden Menschenstrom eine ebenso praktikable wie baukünstlerisch vorzeigbare Lösung für einen verkürzten Aufstieg von der weitschlaufigen unteren Burgstraße (János-Hunyadi-Straße) zur Budaer Hauptkirche hinauf geschaffen. Gleichzeitig restaurierte man einen im Verfall begriffenen Teil der donauseitigen alten Stadtmauer auf dem Festungshügel. Dieser strategisch wichtige Abschnitt wurde im Mittelalter von der Zunft der Fischer verteidigt, denn die Fischer hielten hinter der Liebfrauenkirche Markt und wohnten im Südteil der am Berghang liegenden ›Wasserstadt‹.

An der Stelle dieser einstigen Fischer-Schutzbastei errichtete Schulek im Stil der Jahrhundertwende einen breit angelegten, auf Ensemblewirkung mit der Matthiaskirche bedachten Unterbau. Die 140 m langen Basteiwände belebte er durch eine geschickt gegliederte *Treppenkaskade*. Das **dreiteilige Treppensystem** besteht aus zwei seitlich ausei-

Wahrzeichen – die für die Millenniumsfeierlichkeiten 1896 errichtete Fischerbastei

nander laufenden Abschnitten und einer Freitreppen-Brücke, die architektonisch auf die Matthiaskirche ausgerichtet ist. Zu beiden Seiten der Brüstungsmauer umschließen Umgänge jeweils einen Basteihof. Schulek verwandelte die Wehranlage in ein friedliches Kunstobjekt; der Formenreichtum seiner zwischen Fensteröffnungen eingestellten Säulen vermittelt im Vorübergehen Architekturgeschichte. Vom südlichen Turm der Freitreppe kann man in die Unterkirche der 1443 urkundlich erwähnten St.-Michaels-Friedhofskapelle hinabsteigen.

Zum architektonischen Gesamtkonzept gehört die Aufstellung von Plastiken. Für das **Reiterdenkmal** des Staatsgründers König *Stephan I.* (István I.) sah Schulek ursprünglich eine bedeckte Kuppelhalle vor. Doch die von Alajos Stróbl in den Jahren 1898–1903 geschaffene Plastik steht, dreiseitig umschlossen vom Südhof, im Freien. Schulek entwarf für sie die Steinbrüstung, den Sockel mit vier Löwen sowie Reliefs an den Seiten, auf denen Szenen aus dem Leben des hl. Stephan dargestellt sind: die ›Krönung‹, die ›Gesetzesverkündung‹, die ›Huldigung von Wien‹ und der ›Kirchenbau‹ (in der das Modell der Kirche vorzeigenden Figur verewigte sich der Architekt).

Dem bedeutenden König zu Ehren – Kopie eines Matthias-Corvinus-Reliefs am Turm des ehem. Dominikanerklosters

11 Hotel Hilton Budapest mit ehem. Dominikanerkloster
Egykori domokosrendi kolostor

TOP TIPP *Gelungene Synthese aus Denkmalschutz und moderner Architektur.*

I., Hess András tér 1–3
M 2; Bus 60, 86 bis Batthyány tér

Mit der Eröffnung des **Hilton Budapest** am Silvesterabend 1976 wurde nicht nur ein Hotel der internationalen Luxusklasse seiner Funktion übergeben, sondern zugleich ein ungewöhnliches **denkmalpflegerisches Projekt** des modernen Städtebaus in Ungarn verwirklicht. Das von Béla Pinter aus Stahl, Beton und Industrieglas errichtete Gebäude fügt sich in eine traditionsreiche Kulturlandschaft ein. Während sich in den kupfertonigen Scheiben der **Außenfassade** die Architektur-Denkmäler der Umgebung wirkungsvoll spiegeln, integriert der moderne Hotelbau freigelegte und konservierte mittelalterliche Bausubstanz.

In den Jahren 1243–54 wurde an der Stelle des heutigen Hotels eine zunächst turmlose, dem hl. Nikolaus geweihte **Klosterkirche** der Dominikaner errichtet. In weiteren Bauperioden folgten in der 2. Hälfte des 14. Jh. die unteren Turmgeschosse an der Westseite und ein lang

Klangerlebnis der besonderen Art: Der Kreuzgang des Hilton Budapest ist im Sommer Schauplatz klassischer Konzerte

gestreckter Mönchschor sowie im letzten Viertel des 15. Jh. die oberen Turmgeschosse. Parallel dazu vollendete man das Kirchengewölbe und den Kreuzgang.

1539 wurde das Dominikanerkloster zum letzten Mal schriftlich erwähnt. Zwischen 1688 und 1702 ließen die Jesuiten auf jenem Gelände nach Plänen von Konrad Kerschenstein ein Barockkollegium errichten. Seine italienisierend-spätbarocke Fassade vom Ende des 17. Jh. wurde in den sechsstöckigen **Südflügel** des 1974 begonnenen Hotelkomplexes integriert. Der vierstöckige Neubaublock nördlich des maßwerkverzierten spätgotischen Kirchturms hingegen folgt in Grundriss und Gesimshöhe den historischen Vorgängerbauten aus dem 13.–15. Jh. und ermöglicht den Zugang zu den ausgegrabenen Architekturpartien. In einem Teil des mittelalterlichen Kellersystems wurde eine Bar eingerichtet. Der **Kreuzgang** wird als Wandelhalle genutzt; hier kann sich der Besucher an einem Matthias-Brunnen und Beispielen von Fayencen und Architekturfragmenten erfreuen. Der *Dominikanerhof* bietet in den Monaten von Mai bis Oktober Konzertliebhabern und Opernfreunden ein faszinierendes Ambiente.

In der Nähe des durch reich gegliederte Strebepfeiler verstärkten Mönchschors steht eine Figurengruppe: ›Die Mönche Julianus und Gerardus‹ (1937). Diese Schülerarbeit von Károly Antal befasst sich mit der Herkunft und Identitätsfindung der Ungarn. Sie erinnert daran, dass es Dominikanermönche waren, die sich 1235 zum ersten Mal auf den Weg ins Wolga-Gebiet begaben, um die Urheimat und Nachfahren der Magyarenahnen zu suchen.

12 Andreas-Hess-Platz
Hess András tér

Einst war Buda Zentrum des Buchdrucks in Europa.

In der Mitte des Andreas-Hess-Platzes erinnert die von József Damkó um 1935 geschaffene **Statue** an Innozenz XI. Der 1956 heilig gesprochene Papst unterstützte die ›Heilige Liga‹, deren Heer nach 75 Belagerungstagen am 2. September 1686 schließlich die türkische Besatzung beendete.

Im **Haus Nr. 4**, gegenüber dem Hotel Hilton Budapest, wirkte vor über 500 Jahren jene Persönlichkeit, nach der der Platz benannt wurde: *Andreas Hess*. Sein Name ist mit einer wichtigen, in die Regierungszeit von Matthias Corvinus fallenden Erfindung verbunden, mit der des **Buchdrucks**. Im Haus Hess András tér 4 wurde 1473 das erste in Ungarn gedruckte Buch, die ›*Chronica Hungarorum*‹, fertig gestellt. Zwei *Sitznischen* im südlichen Torgang aus der Zeit um 1340, *Maßwerkfenster* im Obergeschoss sowie *Tonnengewölbe* in den Räumen eines Kellersystems (vom Restaurant ›**Fortuna**‹ genutzt) gehören zu dem mittelalterlichen Restbestand des nach dem Zweiten Weltkrieg restaurierten Gebäudes. Seit 1830 befindet sich hier die Universitätsdruckerei, ein Hinweis auf die einstige Bedeutung Budas als europäisches Druckerei- und Buchhandelszentrum.

TOP TIPP In dem stimmungsvollen Innenhof kann man bei **Litea** (tgl. 10–18 Uhr) Bücher und Musik-CDs kaufen. Die Buchhandlung ist ein gemütlicher Ort, an dem man am Kachelofen sitzend in Ruhe Tee trinken und schmökern kann.

13 Haus ›Zum Roten Igel‹
Vöros sün-ház

Eines der ältesten Häuser des Viertels mit tierischem Emblem.

I., Hess András tér 3

Das an der Stirnseite des Platzes stehende Haus erhielt seinen Namen ›Zum Roten Igel‹ 1696, zehn Jahre nach der Vertreibung der Türken. Ein Jahrhundert hindurch blieb es der einzige Gasthof im Burgviertel, der auch zum Theaterspiel und für Tanzbälle genutzt wurde. Seit 1810 trägt das Gebäude eine klassizistische **Fassade**. Ebenfalls an den Beginn des 19. Jh. wird der rotbemalte Igel auf dem **Hauszeichen** über dem Tor datiert. Doch die Baugeschichte des Gebäudes reicht wesentlich weiter zurück, bis in das 14. Jh. Bei Restaurierungsarbeiten entdeckte man vor einiger Zeit die Mauern von vier mittelalterlichen Häusern, kreuzgewölbte Räume jenseits des Torgangs sowie gotische Türen und Fenster im Obergeschoss. Das Emblem des schmiedeeisernen Igels über dem Hauseingang von der Seite der Mihály-Táncsics-Straße her hatte über Jahrzehnte zu ungarischer Gastlichkeit in den historischen Gewölben eingeladen. Inzwischen ist das Traditionslokal allerdings geschlossen und ein Souvenirladen eingezogen.

14 Mihály-Táncsics-Straße
Táncsics Mihály utca

Stimmungsvolle Altstadtgasse mit barocken und klassizistischen Häusern.

Seit 1948 trägt die vom Andreas-Hess-Platz zum Wiener Tor führende Straße den Namen des im ungarischen **Freiheitskampf** von 1848 besonders engagierten Schriftstellers Mihály Táncsics (1799–1884). Bemerkenswerte Gebäude:

Das **Haus Nr. 7** birgt seit einigen Jahren das *Institut für Musikwissenschaften* der ungarischen Akademie der Wissenschaften, das *Bartók-Archiv* und das *Musikhistorische Museum* (März–Dez. Di–So 10–18 Uhr) mit einer bedeutenden Instrumentensammlung. Das Barock-Palais entstand 1750–69 nach Plänen des Architekten Matthäus Nepauer auf den Fundamenten zweier mittelalterlicher Häuser und besitzt prächtige Fassaden zur Hof-, Donau- und Straßenseite. Ludwig van

Das Tierzeichen an der Wand verrät den Namen des Hauses: ›Zum Roten Igel‹

Beethoven wohnte hier während seines Budaer Konzerts im Jahre 1800. Der im ersten Stock liegende Konzertsaal verleiht den Musikveranstaltungen des Hauses einen festlich-exklusiven Rahmen. Zur munteren Farbigkeit des **Hauses Nr. 16**, um 1700 über einem mittelalterlichen Vorgängerbau errichtet, bilden Ornamente und Profile aus weißem Stuck einen reizvollen Kontrast. Besonderer Blickfang am Außenbau ist ein barockes *Wandbild* mit einer Szene aus dem Marienleben (Christus und Maria als himmlisches Herrscherpaar von Heiligenfiguren umgeben). In den tonnengewölbten *Torgang* sind Fundstücke älterer bauplastischer Fragmente vermauert.

Das Grundstück **Táncsics Mihály utca 9** befindet sich heute in amerikanischem Privatbesitz, derzeit werden aber Verhandlungen mit dem Besitzer geführt, um das historisch bedeutsame Gelände der Öffentlichkeit zugänglich zu machen. Zu dem sich weit zur Donau hin erstreckenden Anwesen gehört die der ursprünglichen Fischerbastei vergleichbare Anlage der **Erdély-Bastei** mit einem verzweigten System unterirdischer Verbindungsgänge. Der an die Straße grenzende Gebäudeflügel entstand 1810 als Teil der Josephskaserne. Er diente während der Befreiungskämpfe des Jahres 1848 als **Gefängnis**, in dem ungarische Politiker, Verfechter der nationalen Unabhängigkeit wie *Lajos Kossuth* und *Graf Lajos Batthyány* sowie Schriftsteller wie Mihály Táncsics und Mór Jókai eingekerkert waren.

Die früheste Bebauung des Grundstücks erfolgte während der ersten Besiedlung des Burgbergs. Hier, im nördlichen Gebiet der Bürgerstadt, lag eine vermutlich als Residenz der Königin dienende ›Magna Curia‹, der **Kammerhof**. Grabungen der letzten Jahrzehnte bestätigten die Existenz eines nach 1243 errichteten Gebäudes, zu dem eine Martinskapelle und – für das Jahr 1255 urkundlich überliefert – auch die königliche Münze gehörten.

Bevor die Straße umbenannt wurde hieß sie jahrhundertelang *Judengasse*, ein Hinweis darauf, dass dieser sehr alte Teil des Stadtviertels eng mit der Geschichte des jüdischen Bürgertums in Ungarn verbunden ist. König Béla IV. gewährte den jüdischen Einwohnern Budas bereits in einem 1251 erlassenen Freiheitsbrief eine Reihe bedeutsamer Privilegien, etwa die **freie Religionsausübung**, das Selbstbestimmungsrecht bei der Ernennung von Rabbinern und Richtern sowie die Erlaubnis zum Handelsbetrieb.

Die Juden ihrerseits trugen als gute Steuerzahler zur Vermehrung der Einnahmen der Staatskasse beträchtlich bei. Sie wohnten im Südwesten der Burg, in der Umgebung des Fehérvárer Stadttors und bauten dort 1307 eine erste **Synagoge**. Ludwig I. von Anjou vertrieb 1360 die Juden aus der Stadt. Als die Verbannten 1364 zurückkehren durften, wurde ihnen der nordöstliche Teil des Burgviertels, entlang der heutigen Mihály-Táncsics-Straße, zugewiesen. Das jüdische Getto erstreckte sich bis zur Stadtmauer am Wiener Tor (*Becsi kapu*) und war stadteinwärts durch ein Holzgatter abgegrenzt. Zwischen den Keller-, Erd- und Oberge-

Bürgerliche Pracht – die Stadtpaläste der Mihály-Táncsics-Straße

schossen der einzelnen Gebäude gab es für den Fall der Verfolgung ein weit verzweigtes Netz von Fluchtgängen. In den Zeiten des wirtschaftlichen und finanziellen Aufschwungs der Stadt – so unter König Matthias – lebten die Juden in Buda ruhig und geachtet. Auch die Türken zeigten sich ihnen gegenüber in religiösen Angelegenheiten und kaufmännischen Aktivitäten durchaus tolerant.

Nur in diesem Kontext ist zu verstehen, dass der 2. September 1686, an dem Buda von den vereinten christlichen Heerscharen zurückerobert wurde, zu einem schwarzen und blutigen Tag für die seit nahezu einem halben Jahrtausend in Ungarn lebenden Juden geriet.

Durch den Torgang des ehem. Zichy-Palastes in der **Táncsics Mihály utca 23** gelangt man in einen kastanienbaumbestandenen Garten. Auf diesem Grundstück erbaute die jüdische Gemeinde 1461 ihre *Große Synagoge*. Fragmente dieses spätgotischen Bauwerks – einer zweischiffigen gewölbten Halle nach dem Vorbild der großen Regensburger Synagoge – wurden 1964 ausgegraben. Die gefundenen Pfeilerfragmente und der Schlussstein der Großen Synagoge sind Schaustücke im Hof **Táncsics Mihály utca 26**. Im Innenhof dieses barocken Gebäudes werden Architekturfragmente einer zweiten, etwas weiter nördlich gelegenen *Synagoge* ausgestellt. Das Haus befand sich bereits gegen Ende des 14. Jh. im Besitz der Präfektenfamilie Mendel; der urkundlich überlieferte Name Isaak Kleinmendels führt zu der Benennung ›Kleinmendelhaus‹. Über Jahrhunderte hinweg war es Gebetshaus, Pfandleihe und Gefängnis. Den im Erdgeschoss liegenden Saal teilen gotische Pfeiler in drei gewölbte Räume. Aufgrund des türkischen Charakters der an der Wand freigelegten grafischen Darstellungen und der hebräischen Inschriften aus dem 17. Jh. wird angenommen, dass das **Kleinmendelhaus** während der Türkenzeit von der syrisch-sephardischen Gruppe der Budaer Juden als Bethaus genutzt wurde. Etwa ein Drittel der 75 jüdischen Familien, die ein türkisches Register im Jahr 1547 als Einwohner von Buda verzeichnet, hatten die Türken zusätzlich als Flüchtlinge aufgenommen, sie unterschieden sich in ihrer Glaubensrichtung von den alteingesessenen aschkenasischen Juden. Dies erklärt auch die Existenz zweier Synagogen im Judenviertel zu Buda.

Das **Historische Museum der Stadt Budapest** nutzt das **Mittelalterliche Jüdische Gebetshaus** (Mai–Okt. Di–So 10–18 Uhr), um das Leben und die *Geschichte der Budaer Juden* aufzuzeigen, im Gewölbe südlich des Torgangs sind Grabsteine der jüdischen Friedhöfe der Stadt aus dem Mittelalter und aus der Türkenzeit zu sehen.

15 Mihály-Babits-Promenade
Babits Mihály sétány

Historische Gasse hinter der nördlichen Burgstraße.

Zwischen den Häusern Táncsics Mihály utca 17 und 21 führt die Babits köz zu einem **Aussichtspunkt**, der einen prachtvollen Blick auf die Budapester Stadtlandschaft bietet. Der Weg endet in südlicher Richtung als Sackgasse – ein Eisentor versperrt den Zugang zum Privatgrundstück der Erdély-Bastei und der ehem. königlichen Kurie; nach Norden gelangt man direkt auf die Wiener-Tor-Brücke. Dieser Teil der Burgbefestigung zählte zu den einst am meisten umkämpften Bereichen des Areals. Die heute meist von Diplomaten bewohnten Häuser stehen zu einem Großteil auf den Mauern zerstörter mittelalterlicher Bauwerke.

TOP TIPP Unterhalb der Burgmauer lädt die gepflegte Anlage des **Europaparks** zum Verweilen ein: Bürgermeister europäischer Hauptstädte pflanzten hier 1972 – zum 100. Jahrestag der Vereinigung von Buda, Pest und Óbuda – jeweils einen für ihr Land typischen Baum als Symbol friedlichen Wachsens und Gedeihens. Im Burgpark sind auch bildhauerische Werke aufgestellt.

16 Wiener-Tor-Platz
Bécsi kapu tér

Entree zum Burgviertel.

M 2 bis Moszkva tér, von dort mit Burg-Bus

Die eindrucksvollste Ansicht auf die *barocke Platzanlage* mit dreieckigem Grundriss bietet sich von der Plattform der Wiener Torschanze aus. Eingriffe in die Intimität und Geschlossenheit der Ensemblewirkung durch die Platzbebauung um die Wende zum 20. Jh. fallen von hier aus am wenigsten störend ins Auge: rechts das wuchtige neoromanische Gebäude des Ungarischen Staatsarchivs (1915–18), links die neoklassizistische Evangelische Kirche (1896), in deren Sakristei sonntags auch Gottesdienste in deutscher Sprache stattfinden. Das **Wiener Tor** (*Bécsi kapu*) entstand 1936, im Jahr der 250. Wiederkehr der Befreiung Budas von der Türkenherrschaft, nach Plänen von Jenő Lechner. An dieses Ereignis erinnert hier außerdem eine *Denkmalskulptur* von Béla Ohmann aus demselben Jahr. Zur Entstehungszeit der befestigten Stadt im 13. Jh. stand hier das ›Samstagstor‹, so benannt nach dem allsonnabendlich abgehaltenen Wochenmarkt. Später hieß das Tor des nahen Gettos wegen ›Judentor‹, die Bezeichnung ›Wiener Tor‹ ist zuerst für das 1896 abgerissene nördliche Haupttor aus dem 18. Jh. bezeugt.

Glanzpunkt des Wiener-Tor-Platzes ist die in ihrer Zurückhaltung auf aparte Schatteneffekte setzende *Spätbarockarchitektur* an seiner Westseite.

Ein Schmiedemeister namens János Pál Lobner ließ sich um 1780 das **Lobner-Haus (Nr. 5)** mit Rokokogirlanden an der Fassade und breiter Toreinfahrt bauen. Den Eintretenden überrascht ein *Treppenhaus* im Zopfstil und die eigenwillig unbekümmerte Atmosphäre eines typischen Budaer *Innenhofs* mit Freigang am Obergeschoss.

Schutzpatron des **Hauses Nr. 6** ist der 1729 heilig gesprochene Johannes Nepomuk, der wegen seines Todes in der Moldau auch als ›Brückenheiliger‹ bekannt ist. Seine *Statue* steht seit dem letzten Viertel des 18. Jh. in einer Nische zwischen den Fenstern des 1. Obergeschosses. Vom Vorgängerbau aus dem 15. Jh. blieb das gotische *Gewölbe* im Torgang erhalten.

Der überaus prächtige zweigeschossige Wohnpalast **Haus Nr. 7** entstand 1807.

An der Fassade zeigen die klassizistischen *Medaillons* Bildnisse der antiken Dichter Vergil, Cicero, Sokrates, Quintilian und Seneca. Sie sind wohl ebenso wie die allegorischen Motive auf den Reliefplastiken über den Obergeschossfenstern als humanistisches Bekenntnis des Piaristenpriesters József Grigely zu werten, dem das Haus zu seiner Entstehungszeit gehörte.

Einem verdienstvollen Erneuerer der ungarischen Sprache, dem Literaten Ferenc Kazinczy (1759–1831), ist der 1931 von János Pásztor geschaffene, antikisierende **Brunnen** auf dem Wiener-Tor-Platz gewidmet, der in seiner Formensprache sehr schön mit dem beschriebenen Haus korrespondiert.

Das klassizistische **Wohnhaus Nr. 8**, das der Budaer Baumeister Mihály Weixelgärtner 1824 fertig stellte, verdankt seinen besonderen Reiz seiner illusionistischen *Fassadenbemalung* am Mezzanin und am Eckerker. Bei einer umfassenden Restaurierung im Jahre 1959 entdeckte man spätgotische Bausubstanz im Erdgeschoss, in der Toreinfahrt und an den Fensterrahmen.

17 Fortunastraße
Fortuna utca

Einer der vier in Nord-Süd-Richtung parallel verlaufenden Straßenzüge in der ummauerten Bürgerstadt.

Um 1400 wohnten in dieser Straße französische Handwerker, die für König Sigismund am Bau der königlichen Burg und der Liebfrauenkirche arbeiteten. Das heutige Straßenbild wird weitgehend von einem klassizierenden Barock geprägt. Bestimmend für die **Ensemblewirkung** ist die warme Farbigkeit der meist mit der Traufseite zur Straße stehenden Häuser. Neben der optischen Fassadengliederung durch Mittelrisalite und Lisenen vermögen die Gebäude durch handwerklich geschickt ausgeführte Zutaten

Wiener-Tor-Platz: ein Blickfang ist die neoklassizistische Evangelische Kirche

Eine Kutschfahrt ist die gemütlichste Art, das Burgviertel kennen zu lernen – die Fiaker fahren auch durch die Fortunastraße

wie Stuckrosetten, Blattgirlanden und Wappen zu erfreuen.

Über drei mittelalterlichen Häusern – von einem blieben im Torgang mehrere gotische Sitznischen erhalten – wurde um 1700 ein dominantes Eckgebäude, **Haus Nr. 4**, errichtet, das 1784 von der Budaer Stadtverwaltung zur Nutzung als Hotel und Gasthof gekauft wurde und den Namen ›Fortuna‹ erhielt. Die Räume des Erdgeschosses sind seit 1966 als **Ungarisches Handels-** (rechts) und **Gastgewerbemuseum** (links, beide Mi–Fr 10–17, Sa/So 10–18 Uhr) zugänglich. Zu den Attraktionen der Sammlung gehört die Originalausstattung einer Budaer Konditorei von 1870. Im Konditorgewerbe benötigte Geschirre und Geräte sind in Vitrinen ausgestellt und geben einen Einblick in traditionelle Methoden des Honigkuchenbackens wie der Parfait- und Schokoladenherstellung. Imposant ist die Auswahl an Gussformen für Osterhasen von bis zu einem halben Meter Höhe! Ein Meister seines Metiers war János Rorarius, dessen aus Zucker gegossene Nachbildung der Fischerbastei auf einer Ausstellung 1937 einen silbernen Ehrenkranz erhielt. Im *Handelsmuseum* werden genussvolle Verlockungen aus der Zeit der österreichisch-ungarischen Monarchie auf Werbeplakaten und am Beispiel eines Schokoladen-Karamel-Automaten der Firma Stollwerck von der Wende zum 20. Jh. vorgeführt.

18 Parlamentsstraße
Országház utca

Spuren des mittelalterlichen Buda.

Die Straße erhielt ihren Namen nach einem am nördlichen Ende gelegenen Spätbarockbau, dem **Haus Nr. 28:** Der einstige Trakt eines Klarissenklosters wurde nach der *Ordensauflösung* zwischen 1783 und 1807 baulich umgestaltet und fortan als Sitz des *ungarischen Landtags* genutzt. Im repräsentativen, vom Charakter des Empire geprägten Sitzungssaal dieses ehem. Parlamentsgebäudes veranstaltet die Akademie der Wissenschaften heute ihre großen internationalen Kolloquien.

Da in diesem nördlichen Teil der in den Dísz tér mündenden einstigen **Hauptstraße** des alten Buda im 15. und 16. Jh. vor allem Kaufleute, Baumeister und Künstler aus Florenz wohnten, nannte man die Straße auch ›Olasz utca‹ (Italienische Straße).

Schöne Beispiele der ›Italienischen Phase‹ sind die Häuser Nr. 18, 20 und 22. **Haus Nr. 18** bewahrt bis heute seine Fassadengestaltung aus dem 15. Jh. Es besitzt einen geschlossenen Erker und drei spätgotische Fenster, von denen zwei rekonstruiert sind. Zu den Geschäftsräumen im Erdgeschoss gelangte man durch ein kunstfertig gemeißeltes *Portal* und eine spätgotisch eingefasste Tür.

Auch die gotischen Mauern des Ende des 14. Jh. errichteten Nachbarhauses **Nr. 20** haben die Wirren der Budaer Burggeschichte relativ unbeschadet überstanden. Neben dem Torweg mit Tonnengewölbe und vier von Kleeblattarkaden eingefassten *Sitznischen* ist ein Gelass mit gotischem Kreuzgewölbe erhalten geblieben. Die barocke Fassadengestaltung ist eine Zufügung aus dem Jahre 1771. Innenhof und Weinkeller werden seit 1993 vom Restaurant ›Vörös Ördög‹ (Roter Teufel) genutzt.

Als architektonische Besonderheiten blieben vom **Haus Nr. 22** aus dem 15. Jh. die den Erker stützenden *Konsolen* und die gemauerte Rahmung des Eingangsportals erhalten. Das Gewölbe in der Kragsteinarchivolte schmückt ein *Sgraffito-Ornament* – der einzige Beleg für diese in der Renaissance an Budaer Häusern sehr beliebte Dekorationsform. Der mittelalterliche Ursprungsbau besaß sicher wesentlich mehr als nur zwei Kragsteine, denn das gesamte Obergeschoss ragte in Erkertiefe in die Straße hinein. Das Jahr, in dem die mit barocker Stuckornamentik geschmückte Fassade entstand, ist an der Erkerbrüstung verewigt: 1751 steht da zu lesen.

Als nationale Eigentümlichkeit und kostbares Kleinod mittelalterlicher Baukunst sind, nur ein paar Schritte weiter nördlich, im Torgang des **Hauses Nr. 9**, reich mit spätgotischem Blendmaßwerk ausgestattete *Doppelsitznischen* erhalten. Dass dieser ehemals zweistöckige Palast mit einem geräumigen Speisesaal im 1. Stock von König Sigismund zwischen 1389 und 1427 einem verbündeten

◁ *Der Dreifaltigkeitsplatz bildet das Herzstück des Burgbergs*

Despoten, dem serbischen Fürsten István Lázárevics, geschenkt wurde, ist auf einer an der Fassade angebrachten *Gedenktafel* nachzulesen.

›Alabárdos‹ (Hellebardier) heißt die Gaststätte im zweigeschossigen, 1960 renovierten Gebäude (**Haus Nr. 2**) mit schöner frühklassizistischer Fassade. Der Kern des Baukörpers wird in die Anfangszeit der Burgbergbesiedlung (2. Hälfte des 13. Jh.) datiert. In der Regierungszeit König Sigismunds entstand hier ein **repräsentativer Palast** im Zeichen der internationalen Gotik. Doch wie in vielen anderen Fällen auch, blieben von diesen Hochleistungen der Baukunst in Buda am Anfang des 15. Jh. nach der Türkenherrschaft nur Fragmente erhalten: maßwerkverzierte *Spitzbogensitznischen* zu beiden Seiten des tonnengewölbten Torgangs, das Erdgeschoss des Hofflügels mit den großzügig angelegten, von achteckigen Pfeilern getragenen *Arkaden* sowie ornamentale *Wandmalerei* im 1. Obergeschoss des Gebäudes. Unter dem Hof liegen unterirdische *Gelasse* mit Tonnengewölben, Felsengängen und einem Höhlenkeller mit Brunnen. Der Umbau des ursprünglichen Kellersystems und die Wiederaufstockung des Hauses erfolgten in den Jahren nach 1700. Weitere 100 Jahre vergingen bis zum Anbau des *Säulengangs* am Obergeschoss der Hofseite und zur Neugestaltung der Straßenpassage.

19 Dreifaltigkeitsplatz
Szentháromság tér

Beliebte Sehenswürdigkeiten wie die Fischerbastei und die Matthiaskirche lassen diesen Platz zu jeder Jahreszeit zum turbulenten, folkloristischen Herzstück des Burgbergs werden.

Der Dreifaltigkeitsplatz wird im Osten von der *Matthiaskirche* und im Norden vom wuchtigen neogotischen Gebäude des ehem. Finanzministeriums, in dem heute das *Neue Ungarische Zentralarchiv* untergebracht ist, begrenzt. Im Westen schließt das **moderne Eckhaus** der Architekten György Jánossy und László Laczkovich aus dem Jahre 1981 die Platzfassade ab. Der Zuschnitt des Daches, die kleinteilige Fensterfront, die Betonung der Vertikalen und die Absätze in der Fassadengliederung sollen an die mittelalterliche Parzelleneinteilung und an die einstigen Bauwerke erinnern. Daneben nimmt an der Westseite des Platzes die Szentháromság utca ihren Anfang, flankiert vom *Alten Rathaus zu Buda*. Im Süden verliert sich die Einfassung des Platzes in einer kleinen Parkanlage.

Das Zentrum des Platzes wird seit nahezu drei Jahrhunderten durch eine **Dreifaltigkeitssäule** markiert, die 14 m in die Höhe ragt. Die Pestsäule, zwischen 1710 und 1713 von den Überlebenden der Seuche von 1709 gestiftet, wurde von dem Würzburger Bildhauer Philipp Ungleich entworfen. Wappen, Heiligenfiguren, Engelsköpfe und zuoberst auf dem Kranzgesims die Dreifaltigkeitsgruppe – Christus mit dem Kreuz, Gottvater und die Taube als Symbol des Heiligen Geistes im Strahlenkranz – schmücken einen sechseckigen, auf einen Stufensockel gestellten Obelisken.

Himmlische Figurengruppe: Die Dreifaltigkeitssäule auf dem gleichnamigen Platz wurde von Überlebenden der Pest von 1709 gestiftet

Die ungarischen *Wappen* und *Reliefs* am Pfeilersockel der 1967 und 2006 restaurierten Dreifaltigkeitssäule sind eine bildhauerische Leistung von Antal Hörger (1713). Sie zeigen König Davids Flehen um die Vergebung seiner Sünden und das Ende der Pest, das Grauen der verheerenden Seuche und die Errichtung der Dreifaltigkeitssäule selbst.

20 Altes Rathaus zu Buda
Régi budai városháza

Barockbau mit dekorativem Erker.

Szentháromság utca

Das Alte Rathaus ist mit der jüngeren Geschichte Budas, als sich die Stadt nach der Vertreibung der Türken allmählich zur Beamtenstadt österreichischer Prägung entwickelte, eng verbunden. Von der ersten **Ratssitzung** 1710 an bis zur Vereinigung der drei Städte Buda, Óbuda und Pest im Jahre 1873 diente das Gebäude als Rathaus. Heute ist hier das *Institut für Sprachwissenschaften* der Ungarischen Akademie der Wissenschaften untergebracht.

Der zweigeschossige **Barockbau** grenzt an drei Straßen und umschließt zwei Innenhöfe. *Venerio Ceresola*, kaiserlicher Hofarchitekt, nutzte bei der Umsetzung seiner Baupläne zwischen 1702 und 1710 die allerdings nur spärlich erhaltene gotische Bausubstanz von fünf **Vorgängerbauten** einschließlich des mittelalterlichen Rathauses. Die Bauplastik des 1723 ausgebrannten und ein Jahr später wieder hergestellten *Erkers* an der Ecke zum Dreifaltigkeitsplatz trägt die Handschrift des Bildhauers Franz Josef Barbier.

Zwischen 1770 und 1774 erweiterte der damalige oberste Budaer Stadtbaumeister, Matthäus Nepauer, das ehrwürdige Amtsgebäude. Der zuvor lediglich eingeschossige Westflügel des Rathauses zur Úri utca wurde aufgestockt und dem Ostflügel angeglichen. Das **Treppenhaus** erhielt eine doppelläufige Treppe mit Balustrade.

In der Lünettennische an der Ecke zum Dreifaltigkeitsplatz fand 1928 die Statue der *Pallas Athene*, ein Werk von Carlo Adamis, einen neuen Platz. Die in lange Gewänder gekleidete Sitzfigur trägt Sandalen, einen Helm und ein Schild mit dem Budaer Stadtwappen, welches die griechische Göttin der Wissenschaften und Künste zugleich als Schutzpatronin der Stadt ausweist.

Im Jahr 1785 hatte der aus dem italienischen Ort Como stammende Bildhauer Carlo Adamis seine Athena-Skulptur, ein Auftragswerk des Stadtrats von Buda, für einen rötlichen **Marmorbrunnen** an der Südwestseite des Dreifaltigkeitsplatzes beendet. Bereits König Matthias Corvinus hatte für diesen Brunnen sauberes Wasser von den Quellen der Budaer Berge in die Stadt leiten lassen. Ende des 19. Jh. riss man den Brunnen ab, und die Skulptur der Pallas Athene gelangte vorübergehend in Privatbesitz. Nach ihrer neuerlichen öffentlichen Aufstellung am alten Rathaus setzten ihr Krieg und Umweltschäden so zu, dass sie im Jahr 1965 durch eine Kopie ersetzt werden musste.

Süße Kreationen

Budapest, Stadt der **Konditoreien** und **Kaffeehäuser** – ein Aufenthalt in der Donaumetropole wird nicht ausreichen, um sich durch das Angebot an feinen und auch üppigen Backwaren zu schlemmen, wie lange man auch bleiben mag. All die süßen, unwiderstehlichen Kreationen wurden in der Hoch-Zeit der Budapester Konditoreikunst im 19. Jh. komponiert, als man Kalorienbomben noch genussvoll schwelgend und ohne Reue verzehrte. Hauchdünne **Gundel-Palatschinken** mit einer cremigen Nuss-Rosinenfüllung werden in Rum getränkt mit Schokoladensoße übergossen und flambiert. **Somlóer Nockerln**, ein mit dickflüssiger Marmelade gefüllter Nussbiskuit, servierte man mit einer Sahnehaube. Ein weiteres Gebäck, **Rigó Jancsi**, wurde nach einem berühmten ›Zigeuner‹-Primás benannt, der um die Wende

vom 19. ins 20. Jh. die Frau des belgischen Fürsten Chimay, Tochter eines amerikanischen Millionärs, entführte und schließlich heiratete. So wie einst durch diese Aufsehen erregende Geschichte ist Rigó Jancsi dank seiner süßen Kreation aus Eiern, Schlagsahne, Schokolade und Aprikosenkonfitüre noch heute gewissermaßen ›in aller Munde‹.

Schlemmerorgie auf Budapester Art – üppige Auslagen in der Konditorei Ruszwurm

21 Konditorei Ruszwurm
Ruszwurm cukrászda

TOP TIPP *Konditorei und Biedermeiercafé mit langer Tradition.*

I., Szentháromság utca 7
Tel. 1/375 52 84
www.ruszwurm.hu
tgl. 10–19 Uhr

Rechtwinklig zu den langen, parallelen Nord-Süd-Straßen des Burgviertels verlaufend und auf den Haupteingang der Matthiaskirche ausgerichtet, stellt die Szentháromság-Straße eine Verbindung zwischen der östlichen und der westlichen Festungsmauer des Burgplateaus dar. Während des Zweiten Weltkriegs wurden viele Häuser dieser Straße schwer beschädigt. Dem Rathaus gegenüber bewahren zwei Häuser mit schlichten Barockfassaden – die Gebäude Nr. 5 und Nr. 7 – ihren mittelalterlichen Baukörper sowie Fundamente, Keller, gotische Türrahmen und tonnengewölbte Torgänge mit *Sitznischen* vom Anfang des 14. Jh. Bereits im Mittelalter befand sich im Haus Nr. 7 eine Lebkuchenbäckerei. Die bis heute betriebene kleine **Konditorei** ist ein Kind der Budaer Biedermeierzeit und besteht seit 1827. 1890 wurde sie von Vilmos Ruszwurm übernommen, welcher nicht nur das Rezept viel gepriesener Cremeschnitten, sondern auch eine gemütliche Kaffeehauseinrichtung mit Fayenceofen und vom Budaer Tischlermeister Krautsiedler angefertigte Empiremöbel hinterlassen hat. Rechts in der Vitrine neben dem Kuchenbuffet des Verkaufsraums erhält der Gast einen interessanten Einblick in Zeitgeschmack und Verpackungsgeschichte von Konditoreiwaren anhand liebevoll gesammelter Geschenkdosen und Tortenschachteln.

22 Reiterstandbild des András Hadik
Hadik András lovas-szobra

Husarenherrlichkeit hoch zu Ross.

Úri utca/Szentháromság utca

Vor dem Westflügel des alten Rathauses, an der Kreuzung zur Szentháromság utca, verbreitert sich die Úri utca und bietet seit 1937 einem **Denkmal** Platz, das die Straße gleichsam in einen nördlichen und einen südlichen Abschnitt unterteilt. Das Reiterstandbild ist ein Alterswerk des ungarischen Bildhauers *György Vastagh d. J.* (1868–1946) und erinnert an das Dritte K.u.K. Husarenregiment von Arad. Frühere Angehörige des 1702–1918 bestehenden Regiments stifteten es ihren gefallenen Kameraden, deren Namen ein in den Marmorsockel eingelassenes Glasgefäß bewahrt. Die künstlerische Konzeption ist von der italienischen Grabmalplastik beeinflusst, besonders den Reiterdenkmälern des Quattrocento. In dem hoch zu Ross sitzenden Reiter ist posthum jener legendäre Budaer Stadtkommandant András Hadik (1710–1790) porträtiert, den die ungarische Königin Maria Theresia vom Husaren in den Rang eines Feldmarschalls erhob. Zum Namenstag seiner Königin am 15. Oktober 1757 jagte dieser der Regierung Friedrichs II. einen Schrecken ein, indem er mit seinen Husaren die Hauptstadt Berlin für 24 Stunden besetzte. Als Beweise sandte er anschließend sechs preußische Fahnen und ein Dutzend Paar mit dem Berliner Stadtwappen bestickte Damenhandschuh an Maria Theresia nach Wien.

23 Herrenstraße
Úri utca

Die längste und feudalste Straße des Burgviertels durchzieht die gesamte Bürgerstadt in Nord-Süd-Richtung.

Reste der Pflasterung, erschlossene Kellergewölbe und viele gut erhaltene Mauerteile sowie **Torgänge** weisen in das 13. Jh. als Entstehungszeit dieser schmalen Straße. Ende des 14. und Anfang des 15. Jh., als *König Sigismund* Buda durch seine ständige Anwesenheit de facto in den Rang der Hauptstadt des Deutsch-Römischen Reiches erhob, ließen hier Vertreter des ungarischen Hochadels und der Kirche, aber auch vermögende Kaufleute **Stadtpaläste** erbauen. Viele der Häuser mit Ladenfenstern im Erdgeschoss gehörten deutschen Tuchhändlern, die als Hoflieferanten vor allem Veroneser und Nürnberger Tuche vertrieben.

Durch eine **Brücke** ist das **Haus Nr. 19** mit dem südlichen Nachbarhaus Nr. 17 verbunden. Es ist in dieser Art die einzige erhaltene, für das Stadtbild des mittelalterlichen Buda durchaus charakteristische Brücke. Der schmale Durchgang trägt den Namen ›Balta köz‹ (Beilpassage), zwei mittelalterliche Fensteröffnungen und Schießscharten durchbrechen die Rohsteinmauer. Am Passageneingang sind – zu **Haus Nr. 17** gehörend – die feingefasste *Konsole* eines Erkers und die aufgemalte *Mauerquadrierung* vom Ende des 14. Jh. zu sehen. Der Zugang zum Haus erfolgt von hier aus über einen Gartenhof. Efeuumrankt steht an der Grundstücksmauer ein aus Marmorfragmenten der Gotik und der Renaissance zusammengebauter *Zierbrunnen*, an dem einige Details – wie die feingemeißelten, sich um den Mittelfuß lagernden Löwen oder die Wasser speienden Putti – unverkennbar an die hohe Qualität und florentinische Formensprache der **Steinmetzwerkstatt** unter Chimenti Camicia (1479–91) in Buda erinnern.

Reiterstandbild des András Hadik, Feldmarschall in der Armee Maria Theresias

Unterirdisches Museum – Labyrinth mit Tropfsteingebilden, Brunnen und Höhlenzeichnungen

Unterhalb von **Haus Nr. 9** beginnt ein sich über etwa 10 km erstreckendes netzartiges System von Felsengängen, unterirdischen Brunnen, natürlichen Karsthöhlen und vor rund 700 Jahren angelegten Kellern in unterschiedlichen Tiefen. Etwa ein Achtel des **Budavárer Labyrinths** (Tel. 1/489 32 81, www.labirintus.com, tgl. 9.30–19.30 Uhr) kann besichtigt werden. Während der Führungen hört man von dem lebensrettenden Schutz, den die Höhlen der Bevölkerung in Zeiten der **Belagerung**, der Kriege und Katastrophen boten, sowie von deren militärstrategischer Nutzung unter der osmanischen Herrschaft und während der Nahkämpfe Ende des Zweiten Weltkriegs. Manche Gruselstory kursiert, wie jene von den weiblichen Knochenfunden in einem Brunnen, die zeigen, wie sich Sultan Suleiman der Damen entledigte, derer er überdrüssig geworden war. Damit die Besichtigung zwischen den tropfnassen Felswänden (Luftfeuchtigkeit 90 %, Temperaturen um 15 °C) nicht als feucht-kühles, sondern eher als feucht-fröhliches Erlebnis in Erinnerung bleibt, bietet gleich am Eingang ein *Weinkeller* die Möglichkeit innerer Erwärmung. Die im Labyrinth gebotene ›Erlebnis-Freizeitkultur‹ umfasst inzwischen außerdem ein Teehaus, ein Kino sowie abendliche *Erkundungsgänge* (nach Vereinbarung) beim Schein der Öllampe.

Spannendes Ausflugsziel: Höhlen und Keller unterhalb des Burgviertels

Daneben gibt es das städtische Museum der **Burghöhle** (Eingang Dárda köz, Passage zwischen Országház utca und Úri utca, zur Zeit geschlossen). Bei einer Führung können etwa 1050 m des Höhlensystems besichtigt werden. Auf der unterirdischen Wanderung bis unter die Matthiaskirche sind urzeitliche Spuren und faszinierende Tropfsteingebilde zu sehen.

Das **Haus Nr. 31** wurde nach *Johannes Hölbling*, seinem ersten Besitzer nach der Türkenherrschaft, benannt. Die bauliche Kernsubstanz des Hauses, die Kellergewölbe und deren Zugang, sind auf Anfang des 14. Jh. datiert. Um 1440 wurde das eingeschossige Gebäude um zwei weitere Wohnetagen aufgestockt und mit einer **Fassade** verkleidet.

In der Toreinfahrt haben sich auch an diesem Gebäude *Sitznischen* erhalten. Aus der historischen Beschreibung eines ähnlichen hochadeligen Hauses gleicher Entstehungszeit weiß man in Bezug auf die Raumverteilung, dass im Erdgeschoss zur Straße meist ein Speisesaal lag, im 1. Obergeschoss das Wohnzimmer sowie Schlafräume mit Kaminen und im 2. Obergeschoss ein mit Wandmalerei geschmückter Raum sowie eine Kapelle. Das Hölblinghaus wurde nach 1945 teilweise rekonstruiert, wobei man die 1862 entstandene, stark beschädigte Fassade entfernte.

Am Torgang **Úri utca 40** sollte man auf keinen Fall einfach vorbei gehen, denn dieser gilt als einer der weiträumigsten und prachtvollsten im Burgviertel. Hinter der klassizistischen *Fassade* (um 1830) blieb originale Bausubstanz zweier gotischer Paläste mit einer lang gestreckten *Gartenanlage* aus dem 15. Jh. bewahrt. Von der reichen Ausstattung erhält man in der Toreinfahrt noch eine Vorstellung: Einem feinen steinernen Gespinst gleich sind die Rippen des *Kreuzgewölbes* mit dem bravourös gemeißelten, komplizierten Maßwerk der vielgliedrigen *Sitznischen* verbunden, wobei Lanzett-, Kleeblatt- und Kielbogenformen ineinander verschmelzen. Eines der mittleren Bogenfelder wurde als inneres Eingangsportal konstruiert.

Druckgrafik aus der Zeit vor der türkischen Eroberung überliefert eine architektonische Besonderheit im Erscheinungsbild der Stadt Buda: mehrere über die Hausdächer deutlich herausragende, jedoch nicht mit Kirchtürmen zu verwechselnde **Wohntürme** nördlich der Marienkirche. Ein einziger dieser Familientürme hat sich auf dem unterkellerten Hofgelände der **Úri utca 37** erhalten. Der zweistöckige, 16 m hohe Turm ist im alten Mauerkomplex noch recht gut auszumachen. Er entstand vermutlich im 14. Jh., aber einige Forscher setzen die Bauzeit bereits für das 13. Jh. an. Die Wohntürme dienten sowohl der Verteidigung als auch der Repräsentation. So wird angenommen, dass sich Machtkämpfe zwischen den führenden ungarischen und den zahlenmäßig überlegenen ausländischen Familien in Buda im Bau derartiger Befestigungstürme nach italienischem Vorbild manifestierten, in die man sich in Gefah-

Relikt einer vergangenen Zeit – mittelalterliche Sitznische im Tordurchgang des Hölblinghauses

Reich dekorierte Kaufmannspaläste schmücken die Herrenstraße: Abschluss eines Torbogens

renzeiten zurückziehen konnte. Das Konkurrenzverhalten der einzelnen Bauherren mag beim Wettstreit um den modernsten, komfortabelsten, sichersten oder auch höchsten Turm der Stadt eine nicht unwesentliche Rolle gespielt haben.

24 Maria-Magdalenen-Kirche
Magdolna templom

Beeindruckende Überreste der ersten Pfarrkirche für die ungarische Gemeinde von Buda.

I., Úri utca 55

Zweimal in ihrer 700-jährigen Baugeschichte wurde die Kirche auf das empfindlichste beschädigt: bei der Rückeroberung Budas 1686 und bei den Kämpfen gegen Ende des Zweiten Weltkriegs 1944/45. Nach der letzten **Zerstörung** entschied man sich für die Abtragung des barockisierten Langhauses und die Erhaltung des fünfgeschossigen **Westturms**, der 1984–86, im Zuge der Sicherung der Kirchenreste als Ruinengarten, rekonstruiert wurde.

Die in der Mitte des 13. Jh. erbaute einschiffige Basilika wird 1276 zum ersten Mal urkundlich erwähnt. Um 1400 ließen die ungarischen Einwohner Budas ihre Kirche zur dreischiffigen gotischen Hallenkirche mit abschließendem Chor umbauen. Fast ein Jahrhundert darauf wurde an der Westseite der mächtige, quadratische, von Außenwandpfeilern (Diensten) gestützte und in den beiden Obergeschossen als Achteck ausgebildete Turm vollendet, dem sich an der Nord- und Südseite jeweils eine *Sakristeikapelle* anschloss. Das die Wandfläche auflösende Stabwerk der spitzbogigen *Turmfenster*, das behutsam und mit bildhauerischem Gespür bearbeitete *Westportal* und die zu den beiden Seitenkapellen führenden Portale zeugen ebenso wie die feingemeißelten Rippen des *Sternengewölbes* im Erdgeschoss des Turms von einem aufwendigen Architektur-Auftrag. Zu Beginn der Türkenherrschaft wurde die Maria-Magdalenen-Kirche als einziges christliches Gotteshaus nicht in eine Moschee umgewandelt. Man gestattete den Protestanten, ihre Gottesdienste im Schiff, den Katholiken ihre im Chor der Kirche abzuhalten – bis 1596. Ab 1602 jedoch gaben die neuen muslimischen Benutzer ihr den Namen Fethije-Moschee (Siegesmoschee).

Des zerstörten Bauwerks nahmen sich vom Ende des 17. Jh. bis zu ihrer Ordensauflösung 1782 die Franziskaner an. Nur kurz war das ungarische Landesarchiv in dem inzwischen **barockisierten Gebäude** untergebracht, denn bereits 1790, nach dem Tod Josephs II., erfolgte eine neue Weihe und Bestimmung der Kirche als **Krönungsstätte**. In der Vorbereitung auf die Krönung von *Franz I.* zum König von Ungarn (1792) entwarf József Tallherr eine an den Westturm gebaute Empfangshalle im klassizierenden Spätbarock, wo man direkt mit der Karosse vorfahren konnte. Nachdem im Jahre 1817 Erzherzog Ferdinand von Österreich-Este, damals Generalkommandant in Ungarn, die Übergabe als ›Garnisonskirche‹ veranlasst hatte, trug die Kirche diesen letzten Namen bis zu ihrem Abriss. So betrachtet, mischen sich in die Geschichte der Maria-Magdalenen-Kirche manch dissonante Töne. Seit 1997 kann man den **Turm** der Kirche besteigen. Wer die Aussicht genießen will, sollte schwindelfrei sein, denn die 171 Stufen sind auf einer z. T. frei im Raum stehenden Wendeltreppe zu bewältigen.

25 Kriegshistorisches Museum
Hadtörténeti Múzeum

Kriegerisches aus vier Jahrhunderten.

I., Kapisztrán tér 2–4, Eingang Tóth-Árpád-Promenade 40
April–Sept. Di–So 10–18, Febr./März/Okt.–Mitte Dez. Di–So 10–16 Uhr

Von seinen mittelalterlichen Proportionen, die dem Platz an der Maria-Magdalenen-Kirche einst eine anheimelnde, geschlossene Atmosphäre verliehen und ihm zugleich durch die Mündung der wichtigsten Burgstraßen die Bedeutung eines zentralen Lebensnervs als *Markt-* und *Kirchplatz* der ungarischen Bevölkerung zukommen ließen, ist hier schon lange nichts mehr zu spüren. Die Gebäude des **Stadthauses vom I. Bezirk**, 1834 erbaut, 1876 erweitert und 1998 saniert, sowie die ehem. **Ferdinand-Kaserne**, seit 1938 als kriegsgeschichtliches Archiv und Museum genutzt, schließen nach Nordwesten das Burgviertel ab.

Zu den Versuchen, die Dimensionen des Platzes zu verbessern, gehörte im Jahr 1922 die Aufstellung des **János-Kapisztrán-Denkmals**, eines Werks von József Damkó (Sockel: Ernő Foerck). Der 1724 heilig gesprochene Franziskanermönch aus Italien – Giovanni Capistrano – handelte in päpstlichem Auftrag, als er Söldner für ein Kreuzheer gegen die Türken anwarb und auch persönlich 1456 in der Burg von Nándorfehérvár an der Seite

Mahnmal des Zweiten Weltkriegs – Turm der Maria-Magdalenen-Kirche

Den Freiheitskämpfen auf der Spur: Das Kriegshistorische Museum beleuchtet die ungarische Kriegsgeschichte des 17.–20. Jh.

János Hunyadis kämpfte. Der errungene Sieg ließ bekanntlich die osmanischen Eroberungspläne vorerst scheitern. Das Werk *József Damkós* steht in der bildhauerischen Tradition französischer Revolutionsdenkmale des 19. Jh. In naturalistischer Durchbildung und pyramidaler Komposition führt er den fahnetragenden, rosenkranzgegürteten Helden voll mitreißender Gestik vor Augen.

Sammlungsschwerpunkte des Museums: Objekte und historische Zeitdokumente zur ungarischen **Kriegsgeschichte** seit 1600, wobei die Zeit der Freiheitskämpfe von 1848/49, die Österreichisch-Ungarische Monarchie und der Erste Weltkrieg Akzente setzen. Wer sich für *Waffen* verschiedenster Gattungen vom türkischen Säbel über die spanische Schnapphahnpistole bis hin zum sardinischen Kanonenrohr interessiert, wird bei der Besichtigung sicher auf seine Kosten kommen. Die mit hoher Kunstfertigkeit ausgeführten *Kanonen- und Kampfwagen* sind auch vor dem Museum auf dem Esztergomer Rondell (als einem authentischen Kriegsschauplatz der Bestürmungen Budas in den Jahren 1686, 1849 und 1945) aufgestellt sowie im Museumshof, wo 1987/88 bei Grabungen eine Bastei aus dem 13. Jh. und Teile der Burgmauer ans Tageslicht kamen.

Die Vitrinen der *Numismatischen Sammlung* füllen Gedenkmedaillen, Plaketten, Abzeichen und hohen militärischen Orden (seit der Herrschaft Maria Theresias). Stolz der *Fahnensammlung* sind die Honvéd-Fahnen der Revolution von 1848/49 und die im Ersten Weltkrieg mitgeführten Truppenfahnen. Die *Uniformensammlung* zeigt als frühestes einheitliches Heeresgewand ein Kleidungsstück aus dem frühen 17. Jh. Unter den Ausstellungsstücken sind auch Uniformen der Ungarisch-Königlichen Landwehr (1868–1918) zu sehen.

26 Anjou-Bastei
Anjou bástya

Zeugnisse des nationalen Freiheitsdrangs der Ungarn wie auch ihres Respekts für den würdigen Gegner.

Nicht nur die Ausstellungsstücke des Kriegshistorischen Museums künden vom zähen Kampf der Ungarn um Selbstbestimmung und **Unabhängigkeit.** Besonders im Burgviertel stößt der Besucher immer wieder auf Hinweistafeln, die dem unbändigen nationalen Freiheitsdrang und der Genugtuung über errungene Siege im Kampf gegen die Fremdherrschaft Ausdruck geben. »Hier wehte erstmals nach 1½ Jahrhunderten am 27. Juli 1686 die ungarische Fahne« – ist in einen der Burgmauer aufliegenden Stein gemeißelt. An der Stelle, an der die Anjou-Bastei sich dem Wiener Tor nähert, markiert ein Metallzaun die Einstiegsstelle der Heiducken bei der **Rückeroberung** Budas. Etwa in der Mitte dieser alten, baumbestandenen Promenade, wo sich die Burgmauer rondellartig ausweitet, wurde auch dem Feind ein *Ehrenmal* gesetzt: »Der letzte Budaer Statthalter der 143 Jahre währenden türkischen Herrschaft, Wesir Abdurrahman Abdi Arnaut Pascha fiel in der Nähe dieses Ortes am Nachmittag des 2. Tages des Sommerendmonats 1686 in seinem 70. Lebensjahr. Er war ein heldenhafter Gegner, Friede sei mit ihm« – erzählen auf dem turbanbekrönten *Grabstein* eine ungarische und eine türkische Inschrift. Der bereits hoch betagte türkische *Burgkommandant* genießt die Verehrung der siegreichen Ungarn vor allem deshalb, weil er nicht feige die ihm eingeräumte Möglichkeit zur Flucht nutzte, sondern die Stellung hielt, bis zum Tod. Das bescheidene **Denkmal** wurde von dem Maler Kálmán Zsille entworfen. Auf der Anjou-Bastei, dem **Festungsabschnitt** zwischen dem Wiener Tor und dem Esztergomer Rondell, erlitten die Türken nach 75 schweren Belagerungstagen durch die Truppen der ›Heiligen Liga‹ die vernichtendste Niederlage ihrer Geschichte. In diesem von Norden her die Budaer Burg bestürmenden Heeresverband, welcher dem Feldherrn Karl von Lothringen unterstand, kämpften 15 000 Ungarn um die Befreiung ihrer Heimat.

Bescheidenes Grabmal – letzte Ruhestätte des letzten türkischen Statthalters von Buda

27 Árpád-Tóth-Promenade
Tóth Árpád Sétány

Herrlicher Ausblick von den früheren türkischen Bastionen.

Eine der türkischen Hinterlassenschaften in Budapest ist das bis heute gut erhaltene **Befestigungssystem der Burg**. Auch wenn der breite Spazierweg entlang der westlichen Basteimauer – der Árpád-Tóth-Promenade – heute im Wesentlichen eine denkmalpflegerische Leistung des ausgehenden 19. Jh. und jüngerer Sanierungen ist, so erinnert noch manches an den im 17. Jh. geprägten Festungscharakter. Aus der ›Langen Mauer‹ ragen vier **Bastionen** von halb- bzw. dreiviertelkreisförmigem Grundriss hervor: das Esztergomer-, das Veli-Bej-, das sog. Saure-Suppe- und das Fehérvárer-Rondell. Diese von Tortürmen flankierten Bollwerke waren die militärtechnische Antwort auf neue, veränderte Geschützsysteme in Europa.

Heute breitet sich hier beschauliche Stille aus, und die Vorbauten dienen als Aussichtsplätze mit grandiosem Rundblick. Vom **Esztergomer-Rondell** aus erkennt man in der Ferne den Aussichtsturm auf dem 529 m hohen Jánoshegy (Johannesberg), nach Süden zu folgen der Szabadsághegy (Freiheitsberg), der Sashegy (Adlerberg), der Naphegy (Sonnenberg) mit den Sendeanlagen des ungarischen Nachrichtendienstes MTI und schließlich der Gellértberg mit der Zitadelle. Rechts vom Johannesberg beginnt die Kette der Budaer Berge

Auf dem **Fehérvárer Rondell** erinnert eine **Reiterstatue** aus dem Jahr 1997 an Artur Görgey, einen der umstrittensten Feldherrn der ungarischen Geschichte. 150 Jahre lang galt Görgey – Rivale des ›Helden‹ Lajos Kossuth – als Verräter, nachdem er 1849 mit der dezimierten Armee vor den russischen Truppen, die Kaiser Franz Joseph I. bei Zar Nikolaus I. zur Niederschlagung des Freiheitskampfes in seinem Reich um Hilfe gerufen hatte, die Waffen gestreckt hatte.

Buda außerhalb der Burg – von römischen Thermen, türkischen Hamams und Jugendstilbädern

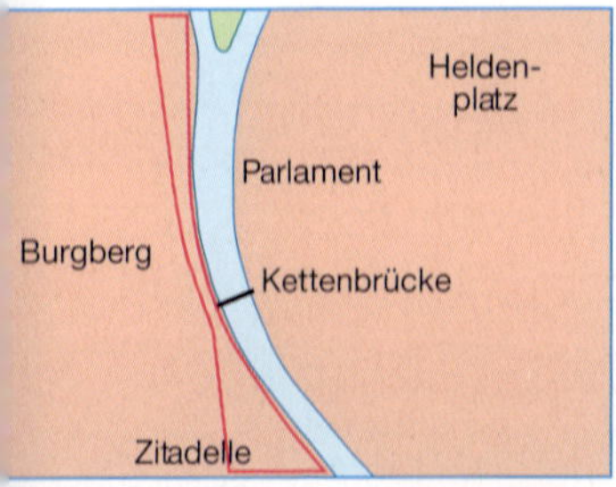

Budapest ist eine **Bäderstadt**. Einige der Quellen, die im Stadtteil Buda unterhalb des Burg- und des Gellértbergs aus der Erde sprudeln, wurden bereits von den Römern genutzt. In der Hochrenaissance ließ König Matthias sogar einen Tunnel zwischen dem Burgpalast und dem **Raitzen-Bad** (Rácz fürdő) bauen, durch den er jederzeit ins Bad gelangen konnte. Unter den Türken kam es Mitte des 16. Jh. zu einem wahren Bäder-Bauboom. Einige dieser Anlagen, darunter das **Kaiserbad** und das **Königsbad**, schätzen die Budapester noch heute. Zu Beginn des 20. Jh. entstand das berühmte **Gellértbad**, ein reich geschmückter, verspielter Bau des Jugendstils.

28 Kaiserbad
Császár fürdő

Türkisches Bad mit römischer Vorgeschichte mitten in Budapest.

II., Frankel Leó utca 35
Tel. 1/326 14 78
Mo–Fr 6–13.30, Sa/So 6-19 Uhr
Bus 60, 86

Die warmen Quellen des Kaiserbades, die bereits von den Römern genutzt wurden, markierten im 13. Jh. die nördliche **Stadtgrenze**. Später errichteten die Türken schöne Badehäuser. Das **Kaiserbad** wurde im 16. Jh. von *Sultan Suleiman II.* ausgebaut und war im 17./18. Jh. das beliebteste Bad Budas. Die außerordentlich reiche Architektur mit bequemen Bade- und Massageräumen und vor allem die *Heilquelle* haben Reisende stets zu Lobeshymnen veranlasst.

Nach Süden schließt sich der im Sommer auch für Konzerte genutzte **Hild-Hof** (**Hild udvár**) an, der eine Verbindung zum benachbarten **Lukácsbad** (Frankel Leó utca 25–29, Mo–Fr 6–19, Sa/So 6–17 Uhr) herstellt. Zu dessen weiträumiger, neobarocker Anlage gehören eine Trinkhalle, ein Freibad und ein historisches Dampfbad mit Heilwasserbecken. Besonderen Spaß bereitet das Baden im Innenhof-Pool.

TOP TIPP

Stilvolles Schwimmvergnügen im Gellértbad

29 Gül-Baba-Türbe
Gül Baba türbéje

Hier gedenkt man des türkischen Verwalters von Ungarn und genießt den Ausblick auf die Donau.

II., Mecset utca 14
Jan.–April tgl. 10–18, Mai–Sept. Di–So 10–18, Okt. Di–So 10–17, Nov./Dez. tgl. 10–16 Uhr
Straßenbahn 4, 6 bis Margit híd Budai hídfő, dann zu Fuß

Vom Budaer Brückenkopf der Margaretenbrücke führt die malerische Gül Ba-

Türkische Hinterlassenschaft: Am Rosenhügel fand Gül Baba seine letzte Ruhestätte

ba utca zum **Grabmal** des türkischen Verwalters von Ungarn, Gül Baba. Das Grabmal (Türbe) wurde zusammen mit einem Kloster zwischen 1543 und 1548 erbaut. *Gül Baba* gehörte zu den wenigen Türken, die in der Zeit der türkischen Herrschaft von den Ungarn geschätzt wurden. Ihm verdankt man der Legende nach die Einführung der *Rosenzucht*, was ihm den Namen ›Vater der Blumen‹ einbrachte. Bis zum Zweiten Weltkrieg war die Türbe islamischer Wallfahrtsort. Heute ist das Grabmal auf dem Rosenhügel ein Zeugnis *islamischer Kultur* mitten in Europa.

30 Batthyány-Platz
Batthyány tér

Jahrhunderte ungarischer Geschichte auf engem Raum: Türkenbad und Barockkirche, Markthalle und Metrostation.

M 2 bis Batthyány tér

Ein Besuch des Batthyány-Platzes lohnt nicht nur wegen seiner reizvollen Bauwerke, der Annenkirche oder des Königsbades. Hier ist noch anderes zu entdecken: Die **Markthalle** wurde nach Renovierung im Juli 2003 wieder eröffnet. Hinter den neu eingebauten Glastüren und -fenstern sind nun eine Bank und ein Italienisches Restaurant ansässig. Im Erdgeschoss gibt es Lebensmittel zu kaufen, in der ersten Etage findet man Elektro-, Sport- und Wäscheläden sowie eine Buchhandlung mit Internet-Café. Von einer Bar aus hat man einen besonders schönen Blick auf das Parlament jenseits des Flusses. Aber auch das **Donauufer** selbst bietet sich als Aussichtspunkt an.

Bereits im Mittelalter entstand unterhalb der königlichen Burg ein Stadtviertel, das im 18. Jh. überbaut und erweitert wurde. Die so genannte **Wasserstadt** (Víziváros) umfasst das Gebiet von der Fő utca (Király-Bad) bis zur Kettenbrücke, halbkreisförmig abgeschlossen von der heutigen Margit körút. Der Stadtteil erhielt seinen Namen durch die ständigen *Überschwemmungen*, die das Gebiet am Donauufer heimsuchten. Die Wasserstadt folgte in der sozialen Hierarchie gleich auf die Königliche Burg. Während ›oben‹ vor allem der Adel und die Beamten wohnten, ließen sich ›unten‹ bereits zur Türkenzeit *Händler* und *Handwerker* nieder. Der Wasserweg begünstigte den Handel und sicherte Zolleinnahmen. Die Bodenbeschaffenheit der umliegenden Hügel eignete sich vorzüglich für den Weinanbau, und der hier gekelterte Rebensaft erfreute sich großer Beliebtheit.

Die Türken nutzten im 16. Jh. etliche bereits bestehende Gebäude oder deren Fundamente aus dem Mittelalter und der Renaissance für ihre Bauprojekte. Zu den in dieser Zeit umgestalteten Gebäuden gehört die **Stiftskirche der Elisabethinerinnen** (Fő utca 30–32), die vor der türkischen Belagerung Teil eines Kapuzinerklosters war und im ausgehenden 16. und frühen 17. Jh. in eine *Freitagsmoschee* (Dschami) umgewandelt wurde. Nach

Eine der größten Markthallen Budapests steht am Batthyány tér. Seit ihrer Restaurierung im Jahr 2003 (hier noch im alten Zustand) dient sie als Einkaufspassage

Türkische Badekultur in Budapest – das Königsbad

Király fürdő – ein Besuch im türkischen Dampfbad

»In den türkischen Bädern in Buda wird man ausgezeichnet, zwar ein wenig seltsam, behandelt. Die Bader legen den Gast auf die Bank, stellen ihm den Fuß in den Rücken und massieren ihn mit der Bewegung des Fußes. Was eine vorzügliche Wirkung hat, besonders bei erschöpften Reisenden. Dann pressen sie einem die Arme nach hinten, lassen einen gründlich turnen. Schließlich packen sie den Kopf des Gastes und rucken ihn hin und her, sodass einem der Hals beinahe knirscht – all das schadet aber nicht, sondern tut einem sehr gut.«

Soweit die Erlebnisse des **Wolf Andreas Steinach**, die er 1583 in seinen ›Reisebeschreibungen‹ festhielt. Doch wie verläuft nun der Besuch eines traditionsreichen türkischen Bades für den »erschöpften Reisenden« von heute?

Nachdem man sich in der Umkleidekabine sämtlicher Kleider entledigt hat – es wird nach Geschlechtern getrennt gebadet – tritt man ein in eine wundersam **erhabene Sphäre**, in der man die Belange der irdischen Gegenwart für eine Weile vergisst.

Umgeben von dunkelrot-braunen **Marmorwänden** steigt man in das lauwarme Wasser des ersten Beckens, um danach, die Temperierung steigernd, durch einen niedrigen Eingang den großen, von schwerem Dunst erfüllten **Kuppelsaal** der ›Bade-Moschee‹ zu betreten. Das oktogonale mittlere Wasserbecken ist an der Innenseite von Marmortreppen umzogen, die zum Sitzen genutzt werden. Tageslicht dringt nur gefiltert, einem sternenübersäten Himmel gleich, durch die Kuppel. Das ständige Zufließen **frischen Wassers** – vereint mit dem Wortschwall der grüppchenweise kommunizierenden Badegäste – verursacht einen permanenten Geräuschpegel. Das seidige Wasser umspielt wohltuend den Körper, auch die Seele labt sich, und bald stellt sich **Schläfrigkeit** ein. Diesen Zustand nennen die Ungarn ›álmos‹ (schläfrig). Nach dem abschließenden Duschen begibt man sich in den Trockenraum, von dem aus man über eine Treppe hinauf in den Ruhesaal gelangt und die im Nebenraum arbeitenden **Masseure** belauschen kann, deren Fleisch-Beklopfen und -Beklatschen herüber dringt. Ob sie es aber noch so wie die Budaer Bader von 1583 halten, muss der Reisende mit etwas Mut selbst herausfinden.

dem Ende der türkischen Herrschaft ließ der Erzbischof von Esztergom 1703–16 hier wieder eine christliche Stätte errichten. Der anschließende *Hospitalbau* entstand im frühen 19. Jh.

In der Umgebung des Batthyány-Platzes verewigten sich die Türken ein weiteres Mal: im gut erhaltenen **Königsbad** (király fürdő, Frauen: Mo/Mi/Fr 7–18, Männer: Di/Do/Sa 9–20 Uhr) in der Fő utca 82–84 [s. S. 59]. Ab 1566 ließ der türkische Stadtverwalter Pascha Arslan das auch für damalige Verhältnisse kleine Bad unmittelbar an der Stadtmauer errichten. Vollendet wurde es 1570 unter seinem Nachfolger Mustafa Soloki. Es befand sich innerhalb der Mauern im Wohngebiet der Türken. Im Jahr 1827 ließ die damalige Besitzerfamilie König – die später ihren Namen ungarisch führte (Király) – nach Plänen von Mátyás Schmidt das sich anschließende *Gast- und Kurhaus* errichten. Im Hof befindet sich ein Trinkbrunnen, denn Wassertrinken ist ein wichtiger Bestandteil jeder Kur.

Das kleine Bad mit dem *oktogonalen Mittelbecken* und den rekonstruierten türkischen Türmen versteckt sich bescheiden zwischen den großen Wohnhäusern der lauten Hauptstraßen. Das stimmungsvolle Thermalbad, das kurioserweise keine eigene *Quelle* besitzt, sondern sein Wasser heute wie zur Türkenzeit durch eine Fernleitung aus dem Lukácsbad bekommt, ist auch an kalten Wintertagen eine Oase der Wärme und Behaglichkeit. Hier zu baden ist zu allen Jahreszeiten ein faszinierendes Erlebnis.

Nicht zu übersehen – die hohen, grazilen Türme der St.-Annen-Kirche

31 St.-Annen-Kirche
Szent Anna templom

Die schlanken Kirchtürme mit den charakteristischen Helmen sind bei Stadtwanderungen in Buda ein wichtiger Orientierungspunkt.

I., Batthyány tér 7
M 2 bis Batthyány tér

An der südlichen Seite des Batthyány-Platzes steht die schöne, zweitürmige Annenkirche mit dem ehem. Kloster, in dessen Erdgeschoss seit Mitte der 1970er-Jahre das sehr angenehme *Café* ›Angelika‹ untergebracht ist.

Die hochbarocke **Kirche** entstand 1741–61 nach Plänen der Baumeister *Matthäus Nepauer* und *Miklós Hamon,* die sich in ihrer Ausführung auf italienische Vorbilder stützten. Über dem Hauptportal sind Statuen der hll. Anna und Maria zu sehen, darüber das Stadtwappen von Buda und am Giebelgesims eine Engelsgruppe. Der **Innenraum** wird von dem prachtvollen *Baldachin-Altar* beherrscht, der als Skulpturengruppe Anna und das Marienkind zeigt. Wahrscheinlich ist der Altar um 1771–73 entstanden und, genauso wie die *Kanzel*, ein Werk des Budaer Bildhauers Carlo Bebo.

Die Wände wurden erst 1935 mit Kunststein verkleidet, aus dieser Zeit stammt auch das *Fresko* von Pál Molnár-C. und Béla Kontuly. Eine Besonderheit dieser Kirche ist ihr ovaler Grundriss, eine in Ungarn selten ausgebildete Bauform.

Verbindung zwischen dem Burgpalast und dem Donauufer – die Treppenanlage des Burggarten-Basars

32 Burggarten-Basar
Várkert bazár

Ehemals prachtvolle Treppenanlage der Budaer Burg.

I., Lánchíd utca
Bus 86, Straßenbahn 19

Zwischen dem Südabhang des Burgbergs und dem Gellértberg lag einst der stimmungsvolle Stadtteil **Tabán**, heute erstrecken sich hier ausgedehnte Parkanlagen. Das ›Bindeglied‹ zwischen Burg- und Gellértberg ist bereits um 1900 Sanierungsarbeiten zum Opfer gefallen; von dem einstigen Armenviertel sind lediglich die Pfarrkirche, das Raitzen-Bad (Rácz fürdő) und einige Wohnhäuser erhalten geblieben. Tabán galt als Handwerker- und Handelsstadtteil. Die Lage zur Donau bestimmte die Bevölkerungsstruktur, sie begünstigte durch den Schiffsverkehr den Handel und förderte das Handwerk.

Das **Raitzen-Bad** war einst die bevorzugte Thermalquelle von König *Matthias Corvinus*. Beschreibungen nach gab es einen Tunnel zwischen dem ursprünglichen Bad und der Burg, der dem König ungestörten Zugang zum Bad ermöglichte. Zur Zeit der ungarischen Hochrenaissance war er der wichtigste Förderer der Budaer Badekultur. Wegen Renovierungsarbeiten ist das Bad voraussichtlich bis 2008 geschlossen.

Der 1875–82 errichtete **Burggarten-Basar** gehört zu den imposantesten Arbeiten des Architekten Miklós Ybl. Die terrassenartige *Treppenanlage* sollte die königliche Burg mit dem Donauufer verbinden. Entlang der Treppen waren Geschäfte vorgesehen, an ihrem Fuß sollte ein Restaurant die Besucher einladen.

Vorbildhaft: Im Burggarten-Basar haben heute Bildhauerateliers Einzug gehalten

Ybl orientierte sich an Vorbildern der italienischen und französischen Terrassengestaltung, aber auch die Orangerie in Potsdam (1850–56) zeigt Ähnlichkeiten. Der heutige schlechte Zustand lässt nur schwach den einstigen *mediterranen Charakter* und Glanz der Anlage erahnen. Die Skulpturen der Balustraden fehlen, und in den ehem. Läden sind Bildhauerateliers untergebracht. Damit das Baudenkmal künftig genutzt und damit erhalten wird, hat die Stadt den Burggar-

Im Zeichen des Kreuzes: Seinen Versuch, Ungarn zu missionieren, bezahlte der hl. Gellért mit dem Tod

◁ *Auf dem Gellértberg gibt es die besten Plätze für einen Sundowner*

tenbasar 2003 für 60 Jahre an eine kanadisch-englische Investorengruppe verpachtet.

33 Semmelweis-Museum für Medizingeschichte
Semmelweisz Orvostörténeti Múzeum

Dem berühmten Budapester Arzt Ignaz Semmelweis gewidmet.

I., Apród ucta 1–3
Tel. 1/375 35 33
www.semmelweis.museum.hu
März–Okt. Di–So 10.30–18,
sonst Di–So 10.30–16 Uhr
Bus 86, Straßenbahn 19

In dem kleinen, nach 1810 im Zopfstil überarbeiteten Bürgerhaus wurde am 1. Juli 1818 *Ignaz Semmelweis* geboren. Er wurde Arzt und entdeckte 1847, dass man die Verbreitung des **Kindbettfiebers** verhindern konnte, wenn die behandelnden Ärzte und Hebammen ihre Hände vor einer Behandlung mit Chlorkalklösung desinfizierten, was ihm den Beinamen ›Retter der Mütter‹ einbrachte. Allerdings nahm die Ärzteschaft Semmelweis' bahnbrechende Erkenntnis erst nach dessen Tod an; der Mediziner starb 1865 angefeindet in einer Wiener Psychiatrie.

Das Museum gibt in angenehm überschaubarer Form einen Überblick über die Geschichte der **Heilmethoden und -instrumente**. Zu den Raritäten des Museums zählt eine weibliche *Wachsfigur* – im 18. Jh. in Florenz entstanden –, die Kaiser Joseph II. 1789 der Pester Universität schenkte. Dieses kunstvolle Modell einer liegenden Frau zeigt die inneren Organe und diente anatomischen Studien.

34 St.-Gellért-Denkmal
Szent-Gellért emlékmű

Der steinerne Bischof hält das Kreuz hoch erhoben und blickt zornig auf die sündige Großstadt.

XI., Szent Gellért hegy
Bus 7, 86, 173

Der Überlieferung nach bezahlte hier der aus Venedig stammende *Bischof Gerhardus*, von den Ungarn Gellért genannt, seinen missionarischen Eifer mit dem Leben. Die Magyaren stürzten ihn in einem Nagelfass jenen Berg hinunter, auf dem heute sein **Denkmal** thront. Dieses entstand mit Hilfe einer Geldspende Kaiser von Wilhelm II. Den Auftrag für das Gellért-Denkmal erhielt Gyula Jankovits, 1904 wurde es feierlich enthüllt.

Empfehlenswert ist der Aufstieg – am steinernen Bischof vorbei – zum Gipfel des Gellértbergs. Man wird mit einer zauberhaften *Aussicht* auf die Donau, das Parlament und den Burgberg belohnt.

35 Zitadelle
Citadella

TOP TIPP

Einer der schönsten Aussichtspunkte der Stadt, besonders in der Abendsonne.

XI., Szent Gellért hegy
Bus 7, 86, 173

Auf kaiserliche Anweisung wurde die **Festung**, die als Kaserne diente, 1850 in mittelalterlicher Manier errichtet. Die stellenweise 4 m hohe und 3 m starke Mauer umschließt ein ca. 200 m langes

Umstritten – das Freiheitsdenkmal aus sozialistischer Ära

Areal. Die Zitadelle sollte militärische Überlegenheit und Stärke zum Ausdruck bringen, u. a. durch Kanonenschüsse, die als Gruß für die vorbeifahrenden Schiffe abgefeuert wurden. 1899 ging die Burg in städtische Verwaltung über und wurde fortan für *friedliche Zwecke* genutzt.

Heute gehört die weiträumige Anlage vor allem den Touristen, die den herrlichen **Ausblick** auf die Stadt genießen, besonders nach Einbruch der Dunkelheit, wenn die Pester Innenstadt sich in ein gleißendes Lichtermeer verwandelt.

Die Parkanlage mit dem **Freiheitsdenkmal** von *Zsigmond Kisfaludi-Stróbl* wurde 1947 als Mahnmal gegen den Krieg angelegt. 40 Jahre lang begleitete dieses Denkmal alle Festlichkeiten des Staates, es war ein Symbol für die ungarische sozialistische Nachkriegsgesellschaft. Um 1990 bewegte die Diskussion, was mit dem Denkmal geschehen solle, die Gemüter der Budapester. Schließlich wurde diese Skulptur an Ort und Stelle belassen.

Andere sozialistische Denkmäler wurden nach dem Systemwechsel entfernt und in den **Skulpturenpark** (Szoborpark múzeum, XXII., Balatoni út, Bus 14, 50, 114, www.szoborpark.hu, tgl. 10 Uhr bis zur Dämmerung) gebracht. Dieses Freilichtmuseum bietet einen besonders interessanten Rückblick in die Zeit des ›Eisernen Vorhangs‹.

36 Gellértbad
Gellért gyógy fürdő

TOP TIPP *Das fantasievollste und erotischste Bad der Stadt in den schwingenden Formen des Wiener Jugendstils.*

XI., Kelenhegyi út 4–6
Tel. 1/466 61 66
tgl. 6–18 Uhr
Bus 7, 7A, 86;
Straßenbahn 18, 19, 47, 49

Mit der *Sanierung* des Tabán-Viertels war die Errichtung einer neuen Brücke nötig geworden, die den Zollplatz in Pest auf dem kürzesten Weg mit Buda verbinden sollte. 1896 entstand die in Originalform erhaltene, zweitälteste Brücke der Stadt, ursprünglich benannt nach Kaiser Franz Joseph, heute Szabadság híd – *Freiheitsbrücke*. Daraufhin konnte mit der Errichtung eines Neubaus des Gellértbades begonnen werden. Ein erstes **Bad** war 1687 vom Hofarzt des Königs Leopold I., Friedrich Illmer, eingerichtet, 1904 aber in verwahrlostem Zustand abgerissen worden, den Neubau planten die Architekten

Einladender Nymphenbrunnen in der Eingangshalle des Gellértbades

Die prachtvolle Innenausstattung des Gellértbades: Kacheln, Mosaike, Figurenschmuck

Sebestyén Hegedűs und Isidor Stark. Ihre beiden Entwürfe unterzog man einer Bearbeitung, deshalb verschob sich der Baubeginn bis zum Jahr 1911.

Das Gestaltungskonzept des Bades entstammt dem antiken römischer **Thermenanlagen**. Dem zentralen *Kuppelraum* sind die einzelnen Bäderabteilungen angegliedert. Das moderne *Wellenbad* im Freien ist in Anlehnung an mediterrane Tradition von weißen Putzmauern umgeben. Am beliebtesten dürfte wohl das *Hallenschwimmbad* sein. Der mit Marmor reich ausgestattete **Jugendstilraum** ist mit ornamentierten Säulen geschmückt und mit türkisfarbenen Kacheln ausgekleidet. Die gläserne Dachkonstruktion der Halle lässt sich bei schönem Wetter öffnen.

Als 1918 Bad und das anschließende *Hotel* mit 240 Zimmern der Öffentlichkeit übergeben wurde, befand sich der Jugendstilbau stilistisch nicht mehr auf der Höhe seiner Zeit. Die Budapester störte das zum Glück nicht, bis heute ist das Gellért eine Institution.

37 Technische Universität
Műszaki Egyetem

Das Ensemble der Universität prägt das Budaer Donauufer zwischen - Freiheitsbrücke und Petőfibrücke.

XI., Műegyetem rakpart
Bus 86, Straßenbahn 18, 19

Die Einrichtung technischer Schulen in Ungarn geht auf den *Bildungserlass* Maria Theresias zurück. Sie förderte – wenn auch in bescheidenem Maße – die Gründung spezialisierter höherer Schulen, in denen meist Ordenslehrer unterrichteten. Buda verfügte bereits 1782 über ein ›Institutum Geometricum‹, welches 1856 zu einem Polytechnikum umgewandelt und 1871 durch den königlichen Kultusminister, Baron József Eötvös, zur *Universität* ernannt wurde.

Das jetzige **Hauptgebäude** der Technischen Universität entstand zwischen 1903 und 1909 und befindet sich in der Budafoki út. Die pavillonartig angelegten Bauten der Universität vom Gellért tér bis zur Bertalan utca sowie der Zentralbau auf dem Műegyetem rakpart 1–3 sind Arbeiten von Alajos Hauszmann, die anderen Institutsgebäude entstanden bis 1936.

Donaubrücken und Margareteninsel – Verbindungsarme zwischen Buda und Pest

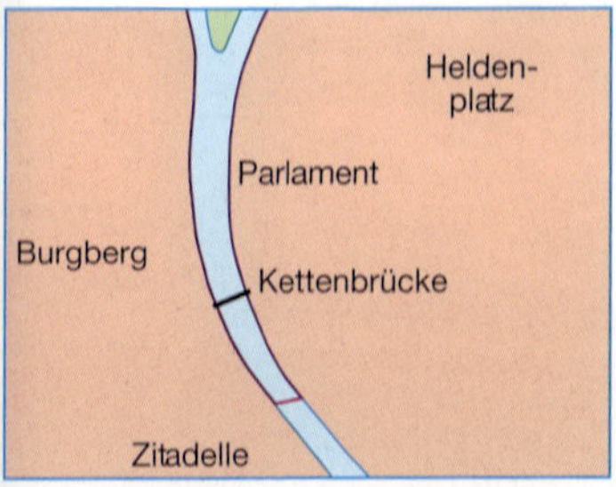

Mitte des 19. Jh., einige Jahre vor der Vereinigung der Städte Buda und Pest, wurden die beiden Donauufer durch eine erste Brücke, die **Kettenbrücke**, miteinander verbunden. Der Bau über die an dieser Stelle mehr als 300 m breite Donau wurde damals als technische Meisterleistung gefeiert und entwickelte sich zu einem Wahrzeichen der neuen Zeit. In den ersten Jahrzehnten nach der Vereinigung 1872 entstanden weitere Verbindungen zwischen den beiden Stadtvierteln, **Margareten-**, **Freiheits-** und **Elisabethbrücke**, später dann noch die Petőfibrücke. Die Lágymányosi-Brücke wurde 1995 eingeweiht. Von der Zitadelle hat man sie alle bestens im Blick. Mitten in der Donau schließlich liegt die etwa 2,5 km lange **Margareteninsel**. Sie ist über die Margaretenbrücke zu erreichen, besitzt Hotels, Restaurants und Cafés und ist die grüne Oase inmitten der Großstadt.

38 Elisabethbrücke
Erzsébet híd

Symbol für den gelungenen Wiederaufbau der Stadt nach dem Zweiten Weltkrieg.

Bus 5, 7, 7A, 8, 78, 112, 173

Die erste Elisabethbrücke entstand zwischen 1898 und 1903 als vierte feste Donaubrücke. Sie galt als technische Sensation, war sie doch die *längste Kettenbrücke* der Welt. In nur einem Bogen, mit je einem Pfeiler an den beiden Ufern, überspannte sie die an dieser Stelle etwa 260 m breite Donau. Während des Zweiten Weltkrieges wurde sie schwer beschädigt. Erst Anfang der 1960er-Jahre entstand nach Plänen von *Pál Sávoly* und unter Nutzung der alten Pfeiler der Neubau, die weiße Kabelbrücke, die den Gellértberg mit der Pester Innenstadt verbindet. Am Brückenkopf von Buda befindet sich eine *Trinkhalle*, in der drei Quellen sprudeln: die Juventus-, die Attila- und die Hungaria-Quelle. Sie dienen nicht nur als Durstlöscher für Reisende – die Bewohner der Stadt lassen sich das Wasser gleich in Kanister abfüllen.

Die festlich beleuchtete Kettenbrücke

39 Kettenbrücke
Lánchíd

Eine Meisterleistung der Ingenieurkunst des 19. Jh.

Bus 4, 16, 105

Die Idee, die beiden Städte Buda und Pest durch eine Brücke zu verbinden, ist in den 20er-Jahren des 19. Jh. entstanden. *Graf István Széchenyi*, einer der bedeutendsten ungarischen Reformer des 19. Jh., trug die Idee dem ›Verein zur Stadtverschönerung‹ vor. Doch sollte es noch über 20 Jahre dauern, bis das Projekt verwirklicht werden konnte. Graf Széchenyi beauftragte den englischen Konstrukteur der bekannten Themsebrücke in Hammersmith, Tierney William Clark, mit der Realisierung der Donaubrücke. 1836 wurde ein Verein zur Förderung des Brückenbaus gegründet, vier Jahre später setzte man den ersten Pfeiler. Die Leitung der Bauarbeiten übernahm ein Namensvetter und Landsmann des Konstrukteurs, *Adam Clark*. Die Brücke mit der **Kettenkonstruktion** – eine hervorragende Ingenieurleistung – wurde am 20. November 1849 für den Verkehr freigegeben. Damit war ein allen Funktionen gerecht werdender Verkehrs-

Vom Gellértberg direkt in die Pester Innenstadt führt die Elisabethbrücke

weg entstanden, der Pest – das Zentrum des politischen Lebens und der Verwaltung – mit der königlichen Burg verband.

Adam Clark ließ sich in Budapest nieder und wirkte noch an weiteren technischen Bauten mit. Unter anderem schuf er den 350 m langen **Tunnel**, mit dem eine Verbindung zwischen der *Kristinenstadt* und *Tabán* hergestellt wurde. Der Tunnel mit dem klassizistischen Toreingang an der Ost- und dem romantischen Portal an der Westseite war 1856 fertig. Zum 100-jährigen Bestehen 1949 wurden die Kriegsschäden beseitigt und die Brücke um 1 m verbreitert.

Seit Juli 1999 erstrahlt das Wahrzeichen der Stadt abends schöner denn je: Anlässlich ihres 150. Geburtstages bekam die Brücke ein neues ›Lichtkleid‹.

40 Margareteninsel
Margitsziget

TOP TIPP *Grünes ›Donauschiff‹ im Herzen der Stadt.*

Bus 26, 26A ab Nyugati pályaudvar; Straßenbahn 4, 6

Die grüne Insel – im Norden durch die Árpádbrücke und im Süden durch die Margaretenbrücke mit beiden Donauufern verbunden – hat eine Länge von etwa 2,5 km und eine Breite von etwa 500 m. Mehr als 10 000 Platanen bestimmen den Charakter der weitläufigen **Parkanlagen**. Vielfältige Blumenrabatten, der gepflegte Rasen und die großen Schatten spendenden Bäume laden zum Flanieren oder zum Ausruhen vom ›Pflastertreten‹ ein.

Im Norden der Insel entstand bald nach der Entdeckung einer heilkräftigen

Thermalquelle im 19. Jh. ein Kurhotel. Sein Nachfolgebau, das ehrwürdige **Grand Hotel** und das modernere **Hotel Thermal** locken heute Kurgäste aus aller Welt an.

Auch jenen Gästen, die aktive Erholung suchen, bietet die Insel viel: **Tennisplätze**, die 1935 erbaute **Sportschwimmhalle**, das beliebte, mit Thermalbecken ausgestattete **Palatinus-Strandbad** und eine **Joggingstrecke** entlang der Donau. Daneben lohnen Rosengarten, japanischer Garten oder Skulpturenpark einen Besuch.

Im Nordosten steht seit 1931 eine kleine Kapelle auf den Fundamenten eines Prämonstratenserklosters aus dem 12. Jh. Von einem durch König Béla IV. errichteten **Dominikanerinnenkloster**, in dem seine Tochter, die hl. Margarete, lebte, haben sich nur *Fundamente* erhalten. Überliefert sind jedoch viele Legenden über das Leben und die guten Taten der Heiligen, der die Insel ihren Namen verdankt.

TOP TIPP In den Jahren 1872–76 wurde die **Margaretenbrücke** (Margit híd) nach Plänen des Franzosen Ernest Gouin errichtet. In der Mitte bildet die Brücke ein Knie, von dem aus eine kleine Flügelbrücke auf die Insel führt. Von hier aus bietet sich ein schöner Blick auf beide Donauufer. Im November 1944 detonierten die von der deutschen Wehrmacht unter der Brücke installierten Sprengsätze – am helllichten Tag und ohne jede Vorwarnung. Die Zahl der Opfer dieser Katastrophe fand man nie heraus. Die Erneuerung der Margaretenbrücke dauerte bis in die 1960er-Jahre.

Im Süden Budapests überspannen drei weitere Brücken die Donau: die Freiheitsbrücke (Szabadság híd), die Petőfibrücke (Petőfi híd) und die Lágymányosi-Brücke (Lágymányosi híd).

Die **Freiheitsbrücke**, 1999 saniert, verbindet den Budaer Gellért tér mit dem Pester Kleinen Ring. Die 1894–96 errichtete Eisenkonstruktion ruht auf zwei Pfeilern im Flussbett. Damals hieß sie Franz-Joseph-Brücke, und der Kaiser ließ es sich nicht nehmen, symbolisch die letzte silberne Niete festzuschlagen. Die Nachbildung des gestohlenen Originals mit dem Monogramm F. J. ist unter einer Glasscheibe zu bewundern. Hoch über den eisernen Brückentoren sitzen auf goldenen Kugeln vier *Turul-Vögel* mit ausgebreiteten Schwingen. Der Urvogel Turul hat der Legende nach die Stammesmutter der Árpáden (ungarisches Königsgeschlechts zur Zeit der Landnahme) befruchtet und bevölkert seit der 2. Hälfte des 19. Jh. in vielerlei bronzenen Exemplaren das ganze Land.

Die **Petőfibrücke** überspannt die Donau am südlichen Ende des Großen Ringes. Die 1937 errichtete Balkenbrücke wurde 1980 verbreitert.

Südlichste und jüngste Verbindung zwischen Buda und Pest ist die **Lágymányosi-Brücke**, die seit ihrer Einweihung am 30. Oktober 1995 die anderen stark befahrenen Brücken etwas entlastet.

Grüne Oase der Großstadt: Die Margareteninsel ist beliebter Naherholungsort der Budapester

Pest innerhalb des Altstadtrings – das pulsierende Herz der City

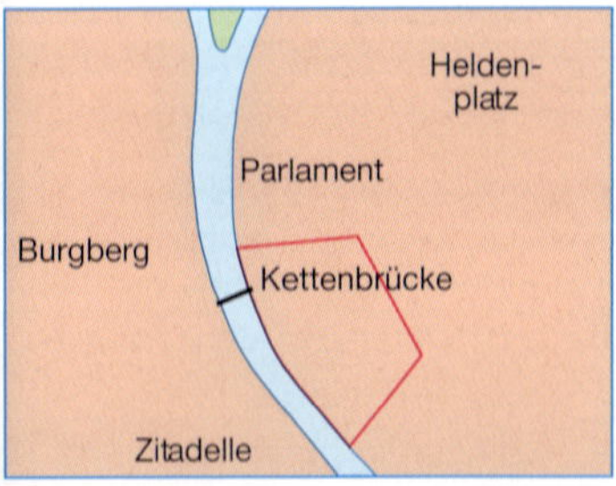

Innerhalb des Altstadtrings, der den Verlauf der mittelalterlichen Stadtmauer kennzeichnet, entstand die erste Ansiedlung auf Pester Seite. Die Pester **Innenstadt** besitzt einige sehr wertvolle religiöse Baudenkmäler, die von Glaubensvielfalt zeugen. Im 18. und 19. Jh. entstanden neben der Innerstädtischen Pfarrkirche auch die **Evangelische** und die **Griechisch-orthodoxe Kirche** sowie drei **Synagogen**. Im Herzen der City konzentrieren sich zudem Stätten der Kultur und der Wissenschaft, hier pulsiert aber auch das Leben. Restaurants und Kaffeehäuser laden zum Besuch ein. Und die **Váci utca** gehört seit 200 Jahren zu den beliebtesten Einkaufsstraßen.

41 Universität für Wirtschaftswissenschaften
Közgazdaságtudományi Egyetem

Im ehem. Hauptzollamt ist heute die ›Wirtschafts-Uni‹ untergebracht.

IX., Fő vám tér 8
Straßenbahn 2, 2A, 47, 49; Bus 83

Links oben: *Fassade des ehem. Bankhauses Török*
Links unten: *Beliebte Einkaufsstraße Váci utca*
Unten: *Klare Formen – Innenhof der Universität für Wirtschaftswissenschaften*

Miklós Ybl, dem Baumeister des Opernhauses [vgl. Nr. 68], gelang mit diesem 1870–74 entstandenen Bau eine architektonische Leistung, die auf viele nachfolgende öffentliche Bauvorhaben Budapests vorbildhaft wirkte. Typisch für seine Arbeit war das harmonische Zusammenfügen von Formen und Gestaltungsprinzipien verschiedener Stilepochen.

Das Gebäude ist 170 m lang und 56 m breit. Die Dreifach-Gliederung – ein beliebtes barockes Gestaltungsprinzip – beinhaltet eine großzügige Hallengestaltung mit eleganten Treppenaufgängen.

Die *Donaufassade* ist in 33 Achsen gegliedert. Die Ornamentik stützt sich auf antike Dekorelemente. Am nördlichen

Schlaraffenland – die größte Markthalle Budapests bietet die reichhaltigste Auswahl an Obst und Gemüse

und südlichen Hauptgesims symbolisieren *Reliefs* die vier Erdteile. Die *Skulpturen* an der Fassade zur Donauseite sind allegorische Darstellungen des Flusses, der Eisenbahn, der Dampfschifffahrt, der Malerei und Bildhauerei.

42 Große Markthalle
Központi Vásárcsarnok

TOP TIPP

Lebhaftes Markttreiben unter Gusseisen und Glas.

V., Vámház körút 1–3
Mo–6–17, Di–Fr 6–18, Sa 6–14 Uhr
Straßenbahn 2, 2A, 47, 49; Bus 83

Das bunte Treiben und das reichhaltige Lebensmittelangebot sind so recht nach dem Geschmack jener Leute, die der geordneten Warenwelt der Supermärkte überdrüssig sind. Hinter dem ehem. Zollhaus entstand 1897 die größte **Markthalle** Budapests, die 1995 nach Restaurierungsarbeiten wieder eröffnet wurde. Die 150 m lange Stahl- und Eisenkonstruktion ist in ein erhöhtes ›Mittelschiff‹ und zwei ›Seitenschiffe‹ gegliedert. Auf den Galerien findet man u. a. Blumenläden, Geschäfte mit Handstickereien und Imbissstände.

Von der Markthalle aus bietet sich ein Abstecher zur **Váci utca** an. Die mittelalterliche Hauptstraße von Pest ist heute Fußgängerzone und lockt mit ihrer Mischung aus Geschäften und Restaurants zu einem Einkaufsbummel. In diesem Teil der Pester Altstadt ist in den vergangenen Jahren viel restauriert worden.

43 Ungarisches Nationalmuseum
Magyar Nemzeti Múzeum

Archäologische Funde und Kunsthandwerk hinter klassizistischer Fassade.

VIII., Múzeum körút 14–16
www.hnm.hu
Tel. 1/338 21 22
Di–So 10–17.30 Uhr
M 3 bis Kálvin tér; Straßenbahn 47, 49

1802 übergab *Graf Ferenc Széchenyi* der Stadt einen Teil seiner Sammlung, den Grundstock des späteren Museums: eine reichhaltige **Bibliothek** und eine **Münzsammlung**. Den Auftrag für einen Museumsbau erhielt Mihály Pollack. Die Napoleonischen Kriege verzögerten jedoch die Realisierung, 1836 musste der Archi-

Der Antike entlehnt: Für den Bau des Nationalmuseums wählte man die Form des Tempels, davor wacht der ungarische Dichter János Arany

Paprika – Zier-, Heil- und Gewürzpflanze

Wer denkt bei Paprika nicht sofort an Ungarn, an Bauernhäuser, an deren Dachtraufen **Paprikaschoten** in dekorativen Girlanden zum Trocknen aufgehängt werden? Paprika ist das **wichtigste Gewürz** ungarischer Gerichte und auch als Gemüse aus der Küche der Magyaren nicht mehr wegzudenken. Tatsächlich aber wird diese Pflanze noch gar nicht so lange in Ungarn angebaut.

Mit der **türkischen Eroberung** im 16. Jh. hielt die Zier-, Heil- und Gewürzpflanze Einzug in Ungarn. Auch nach Vertreibung der ungeliebten Fremdherrscher mochte man auf die Paprikapflanze nicht verzichten. Doch erst mit der **ausbleibenden Gewürzversorgung** während der Napoleonischen Kriege um 1800 begann man, die gut konservierbaren Paprika in größerem Umfang, zunächst als eine Art Pfefferersatz, zu züchten. Die Gegenden um **Szeged**, **Kalocsa**, aber auch um **Budapest** erwiesen sich als anbaugünstig für diese im Frühjahr ausgesäte, Ende Mai auf die Felder gepflanzte und im Frühherbst geerntete Gewürz- und Gemüsesorte.

Getrocknete Paprikaschoten gibt es an jedem Marktstand

Doch Paprika schmeckt nicht nur gut, sie ist auch noch gesund: Der in Budapest geborene Biochemiker und Arzt **Albert Szent-Györgyi** (1893–1986) entdeckte in der landestypischen ungarischen Paprikafrucht Hexuronsäure und stellte fest, dass dieser Stoff identisch ist mit dem Vitamin C. Für diese Entdeckung wurde er im Jahr 1937 mit dem Nobelpreis für Physiologie ausgezeichnet.

tekt an seinem früheren Plan einige Änderungen vornehmen. Trotz der Neuerungen kommt in Pollacks Entwurf der Geist des europäischen Klassizismus zum Ausdruck. Vorbild ist der *antike Tempelbau*, ähnlich wie für Schinkels Altes Museum in Berlin oder Klenzes Glyptothek in München. Alle diese Museumsbauten drücken eine geradezu ehrfurchtsvolle Haltung gegenüber den Künsten und den Wissenschaften aus.

Der Bau des Ungarischen Nationalmuseums ist um zwei Binnenhöfe geordnet, die Seitenflügel sind organisch miteinander verbunden. Hinter der *Säulenhalle* im Erdgeschoss führen seitlich breite, elegante Treppen zu den oberen Geschossen. Die mit einer Kuppel abgeschlossene *Rotunde* und der sich anschließende *Festsaal*, von dem aus man die Ausstellungsräume erreicht, entsprechen ebenfalls dem Gestaltungsprinzip klassizistischer Museumsbauten. Die *Fresken* in den Treppenhäusern stammen von Mór Than und Károly Lotz. Charakteristisch für den Außenbau ist der stark hervortretende *Portikus*. Über acht korinthischen Säulen kann man im Giebelfeld das Relief des Münchner Bildhauers Schaller bewundern, ausgeführt von dem Mailänder Raffaello Ponti.

Pollacks Bau (2003 restauriert) ist die wohl beste Leistung des **ungarischen Klassizismus**. Aufgrund dieses Bauwerks wurde der Architekt zum Ehrenmitglied der Wiener Akademie ernannt.

Die Sammlung: Der Bestand des Museums wurde bereits in der 1. Hälfte des 19. Jh. durch Privatsammlungen bereichert (Kubinyi, Marczibányi, Jankovich, Pyrker). Ende des 19. Jh. entwickelten sich die *naturwissenschaftliche* und die *ethnographische* Sammlung zu selbstständigen Abteilungen, die *Gemäldegalerie* ging 1906 in den Bestand des Museums der Bildenden Künste über. Die reiche Mineraliensammlung ging 1956, dem Jahr des Volksaufstandes und dessen blutiger Niederschlagung, verloren.

Barocke Pracht – die Universitätskirche

Erdgeschoss: Archäologische Abteilung. Funde aus dem Territorium Ungarns aus Urzeit, Neolithikum, Bronzezeit, Römerzeit, ungarische Landnahme.

1. Obergeschoss: Mittelalter. Von der Landnahme über die Zeit des Königs Sigismund und die Epoche König Matthias Corvinus' bis zur türkischen Herrschaft.

2. Obergeschoss: Neuere Abteilung. Ferenc Rákóczi und seine Zeit, Reformzeitalter, Freiheitskampf.

Alle Abteilungen zeigen ungarisches Kunsthandwerk, Goldschmiedekunst, Keramik, Textilien, Möbel, Waffen und Reliquien. Die *ungarischen Krönungsinsignien* Krone, Zepter und Reichsapfel – seit dem Ende des Zweiten Weltkriegs bis 1978 in den USA aufbewahrt – sind seit dem Jahr 2000 nicht mehr im Nationalmuseum, sondern im Parlament zu bestaunen. Sie standen im Zentrum der Feierlichkeiten zur 1000-jährigen Staatsgründung Ungarns.

44 Universitätskirche
Egyetemi templom

Der wohl schönste barocke Kirchenbau Budapests ist eine Gründung des Paulinerordens.

V., Papnövelde utca
M 3 bis Kálvin tér, M 2 bis Astoria

Der Orden der Pauliner, die einzige ungarische Eremitenkongregation, bestand bis 1949. In den 20er-Jahren des 18. Jh. begannen die in Pest niedergelassenen Orden mit größeren Bauunternehmungen. Der nach Beendigung der Türkenherrschaft seit 1688 wieder tätige Paulinerorden errichtete seine **Kirche** anstelle einer türkischen Moschee (Baubeginn 1725, Weihe 1742, Türme 1771).

Die *Deckengemälde* schuf Johann Bergl aus Böhmen (1776, an der rechten Seite des Chors signiert), die *Schnitzarbeiten* sind Werke der Paulinermönche. Die barocke *Kanzel* ist die herausragende Arbeit eines unbekannten ungarischen Meisters. Am **Hauptaltar** mit einer Figurengruppe der Geburt Mariä befindet sich eine Kopie der *Schwarzen Muttergottes* aus dem polnischen Tschenstochau (um 1720).

Ende des 18., Anfang des 19. Jh. war die Kirche eine Hochburg der ungarischen Reformbewegung, die gegenüber dem Wiener Hof nationale Eigenständigkeit einforderte. 1831 wurde hier zur Pflege der ungarischen Sprache die erste ›Praktische Schule‹ begründet.

45 Serbische Kirche
Szerb templom

Die serbische Kolonie von Pest ließ diese kleine Kirche errichten.

V., Szerb utca
M 3 bis Ferenciek tere

Vom 17. bis zum 19. Jh. gab es eine große serbische Kolonie in Pest. Nach Plänen von Andreas Mayerhoffer entstand für sie 1698 ein Gotteshaus, das 1733 erweitert wurde. Die **Ikonostase** ist ein Werk Károly Sterios. An der Mauer, die den Garten der kleinen Kirche umfasst, findet man *Grabplatten* aus dem 18. und 19. Jh. mit kyrillischen Inschriften. Die Serbische Kirche, heute ein Ruhepunkt in der lauten Innenstadt, erlebte im 19. Jh. bewegtere Zeiten. Hier bildete sich um *Mihály Vitkovics*, einen Juristen serbischer Herkunft, eine Reformbewegung, die sich für die Entwicklung der ungarischen Sprache und des ungarischen Journalismus einsetzte.

46 Universitätsbibliothek
Egyetemi könyvtár

TOP TIPP

Schmuckstücke sind elf mittelalterliche Handschriften aus der Sammlung des Königs Matthias Corvinus.

V., Ferenciek tere 10
Tel. 1/411 67 38
www.konyvtar.elte.hu
Di–Fr. 10–18 Uhr
M 3 bis Ferenciek tere

Die Bibliothek wurde von Kardinal *Péter Pázmány* (1570–1637) in *Nagyszombat* begründet, wo der Gelehrte neben einem Priesterseminar auch die Grundlagen für die erste ungarische Universität schaffen konnte. Dieser Buchbestand gelangte 100 Jahre später, zur Zeit Königin Maria Theresias, die auch die Verlegung der **Universität** veranlasste, nach Buda. Ein wesentlicher Teil der Sammlung stammte von den Jesuiten. Diese hatten im 16. Jh. viele Bücher von Adelsfamilien erhalten, die vor den Türken geflohen waren. Joseph II. ordnete schließlich 1784 die Verlagerung der Universität von Buda nach Pest an.

Zu den Inkunabeln gehören **elf Corvinas**, weitere 160 Kodizes mit Miniaturen aus dem 11. Jh., darunter der in griechischer Sprache verfasste *Dante-Kodex*, sowie der vor allem aus medizinischer Sicht interessante *Abucasis-Kodex*. Der fast 2 Mio. Bände umfassende Buchbestand ist besonders für geisteswissenschaftliche Studien von Bedeutung.

Der sanierte **Bibliotheksbau** (1873–76) im Neorenaissance-Stil ist ein Gemeinschaftswerk der Architekten Antal Szkalniczky und Henrik Koch. Die *Fresken* im Lesesaal stammen von Károly Lotz, die Sgrafitti von Mór Than, die Skulpturen von Ágoston Sommer.

Hier lernt es sich gut – stilvoller Lesesaal der Universitätsbibliothek

Einfach, aber schön – Barockfassade der Franziskanerkirche

47 Franziskanerkirche
Pesti ferences templom

Der Stammsitz der Franziskaner in Ungarn ist geprägt von einer wechselvollen Geschichte.

V., Ferenciek tere
M 3 bis Ferenciek tere

1288 errichteten Franziskaner an Stelle der heutigen Kirche das Kloster St. Petrus. 1298 konnte hier die **ungarische Verfassung** des historisch bedeutsamen Landtags von Rákos verkündet werden. Die Türken wandelten die ursprünglich gotische Kirche dann zu einer Moschee um, die die Franziskaner, als sie 1690 zurückkehrten, wieder als Gotteshaus nutzten. In den Jahren 1727–58 entstand schließlich die heutige einschiffige **Basilika** mit Tonnengewölbe. Nach barocker Bauweise ist das Mittelschiff sehr breit, in den sechs Seitennischen befinden sich die Nebenaltäre, über dem Eingang eine Orgelempore. Die *Fresken* schuf Károly Lotz 1894/95. Die Skulpturen des Hauptaltars entstanden 1741 und 1851. Die Nebenaltäre mit Gemälden und die Kanzel sind auf die Jahre 1851/52 datiert.

Nach Plänen von Ferenc Wieser erhielt die Kirche 1858 einen *Turm* an der Südseite des Chors. Er zählt zu den schönsten architektonischen Lösungen der ungarischen Romantik.

Auf dem Kirchenvorplatz steht der hübsche **Nereidenbrunnen** von 1835. Die Skulpturen der Nereiden, Töchter des Meeresgottes Neptun, schuf Ferenc Uhrl, die Sockel stammen von József Feszl.

Im Klassizismus erlebte die Brunnenplastik in Budapest eine Blüte. Die großen bepflanzten, atriumartigen Innenhöfe und die warmen Budapester Sommer animierten zu vielen reizvollen Brunnenanlagen, sowohl in frei stehender Form als auch als kleine Brunnenplastiken oder Wasserspeier in Hofeingängen und Treppenhäusern. Entlang der Váci utca und an der Radialstraße Andrássy út sind noch einige schöne Beispiele zu sehen.

48 Klothilden-Paläste
Klotild paloták

Imposantes Tor zwischen der Pester Innenstadt und der Elisabethbrücke.

V., Szabadsajtó út
M 3 bis Ferenciek tere

Die Architekten dieser **Zwillingsbauten**, Kálmán Giergl und Flóris Korb gehören mit zu den bedeutendsten ungarischen

Die prächtige Passage des Pariser Hofs mutet byzantinisch an

Zwillingsbauten: Rechts und links der Straße erhebt sich je einer der Klothilden-Paläste

Architekten der Wende zum 20. Jh. Sie studierten wie die meisten ihrer ungarischen Berufskollegen damals im Ausland, in Berlin, Korb bei Kaiser und Grossheim, Giergl bei Gropius und Schmieden. Für das Gemeinschaftsprojekt der beiden *historistischen Bauten* von 1902 stand die spanische Barockarchitektur Pate. Ursprünglich besaßen diese palastartigen Wohnbauten, wie auch der Pariser Hof, *Arkaden* mit Durchgängen und Geschäften im Erdgeschoss.

Nach diesem erfolgreichen ›Debut‹ wurden die beiden Architekten zwei Jahre später mit dem Bau der Musikakademie [Nr. 64] betraut (1904–07).

Folgt man der Szabadsajtó út stadteinwärts, gelangt man nach wenigen Schritten auf der linken Straßenseite zum **Pariser Hof** (Párizsi udvar). Das Mietshaus entstand 1911 nach Plänen von Henrik Schmal. Das Besondere an diesem Jugendstilbau ist die Y-förmige Passage, in der heute ein eher zahlungskräftiges Publikum die Auslagen schicker Geschäfte bewundert. Im Halbdunkel unter den farbigen Glasgewölben tritt die byzantinisch anmutende, reiche Gliederung der Wände erst allmählich zutage.

49 Innerstädtische Pfarrkirche
Belvárosi plébániatemplom

An der Hauptkirche von Pest verbinden sich Gotik und Barock in erstaunlicher Harmonie.

V., Március 15. tér
M 3 bis Ferenciek tere; Bus 5, 7, 7A, 8, 78, 112

Der älteste Kirchenbau an dieser Stelle wurde im 12. Jh. über einem *römischen Castrum* in spätromanischem Stil errichtet. Während des Tatarenüberfalls von 1243 erlitt die Kirche schwere Schäden. Auch der gotische Nachfolgebau aus dem 15. Jh. wurde bis auf den Chor zerstört und im 17. Jh. von den Türken zur Moschee umgestaltet. Die noch erhaltene **Gebetsnische**, der Mihrab, ist Zeugnis aus dieser Zeit.

Ihr heutiges Gesicht erhielt die dreischiffige *Hallenkirche* mit je drei Seitenkapellen in der Barockzeit, die **Doppelturmfassade** entstand nach Plänen von György Paur 1725–39. Der harmonische Zusammenklang von barockem Westteil und gotischem Ostteil bestimmt heute den Charakter des Kirchenbaus. Unter dem Mittelschiff befindet sich eine **Krypta**, deren Steine noch aus dem römischen Castrum stammen. Hier wurde ein *Lapidarium* eingerichtet, in dem die bei den Bauarbeiten zum Vorschein gekommenen Architekturfragmente aufbewahrt werden. Die Kirche beherbergt auch Kunst des 20. Jh.: den Hauptaltar von László Gerő (1947) mit Gemälden von Pál Molnár-C. und den Taufstein des bedeutenden ungarischen Bildhauers Béni Ferenczy. An der **Außenfassade**, in einer Wandnische des südlichen Turms, befindet sich eine *Plastik* des hl. Florian, der bekanntlich für den Feuerschutz zuständig ist. Der Bildhauer Antal Hörger schuf die Figur im Jahre 1723.

Die Donau bildete viele Jahrhunderte die östliche Grenze des Römischen Reiches. Die Budaer Seite mit der Stadt Aquincum gehörte zur Provinz Pannonien, das heutige Pester Ufer war ›Barbarenland‹. Hier errichteten die Römer einen befestigten Brückenkopf, den sie entsprechend seiner Lage **Contra Aquincum** nannten. Heute ist die frei zugängliche Anlage am Március tér mit dem rekonstruierten *Wachtturm* im Sommer ein beliebter Studenten- und Touristentreff.

50 Griechisch-orthodoxe Kirche
Görög ortodox templom

Ein Symbol für die nationale Vielfalt der Donaumetropole.

V., Petőfi tér 2b
Straßenbahn 2, 2A

Jahrhundertelang lebten in Budapest Angehörige vieler Nationen mehr oder weniger friedlich zusammen. Im 18. Jh. erlangte die Kolonie der *griechischen Kaufleute* Bedeutung und beschloss die Errichtung einer eigenen Kirche in der Innenstadt.

Der dreischiffige **Bau** entstand 1790–94 nach Plänen von József Jung. Der architektonische Schmuck und die *Ikonostase* (1797–99) sind Arbeiten des Bildhauers Miklós Jankovich, die *Gemälde* stammen von dem Wiener Maler Anton Kochmeister. Die durch einen Brand 1810 stark beschädigten **Kirchtürme** wurden 60 Jahre später von Miklós Ybl erneuert. Er verband die Barockelemente der Fassadengestaltung mit klassizistischen Formen. Der im Zweiten Weltkrieg erneut zerstörte Südturm wurde bislang nicht wieder aufgebaut.

Das **Petőfi-Denkmal** auf dem gleichnamigen Platz nahe der Kirche entstand nach einer Kleinplastik des Bildhauers Miklós Izsó. Adolf Huszár, der Meister des ungarischen Akademismus, führte das Denkmal 1881 nach diesem Vorbild aus.

51 Péterffy-Palais
Péterffy palota

Barockes Bürgerhaus mit gut geführtem Traditionslokal.

V., Pesti Barnabás utca 2
Straßenbahn 2, 2A; M 2 bis Deák tér, M 1 bis Vörösmarty tér

Das barocke **Bürgerhaus** – heute wirkt es im Vergleich zu den großen umliegenden Gebäuden geradezu winzig – vermittelt einen guten Eindruck von der Bebauung dieses Stadtteils im 18. Jh., als

»Die schwarze Brühe steht noch aus!«

Neben der Badekultur [s. S. 59] zählt der **Kaffeegenuss** zu den von den Ungarn bereitwillig übernommenen Hinterlassenschaften aus der Zeit der türkischen Belagerung. Der Überlieferung zufolge soll der erste Ungar, der den Kaffee probierte, ein berühmter Feldherr namens Bálint Török gewesen sein. Am 29. August 1541 hatte ihn **Suleiman II.** zum Essen in sein Zelt geladen und unterdessen durch seine Janitschar-Truppen die Burg zu Buda besetzen lassen – eine bittere Tatsache, die dem ungarischen Statthalter schließlich beim Kaffee eröffnet wurde. Das **Kaffeetrinken** hatte für Bálint Török schlimme Folgen: Er wurde in ein Gefängnis nach Konstantinopel verschleppt und sah Ungarn nicht wieder. Seither ist im Ungarischen, wenn etwas Unangenehmes befürchtet wird, die Redensart gebräuchlich: »Die schwarze Brühe steht noch aus!«. Dennoch konnte dieser historische Vorfall die ungarischen Landsleute nicht von ihrem **künftigen Lieblingslaster** abhalten. In Mokkatassen oder Gläsern servierter Espresso wird nach dem Essen und auch zwischendurch gerne mehrmals am Tag getrunken.

Kulturpalast – die Säle der Redoute werden für Konzerte und Ausstellungen genutzt

Pest noch von einer Mauer umgeben war. Es liegt heute weit unter dem Niveau der Straße, sein Erdgeschoss entspricht der Lage nach den Kellern der umgebenden Häuser. 1755 hatte die Familie Péterffy das Bürgerpalais von Andreas Mayerhoffer errichten lassen. Im Bogenfeld (Tympanon) über dem breiten *Eingangstor* kann man das Familienwappen sehen.

Seit 1831 beherbergt das Haus das **Restaurant ›Százéves‹**. In der traditionsreichen Gaststätte gehobener Preisklasse gibt es neben internationaler auch ungarische Küche.

52 Redoute
Vigadó

Das Ballhaus ist eines der schönsten und reifsten Werke der ungarischen Romantik.

V., Vigadó tér 2
wegen Renovierung geschlossen
M 1 bis Vörösmarty tér, M 2 bis Deák tér

Das Hauptwerk des Architekten *Frigyes Feszl* entstand 1821–84. Sein klassizistischer Vorgängerbau war während der Befreiungskriege 1848 vollständig zerstört worden. Um das solcher Art beschädigte Panorama der Uferstraße wieder herzustellen, entschloss man sich rasch zum **Neubau**. Der Architekt nahm mit diesem Gebäude nahm den etwa 30 Jahre später auftretenden ungarischen ›Nationalstil‹ vorweg. Die reiche Fassadendekoration und die Innenraumgestaltung schöpfen aus Elementen der Folklore und verbinden verschiedene Stileinflüsse zu einer prachtvollen, romantischen Architektur.

Seit der Wiedereröffnung 1980 diente die Redoute Konzerten und Ausstellungen, der *Große Saal* wurde z. B. für Bälle vermietet. Im Erdgeschoss wurde eine *Kunstgalerie* eingerichtet. Wegen Renovierungsarbeiten ist das Gebäude bis Ende August 2007 geschlossen.

53 Kaffeehaus Gerbeaud
Gerbeaud cukrászda

TOP TIPP

Im Herzen der Innenstadt steht eines der traditionsreichsten Kaffeehäuser Budapests.

V., Vörösmarty tér 7
Tel. 1/429 90 00
www.gerbeaud.hu
tgl. 9–21 Uhr
M 1 bis Vörösmarty tér

Der Konditor *Henrik Kugler* schnitt hier am 14. Oktober 1858 seine erste Torte an und eröffnete damit ein Konkurrenzunternehmen zur Konditorei Ruszwurm in Buda. Emil Gerbeaud, der nachfolgende Besitzer, ließ das noch weitgehend er-

Kaffeehaus Gerbeaud – Kaffee und Kuchen wie in der guten alten Zeit

haltene **Interieur** gestalten. Der reiche Stuck, die Lüster, die Marmortische, Holzverkleidungen und Brokattapeten orientieren sich an Wiener Vorbildern.

Nach umfassender Renovierung Ende der 90er-Jahre des 20. Jh. in *Gerbeaud Ház* umbenannt, wurde das Café von den neuen österreichischen Eigentümern um ein Speiserestaurant und einen Bierkeller erweitert. Das Gerbeaud ist stets gut besucht, und wenn es das Wetter erlaubt, empfiehlt es sich, auf der *Terrasse* zu sitzen und von dort aus die intime und zugleich geschäftige Atmosphäre des Vörösmarty-Platzes zu genießen, der gegenwärtig neu gestaltet wird.

Strenger Klassizismus – Fassade der Evangelischen Kirche

54 Evangelische Kirche und Evangelisches Landesmuseum

Déak téri evangélikus templom es Evangélikus Országos Múzeum

Puritanisch-strenges Bauensemble, Hort der ungarischen Lutheraner.

V., Deák Ferenc tér 4–5
M 2 bis Deák tér

Joseph II. erließ 1781 den sog. *Duldungsbeschluss*, der die Tätigkeit der reformierten Kirchen in Ungarn legalisierte. Wo mehr als 100 evangelische Familien zusammen lebten, konnten nun eigene *Kirchengemeinden* gegründet werden. 1791 beauftragte die Lutherische Gemeinde von Pest den Baumeister János Krausz mit der Errichtung der **Evangelischen Kirche**, eines Pfarrhauses und einer Schule. Nach dem Krausz' Tode setzte Mihály Pollack die Bauarbeiten fort. 1808 war das Gebäude vollendet, 1856 gestaltete József Hild den klassizistischen strengen *Portikus* mit dorischen Halbsäulen. Von 2003 bis zum Frühjahr 2006 wurde die Kirche restauriert, nun finden wieder die beliebten Orgelkonzerte statt.

Das **Evangelische Landesmuseum** (Di–So 10–18 Uhr) spiegelt die Geschichte der ungarischen Lutherischen Kirche wider. Während der *Reformation* hatte die neue Konfession in Ungarn viele Anhänger gewonnen, erst die Gegenreformation und die Vertreibung vieler protestantischer Familien Ende des 16. Jh. brachten der katholischen Kirche ihre ursprüngliche Vormachtstellung zurück (zzt. bekennen sich etwa 5 % der Ungarn zum Luthertum, etwa 16 % zum Kalvinismus). Zum kostbaren Bestand des Museums zählt das 1542 in Wittenberg verfasste *Testament Dr. Martin Luthers*. Der Archäologe Miklós Jankovich hatte das wertvolle Dokument 1804 bei einer Auktion in Helmstedt ersteigert. Gezeigt werden auch die erste ungarische Bibelübersetzung, Lehrbücher, Chroniken und Bildnisse berühmter ungarischer Protestanten.

Eine *Gedenktafel* weist darauf hin, dass einst der romantische Dichter Sándor Petőfi (1823–1849) die alte **Evangelische Schule** besuchte. So kam er in den Genuss fortschrittlicher pädagogischer Methoden: 1816 hatte der Direktor der Schule, Lájos Schedius, in seiner Schrift ›Die Schule der evangelischen Gemeinde A. C.

Im Zentrum des Geschehens – Atlas über dem Portal des Zentralen Rathauses

in Pesth‹ seinem Lehrplan die Lehren des Schweizers *Johann Heinrich Pestalozzi* zugrunde gelegt. 1952 wurde die Evangelische Schule durch die Kommunisten zwangsaufgelöst. Die Grundschule und das traditionsreiche Gymnasium wurden 1989 feierlich wieder eröffnet.

Unweit der Evangelischen Kirche am **Erzsébet tér** war in den 1990er-Jahren eine Baugrube für den Neubau des Nationaltheaters ausgehoben worden. Nach heftigem Streit zwischen Regierung und Verwaltung der Hauptstadt wurde das Theater aber außerhalb, im IX. Bezirk an der Donau erbaut [s. S. 87]. Am Erzsébet tér entstand hingegen ein öffentlicher **Park**. Darunter befindet sich seit 2003 außer einer Tiefgarage die *Kulturgrube Gödör* [s. S. 126], ein Veranstaltungsort für Musikfestivals etc. Außerdem soll 2007 ein Ausstellungsraum für ungarisches Design, das ›*Design Terminal*‹, eröffnen.

55 Zentrales Rathaus
Központi Városháza

Im ehem. Kriegsversehrtenasyl residieren heute Budapests Stadträte.

V., Városház utca 9–11
M 2 bis Deák tér

Wichtigster Bau aus der Regierungszeit Karls III. (1711–40) ist das ehem. **Invalidenhospital**, in dem heute das Zentrale Rathaus untergebracht ist. Im 18. Jh. am nördlichen Rand der Innenstadt noch frei stehend, ist das monumentale Gebäude heute von mehrstöckigen Wohnhäusern des 19. Jh. eingezwängt. 1716 hatten die Entwurfsarbeiten unter dem Wiener Architekten *Fortunato de Prati* begonnen, bald jedoch übernahm der ebenfalls hauptsächlich in Wien tätige *Anton Erhard Martinelli* die Bauplanung. Er orientierte sich an barocken italienischen **Stadtpalästen**. Toskanische Pilaster fassen die drei Stockwerke der Hauptfassade zusammen. In der Verlängerung der Hauptachse entstand eine reich gestaltete *Kapelle*, die heute als Kultursaal genutzt wird. Die Tore mit den herausragenden Giebeln, das stark profilierte Gesims und die Skulpturen an den Eingängen sind Meisterstücke ihrer Zeit. Knapp ein halbes Jahrhundert lang haben vor allem Kriegsversehrte in diesem Gebäude gelebt. Außer den Unterkünften befanden sich hier zwei Krankenhäuser, eine Schule und eine Kapelle für 3000 Gläubige (heute als Konzertsaal genutzt). Weiterhin gab es Metzgerei, Bäckerei und kleinere Läden, sodass die Insassen das Gebäude kaum verlassen mussten. Seit 1894 hat sich hier die Budapester Stadtverwaltung etabliert.

Die Városház utca mündet in Richtung Donau in den Szervita tér. Hier stehen zwei interessante Wohn- und Geschäftshäuser aus der Zeit vor dem Ersten Weltkrieg (Nr. 3 und 5). Das 1906 erbaute ehem. **Bankhaus Török** wird von einem

auffälligen Jugendstilgiebel bekrönt. Das stark farbige *Glasmosaik* zeigt die ›Verklärung der Hungariae‹. Das benachbarte **Rózsavölgyi-Haus** entstand 1912 für eine Schneiderei. Geschäft, Büro und Wohnbereiche sind deutlich voneinander getrennt. Im Dekor lehnte sich der Baumeister Béla Lajta an den Wiener Jugendstil und die Werkbund-Architektur an. Seinen Namen erhielt das Haus nach der heute noch bestehenden Musikalienhandlung, deren alte Ausstattung jedoch 1955 einem Brand zum Opfer fiel.

56 Große Synagoge
Dohány utca zsinagóga

Bis heute geistiges Zentrum des liberalen Judentums in Ungarn und zweitgrößte Synagoge der Welt.

VII., Dohány utca 2–8
Tel. 1/342 89 49
Mitte April–Okt. So–Do 10–17.30, Fr 10–14.30, sonst So–Fr 10–14.30 Uhr
M 2 bis Deák tér

Oben: *Gewaltig – Langhaus der Großen Synagoge*
Unten: *Mahnmal: Im Innenhof der Großen Synagoge wird der Opfer des Holocaust gedacht*

Aufgrund des *Duldungserlasses* von Joseph II. erhielten die Juden 1783 in Pest Wohnrecht. Ihnen blieb zwar die Innenstadt verwehrt, doch sie ließen sich so nah wie möglich am Zentrum nieder, in der *Elisabeth-* und in der *Theresienstadt.*

Die beiden Stadtteile wurden zu Beginn des 19. Jh. fast ausschließlich von Juden bewohnt, ein Getto hat es aber in Pest vor der Zeit des Faschismus nie gegeben [Buda s. S. 39 f.]. Nachdem 1826 in Wien eine repräsentative Synagoge errichtet worden war, sollte auch die große Gemeinde der Elisabethstadt eine Synagoge erhalten. Bis zur Realisierung vergingen rund 30 Jahre, eine Hochwasserkatastrophe, die Revolution von 1848 und fünf Choleraepidemien verzögerten den Bau. Währenddessen dienten *Schulen* und *Privatwohnungen* als Betstuben.

Am Wettbewerb für die neue Synagoge beteiligten sich namhafte Architekten, Gewinner war der Deutsche *Ludwig Förster*, der erst 1854 in Wien den Bau einer Synagoge beendet hatte. Der kurze zeitliche Abstand zwischen den beiden Bauten – 1857 entstand die Pester Synagoge – erklärt ihre Formenverwandtschaft. Beide greifen in historisierender Weise auf Elemente der maurischen Baukunst zurück. Försters Bau ist auch stark von christlichem Denken geprägt: Dem **Langhaus** sind seitlich über zwei Stockwerke die **Frauenemporen** zugeordnet, was dem räumlichen Eindruck einer christlichen Basilika entspricht. Vor dem 8,2 m hohen **Thoraschrein** (Bundeslade) befindet sich das Lesepult nicht wie üblich in der Mitte des Raumes, sondern im Chor – also an der Stelle, die in christlichen Kirchen der Altar einnimmt. Gusseiserne Pfeiler und Träger stützen den weiten eleganten Raum. Die Synagoge, 1929–31 durch zwei Bauten erweitert, ist die größte Europas und bietet 1492 Männern und 1472 Frauen Platz. Im Hof, der von einem Arkadengang umgeben ist, wurde 1990 das *Mahnmal* von Imre Varga zum Gedenken an den Holocaust aufgestellt. Der **Heldentempel** (Hősök temploma) erinnert an die im Ersten Weltkrieg gefallenen jüdischen Soldaten.

Das **Jüdische Museum** (Magyar Zsidó Múzeum, www.bpjewmus.hu, Mitte April–Okt. So–Do 10–18, Fr 10–15, sonst: So–Fr 10–15 Uhr) entstand 1931 nach Plänen von László Vágó und dokumentiert die Geschichte des ungarischen Judentums von der Römerzeit bis in die Gegenwart. Zur Sammlung gehören u. a. *Autographen* des Philosophen Theodor Herzl (1860–1904), des Begründers des modernen Zionismus. Eine **Gedenktafel** im Treppenaufgang des Gebäudes erinnert daran, dass sich sein Geburtshaus einst auf diesem Grundstück befand.

Türme der Rumbach-Synagoge – dahinter steckt eine moderne Gusseisenkonstruktion

57 Rumbach-Synagoge
Rumbach zsinagóga

Ein früher Bau des berühmten Wiener Architekten Otto Wagner.

VII., Rumbach Sebestyén utca 11–13
M 2 bis Deák tér

Als in der 2. Hälfte des 19. Jh. der Einfluss des liberalen Judentums zunahm, gaben Vertreter der konservativen Glaubensrichtung ›*Status Quo Ante*‹, eine eigene Synagoge in Auftrag. Als Architekt gewannen sie den Wiener Otto Wagner. Die ›orientalischen‹ Rankenornamente an der **Fassade** des 1869–72 errichteten Baus nehmen Dekorelemente des Jugendstils vorweg. Der **Innenraum** ist in traditioneller Weise gestaltet: Vorraum und oktogonaler Betraum, in dessen Mittelpunkt das Lesepult steht, sind deutlich voneinander getrennt. Bemerkenswert ist die gusseiserne Konstruktion der Kuppel.

Während des Zweiten Weltkriegs wurde die Synagoge stark beschädigt, nach 1959 fanden keine Gottesdienste mehr statt. Seit kurzem gehört sie dem Verband der jüdischen Gemeinden (Mazsihisz), der das Gebäude renovieren und als kulturelles Zentrum nutzen möchte.

Pest außerhalb des Altstadtrings – Bautätigkeit im Zeichen einer neuen ungarischen Eigenständigkeit

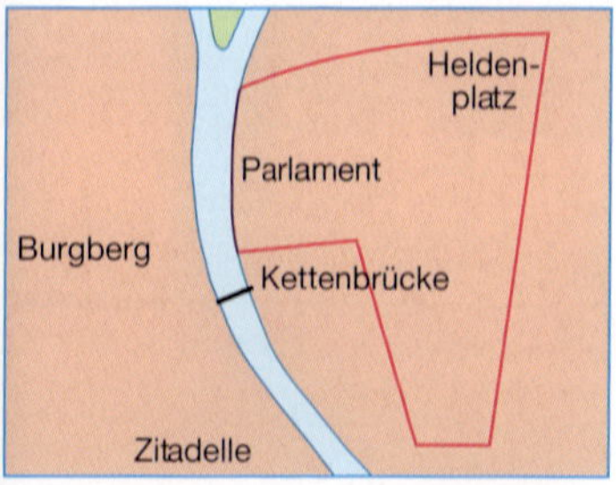

Die Zeit nach dem österreichisch-ungarischen Ausgleich 1867 bis zu den Millenniumsfeierlichkeiten 1896 war von reger Bautätigkeit geprägt. Innerhalb nur weniger Jahrzehnte entstanden so gewaltige Bauten wie das neogotische **Parlament** und die **Ungarische Staatsoper**. Zugleich wuchs Pest weit über seine mittelalterlichen Grenzen hinaus, es entstanden mehrstöckige, von Historismus und Nationalstil geprägte Miets- und Geschäftshäuser. Einen städtebaulichen Akzent bildet vor allem der Heldenplatz mit dem Millenniumsdenkmal, der vom **Museum der Bildenden Künste** und der **Kunsthalle** flankiert wird. Zum attraktiven Umfeld gehören Buchläden, Kunsthandlungen und Künstler-Cafés.

58 Rákóczistraße
Rákóczi út

Lebhafte Geschäftsstraße, geprägt von Häusern der Jahrhundertwende.

M 2 bis Astoria, Blaha Lujza tér oder Keleti pályaudvar;
Bus 7, 7A, 78, 173

Der 1906 nach Fürst Ferenc Rákóczi II. (1657–1735) benannte Straßenzug führt in östlicher Richtung aus Pest hinaus. Das älteste Bauwerk ist die **St.-Rochus-Kapelle** (Szent Rókus Kápolna, Haus Nr. 31) von 1797. Die im Gedenken an die Pestopfer von 1711 errichtete Votivkirche wurde 1958 in ihrer ursprünglichen Form wiederhergestellt.

Haus Nr. 18 (1911) ist ein Werk von Béla Lajta. Die von ihm eingeführte *Fassadengestaltung* mit Arkadengängen für Geschäfte fand auch bei Neubauten der 1950er-Jahre Anwendung. Das 1893 im Stil des Historismus errichtete **Haus Nr. 21** war Sitz der Urania-Gesellschaft. 2002 wurde hier das *Nationale Musiktheater Urania* eingeweiht.

Die prachtvolle *Neorenaissance-Fassade* des **Ostbahnhofs** (Keleti pályaudvar) entstand 1884. 1969 wurde der größte Bahnhof Budapests im Zuge der Umgestaltung des *Vorplatzes* mit der Untergrundbahn (Metrolinie 2) verbunden.

Gegenwärtig erhält das Viertel ringsum Stück für Stück seinen alten Glanz zurück. Zu seiner kulturvollen Neubelebung tragen das rekonstruierte **Hotel Palace** (jetzt Novotel) in der Rákóczi út 43 und die altungarische Traditionskonditorei **Hauer** (Nr. 47–49) wesentlich bei.

Auf dem Gelände der früheren Trabrennbahn gegenüber vom Ostbahnhof wurde im März 2006 der Grundstein für Ungarns größtes Einkaufs- und Vergnügungszentrum gelegt.

Fülle des ungarischen Jugendstils – schneeweiße maurische Bögen und Kuppel aus farbigem Glas im Museum für Kunsthandwerk

59 Museum für Kunsthandwerk
Iparművészeti Múzeum

TOP TIPP *Eindrucksvoll ornamentierter Museumsbau.*

IX., Üllői út 33–37
Tel. 1/456 -51 00
www.immu.hu
Di–So 10–18 Uhr
M 3 bis Ferenc körút;
Straßenbahn 4, 6

Der **Nationalstil** strebte den Bruch mit dem Historismus an, übernahm die *Orna-*

Das im Jahr 2002 eröffnete Budapester Nationaltheater fasziniert durch flott kombinierte Stilzitate und expressiven Formenreichtum

mentfreudigkeit der Volkskunst und orientierte sich an der islamischen Architektur und dem deutsch-österreichischen Jugendstil. *Ödön Lechner*, sein Hauptvertreter, gestaltete die *Fassade* aus glasierten Backsteinen, geschmückt mit Pyrogranit-Kacheln. Der metallische Glanz der Kacheln und die reiche Ornamentik bestimmen das äußere Bild des 1896 vollendeten Bauwerks. Im schneeweißen **Inneren** fühlt man sich in den Orient versetzt: *Maurische Bögen* öffnen sich von der hohen Mittelhalle zu den Ausstellungsgeschossen. Eine *Kuppel* aus leuchtend farbigem Glas überspannt die Halle.

Die **Sammlung** umfasst alle großen Stilepochen. Einheimische Haban-Keramik ist ebenso vertreten wie Meissener Porzellan, Orientteppiche, Goldschmiedekunst oder Jugendstilschmuck.

60 Holocaust Museum
Holocauszt Emlékközpont

Dokumentationszentrum und Gedenkstätte für jüdische Opfer des Zweiten Weltkriegs.

IX., Páva utca 39
Tel. 1/455 33 33
www.hdke.hu
Di–So 10–18 Uhr
M 3 bis Ferenc körút,
Straßenbahn 4, 6, 30, 30A

Anlässlich des Holocaust Gedenktages (16. April) eröffneten Staatspräsident Ferenc Mádl und Ministerpräsident Péter Medgyessy im Beisein des israelischen Staatspräsidenten Moshe Katzav am 15. April 2004 das Holocaust Museum und Dokumentationszentrum, das erste seiner Art in Ungarn überhaupt. Die Gedenkstätte ist den 600 000 Juden gewidmet, die während des Zweiten Weltkriegs in Ungarn umgebracht wurden. Allein von Mai bis Juli 1944 fanden über 400 000 in den Vernichtungslagern den Tod. Laut einer Umfrage sind heute nur etwa 2 % der Bevölkerung über diesen Teil ihrer Geschichte und die Mittäterschaft von Ungarn beim Massenmord informiert.

Dem Bau der innerhalb eines Jahres fertig gestellen Anlage gingen viele Diskussionen und eine lange Vorbereitungszeit voraus. Der Komplex besteht aus der 1650 m^2 großen Ausstellungshalle, dem dreigeschossigen Hauptgebäude und einer restaurierten Synagoge. Im Mai 2006 eröffnete die neue **Dauerausstellung** mit zahlreichen historischen Exponaten zur Deportation und Vernichtung ungarischer Juden während der Nazizeit. Es sind auch Bilder der Fotoausstellung *Auschwitz-Album* zu sehen, die die *Selektion* – die Auswahl der Gefangenen für die Hinrichtung bei der Ankunft im KZ – dokumentiert.

61 Nationaltheater
Nemzeti Színház

Der Ungarn liebstes Kind unter den Künsten ist immer noch das Theater.

IX., Bajor Gizi park 1
Tel. 1/476 68 68
www.nemzetiszinhaz.hu
Straßenbahn 2, Bus 23, 54, 103, Vorortbahn Csepeli HÉV bis Nemzeti Szíház oder Lágymányosi híd (Brücke)

Platz war – und ist noch heute – reichlich vorhanden auf dem Gelände im Süden von Budapest, das für die in letzter Minute abgesagte *EXPO '95 Wien–Budapest* erschlossen worden war. Hier wurde am 15. Dezember 2002 der **Neubau** des Nationaltheaters feierlich eingeweiht. Das Haus (Architektin: Mária Siklós) verfügt im Großen Saal über 619 Zuschauerplätze, in der Studiobühne finden 150 Menschen Platz. Schon am Haupteingang begrüßen den Besucher neun Musen – allerdings in Stein. Weitere Skulpturen finden sich im *Park* um das Theater, ebenso eine *Freilichtbühne* in Form eines Schiffes. Traumhaft schön ist von hier der Ausblick, den man in Theaterpausen auf das nächtliche, von Sternen und Hauslichtern beleuchtete Buda genießt.

Das erste ungarische Nationaltheater (1837 errichtet) stand bis 1913 an der Ecke Rákóczi út/Múzeum körút; am zweiten Standort am Blaja Lujza-Platz musste es im April 1965 der U-Bahn M 2 weichen. Pläne, in den 1990er-Jahren, das prestigeträchtige Gebäude am Erzsébet tér neu zu errichten, wurden erst korrigiert, nachdem dort bereits die Baugrube ausgehoben war.

Um das Theater entsteht in Ferencváros, dem IX. Stadtbezirk, ein neues *kulturelles Zentrum*. Schon hat die **Ráday utca**, am Kálvin tér beginnend, mit ihren Straßencafés und Pleinair-Festivals Kultstatus. Die Straße führt direkt in das umgewidmete, noch zu rekonstruierende Areal stillgelegter Farbriken und Lagerhallen – ein trendiges Event-Ambiente.

62 Ludwig Museum im Palast der Künste
Ludwig Múzeum a Művészetek palotájában

Wahrnehmungserweiterung im Dialog der Künste.

IX., Komor Marcell utca 1
Tel. 1/555 34 44
www.ludwigmuseum.hu
Di–So 10–20 Uhr
Straßenbahn 2, 2A, 24 bis Vágóhíd utca, Vorortbahn Csepeli HÉV bis Lágymányosi híd (Brücke)

Unmittelbar neben dem Nationaltheater erhebt sich der moderne, am 15. März 2005 eröffnete **Palast der Künste** (www.mupa.hu). Auf insgesamt 64 000 m² Fläche werden verschiedene Kunstbereiche zusammengeführt.

In den zur Donau hin ausgerichteten Flügel ist das **Ludwig Museum**, auch *Museum für Zeitgenössische Kunst*, eingezogen. Auf drei Etagen und 3000 m² Ausstellungsfläche in hohen, hellen Sälen entfaltet sich ein spannungsreicher Ost-West-Kunst-Dialog, architektonisch unterbrochen von überraschenden Geschossöffnungen, Raumdurchlässen und reizvollen Fensterausblicken auf die Donau und ihre Brücken. Schwerpunkte der ständig wachsenden Sammlung sind amerikanische Pop Art, Werkgruppen von deutschen, französischen und amerikanischen Künstlern der 1980-er Jahre und ein Überblick zur ungarischen Kunst der 1990-er Jahre. Werke tschechischer, slowakischer, polnischer, rumänischer und slowenischer Künstler zählen zu den jüngsten Neuerwerbungen. In der 1. Etage werden Sonderausstellungen zu internationaler Gegenwartskunst gezeigt.

Kirchenschiffähnlich ist der **Béla Bartók Nationale Konzertsaal** (1699 Plätze) im Zentrum des Hauses angelegt, 52 m lang, 25 m breit, ebenso hoch und dank ausgezeichneter Akustik einer der besten der Welt. Die Ensembles der Nationalen Philharmoniker und der Nationalchor sind im Palast der Künste zu Hause.

Das **Festival-Theater** (452 Sitzplätze) im Osten des Gebäudes wird für Prosa, Tanz, Kammeropern und Jazz genutzt.

63 Kaffeehaus New York
New York Kávéház

Kaffeehaus mit grandioser Innenausstattung.

VII., Erzsébet körút 9–11
Tel. 1/88 66 111
tgl. 9–24 Uhr
M 2 bis Blaha Lujza tér; Straßenbahn 4, 6

Der ab 1954 unter der Bezeichnung ›Café Hungaria‹ betriebene **Treffpunkt** der literarischen Welt trägt seit den 90er-Jahren des 20. Jh. wieder seinen ursprünglichen Namen – New York. So hieß das Palais einer Lebensversicherungsgesellschaft, in dem 1894 ein Kaffeehaus im Fin-de-Siècle-Dekor eingerichtet wurde. Reiche Innenausstattung mit Leuchtern und Spiegeln, Marmor und Bronze von Gusztáv Magyar-Mannheimer und Ferenc Eisenhut (Deckengewölbe, Ölgemälde) sowie Károly Lotz (Fresken). Auf der theaterähnlich mit Logen versehenen Galerie sind Karikaturen von Schriftstellern und Künstlern zu sehen, die in diesem Hause illustre **Stammgäste** waren. Der Dramatiker *Ferenc Molnár* soll am Eröffnungstag den Schlüssel des Kaffeehauses in die Donau geworfen haben als Symbol dafür, dass dieses den Literaten und Künstlern stets offen stehen möge.

1999 entbrannte ein heftiger Streit um den Verkauf der Immobilie durch die ungarische Treuhand, doch dann nahm ein italienischer Investor die Renovierung in Angriff. Im Mai 2006 wurde das ›New York‹ (www.newyorkpalace.hu) als Hotel und Kaffeehaus wieder eröffnet.

Vestibül der Musikakademie – Fresko ›Jungbrunnen‹ von Aladár Kőrősfői-Kriesch

64 Hotel Royal
Corinthia Grand Hotel Royal

Renaissance des ›Goldenen Zeitalters‹.

VII., Erzsébet körút 43–49
Tel. 1/479 40 00
www.corinthiahotels.com
M 2 bis Blaha Lujza tér; M 1 bis Oktogon; Straßenbahn 4, 6 bis Dob utca

Als am 1. Mai 1896 die Budapester Milleniumsausstellung ihre Pforten öffnete, empfing auch Grand-Hotellier Frigyes Glück die ersten Gäste in seinem prächtigen Neubau am Großen Ring. Dieses Hotel Royal hatte Architekt Rezső Ray im Neo-Stil der französischen Renaissance entworfen. Der E-förmige Grundriss betont die Fassade zur Straße, die Gebäudeflügel bildeten Atrien aus, sog. *Cours d'honneur*. Der prächtige Ballsaal des Luxushotels wurde auch für Konzerte benutzt und hier führten am 10. Mai 1896 die Brüder Lumière erstmals vor zahlendem Publikum ihr neues kinematographisches Verfahren bewegter Bilder vor. Bald waren die Budapester vom neuen Medium Film so begeistert, dass der Ballsaal 1915 zum Kino *Royal Apollo* umgestaltet wurde, das nach dem Zweiten Weltkrieg ›Roter Stern‹ (Vörös Csillag) hieß.

Das Hotel selbst sah im Laufe seiner glanzvollen Geschichte zahlreiche Gäste, darunter so berühmte wie Franz Lehár, Max Reinhardt, Asta Nielsen, Zoltán Kodály, Willi Fritsch, Josefine Baker, Jehudi Menuhin, Anna Moffo oder Valentina Tereschkowa. Doch 1991 musste der stark verfallene Bau abgerissen werden. Lediglich die historische Fassade und der alte Ballsaal blieben erhalten. Rund 100 Mio. Euro kostete es, das legendäre Gebäude auf Grundlage alter Pläne wiederzubeleben. Dass es sich gelohnt hat, beweist schon der originalgetreu wiederhergestellte, knapp 11 m hohe *Ballsaal* mit Marmorintarsienboden, vergoldetem Speckstein und Stuck unter drei strahlenden Kronleuchtern. 2004: Preis ›Schönste Hotelarchitektur in Europa‹.

Neugierig darf man auf das alte unterirdische **Thermalbad** neben dem Hotel sein, das Vilmos Freund 1886–88 erbaut hatte. Es wurde erst 1983 beim Bau eines Parkhauses wieder entdeckt, renoviert und im Sommer 2006 als ›Royal Spa & Wellness Center‹ (Tel. 1/479 46 50, tgl. 6.30–22 Uhr) eröffnet.

65 Musikakademie
Zeneakadémia

TOP TIPP *Die Musikakademie präsentiert sich in der ganzen Pracht des Nationalstils.*

VI., Liszt Ferenc tér 6
M 1 bis Oktogon, Straßenbahn 4,6

Der 1904–07 entstandene **Konzertbau** ist ein schönes Beispiel für den Nationalstil, die ungarische Variante des europäischen Jugendstils. Beliebtes Vorbild war damals die Ornamentik der Assyrer, die in stilisierter Form sowohl die 1997 sanierte Fassade als auch den Innenraum überzieht. Das *Foyer* ist mit Pécser Zsolnay-Keramik ausgestattet. Die *Fresken* sind Arbeiten des Jugendstilkünstlers Aladár Kőrösfői-Kriesch. Der *Konzertsaal* ist für seine hervorragende Akustik bekannt. Während der Unterrichtszeit kann man durch den Nebeneingang in der Király utca in das Gebäude gelangen.

66 Modehalle
Divatcsarnok

Kaufhaus mit glanzvoller Vergangenheit.

VI., Andrássy út 39
M 1 bis Oktogon

Das ursprüngliche Großkaufhaus nach Pariser Vorbild wurde 1882 von Gustav Petschacher erbaut, brannte aber um 1900 aus. Daraufhin erhielt es 1909 eine ›moderne‹ Bundfassade und eine neue Raumeinteilung nach Plänen von Zsigmond Sziklai. Der Bau ist ein wichtiges Beispiel für den **ungarischen Eisenbetonbau**. Im hinteren Teil des Kaufhauses ist ein alter *Ballsaal* mit *Fresken* des ungarischen Malers Károly Lotz erhalten.

Die verstaubte Architektur-Perle an ›Ungarns Hauptstraße‹ ist seit 2001 in staatlichem Besitz. Die Pläne des Architektenvereins zur Rekonstruktion des Originalgebäudes finden seit Anfang 2004 die Unterstützung des Ministeriums für Kulturerbeschutz. Demnach soll bald ein Architekturmuseum in die fünf Stockwerke der früheren Einkaufsgalerien einziehen, in der Erdgeschosshalle sollen sich eine Kunstbuchhandlung und ein Restaurant ansiedeln. Vielleicht wird man dann in den Wintermonaten auch wieder auf dem Glasdach Eislaufen können, wie einst vor dem Zweiten Weltkrieg, als das Luxus-Kaufhaus 500 Angestellte hatte.

67 Ernst-Museum
Ernst Múzeum

Zeitgenössische Kunst aus Ungarn und dem Ausland.

VI., Nagymező utca 10
Di–So 11–19 Uhr
M 1 bis Opera; Bus 70, 78

Lajos Ernst, ein bekannter *Kunstsammler*, suchte und fand 1912 dieses Haus für seine umfangreiche Kollektion. Ernst sammelte vor allem progressive Kunst und veranstaltete in den 1920er-Jahren bedeutende **Ausstellungen**. 1932 löste er Teile des Bestandes auf und gab sie als Leihgabe an andere Museen weiter; so gingen Werke älterer Meister an das Ungarische Nationalmuseum und an das Museum der Bildenden Künste.

Eingang und Treppenhaus dieses schönen Jugendstilhauses wurden von Ödön Lechner gestaltet, das leuchtende Glasfenster von Miksa Róth nach Entwurf von József Rippl-Rónai.

68 Haus der Fotografie ›Manó Mai‹
Magyar Fotográfusok Háza

Ausstellungen und ein Sonnenlichtatelier.

VI., Nagymező utca 20
www.maimano.hu
Mo–Fr 14–19, Sa/So 11–19 Uhr
M 1 bis Opera, Straßenbahn 4, 6

Emanuel Mai (ungar.: Mai Manó, 1855–1917) war kaiserlich-königlicher Hoffotograf. 1878 eröffnete er sein erstes Fotogeschäft in der Andrássy-Allee und galt schon bald als Ungarns bester Kinderfotograf. 1894 ließ sich der Künstler das repräsentative Fotoatelier-Haus in der Nagymező utca errichten, das sich als einziges seiner Art in Europa im ursprünglichen Zustand erhalten hat.

Auf drei Ebenen werden Wechselausstellungen zur historischen und zeitgenössischen Fotografie gezeigt, ergänzt durch Spezialbibliothek und Fotogalerie.

69 Arany-János-Theater
Arany János színház

Innenraum in faszinierendem Art déco.

VI., Paulay Ede utca 35
M 1 bis Opera

Das Viertel war vor und nach dem Ersten Weltkrieg die Hochburg der ungarischen Unterhaltungskunst, die Lokale ›Arizona‹ und ›Parisiana‹ waren Begriffe für kultiviertes **Nachtleben** und für Modernität in der Unterhaltungskunst. Das heutige Neue Theater (Architekt: Béla Lajta), ein Bau aus dem Jahre 1909, beherbergte damals das ›Parisiana‹. Seit 1921 erlebte das Gebäude mehrere Umbauten. Nach aufwendiger Restaurierung wird das Haus nun als Theater genutzt.

Die Staatsoper bietet den passenden Rahmen für einen gelungenen Theaterabend

70 Ungarische Staatsoper
Magyar Állami Operaház

Bau zwischen Renaissance und Romantik.

VI., Andrássy út 22
Tel. 1/332 81 97
www.opera.hu
Führungen tgl. 15 und 16 Uhr
M 1 bis Opera

Die 2. Hälfte des 19. Jh. war in Ungarn eine Zeit der **Theater- und Opernbauten**. Das war vor allem den kulturellen Interessen des Bürgertums zu verdanken; in den Ländern der Habsburger Monarchie kamen dazu die Stärkung des nationalen Selbstbewusstseins und die Pflege der *Muttersprache*. Seit 1722 gab es in Pest ein deutsches Theater, das ungarische wurde 1837 eröffnet. Doch ein Opernhaus gab es bis dahin nicht. Noch vor der Vereinigung der Städte Buda, Pest und Óbuda hatte der Rat für Gemeinnützige Arbeiten 1871 die Ausschreibung für ein Opernhaus erlassen. Den Wettbewerb konnte schließlich der Architekt *Miklós Ybl* für sich entscheiden. Am 27. September 1884 wurde das Opernhaus in Anwesenheit der königlichen Familie mit der feierlichen Aufführung der ungarischen Nationaloper ›Bánk Bán‹ von Ferenc Erkel eröffnet.

Die **Fassade** ist streng symmetrisch gestaltet und nimmt in ihrer Gliederung Elemente der Renaissance-Baukunst auf. In den Nischen zu beiden Seiten des Haupteingangs sieht man *Franz Liszt* (links) und *Ferenc Erkel* (rechts), den Begründer der ungarischen Nationaloper. Die ganze Pracht der Neorenaissance entfaltet sich im **Vestibül**. Ybl hat hier vom *Mosaik* des Fußbodens bis hin zum Gewölbeornament eine vollkommene Ausstattung geschaffen. Die *Deckengemälde* stammen von den bedeutendsten ungarischen Malern der Zeit: Károly Lotz, Bertalan Székely und Mór Than. Der sich über drei Geschosse erstreckende **Zuschauerraum** wird von einer Kuppel mit Fresken von Károly Lotz überwölbt. Im **Székely-Saal** befindet sich die Kunst- und Archivsammlung der Oper.

Dem ersten christlichen König Ungarns geweiht – Basilika St. Stephan

Dem Opernhaus gegenüber steht – an der 2002 zum UNESCO-Weltkulturerbe erklärten **Andrássy út** – ein imposanter Bau im Stil der französischen Renaissance-Schlösser, das **Palais Drechsler**. Das Gebäude ist ein Frühwerk von Ödön Lechner. Ehemals als Zentralgebäude der Staatsbahnen erbaut, war bis in die 90-er Jahre des 20. Jh. das Ballettinstitut darin untergebracht. 2003 begann der Umbau zu einem Luxushotel.

71 Basilika St. Stephan
Szent István bazilika

Hoch verehrte Reliquie im größten Kirchenbau Budapests.

V., Szent István tér
Mo–Fr 9–17, Sa 9–12, So 13–17 Uhr
M 1 bis Bajcsy Zsilinszky út, M2, M 3 bis Deak tér

Wegen ihrer Größe erhielt die dem ersten getauften ungarischen König, dem hl. Stephan, geweihte Leopoldstädter Pfarrkirche die Bezeichnung Basilika. *József Hild*, der herausragende Architekt des ungarischen Klassizismus, errichtete die Kirche 1851–67 über dem **Grundriss** eines griechischen Kreuzes. Nach Hilds Tod 1867 übernahm Miklós Ybl die Bauleitung. Seine Arbeit bestand im Wesentlichen im Wiederaufbau einer neuen Kuppel, denn die erste war eingestürzt. Sie sitzt auf einem Tambour, der außen mit einer Aussichtsplattform versehen ist. Die von Ybl bevorzugte Neorenaissance kam besonders bei der **Innenausstattung** zur Geltung. Die wichtigsten Meister der Zeit, Gyula Benczúr und Károly Lotz, führten die *Mosaik-* und *Freskenarbeiten* aus. Ybl starb 1891, erst 1905 konnte József Krauser den Bau vollenden. In einem gotischen Reliquienschrein in der Szent Jobb Kápolna (Kapelle der Heiligen Rechten) wird die rechte Hand des hl. Stephan als **Reliquie** verwahrt. Seit der Regierungszeit Maria Theresias wird jeweils am 20. August (als König Ladislaus die Hand fand), die Reliquie in einer Prozession dem Volke vorgeführt. Ihre neue *Glocke* erhielt die Basilika 1990 als Geschenk der bayerischen Stadt Passau zur Erinnerung an die Ereignisse 1989, als die ungarisch-österreichische Grenze für Tausende von DDR-Bürgern geöffnet wurde.

Die größte Kirche Budapests erstrahlt nach 20-jähriger Restaurierung seit 2003 wieder in überwältigendem Glanz.

Sir Thomas Gresham, Gründer der Londoner Börse, wacht im Giebel über die Geschäfte

72 Gresham-Palast
Gresham palota

TOP TIPP

Repräsentativer Jugendstilbau – nach Verjüngungskur.

V., Roosevelt tér 5
M 1 bis Vörösmarty tér;
Straßenbahn 2, 2A; Bus 4, 16, 105

Die englische Versicherungsgesellschaft Gresham ließ ihren ungarischen Verwaltungssitz 1904–07 am Pester Brückenkopf der Kettenbrücke nach Plänen des Architekten Zsigmond Quittner errichten. Der Prunkbau sollte Reichtum symbolisieren, bei der Ausführung wurde nicht gespart. So entstand eine Perle europäischer Jugendstilarchitektur mit arkadenartiger Erdgeschossgestaltung, drei Treppenaufgängen, handgeschmiedeten Pfauentoren, Wandkacheln und Bodenfliesen, beeindruckenden Glasmosaiken und Bleiglasfenster (Glasmaler Miksa Róth) und plastischem Figurenschmuck an der Außenfassade, an deren Stirnseite auch das in Gold eingefasste Porträt des Firmengründers eingearbeitet wurde.

Aus dem ehemaligen Verwaltungsgebäude ist ein modernes **Luxushotel** geworden – nach aufwendiger Renovierung am 15. Juni 2004 eröffnet. Bei strenger Beaufsichtigung der Bauarbeiten gestattete das ungarische Amt für Denkmalpflege dem kanadischen Hotelkonzern Four Seasons eine postmoderne Zutat: Der Fußboden der Eingangshalle (ursprünglich grauer Asphalt) wurde durch das Mosaik eines zeitgenössischen italienischen Künstlers erneuert.

Schon früher befand sich in dem Gebäude ein Café, Treffpunkt der ungari-

Schwungvolle Fassade der Postsparkasse

schen Avantgarde der 1920-er Jahre, des so genannten *Gresham-Kreises*. In dieser Tradition hofft das Gresham-Kaffeehaus darauf, wie einst ein bevorzugter Treffpunkt der Budapester zu werden.

73 Akademie der Wissenschaften
Tudományos Akadémia

Erster Bau im Stil der Neorenaissance.

V., Roosevelt tér 9
Straßenbahn 2, 2A; Bus 16, 105

Die Gründung der Ungarischen Akademie der Wissenschaften fiel in die Zeit der ungarischen Reformbewegungen, einen Bau erhielt die Akademie jedoch erst 1861. Der Berliner Architekt Friedrich August Stüler gewann die Ausschreibung, Miklós Ybl übernahm die Bauleitung. Die *Fresken* im Festsaal stammen von Károly Lotz. Am 11. Dezember 1865 konnte das Gebäude seiner Bestimmung übergeben werden, umfangreiche Sanierungsarbeiten wurden 1999 abgeschlossen. Vor der Akademie steht das **Denkmal** ihres Begründers *István Széchenyi*, auf der anderen Seite des Platzes, das für *Ferenc Deák*.

Die **Bibliothek** der Familie Teleki bildete den Grundstock. Am bedeutendsten ist die Sammlung orientalischen Schrifttums. Sie umfasst auch den Nachlass von Sándor Kőrösi Csoma (1784–1842), der sich um die Erforschung der Herkunft des ungarischen Volkes bemüht hatte.

74 Freiheitsplatz
Szabadság tér

TOP TIPP *Der hufeisenförmige Platz gilt als einer der schönsten in Budapest.*

M 2 bis Kossuth Lajos tér

Nachdem das Lipotstädter Gefängnis, das so gennante Neugebäude, 1786 abgerissen worden war, begann man 1898 mit der architektonischen Umgestaltung des Platzes zu einem Zentrum der Börsen und Banken. Auf dem Platz wurden nach Niederschlagung der Revolution am 6. Oktober 1849 der erste Ministerpräsident der unabhängigen ungarischen Regierung, Lajos Batthyány, und weitere Freiheitskämpfer hingerichtet.

Im ehem. **Börsenpalast** (Szabadság tér 17), den der herausragende Architekt des ungarischen Historismus, Ignác Alpár, 1902–05 schuf, hat heute das Ungarische Fernsehen sein Domizil. Gegenüber steht die schöne, ebenfalls von Alpár errichtete **Ungarischen Nationalbank**.

75 Postsparkasse
Postatakarékpénztár

Jugendstilbau mit buntem Majolika-Zierrat.

V., Hold utca 4
Mo–Do 8–15, Fr 8–13 Uhr
M 2 bis Kossuth Lajos tér

Mit dem **Bau** der Postsparkasse (1899–1902) setzte der Architekt Ödön Lechner seine Bemühungen um den Nationalstil, die ungarische Ausprägung des Jugendstils fort. Sein Verdienst ist es, die vielfältigen ornamentalen Motive der ungarischen Volkskunst in die Architektur integriert zu haben – besonders schön abzulesen an dem aus sechseckigen farbigen Ziegeln bestehenden Dach. Das von engen Straßen umgebene Eckgebäude erstrahlt mit seinem wellenförmig gestalteten *Hauptgesims* und der geschwungenen *Dachgiebelzone* in seiner ursprünglichen Schönheit und Farbenpracht.

Eigentümer der Postsparkasse ist heute die Ungarische Nationalbank. Vestibül und Schalterhalle sind zu den Kassenzeiten geöffnet. Durch die Türen, die seitlich ins Treppenhaus führen, kann man einen Blick auf die fantasievollen, grünen Metallgeländer und den nostalgischen Fahrstuhl zwischen Marmortreppen werfen.

76 Parlament
Országház

Eines der Wahrzeichen der ungarischen Hauptstadt.

V., Kossuth Lajos tér 1–3
Führungen außerhalb der Sitzungszeiten und nach Voranmeldung:
Tel. 1/441 49 04, 1/141 44 12
www.parlament.hu
Mo–Fr 8–18, Sa 8–16, So 8–14 Uhr
(für EU-Bürger mit Ausweis kostenlos in ihrer Landessprache, z. B. in Deutsch Mo–Sa 11 und 15 Uhr)
M 2 bis Kossuth Lajos tér;
Straßenbahn 2, 2A

Nach dem ›Ausgleich‹ mit Wien 1867 war die politische und wirtschaftliche Situation in Ungarn so weit liberalisiert, dass man daran denken konnte, ein Parlamentsgebäude zu errichten. Am 4. Dezember 1880 erhoben Kaiser *Franz Joseph* und Ministerpräsident *Kálmán Tisza* dieses Vorhaben zum Gesetz. Der Landtag (das Parlament) tagte bis 1847 in Preßburg und zog dann in die damalige Re-

Oben: *Nationalbewusstsein: 1867 begann man mit dem Bau des Parlaments*
Unten: *Die Krönung des Parlaments: Die Halle im ersten Obergeschoss wird von einer prächtigen Kuppel überspannt*

Blumen- und sternenreiche Dekoration des Schmidl-Mausoleums

Der ungarische Nationalstil

Um die Jahrhundertwende erlebte Budapest einen wahren Bauboom. Neben dem Historismus prägten einige ungarische Architekten damals den Nationalstil, die ungarische Variante des europäischen **Jugendstils**. Ihr Hauptvertreter war **Ödön Lechner**, der mit seinen Bauten fantasievolle Farbtupfer im Pester Stadtbild hinterließ.

Der Architekt orientierte sich in seiner Formensprache hauptsächlich am deutsch-österreichischen Jugendstil, schöpfte aber auch aus der ornamentfreudigen **ungarischen Volkskunst** und der **islamischen Architektur**. Glasierte Backsteine und farbige Dachziegel, angeordnet in verspielten, geschwungenen Formen kennzeichnen seine Arbeiten. Seine wichtigsten Bauten in der ungarischen Hauptstadt sind das **Museum für Kunsthandwerk** (1896), das **Geologische Institut** (1899) und die **Postsparkasse** (1899–1902).

Weitere interessante Bauten des Nationalstils sind die 1904 – 07 entstandene **Musikakademie**, Hauptwerk von Kálman Giergl und Flóris Korb, sowie das **Schmidl-Mausoleum** auf dem Jüdischen Friedhof, ein Gemeinschaftswerk von Béla Lajta und Ödön Lechner.

doute nach Pest um. 1866 baute Miklós Ybl ein *vorläufiges Abgeordnetenhaus* in der Bródy Sándor utca 8, das heute im Besitz des Italienischen Kulturinstituts ist. An der **Ausschreibung** für das neue Parlament nahmen mehrere berühmte ungarische und ausländische Architekten teil, u. a. Alajos Hauszmann und Otto Wagner, angenommen wurde der Entwurf von Imre Steindl.

Er verband barocke Grundrissgestaltung mit Eisenkonstruktion und neogotischem Aufbau. Steindls Entscheidung für die **Neogotik** blieb nicht unwidersprochen. Manche Kritiker lehnten z. B. den sakralen Charakter des Bauwerks ab. Die Anlage erstreckt sich auf 268 m Länge entlang des Donauufers und erfüllt damit zwei Aspekte: Das Parlament sollte ein *Gegengewicht* zu der königlichen Burg am anderen Ufer bilden und die Bedeutung des Flusses für das Stadtbild hervorheben. Charakteristisch für den Bau (1885–1902) ist die mächtige, 96 m hohe **Kuppel**. »Als hätte man einer gotischen Kirche ein türkisches Dampfbad aufgepfropft« – lästerte der Dichter Gyula Illyés. Von der *Kuppelhalle* gehen symmetrisch angeordnete Säle ab, die zehn Innenhöfe einschließen. In der Halle selbst wird seit dem Jahr 2000 die ›**Heilige Krone**‹, auch Stephanskrone genannt, aufbewahrt.

1916 wurde damit Karl IV. als letzter ungarischer König gekrönt. Im *Großen Sitzungssaal* befindet sich Munkácsys *Historiengemälde* ›Landnahme‹, die *Fresken* stammen von Károly Lotz. Architektur und Innendekoration entsprechen dem englischen Decorated Style bzw. sind eine vorzügliche spätere Adaption.

Top Tipp Im Gebäude befindet sich die **Parlamentsbibliothek** (Mo 9–13, Di–Fr 9–20, Sa 9–18 Uhr). Sie ist der Öffentlichkeit zugänglich und hat einen ausgezeichneten Bestand vor allem zur Rechts- und Geschichtswissenschaft vorzuweisen.

Beeindruckend – Eingangshalle des Ethnographischen Museums mit Fresken von Károly Lotz

77 Ethnographisches Museum
Néprajzi Múzeum

Sammlung ungarischer und fremdländischer Kulturschätze.

V., Kossuth Lajos tér 12
Te. 1/473 24 00
www.neprajz.hu
Di–So 10–18 Uhr
M 2 bis Kossuth Lajos tér;
Straßenbahn 2, 2A

Gegenüber dem Parlament stehen zwei monumentale Bauten im Stil des **Historismus**, das Landwirtschaftsministerium und die so genannte Kurie, in der heute das Ethnographische Museum untergebracht ist. Die Pläne für beide Häuser

stammen von *Alajos Hauszmann*. Die 1893–96 errichtete Kurie diente zunächst als Sitz des Obersten Gerichtshofs. Ihr Äußeres erinnert an Gebäude wie den Berliner Reichstag oder den Münchner Justizpalast – eine Kuppel erlaubte die Lage gegenüber dem Budapester Parlament jedoch nicht.

Die pompöse **Innenausstattung** des großen Saals und der Treppenhalle mit den in Pastelltönen gehaltenen *Fresken* von Károly Lotz ist äußerst sehenswert.

Die **Sammlungen** des Ethnographischen Museums gehen auf den Ostasienforscher János Xantus (1825–1894) zurück. Der Diplomat trug auf seinen Reisen wertvolle völkerkundliche Objekte zusammen. Eine Bereicherung der Sammlung bedeutete die Übernahme der *Ungarischen Volkskunstausstattung*, die anlässlich der Millenniumsfeiern 1896 zusammengestellt worden war.

Im **1. Obergeschoss** befindet sich die Sammlung der ungarischen *Volkskultur* einschließlich eines *Archivs zur Volksmusik*. Die mit originalen Gegenständen (Möbel, Hausrat, Kleidung) eingerichteten *Schauzimmer* vermitteln ein realistisches Bild vom Leben in den ungarischen Dörfern der Vorkriegszeit. Das **2. Obergeschoss** präsentiert die Sammlung der *außereuropäischen Kulturen*.

78 Westbahnhof
Nyugati pályaudvar

Elegante Glas- und Eisenkonstruktion der weltberühmten Firma Eiffel.

VI., Teréz körút 109–111
M 3 bis Nyugati pályaudvar;
Straßenbahn 4, 6;
Bus 6, 26, 26A, 91, 191

Am 15. Juli 1846 rollte der erste Eisenbahnzug von hier in das 30 km entfernte Städtchen Vác. Damit war der erste ungarische Schienenweg eröffnet! Den ersten, einfachen Bahnhofsbau löste 1877 der jetzige *Sackbahnhof* ab. Seine Bauzeit fiel insofern in eine günstige Phase, als man damals mit viel Feingefühl und Einfallsreichtum versuchte, mehr Unabhängigkeit von Wien zu erreichen und die Stadt durch großzügige und weitsichtige Projekte zur Weltmetropole zu entwickeln. Den Wettbewerb zur neuen Bahnhofsgestaltung gewann das später berühmte Pariser Architekturbüro Eiffel.

Die Länge der **Bahnhofshallen** beträgt je 146 m, ihre Spannweite 42 m. Die Mittelhalle ist knapp 25 m hoch. Der 1998 vorbildlich restaurierte Budapester Westbahnhof ist eine Glanzleistung der Ingenieurbaukunst. Die *Eisenkonstruktion* liegt hinter einer eleganten Glasfassade. Im

Glanzleistung der Ingenieurbaukunst – der Westbahnhof nach Plänen der Firma Eiffel

Südostasien mitten in Budapest – Garten des Ferenc-Hopp-Museums

östlichen Flügel befinden sich der *große Spiegelsaal*, der für die Anreise des königlichen Ehepaars zu den Millenniumsfesten 1896 erbaut wurde.

Mit der Eröffnung des direkt am Bahnhof gelegenen **Westend City Center** [s. S. 118] 1999 hat der heute täglich von über 400 000 Menschen und 225 000 Fahrzeugen frequentierte Verkehrsknotenpunkt noch an Anziehungskraft gewonnen. Auf brachliegenden Gleisflächen des Güterbahnhofs entsteht ein urbanes Zentrum.

79 Ferenc-Hopp-Museum und György-Ráth-Museum
Hopp Ferenc Kelet-Ázsiai Művészeti Múzeum és Ráth György Múzeum

Ostasiatika in zwei Häusern.

VI., Andrássy út 103 und
Városligeti fasor 12
Di–So 10–18 Uhr
M1 bis Bajza utca, Bus 4, O-Bus 78, 79

Der Bestand des **Ferenc-Hopp-Museums** in der Andrássy út geht auf die Sammlung des bedeutenden Ostasien-Reisenden Ferenc Hopp (1833–1919) zurück. In seinem Wohnhaus werden heute wechselnde wissenschaftliche Themenausstellungen gezeigt, die aus der rund 20 000 Gegenstände umfassenden Ostasien-Sammlung Hopps bestückt werden. In dem Haus befindet sich auch eine öffentliche Fachbibliothek. Weitere Teile des Hopp-Nachlasses werden in der ständigen Ausstellung Asiatischer Kunst im nahe gelegenen **György-Ráth-Museum** präsentiert. Kleinkunstwerke aus verschiedenen Kulturepochen Indiens, darunter schöne erotische Kleinplastiken, sind ebenso zu besichtigen wie japanische, chinesische, nepalesische und mongolische Exponate. György Ráth (1823–1904), Kulturdiplomat und Museumsdirektor, war selbst passionierter Sammler. In seiner Villa sind mehrere Privatsammlungen zur Kunst des Ostens vereint. Diese Schätze werden nicht nur museal dargeboten, sondern in der Sphäre originaler Wohnungseinrichtung.

80 Miksa-Róth-Stiftung und Glasmuseum
Róth Miksa Emlékház

Mosaik-Kompositionen aus Glas

VII., Nefelejcs utca 26
Tel. 1/341 67 89
Di–So 14–18 Uhr
M 1 bis Bajza utca, Bus 7 A, 73

Seit November 1999 beherbergt das Wohnhaus und die ehem. kunstgewerblichen Werkstatt des kaiserlich-königlichen Hof-Glasmalers Miksa Róth (1865–1944) ein ihm gewidmetes Glasmuseum. Die Sammlung von Glasmalerei, Glasfenstern, Glasmosaiken und Entwurfszeichnungen stellt Róths Schaffensphasen in der Zeit des Historismus, des Jugendstils und des Art déco vor. Im 1. Stock vermitteln die Wohnräume mit Originaleinrichtung an Mobiliar und Dekoration einen sozialhistorisch bemerkenswerten Einblick in das Leben einer Künstlerfamilie um 1900.

81 Heldenplatz
Hősök tere

Geschichtsträchtiger, von bedeutenden Museen umgebener Platz.

M 1 bis Hősök tere;
Bus 20, 30, 75, 79

Die schönste und in ihrer architektonischen Gestaltung eleganteste Radialstraße von Budapest, die Andrássy út, mün-

Große Ereignisse ... – 1896 feierte Ungarn sein 1000-jähriges Bestehen und gestaltete den Heldenplatz mit dem Millenniumsdenkmal

det in den Heldenplatz, ein Meisterwerk des ungarischen Historismus. Zur Feier des 1000-jährigen Bestehens Ungarns 1896 wurde der Platz mit dem **Millenniumsdenkmal** und den umliegenden Bauten gestaltet. Der Architekt *Albert Schickedanz* und der Bildhauer *György Zala* sind die Schöpfer dieses Ensembles. Die beiden Flügel der halbkreisförmigen Säulenordnung werden in der Mitte durch eine 36 m hohe korinthische **Säule** getrennt, die von einer Figur des *Erzengels Gabriel* bekrönt wird. Dieser hatte der Legende nach dem hl. Stephan die Heilige Krone Ungarns selbst überreicht. Den Sockel umstehen die sieben *Stammesfürsten* Ungarns. Im linken Halbrund sieht man die *ungarischen Könige* des Árpáden-Geschlechts und aus dem Hause Anjou, rechts standen ursprünglich Statuen der Habsburger, nach 1945 wurden sie aber durch Darstellungen ungarischer *Freiheitskämpfer* ersetzt.

Da Budapest weder einen Triumphbogen noch ein Heldenpantheon besaß, sah man im Millenniumsfest die Herausforderung, ein solches *Nationaldenkmal* zu schaffen. 2001 wurde der sanierte Heldenplatz feierlich wieder eingeweiht.

82 Museum der Bildenden Künste
Szépművészeti Múzeum

TOP TIPP *Umfassende Sammlung Alter Meister, dazu etwas Antike und Moderne.*

XIV., Dózsa György utca 41
Tel. 1/469 71 00
www.szepmuveszeti.hu
Di–So 10–17.30 Uhr
M 1 bis Hősök tere;
Bus 4; O-Bus 79

Ganz dem Zeitgeist des ›Fin de Siècle‹ entsprechend, entstanden am Heldenplatz zwei Museumsbauten. Links vom Denkmal steht das Museum der Bildenden Künste und rechts die Kunsthalle.

Das Museum der Bildenden Künste wurde 1906 vollendet. Vom letzten großen Aufschwung der europäischen Ausstellungsarchitektur des 19. Jh. getragen, ist es dem Wiener Kunsthistorischen Museum vergleichbar. Albert Schickedanz und Fülöp Herzog, die beiden Baumeister, arbeiteten ganz im Sinne der klassischen Tempelbauten und der italienischen Renaissance. Dem **Hauptbau**, in dem sich die Gemäldegalerie und Verwaltungsräume befinden, setzten sie drei *tempelartige Bauten* vor, die durch niedrigere Trakte miteinander verbunden sind. Acht korinthische Säulen tragen den Giebel, in dessen Tympanon Skulpturen den ›Kampf der Kentauren und Lapithen‹ darstellen, eine Nachbildung der Kentauromachie im Giebelfeld des antiken Zeustempels von Olympia.

Die Sammlung: Den Grundstock des Bestandes bildete die 1870 angekaufte *Sammlung Eszterházy*. Ursprünglich besaß das Museum nur Gemälde, Zeichnungen und Druckgrafiken, aber schon der erste Direktor, Károly Pulszky (1881–96), begann Skulpturen zu erwerben. Mit dem Ankauf der Sammlung Paul Arndt wurde 1908 die *Antikensammlung* begründet, 1934 entstand die *Ägyptische Sammlung*. Berühmt ist die Abteilung *Spanischer Malerei*. Neben der des Madrider Prado gilt sie als die umfangreichste und qualitätvollste der Welt. Allein von El Greco sind sieben Gemälde ausgestellt. Auch die *Italienische Malerei* ist vertreten. Schließlich verdient noch die Sammlung *Altdeutscher Malerei* Beachtung. Neben Werken von Altdorfer und Cranach begeistert vor allem Dürer.

Wegen umfangreicher Restaurierungsarbeiten sind einige Bereiche zeitweise nicht zugänglich. Dicht gedrängt präsentiert sich die Galerie der *Alten Meister* im linken Flügel. Im Untergeschoss entstanden neue Ausstellungsräume für Moderne Kunst sowie für die Ägyptische Sammlung, Antikensammlung, Malerei des 19. Jh. und die Skulpturensammlung finden sich im Erdgeschoss, ferner Museumsshop und Café.

83 Kunsthalle
Műcsarnok

Tempel der Gegenwartskunst.

XIV., Dózsa György út 37
Tel. 1/363 26 71
www.mucsarnok.hu
Di/Mi/Fr–So 10–18, Do 12–20 Uhr
M1 bis Hősök tere;
Bus 4; O-Bus 75, 79

Wie in anderen aufstrebenden Großstädten bestand auch in Budapest Bedarf an einer Kunsthalle, um Zeitgenössisches zeigen zu können. Die erste Kunsthalle befand sich im Haus Andrássy út 69, der Bau war nach Plänen von Adolf Lang 1877 fertig gestellt worden. Dieser erwies sich

Ein neues Museum der Bildenden Künste mit Alten Meistern zur 1000-Jahr-Feier

Und noch ein Museumsbau: Auch die Kunsthalle entstand aus Anlass der Millenniumsfeierlichkeiten 1896

nach knapp zehn Jahren als zu klein; das sich nähernde *Millenniumsfest* war auch hier willkommener Anlass, über einen Neubau nachzudenken. Albert Schickedanz gestaltete die Kunsthalle (Műcsarnok) als **Pendant** zum gegenüberliegenden Museum der Bildenden Künste. Von der Empfangshalle öffnen sich die Ausstellungssäle, eine halbrunde ›Apsis‹, die Skulpturenhalle, schließt den Bau ab. Die grundlegende Restaurierung der Kunsthalle wurde – einschließlich einer Erneuerung der Glasüberdachung – 1996 abgeschlossen. Sie ist heute ein wichtiger Ort für repräsentative *Ausstellungen zeitgenössischer Kunst* in Ungarn.

Ausrangiert – Modelle aus den Anfängen der Budapester Untergrundbahn im U-Bahn-Museum

84 Kleine Untergrundbahn
Kis földalatti

Direkte Verbindung vom Zentrum zum Stadtwäldchen.

M 1

Vom 13. August 1894 bis zum 2. Mai 1896 dauerte der Bau der ›Franz-Joseph-Untergrundbahn‹. Die Strecke führt von der Budapester Innenstadt zum Stadtwäldchen. Diese Millenniums-U-Bahn (Millenniumi Földalatti Vasút) war die erste elektrisch betriebene Untergrundbahn auf dem europäischen Kontinent.

In London hatte es bereits früher eine U-Bahn gegeben. Sie wurde allerdings mit Dampfloks betrieben, was erhebliche Belüftungsprobleme mit sich brachte. Um solche Schwierigkeiten auszuschließen, konzentrierte man sich in Budapest von Anfang an auf den **elektrischen Betrieb**. Auch in der Bauausführung war die Budapester U-Bahn-Strecke moderner als die Londoner. Sie liegt relativ dicht unter der Straßenoberfläche, was die Bauarbeiten erleichterte. Über 50 Jahre lang erfüllte die U-Bahn auf der knapp 4 km langen Strecke ihre Funktion in ursprünglicher Form, die Züge wurden erst in den 60er-Jahren des 20. Jh. ausgetauscht.

Im **U-Bahn-Museum** (Mai–Okt. Di–So 10–17 Uhr) in der Unterführung am Deák Ferenc tér kann man einige der alten Originalwaggons besichtigen.

Stadtwäldchen und Umgebung – die grüne Lunge der Stadt

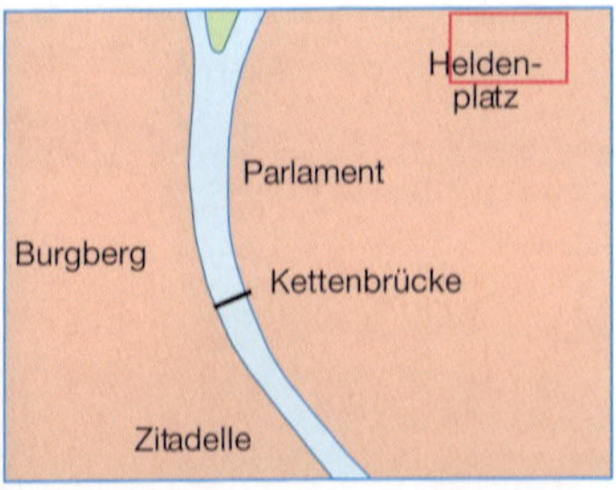

Ende des 18. Jh. »ruft das Gewissen der Stadt nach Begrünung, denn der Staub auf der Pester Seite nimmt unerträgliche Ausmaße an« – so berichtet die Chronik. So entstand aus einem einstigen königlichen Jagdgebiet ein etwa 1 km² großer Park, das **Stadtwäldchen**. Einst eher unwirtlich, ist das Areal heute die grüne Lunge Budapests und mit seinen **Vergnügungsmöglichkeiten** und **Restaurants** ein beliebtes Ausflugsziel. Eine eigenwillige Attraktion des Parks ist die Burg **Vajdahunyad**. Außerdem trägt das **Széchenyi-Thermalbad** im Park zur Badekultur bei.

85 Burg Vajdahunyad
Vajdahunyad vára

21 markante Bauwerke Ungarns zu einer fantastischen Burg zusammengepuzzelt.

XIV., Városliget, Széchenyisziget
M 1 bis Széchenyi fürdő

Der Hauptteil dieses romantischen **Fantasiebaus** besteht aus einer Nachbildung der Burg Vajdahunyad in Siebenbürgen – daher der Name. Der Architekt Ignác Alpár vereinte in seinem Werk wichtige ungarische Gebäude aller Stilrichtungen, von der Romanik bis zum Rokoko. Man könnte die Anlage, die wie so viele andere für die Millenniumsfeier 1896 geplant und gebaut wurde, ein ›Disneyland‹ des ungarischen ›Fin de Siècle‹ nennen.

Im ›Barockflügel‹ des Schlosses ist seit dem Millenniumsfest das **Ungarische**

Romantisches Fantasiegebilde: Aus Nachbildungen von 21 bekannten ungarischen Bauwerken entstand die Burg Vajdahunyad

Ganz und gar nicht anonym – die Figur des Anonymus zählt zu den bekanntesten Denkmalskulpturen Budapests

Landwirtschaftsmuseum (Magyar Mezőgazdasági Múzeum, Tel. 1/363 19 73, Di–Fr/So 10–17, Sa 10–18 Uhr) untergebracht, das größte seiner Art in Europa. Hier lernt man die Geschichte des Ackerbaus und der Viehzucht, der Fischerei, der Jagd und der ungarischen Pferdezucht kennen.

Gegenüber dem Landwirtschaftsmuseum steht das wohl **populärste Denkmal** Budapests. Im Gegensatz zu den akademischen Denkmalplastiken auf dem Heldenplatz und anderen öffentlichen Plätzen zeigt die **Skulptur des Anonymus** eine interessante, moderne Auffassung. Kaiser Wilhelm I. hatte 1897 bei seinem Besuch in Budapest festgestellt, dass es in der Stadt nur wenige Denkmäler gab und verfügte deshalb eine Geldspende für diesen Zweck. So kam der Bildhauer *Miklós Ligeti* zu seinem Auftrag, den er 1903 beendete. Er ehrte den namentlich nicht bekannten Chronisten von König Béla III. auf originelle Weise: Die Kapuze der Mönchskutte verdeckt das Gesicht des Schreibenden. Anonymus verfasste die erste Geschichte seines Volkes, die ›Gesta Hungarorum‹ (um 1204).

Der künstlich angelegte **Teich** bietet sich im Sommer zum Rudern und im Winter zum Schlittschuhlaufen an. 1870 hatte Kronprinz Rudolph von Habsburg veranlasst, eine *Eisbahn* mit Wärmehalle am Teich des Stadtwäldchens einzurichten. Am 11. Dezember 1875 war die jetzige Halle, ein stimmungsvoller Kuppelbau von Ödön Lechner, in dem ein Restaurant, die Garderoben und die Wärmehalle untergebracht sind, fertig gestellt. Die Kunsteis-Anlage baute man 1926 ein.

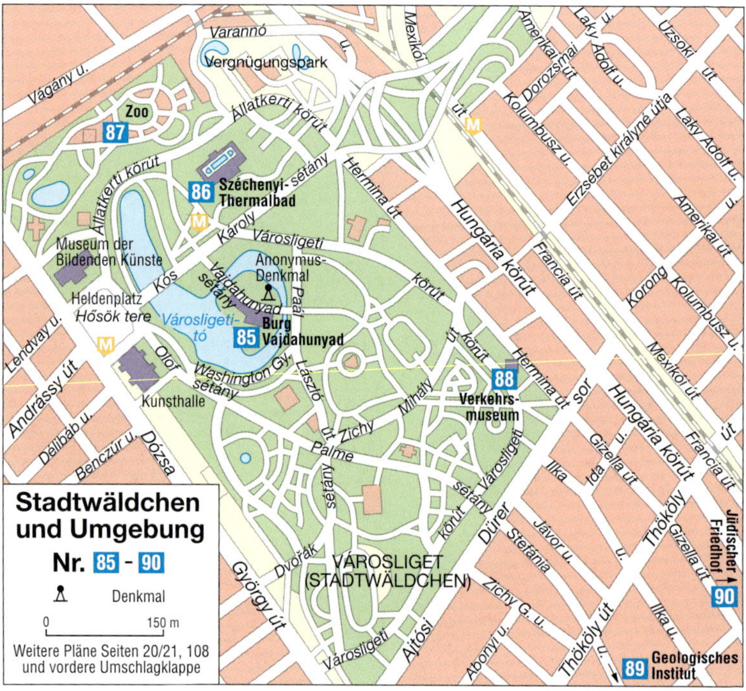

Unter freiem Himmel: In den Sommermonaten werden in der Burg Vajdahunyad Freiluftkonzerte veranstaltet

86 Széchenyi-Thermalbad
Széchenyi fürdő

TOP TIPP *Lustwandeln, plaudern und bei 38 °C im Wasser Schach spielen.*

XIV., Állatkerti körút 11–13
Juni–Sept. tgl. 6–19, sonst 6–17 Uhr
M1 bis Széchenyi fürdő

Auf der Budaer Seite siedelte sich die Bevölkerung rund um die Thermalquellen an, während sie sich auf der Pester Seite, wo es keine Bäder gab, in der Nähe des Flusses niederließ. 1868 begann der Ingenieur Vilmos Zsigmondy mit Bohrungen im Stadtwäldchen und wurde schließlich auch dort fündig. Der 970 m tiefe Brunnen, der das Thermalbad speist, gibt 350–400 l heißes Wasser (74 °C) pro Minute ab. Das erste Badehaus mit 20 Becken öffnete 1881 seine Pforten. Die heutige Anlage entstand nach Plänen von Győző Czigler.

Schachzüge: Im Széchenyi-Thermalbad treffen sich Schachspieler zu jeder Jahreszeit

Elefanten und Bären nehmen Besucher des Budapester Zoos am Eingang in Empfang

Der symmetrische, um die mittlere Kuppelhalle gegliederte Bau, dessen Seitenflügel die medizinischen Bäder aufnahmen, wurde 1927 erweitert und an der Nordseite mit einer neobarocken *Eingangshalle* versehen. Damals wurden auch die *Freibecken* eingerichtet. Ältere Herren spielen, im warmen Wasser sitzend, stundenlang Schach. Auch im Winter sind die Freibecken geöffnet, dann ist das dampfende warme Wasser besonders einladend. 1999/2000 wurde das Széchenyi-Bad umfassend restauriert.

87 Zoo
Állatkert

Wilde Tiere im Stadtwäldchen.

XIV., Állatkerti körút 6–12
Tel. 1/273 49 01
www.zoobudapest.com
Mai–Aug. Mo–Do 9–18, Fr–So 9–19, März/April/Sept./Okt. tgl. 9–17, Nov.–Febr. tgl. 9–16 Uhr
M 1 bis Széchenyi fürdő;
Bus 4; O-Bus 72, 75

Am 9. August 1866 wurde der erste Zoo in Budapest mit 598 Tieren eröffnet. Nach dem Vorbild von Zooanlagen in anderen großen europäischen Städten und entsprechend den naturwissenschaftlichen Forschungstendenzen der Zeit versuchte man, möglichst **naturgetreue Lebensbedingungen** für die Tiere zu schaffen. 1905 ging der Zoo, bis dahin in Form einer Aktiengesellschaft geführt, in hauptstädtische Verwaltung über. 4 Mio. Kronen stellte diese für einen neuen Tierpark zur Verfügung. Damals entstanden die zwei *steinernen Elefanten*, die den Haupteingang bis heute rahmen.

Die Architekten vertraten jene junge Generation, die die Neuerungsbestrebungen der europäischen Architektur an der Wende zum 20. Jh. fortsetzen wollten. Stilistisch standen der Deutsche Werkbund und der Wiener Jugendstil Pate. Von den einst elf **Tierhäusern** sind heute nur noch sieben erhalten. Die Gehege der Bergtiere wurden schon damals mit künstlichen Felsen eingefasst, im rekonstruierten *Vogelhaus* von Károly Kós können die Besucher frei fliegende Vögel beobachten. Das *Elefantenhaus* von Kornél Neuschloss ähnelte einst stark einer Moschee und wurde aufgrund von Protesten der islamischen Gemeinde umgebaut.

Obwohl das Gelände sich eigentlich längst als zu klein erwiesen hat, werden bis heute gute Zuchterfolge verzeichnet. Die Thermalquelle des Széchenyi-Bades z. B. kommt der Nilpferdzucht zugute.

Im *Palmenhaus*, ein prächtiges Glaspalais, das wie die Mehrzahl der Tierhäuser seit 1996/97 restauriert und erweitert wurde, sind zahlreiche tropische Pflanzenarten zu sehen. In weiteren Flügeln befinden sich *Aquarium*, *Terrarium* und *Vivarium*. Die großen Krokodile tummeln sich in einem gesonderten Saal. Das *Höhlenkino* (Barlang mozi) zeigt nonstop populärwissenschaftliche Filme.

88 Verkehrsmuseum
Közlekedési Múzeum

TOP TIPP *Exponate von der Modelleisenbahn bis zum Donau-Dampfschiff.*

XIV., Városligeti körút 11
Mai–Sept. Di–Fr 10–17, Sa/So 10–18, sonst Di–Fr 10–16, Sa/So 10–17 Uhr
M 1 bis Széchenyi fürdő

Zum Millenniumsfest 1896 zeigte man eine Ausstellung zum **Verkehrswesen**, deren Exponate den Grundstock für das 1899 gegründete Verkehrsmuseum bildeten. Der Bau erlitt während des Zweiten Weltkriegs schwere Schäden und konnte erst 1966 wieder für die Öffentlichkeit freigegeben werden, 1987 wurde er erweitert.

Auf einer Ausstellungsfläche von 5000 m² wird die Entwicklung des Verkehrs in Ungarn vielfältig dokumentiert. Modelle und historische Objekte aus den ungarischen Eisenbahnwerken wie Getriebe oder Stellwerkseinrichtungen stellen das **Eisenbahnwesens** dar. Aus dem Bereich **Straßenverkehr** sind originale Autos und Motorräder sowie verschiedene städtische Verkehrsmittel, z. T. mit didaktischen Funktionsdarstellungen ausgestellt. Weitere Bereiche sind dem **Schiffsverkehr** (Transport, Donau-Dampfschiffe, Werftmodelle) dem **Straßenbau** sowie archäologischen Funden der **Feldmessung** gewidmet.

Prachtexemplar: Das Verkehrsmuseum wartet mit sehenswerten Oldtimern auf

89 Geologisches Institut
Geológiai intézet

TOP TIPP *Jugendstilbau mit blauem Keramikschmuck.*

XIV., Stefánia út 14
M 2 bis Stadionok; Bus 7

Unmittelbar nach Vollendung des Kunsthandwerk-Museums (1896) errichtete Ödön Lechner noch mehrere Gebäude, die sein Bemühen um eine ›nationale‹ ungarische Variante des **Jugendstils** widerspiegeln. Von seinen Bauten ist dies der am besten erhaltene, alle seine typischen Dekor- und Gestaltungselemente sind voll ausgeprägt. Ganz besonders gilt das für die *Dacheindeckung* aus farbigen Zsolnay-Ziegeln, aber auch für die farbige Hervorhebung der *Tragelemente* und die charakteristische *Fassadengestaltung*. Darin sind noch die Einflüsse der Berliner Jahre zu spüren. Vor allem die funktionale Bauweise der dortigen Industriebauten hatte den Architekten beeindruckt.

In derselben Straße, nicht weit entfernt, befindet sich das 1953 errichtete Népstadion, die größte Sportstätte Ungarns, die jetzt als **Puskás Ferenc Stadion** den Namen der ungarischen Fußball-Legende Ferenc Puskás trägt. Nahebei liegt auch die nach dem Großbrand von 1999 wieder errichtete moderne **Budapest Sportarena**, in der große Sport- und Musikveranstaltungen ausgerichtet werden.

90 Jüdischer Friedhof
Zsidó Temető

TOP TIPP *Detailfreudige Jugendstilmonumente unter alten Bäumen*

X., Kozma utca 6, Rákoskeresztúr
Mai–Sept. Mo–Fr/So 8–16 Uhr,
Okt.–April Mo–Fr/So 8–15 Uhr
M 2 bis Blaha tér, von dort Straßenbahn 37

Im Laufe des 19. Jh. wirkte sich das Erstarken des liberalen Judentums auch in der Beerdigungsliturgie aus, was dazu führte, dass getrennte orthodoxe und neologe Friedhöfe entstanden. Eine noch intakte, stimmungsvolle Anlage ist der Jüdische Friedhof am Rande Budapests, etwa 10 km vom Zentrum entfernt. Uralte Bäume beschatten die Wege, die an teils aufwendig gestalteten Grabstellen aus der Zeit des Jugendstils vorbei führen.

Ein prägnantes Beispiel für den Liberalisierungsprozess im Judentum ist das **Schmidl-Mausoleum** (1902/03), ein Werk der Architekten *Ödön Lechner* und *Béla Leitersdorfer* (1875–1920), der später unter dem Namen Lajta bekannt wurde. In Ödön Lechners Schaffen ist dieses Grabmonument für die Familie Schmidl die dritte Gemeinschaftsarbeit mit seinem jungen Kollegen.

Den Auftrag für das Mausoleum nahmen die beiden Architekten zum Anlass, ein **Gesamtkunstwerk** zu schaffen, ganz im Geist der Zeit um 1900, wenn auch in

Ungarischer Jugendstil – das Mausoleum der Familie Schmidl auf dem Jüdischen Friedhof

bescheidenen Dimensionen. Die Formen des ungarischen Jugendstils entfalten sich in ihrer ganzen Fülle. Blaugrün schimmernde Fliesen überziehen die Außenmauern in üppigen Blumenmustern. Auch das *Mosaik* eines Lebensbaumes im Inneren zeugt von Lechners Freude am kunstvollen Ornament. Die Verwendung von Majolikafliesen und Keramikelementen, Gussglas und Schmiedeeisen entspricht dieser formalen Vielfalt.

Für Lajta wurde die Gestaltung von **Mausoleen** und **Grabsteinen** zu einer wichtigen Gattung seines Schaffens. Allein etwa 20 seiner Werke befinden sich auf diesem Friedhof, darunter in unmittelbarer Nachbarschaft der Schmidl-Grabstätte das *Mausoleum der Familie Gries* sowie der *Grabstein Sándor Epsteins* von 1906. Selbst an diesen bescheideneren Beispielen wird der stilistische Wandel Lajtas nach 1904 deutlich. Er schlägt einen selbstständigen Weg ein, indem er seine Ornamentik aus der Volkskunst schöpft und sich deutlich von Lechners Vorliebe für orientalische Elemente löst.

Óbuda – die Ursprünge Budapests

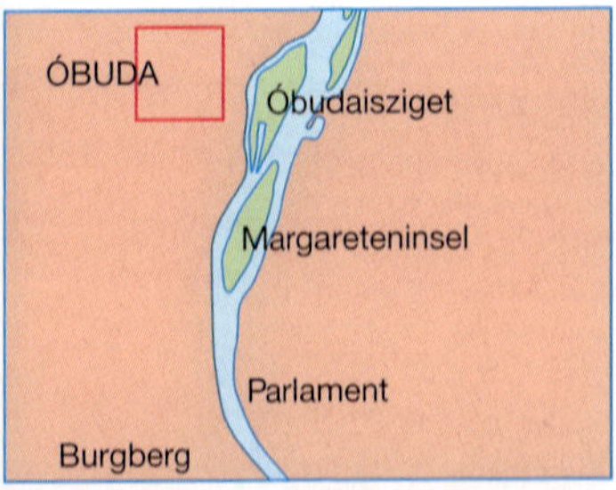

Von den drei 1872 zu Budapest vereinigten Städten ist Óbuda (Altofen) die älteste. Lange vor den Ungarn ließen sich hier Römer nieder und ernannten die Siedlung **Aquincum** zur Hauptstadt ihrer Provinz Pannonia Inferior. Das am besten erhaltene Bauwerk dieser Zeit ist das **Römische Militärbad**. Im 18. Jh. siedelten sich in Óbuda, dem Stammsitz der Grafenfamilie Zichy, jüdische und donau-schwäbische Einwanderer an. An einigen Stellen schimmert das von Plattenbauten der Nachkriegszeit weitgehend zerstörte kleinbürgerliche Milieu noch durch. Óbuda besitzt eine lebendige Kulturszene mit Ausstellungen und Straßentheater.

91 Kiscelli-Museum
Kiscelli Múzeum

Anschauliche Stadtgeschichte in einer Dependance des Historischen Museums.

III., Kiscelli utca 108
Tel. 1/388 78 17
www.btm.hu
April – Sept. Di – So 10 – 18,
sonst Di – So 10 – 16 Uhr
Straßenbahn 17, Bus 60 bis Margit Korhaz (Krankenhaus)

1724 ließ die gräfliche *Familie Zichy* den Grundstein für eine Kapelle am Hang des ›Einsiedler-Weinbergs‹ legen. Nach dem Vorbild von Mariazell in der Steiermark sollte ein **Wallfahrtsort** entstehen, daher der Name Kiscell (Kleinzell). Zur Weihe am 8. September 1733 (Mariä Geburt) wurde eine Kopie der Marienfigur von Mariazell aufgestellt. 1744–48 stiftete die Familie Zichy neben der Kapelle ein *Trinitarier-Kloster* mit einschiffiger Kirche (Weihe 1760) nach Entwürfen des Wiener Baumeisters Johann Entzenhoffer. Doch bereits 1783 ließ Kaiser Joseph II. den Trinitarier-Orden auflösen, wissenschaftliche *Bibliothek* und *Mineraliensammlung* des Klosters gingen in den Besitz der Universität über.

1912 kaufte der Wiener Möbelfabrikant Maximilian Schmidt das Gebäude, in den Räumen richtete der begeisterte Kunstsammler Mustersäle für von ihm restaurierten Möbel ein. Nach seinem Tod 1935 ging das Gebäude in städtische Verwaltung über. Der stadtgeschichtliche Teil der **Sammlung Schmidt** bildete den Großteil des heutigen Bestands der **Hauptstädtischen Gemäldegalerie**. Anhand von *Gemälden* und *Stichen*, Kunsthandwerk, *Architekturplänen* und Industrieerzeugnissen kann man hier die Budapester Lebensweise des 18. und 19. Jh. kennen lernen. Eine komplette *Apotheke, Zunftschilder*, *Waffen* und eine Ausstellung zu *Presse und Zeitungswesen* runden das Bild ab. Die Gemäldegalerie im 1. Obergeschoss präsentiert Werke der ungarischen Malerei des 20. Jh. und organisiert Ausstellungen zur internationalen Gegenwartskunst.

Der gusseiserne *Drachen* vor dem Tor, ein Brückenkopf aus der Zeit des Millenniumsfestes, stammt aus dem Stadtwäldchen. Die benachbarte *Kirche* wird für Ausstellungen und Konzerte genutzt, ebenso der schöne Innenhof.

92 Ehem. Synagoge von Óbuda
Egykori óbudai zsinagóga

Gotteshaus der einstigen großen Judengemeinde von Óbuda.

III., Lajos utca 163
Vorortbahn HÉV ab Batthyány tér bis Tímár utca; Straßenbahn 1;
Bus 6, 60, 86

1727 erteilte die Adelsfamilie Zichy jüdischen Einwanderern das *Zuzugsrecht* nach Óbuda. Durch die Zuwanderer entstanden Handwerksbetriebe, die auf die

Hier hat heute das Ungarische Fernsehen Einzug gehalten – die ehem. Synagoge

Entwicklung der einheimischen Wirtschaft wesentlichen Einfluss nahmen. 1737 zählte man in diesem Stadtteil 24 jüdische Familien, und bereits damals gab es eine Synagoge.

Zu Beginn des 19. Jh. wurde aufgrund des starken Zuwachses der jüdischen Bevölkerung eine größere Synagoge notwendig. 1817 erteilte die Budapester ›Baucommissio‹ die Genehmigung zur Errichtung eines neuen Gotteshauses. András Landherr gestaltete den großen Bau 1820–25 im Geiste des Klassizismus. Der offene *Portikus* mit dem Giebelfeld, getragen von sechs korinthischen Säulen, weist noch auf die Schönheit dieses Bauwerks. Von der Innenausstattung ist nichts erhalten, heute befindet sich hier ein Studio des Ungarischen Fernsehens. Ein Rückkauf durch die Jüdische Kultusgemeinde scheint derzeit aussichtslos.

93 Amphitheater
Amfiteátrum

Römische Spielkampfstätte mit sagenumwobener Geschichte.

III., Nagyszombat utca,
Ecke Pacsirtamező utca
Bus 6, 60, 86

Die Anlage gab in den vergangenen Jahrhunderten zu vielfältigen Vermutungen Anlass. *Anonymus* [s. S. 102], der königliche Schreiber, berichtet in seiner Chronik, dass hier der Heerführer Árpád Rast einlegte und staunend die Reste einer Burg betrachtete, die seiner Meinung nach der Bruder und Mitregent des Hun-

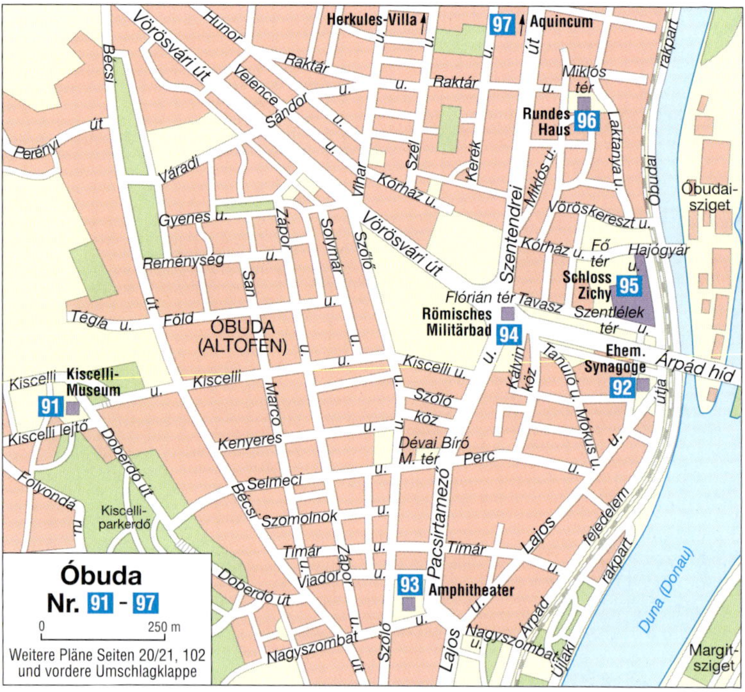

Die Anfänge Budapester Badekultur – die teilweise überdachten Ausgrabungen des römischen Militärbades

nenkönigs Attila, Bleda, gebaut haben musste. Dieser Irrtum hielt sich bis ins 20. Jh., als Ausgrabungen die Entstehung des Baus in der *Römerzeit* bestätigten.

Das Amphitheater datiert vermutlich aus der Regierungszeit des Kaisers Antonius Pius (138–161 n. Chr.) und diente mit Gladiatorenkämpfen und Tierhatzen der Unterhaltung der hier stationierten Legionäre. Seine Länge misst 131 m, die Breite 107 m, die innere Mauer der Arena zum Schutz der Zuschauer war vermutlich 4 m hoch. Die **Tribünen** des bis zum Ende des Kaiserreichs genutzten Amphitheaters boten etwa 12 000 Personen Platz. 1932 riss man die darüber errichteten Häuser ab und legte die Anlage frei.

94 Römisches Militärbad
Római Katonai fürdő

Das römische Bad steht am Anfang der bedeutenden Budapester Bäder.

III., Flórián tér 3–4
Tel. 1/250 16 50
www.aquincum.hu
Vorortbahn HÉV ab Batthyány tér bis Árpád híd; Straßenbahn 1; Bus 6, 34, 42, 86, 106

1778 entdeckte István Schönwiesner, der ›Vater der ungarischen Archäologie‹, die Reste einer ausgedehnten römischen Fußbodenheizung. Sie gehörte zu der 120 × 140 m großen Badeanlage der *Thermae Maiores*, die aus Heiß-, Warm- und Kaltbecken (Caldarium, Tepidarium und Frigidarium) bestand. Das Bad war von einer Säulenhalle überdacht, daneben gab es *Freibecken*. Mosaike, Springbrunnen und Skulpturen zierten das Bad. Es ist vermutlich Ende des 1. Jh. gebaut und noch im 4. Jh. benutzt worden. Den Ausgrabungen zugeordnet ist ein kleines **Badmuseum** (Mai–Sept. Di – So 10–18, sonst Di–So 10–17 Uhr) mit Exponaten zur Bäderkunde und Medizin der Römer.

Um den Flórián tér befand sich einst die römische Militärstadt. Unter dem heutigen Einkaufszentrum erstreckte sich das *Prinzipia*, das wichtigste Gebäude des Lagers, von dem Reste erhalten sind. Herausragend ist die so genannte **Herkules-Villa** (Mai–Sept. Di–So 10–18, Okt./2. Aprilhälfte Di–So 10–17 Uhr) in der nahen Meggyfa utca 21 dar. Vermutlich diente sie einem reichen Römer des 3. Jh. als Domizil. Besonders interessant sind hier die prachtvollen *Mosaike* mit Szenen der Herkules-Taten und der Dionysos-Sage.

95 Schloss Zichy
Zichy-Kastély

Einst Mittelpunkt der Herrschaft Óbuda, heute Sitz zweier Museen der Moderne.

III., Fő tér 1–3
Vorortbahn HÉV ab Batthyány tér bis Árpád híd; Straßenbahn 1; Bus 6, 68

Das Schloss der Grafen Zichy, denen ganz Óbuda gehörte, wurde 1746–57 nach Plänen von Henrik János Jäger ausgeführt. Die schlichte Anlage ordnet Repräsenta-

Op-Art von Victor Vasarely – Vasarely-Museum im Schloss Zichy

tionswillen den funktionellen Ansprüchen unter. Der *Wohnbau*, ein bescheidenes Barockgebäude ohne jeglichen Prunk, befindet sich im ummauerten Hof, der zugleich als Wirtschaftsbereich und Wehranlage diente.

In den ehem. Repräsentationsflügel zog 1976 das **Lajos-Kassák-Gedächtnismuseum** (Tel. 1/368 70 21, Di–So 10–18 Uhr) ein. Lajos Kassák (1887–1967), der Theoretiker und Künstler der ungarischen Avantgarde, lebte von 1954 bis zu seinem Tod in Óbuda. Im Museum sind Werke und Dokumente zu seinem Leben und Schaffen ausgestellt. Vor allem der Künstlerkreis um die Zeitschrift ›Der Sturm‹, der russische Konstruktivismus und das Bauhaus übten auf ihn großen Einfluss aus. Er war ein Hauptvertreter des ungarischen Konstruktivismus der 20er-Jahre des 20. Jh. Revolte, Anarchie und utopische Ideen von einer besseren Gesellschaft waren seine Triebkräfte.

Im Südflügel des Schlosses befindet sich das **Vasarely-Museum** (III., Szentlélek tér 6, www.vasarely.tvn.hu, Di–So 10–17.30 Uhr) mit Werken des seit 1930 in Frankreich tätigen ungarischen Künstlers der Op-Art Victor Vasarely (1908–1997), der ursprünglich Győző Vásárhelyi hieß. Seine optisch-kinetische Kunst, die er seit Mitte der 1950er-Jahre entwickelte, wurde für die junge Künstlergeneration der 60er-Jahre des 20. Jh. stilbildend.

96 Rundes Haus
Kerek ház

Ein Industriedenkmal mit ungewöhnlichem Grundriss.

Miklós tér 1
Vorortbahn HÉV ab Batthyány tér bis Árpád híd; Bus 18, 34, 37, 42, 137

Das Haus im Zopfstil ist eine kulturhistorische Besonderheit und ein Industriedenkmal. József Tallherr errichtete das Gebäude 1785 auf einem für eine *Seidenspinnerei* außergewöhnlichen Grundriss – eine Ovalanlage mit doppelläufiger Freitreppe. Von der ursprünglichen Einrichtung ist nichts erhalten, denn bereits im frühen 19. Jh. wurde die Manufaktur in ein Wohnhaus umgewandelt. Seit Anfang der 80er-Jahre des 20. Jh. befindet sich hier ein *Institut für Umweltforschung*.

Imre Varga lässt seine Bronzefiguren am Fő tér im wahrsten Sinne des Wortes im Regen stehen: Oben aus den Schirmen fließt Wasser

Erste Siedlungsspuren: Das römische Aquincum entstand kurz nach Christi Geburt auf dem Gebiet des heutigen Óbuda

97 Aquincum

Auf den Spuren der römischen Bürgerstadt.

Szentendrei út 139
Tel. 1/250 16 50
www.aquincum.hu
Mai–Sept. Di–So 9–18,
Okt./2. Aprilhälfte Di–So 9–17 Uhr
Vorortbahn HÉV ab Batthyány tér,
Bus 34, 42, 106 ab Szentlétek tér

Die **erste Stadt** auf dem Territorium des heutigen Budapest war die römische Siedlung Aquincum. Einige Jahre nach Christi Geburt richteten die Römer auf dem Gebiet des heutigen Stadtteils Óbuda ein *Militärlager* ein, in dessen Umgebung schon recht bald eine *Bürgersiedlung* entstand. Diese erlebte nach dem Ausbau der Bernsteinstraße von der Ostsee bis Rom im 2. und 3. Jh. ihre **Blütezeit**. Unter Kaiser Hadrian erhielt sie im Jahr 124 den Rang eines Municipiums, 194 unter Septimus Severus die Rechte einer Colonia. Bis zu ihrem Niedergang im 4. Jh. war Aquincum die Hauptstadt der römischen Provinz Pannonia Inferior.

Die im 19. Jh. begonnenen **Ausgrabungen** der Zivilstadt brachten Bemerkenswertes zutage. Das Wohngebiet (Gesamtfläche 400 × 600 m) reichte im Norden bis zum Militärbad, im Süden bis zum heutigen Kolossy tér. Es gab Wasserleitungen, eine gut ausgebaute Kanalisation und Heizungen. Darüber hinaus standen den Einwohnern öffentliche Bäder, eine Markthalle und ein – im Vergleich zur Militärstadt allerdings wesentlich kleineres – Amphitheater zur Verfügung.

Im **Aquincum Museum** (Mai–Sept. Di –So 10 – 18, Okt./2. Aprilhälfte Di–So 10–17 Uhr), 1894 mit klassizistischer Front inmitten des Ruinenfeldes eingerichtet, sind die Funde von Aquincum untergebracht; Grabsteine und Statuen präsentieren sich in der *Säulenhalle*. Innen finden sich Gemmen, Münzen, Schmuck und Schreibwerkzeuge für Wachstafeln und Pergamentrollen. Von einem einheimischen Töpfermeister aus dem 2. Jh. namens *Patacus* sind auch einige Negativformen für Gefäße erhalten.

Die Altarplatten, die im *Lapidarium* neben dem Museum ausgestellt sind, zeigen, dass neben dem offiziellen Jupiter-Kult eine vielfältige, dem ansässigen Völkergemisch entsprechende Götterverehrung ausgeübt wurde. Zu Anfang des 3. Jh. gelangten mit den römischen Legionen viele Einwanderer nach Aquincum. In der Kunst mischten sich italische Merkmale mit östlichen Einflüssen. Zu den Raritäten zählt die kleine *Orgel*, die man in den Räumen der antiken Feuerwehr, im *Collegium Centonarium*, entdeckte. Es gilt bislang als das einzige antike Instrument seiner Art. Die ausgereifte Form der Steinmetzkunst wiederum ist an *Skulpturen* ablesbar, die für die Heiligtümer hergestellt wurden. Zu den Exponaten gehören die Jupiterskulptur an der Votivsäule vor dem Museum und reiche Bestände an Kleinplastiken aus Bronze und Terrakotta.

GELLÈRT
BKV

Budapest aktuell A bis Z

Vor Reiseantritt

ADAC Info-Service:
Tel. 018 05/10 11 12, Fax 018 05/30 29 28 (0,14 €/Min.)

ADAC im Internet:
www.adac.de
www.adac.de/reisefuehrer

Budapest im Internet:
www.budapestinfo.hu

Weitere Informationen erteilt das **Ungarische Tourismusamt tourinform,**
Tel. 008 00 36 00 00 00 (kostenlose Hotline), www.hungarytourism.hu

Deutschland
Tel. 090 01 86 42 76 (0,61 €/Min.), www.ungarn-tourismus.de

Regionalbüro Berlin, Wilhelmstr. 61, 10117 Berlin, Fax 030/24 31 46 13

Regionalbüro Frankfurt/Main, Lyoner Str. 44–48, 60528 Frankfurt/M., Fax 069/92 88 46 13

Österreich
Regionaldirektion Österreich, Opernring 1/R/707, 1010 Wien, Tel. 09 00 22 00 13 (0,61 €/Min.), Fax 01/585 20 12 25, www.ungarn-tourismus.at

Schweiz
Regionalbüro Schweiz, Hegibachplatz/Minervastrasse 149, 8032 Zürich, www.ungarn-tourismus.ch

Budapest Kártya
Die Budapest Karte (gültig für 48 oder 72 Std. für 1 Erw. und 1 Kind bis max. 14 Jahre, mit ausführlicher Info-Broschüre) kann man vor der Reise in manchen Reisebüros und vor Ort am Flughafen, in Metro-Stationen, Tourismusbüros, Hotels etc. kaufen. Sie bietet freie Fahrt mit den öffentlichen Verkehrsmitteln, kostenlosen oder vergüngstigten Eintritt in rund 60 Museen und zahlreichen weiteren Sehenswürdigkeiten sowie Ermäßigungen bei Stadtrundfahrten, Restaurants, Heilbädern, Kultur- und Sport-Veranstaltungen, Autovermietungen etc.

Allgemeine Informationen

Reisedokumente

Bei einem Aufenthalt von bis zu 90 Tagen genügt für Reisende aus Deutschland und Österreich der *Personalausweis*, Reisende aus der Schweiz benötigen ihren *Reisepass*. Kinder bis 16 Jahre: eigener Kinderausweis mit Lichtbild oder Eintrag im Reisepass der Eltern. Alle Dokumente müssen noch mindestens sechs Monaten gültig sein.

Kfz-Papiere

Führerschein und Fahrzeugschein. Die Mitnahme der Internationalen Grünen Versicherungskarte wird empfohlen.

◁ *Touristische Anziehungspunkte: Café New York (vor der Renovierung), Antiquitäten auf dem Ecseri-Flohmarkt, mit dem Ausflugsdampfer auf der Donau, Paprika in der Großen Markthalle, Fahrt auf den Burgberg*

Krankenversicherung

Vor Reiseantritt erhalten gesetzlich Versicherte bei ihrer Krankenkasse die scheckkartengroße *Europäische Krankenversicherungskarte*, die eine eventuell notwendige ärztliche Behandlung und Versorgung garantiert. Sicherheitshalber empfiehlt sich eine zusätzliche private *Auslandskranken- und Rückholversicherung.*

Empfohlen wird Impfschutz gegen Diphterie, Tetanus, Polio sowie FSME.

Hund und Katze

Für Hunde und Katzen ist bei Reisen innerhalb der EU ein gültiger, vom Tierarzt ausgestellter *EU Heimtierausweis* vorgeschrieben, ebenso Kennzeichnung durch Mikrochip oder Tätowierung. Bis zum Jahr 2011 gelten Übergangsregelungen.

Für Hunde sind *Maulkorb* und *Leine* mitzuführen. Die Einfuhr von *Kampfhunden* ist verboten.

Zollbestimmungen

Im privaten Reiseverkehr innerhalb der EU dürfen Waren zum eigenen Verbrauch unbegrenzt mitgeführt werden. Bei Ausfuhr aus Ungarn gelten bis zum 31. Dezember 2008 folgende *Sonderregelungen*: nach Deutschland pro erwachsenem EU-Bürger max. 200 Zigaretten; nach Österreich (direkt) pro Person mit Wohnsitz in Österreich max. 25 Zigaretten.

Museale und kulturelle Gegenstände sowie Antiquitäten unterliegen strengen Ausfuhrbestimmungen. Auskunft erteilt das *Zollinformationsbüro*, XIV., Hungária körút 112–114, Budapest, Tel. 1/470 41 19, vam.info@ vpop.hu

Geld

Gesetzliches Zahlungsmittel ist der *Forint* (Ft oder HUF) zu 100 *Fillér*. Der Forint ist in vollem Umfang konvertierbar, daher bestehen keine Einschränkungen bei der Ein- oder Ausfuhr von Zahlungsmitteln.

In Budapest bieten zahlreiche *Banken* und *Wechselstuben* an, Bargeld zu wechseln. Man sollte sich vorher nach eventuell anfallender Kommission erkundigen und genau auf den Kurs achten, der mitunter nur für Beträge in bestimmter Höhe angegeben ist.

Die gängigen *Kreditkarten* werden in Banken, größeren Hotels und Geschäften sowie an den meisten Tankstellen akzeptiert. Mit der *ec-Maestro-Card* kann man an *EC-Geldautomaten* rund um die Uhr Landeswährung abheben.

Tourismusämter in Budapest

Ungarisches Tourismusamt tourinform, 24-Stunden-Hotline: Tel. 00 36/30/30 30 600 (aus dem Ausland), Tel. 06/80/6 308 00 (aus Ungarn), Fax 00 36/1/48 88 61, www.tourinform.hu

Hauptbüro, V., Sütő utca 2 (Deák tér), Tel. 1/438 80 80, Fax 1/488 86 61, info@budapestinfo.hu

Weitere Büros: I., Szentháromság tér (Burghügel Buda) – VI., Liszt ferenc tér 11 – VI., Teréz körút 55 (Westbahnhof) – Flughafen Terminals 1, 2A und 2B

Notrufnummern

Einheitlicher Notruf: Tel. 112 (EU-weit, auch mobil: Polizei, Unfallrettung, Feuerwehr)

Pannenhilfe des MAK: Tel. 188

ADAC-Notrufstation Budapest: Tel. 06/1/345 17 17 (deutschsprachig)

ADAC-Notrufzentrale München: Tel. (00 49) 89/22 22 22 (0–24 Uhr)

ADAC-Ambulanzdienst München: Tel. (00 49) 89/76 76 76 (0–24 Uhr)

ADAC-Partnerclub: Magyar Autóklub (MAK), Rómer Flóris utca 4/a, 1024 Budapest, Tel. 1/345 18 00, Fax 1/345 18 01, autoklub@euroweb.hu. Kostenloser Service für ADACPlus Mitglieder bei Vorlage des Servicescheckhefts.

Österreichischer Automobil Motorrad und Touring Club
ÖAMTC Schutzbrief-Nothilfe: Tel. 00 43/(0)1/251 20 00

Touring Club Schweiz
TCS Zentrale Hilfsstelle: Tel. 00 41/(0)224 17 22 20

Ärztliche Versorgung

Falck SOS Hungary (24-Std.-Notdienst), II., Kapy utca 49/B, Tel. 1/200 01 00

Unfallklinik, VIII., Fiumei út 17, Tel. 1/333 75 99

Deutsche Klinik, in den American Clinics International, I., Hattyú utca, Service in deutscher Sprache: Tel. 1/224 90 93

Zahnärztlicher Notdienst, VIII., Mária utca 52, Tel. 1/210 02 75

SOS Dental Service, VI., Király utca 14, Tel. 1/267 96 02

Apotheken

Mit Tag- und Nachtbereitschaft:
I., Széna tér 1, Tel. 1/202 15 82
II., Frankel Leó út 22, Tel. 1/212 44 06
III., Szentendrei út 2/A, Tel. 1/388 65 28
VI., Teréz körút 41, Tel. 1/311 44 39
XII., Alkotás utca 1B, Tel. 1/355 46 91

Fundbüro

Zentrales Fundbüro, VII., Akácfa utca 18, Tel. 1/322 66 13

Diplomatische Vertretungen

Botschaft der Bundesrepublik Deutschland (Német Nagykövetség), I., Úri utca 64–66, 1014 Budapest, Tel. 1/488 35 00, Fax 1/488 35 05, www.deutschebotschaft-budapest.hu

Österreichische Botschaft (Osztrák Nagykövetség), VI., Benczúr utca 16, 1068 Budapest, Tel. 1/479 70 10, Fax 1/352 87 95, www.austrian-embassy.hu

Schweizerische Botschaft (Svájci Nagykövetség), XIV., Stefánia út 107, 1143 Budapest, Tel. 1/460 70 40, Fax 1/384 94 92, www.eda.admin.ch/budapest

Besondere Verkehrsbestimmungen

Tempolimits (in km/h): Innerorts gilt für alle motorisierten Verkehrsteilnehmer max. 50. Pkw, Wohnmobile bis 2,5 t und Motorräder außerorts 90, auf Schnellstraßen 110, auf Autobahnen 130. Gespanne und Wohnmobile über 2,5 t außerorts und auf Schnellstraßen 70, auf Autobahnen 80.

Vor *Bahnübergängen* gilt innerorts ein Tempolimit von 30 km/h und außerorts ein Tempolimit von 40 km/h. Bahnübergänge müssen mit mindestens 5 km/h überquert werden.

Promillegrenze: 0,0.

Außerhalb geschlossener Ortschaften muss auch tagsüber mit *Abblendlicht* gefahren werden.

Überholen in Kurven sowie vor und auf Kreuzungen, Fußgängerüberwegen und Eisenbahnübergängen ist verboten.

Kinder unter 12 Jahren dürfen nicht auf dem Beifahrersitz befördert werden. Wenn sie kleiner als 1,50 m sind, müssen sie in ordnungsgemäß eingebauten *Kindersitzen* untergebracht werden.

Gelbe Fahrbahnmarkierungen am Fahrbahnrand bedeuten *Halteverbot*. In der Innenstadt von Budapest und den meisten Städten stehen an Parkplätzen Parkscheinautomaten. Die *Parkscheine* sind erforderlich Mo–Fr 8–18 Uhr und Sa 8–12 Uhr. An Fahrzeugen ohne gültigen Parkschein werden Wegfahrsperren angebracht, und es wird ein Bußgeld fällig. In Ungarn werden *Verstöße* gegen Halte- und Parkverbote streng geahndet, es ist mit Abschleppen zu rechnen.

Der Transport von *Kraftstoff* in Kanistern ist generell verboten.

Bei *Verkehrskontrollen* müssen auch die Ausweispapiere vorgezeigt werden. Bei *Verkehrsunfällen* mit Personenschaden ist die Benachrichtigung der Polizei Pflicht, auch bei Unfällen mit Sachschaden ist es wegen der Schadenregelung ratsam, die Polizei zu rufen.

Strom

Die Netzspannung beträgt 220 V. Steckdosen sind meist ohne Adapter nutzbar.

Zeitschriften, Zeitungen

In Ungarn erscheinen folgende deutschsprachige Presseerzeugnisse, die auch Veranstaltungstipps für Touristen geben: ›Budapester Zeitung‹ (wöchentlich), ›Der Neue Pester Lloyd‹ mit ›Budapester Rundschau‹ (wöchentlich), ›Programme in Ungarn‹ (deutsch/englisch), ›Budapester Panorama‹ (monatlich).

Zeit

In Ungarn gilt ebenfalls MEZ. Es besteht auch während der Sommerzeit kein Zeitunterschied zu Deutschland.

Anreise

Auto

Umfangreiches **Informations-** und **Kartenmaterial** können ADAC-Mitglieder in Deutschland kostenlos unter Tel. 018 05/ 10 11 12 (0,14 €/Min.) anfordern. Im ADAC Verlag sind außerdem der CityPlan *Budapest* (1 : 20 000) und die LänderKarte *Ungarn* (1 : 350 000) erschienen.

Anreise aus Deutschland, Österreich und der Schweiz über die Autobahnen M1 oder M7, die einen gemeinsamen, etwa 10 km langen Abschnitt in die Hauptstadt haben. Zum Stadtzentrum richte man sich nach der Hinweistafel ›Erzsébet híd‹ (Elisabethbrücke). Für die Autobahnen M1, M3, M5 und M7 benötigt man *Vignette* und *Magnetkarte*, die nur in Ungarn an Grenzübergängen, Tankstellen, bei Postämtern und beim Ungarischen Automobilclub MAK erhältlich sind.

In letzter Zeit kam es in Ungarn, speziell in Budapest, vermehrt zu **Autodiebstählen**. Daher sollte man seinen Wagen nach Möglichkeit nur in Parkhäusern und auf bewachten Parkplätzen abstellen.

Bahn

Von mehreren deutschen und Schweizer Großstädten fahren täglich Züge nach Budapest-Keleti pályaudvar (Ostbahnhof), meistens muss man in Wien umsteigen. Eine Ausnahme ist der EuroNight-Zug, der nachts von München nach Budapest durchfährt.

Fahrplanauskunft

Deutschland

Deutsche Bahn, Tel. 118 61 (gebührenpflichtig), Tel. 08 00/150 70 90 (sprachgesteuert), www.bahn.de

Österreich
Österreichische Bundesbahn, Tel. 05 17 17, www.oebb.at
Schweiz
Schweizerische Bundesbahnen, Tel. 09 00 30 03 00, www.sbb.ch

Budapest verfügt über drei internationale Bahnhöfe:

Ostbahnhof (Keleti pályaudvar), VIII., Baross tér, Tel. 1/413 46 10

Südbahnhof (Déli pályaudvar), I., Krisztina körút 37/A, Tel. 1/375 65 93

Westbahnhof (Nyugati pályaudvar), VI., Nyugati Tér, Tel. 1/349 85 03

Zentrale Zugauskunft: Tel. 1/461 54 00

Internationale Zugauskunft: Tel. 1/461 55 00, www.elvira.hu

Die drei Bahnhöfe sind untereinander und mit dem Stadtzentrum durch die U-Bahn (Metro) verbunden.

Bus

Die Deutsche Touring fährt von einigen deutschen Großstädten nach Budapest.

Deutsche Touring GmbH, Am Römerhof 17, 60486 Frankfurt/Main, Tel. 069/79 03 50, Fax 069/790 32 19, www.deutsche-touring.com

Der Budapester Busbahnhof für den internationalen Linienbusverkehr liegt am Volkswäldchen/Népliget:

Népliget Autóbusz-allómás, IX., Üllői út 131, Tel. 1/219 80 00, Fax 1/219 80 18, www.volanbusz.hu, Auskunft über Inlands- und Auslandsverbindungen: Tel. 1/382 08 88

Flugzeug

Der Internationale Flughafen **Ferihegy** (BUD, www.bud.hu) liegt ca. 16 km südöstlich des Zentrums von Budapest. Der alte Flughafen Ferihegy 1 wird seit der Modernisierung 2005 von Billigfliegern wie Germanwings, Easyjet, Sky Europe, Channel Express, Wizz Air, Sterling angeflogen sowie von Privat- und Sportflugzeugen genutzt. Ferihegy 2A bleibt ungarischen MALEV-Flugzeugen vorbehalten, ausländische Fluggesellschaften starten und landen an Terminal 2B.

Internationale Flugauskunft:
Zentrale, Tel. 1/296 96 96
Non-stop Information, Tel. 1/296 70 00
Gepäckreklamation/Lost & Found, Tel. 1/296 54 49 (Terminal 1), Tel. 1/296 59 65 (Terminal 2)

Zwischen Ferihegy 1, 2A/2B und der Innenstadt (Erzsébet tér/Hotel Kempinski) verkehren 5.30–21 Uhr alle 30 Min. Zubringerbusse, **Airport-/Citybus**. Fahrkarten werden im Bus verkauft. Weiterhin besteht ein **Minibus Service** (Sammeltaxi) zwischen Flughafen und verschiedenen Budapester Hotels:

LRI Airport Passenger Service, Tel. 1/296 85 55. Einen Tag, mindestens aber zwölf Stunden, vor der Abreise aus Budapest bestellen.

Schiff

April–Oktober verkehren auf der Donau zwischen Wien und Budapest Tragflächenboote (Fahrzeit 5/6 Std.). Anlegestelle in Budapest nahe der Elisabethbrücke.

Mahart Passnave, V., Belgrád rakpart, Internationale Anlegestelle, Tel. 1/318 60 42, www.mahartpassnave.hu

Bank, Post, Telefon

Bank

Öffnungszeiten: Mo–Do 8–15, Fr 9–13 Uhr

Post

Öffnungszeiten: Mo–Fr 8–18, Sa 8–12/14 Uhr

Spät- und Wochenenddienst: VI., Teréz körút 51–53 (am Westbahnhof), Mo–Sa 7–21, So 8–20 Uhr; VIII., Baross tér 11/C (am Ostbahnhof), Mo–Sa 7–21 Uhr

Telefon

Internationale Vorwahlen:
Ungarn 00 36
Deutschland 00 49
Österreich 00 43
Schweiz 00 41

Vorwahl Budapest: 1 (vom Ausland aus), 061 (innerhalb Ungarns)*

* Für **Ferngespräche innerhalb Ungarns** wählt man zunächst die 06 und nach dem Freizeichen die **Ortsvorwahl** und die Nummer des Teilnehmers.

Öffentliche Telefone funktionieren überwiegend mit Karten. Man erhält sie in Postämern, Kiosken und Tabakläden.

Die Benutzung handelsüblicher **GSM-Mobiltelefone** ist in ganz Ungarn möglich. Man sollte sich jedoch vor Reiseantritt über das günstigste Netz vor Ort informieren und das eigene Mobiltelefon entsprechend programmieren.

Einkaufen

In Ungarn gibt es keine einheitlichen **Ladenöffnungszeiten**. Kaufhäuser und Geschäfte haben Mo–Fr 10–18 und Sa 10–13 Uhr geöffnet, die großen Einkaufszentren meist etwas länger und zudem auch an Sonn- und Feiertagen.

Antiquitäten

Antik Diszkont, V., Falk Miksa utca 22. Die Falk Miksa utca hat sich als eine wichtige Adresse im Kunst- und Antiquitätenhandel etabliert.

Belvárosi Aukciósház, V., Váci utca 36, Tel. 1/267 35 39. Gemälde, Skulpturen, Möbel, Porzellan, Silber, Münzen. Auktion jeden Montag, 17 Uhr.

BÁV (Kommissionswarenhauskette), V., Szent István körút 3; V., Ferenciek tere 12; V., Bécsi utca 1–3; VI., Andrássy út 27. Möbel und Teppiche, Kunstgegenstände und Porzellan.

Kieselbach (Galerie und Auktionshaus), V., Szent István körút 5 , Tel. 1/269 31 48. Hochwertige ungarische und internationale Malerei der Klassischen Moderne.

Polgár, V., Kossuth Lajos utca 3, V., Váci utca 11/B, Tel. 1/318 69 54. Auktionen, Gemälde, Bronzeplastik, Möbel, Teppiche.

Handgefertigte folkloristische Kleidungsstücke im Burgviertel

Der Mischka-Krug

Wer ein **typisches Souvenir** aus der ungarischen Hauptstadt mitbringen will, wird sich vielleicht für den Mischka-Krug entscheiden. Obwohl er auf keine allzu lange Tradition zurückgeht, gehört er zu den beliebtesten ungarischen **Volkskunstgegenständen**. Der erste dieser humoristischen, spielerisch-dekorativen Henkelkrüge in Form eines **dickbäuchigen Husaren** mit Tschako und Zwirbelbart wurde um 1830 in der Theiß-Gegend bei Szeged geformt und hatte bis kurz vor der Jahrhundertwende, als er zwischenzeitlich aus der Mode kam, in Hódmezövásárhely, Debrecen und Mezöcsát viele Nachfolger gefunden. Er diente als **Weinkrug** und festlicher Tafelschmuck. Geschickte Töpfer gaben manchem Krug porträthafte Züge und beschrieben ihn mit Trinksprüchen. In den 30er-Jahren des 20. Jh. wurde diese Tradition von dem Töpfer Sándor Kántor aus dem südostungarischen Ort Karcag neu belebt. Heute wird der Mischka-Krug in erster Linie für den touristischen Markt hergestellt.

Folklore

Zahlreiche Folklore- und Souvenirläden in der Innenstadt halten eine große Auswahl an typischen Andenken bereit: bestickte Tischdecken und Kleidung, Halas-Spitzen, Habaner Fayencen, Mischka-Krüge, Geschnitztes und Geflochtenes.

Folkart Kaufhaus, V., Régiposta utca 12. Breites Angebot an Volkskunst.

Tangó, V., Párizsi utca 1 (im Hof). Altungarische Bocskai-Trachten (original oder neu gearbeitet), Volkskunst.

Herender Porzellan

Die einheimische Porzellanherstellung begann um 1830. Am erfolgreichsten entwickelte sich die 1839 von Moricz Fischer in Herend gegründete Porzellanmanufaktur, deren zierlichen Gefäße auch heute noch ausschließlich von Hand herstellt und bemalt werden. Weitere berühmte Markenporzellane sind Zsolnay-Porzellan und Porzellan aus Hollóháza.

Amfora Studio, V., Kossuth Lajos utca 4. Auch Bleikristall aus Ajka erhältlich.

Haas & Czyzek GmbH, VI., Bajcsy Zsilinszky utca 23

TOP TIPP **Herend**, I., Szentháromság utca 5, Tel. 1/225 1051, VI., Andrassy út 16, Tel. 1/374 00 06. Fachgeschäft der Porzellanmanufaktur von Weltruf. Im 19. Jh. stand Herend in dem Ruf, bekannte Geschirrmuster aus Meißen oder Sevre perfekt zu kopieren. 1851 bestellte die englische Königin ein Service bei Herend: ›Queen Victoria‹ wird heute noch angefertigt.

Herender Majolika, II., Bem rakpart 37. Preiswerte und formschöne Fayencen.

Zsolnay Márkabolt, V., Kígyó utca 4

Flohmärkte

TOP TIPP **Ecseri-Flohmarkt**, XIX., Nagykőrösi út 156, Mo–Fr 8–16, Sa 8–15 Uhr. Größter Flohmarkt Ungarns. Kaum etwas, das es hier nicht gibt. Am Samstag ist das Angebot an Kuriosem groß, ebenso die Chance, zwischen Ramsch echte Volkskunst zu entdecken, denn dann kommen auch zahlreiche fliegende Händler aus dem ganzen Land.

Jugendzentrum Petőfi-(Csarnok-)Halle, XIV., Zichy Mihály utca 14, Sa/So 9–14 Uhr

Stadtwäldchen/Városliget, Freilichtbühne, Sa/So (geringer Eintritt)

Verseny utca (neben dem Ostbahnhof/ Keleti Pályaudvar), tgl. 6 – ca. 16 Uhr

Märkte und Markthallen

Flórián-Markt, III., Flórián tér, Mo–Fr 6–18, im Winter 6–17, Sa 6–12 Uhr. Wochenmarkt.

Große Markthalle, IX. Fövám körút 1–3, Mo 6–17, Di–Fr 6–18, Sa 6–14 Uhr

Lehel-Markthalle, Lehel tér, Mo 6–17, Di–Fr 6–18, Sa 6–14 Uhr. Markt seit 120 Jahren, 2002 modernisiert.

Markthalle, V., Hold utca 13, Mo 6–17, Di–Fr 6–18, Sa 6–14 Uhr.

Einkaufszentren

Erlebniseinkauf in moderner Architektur mit vielfältigen Aktionen, Schlemmerinseln und Branchenmix ist das beliebteste Freizeitvergnügen vieler Ungarn.

Árkád, XIV., Örs vezér tere, Mo–Sa 10–21, So 10–18 Uhr. Glasüberdachte, helle Einkaufswelt mit über 170 Geschäften; internationale Unterhaltungslektronik und Bekleidung neben exklusiven Boutiquen und zahlreichen Einzelhändler. Dazu Lebensmittelmarkt und Kinderspielplatz (Endhaltestelle der U-Bahn M 2).

Mammut & Mammut 2, Moszkvá tér. Modeboutiquen und Restaurants auf dem Gelände eines der schönsten Budapester Wochenmärkte. Auch die Marktstände sind in den Betonbau integriert (M2, Straßenbahn 4 und 6).

Westend City Center, VI., Váci út 1–3, Tel. 1/238 77 77, www.westend.hu, Mo–Sa 8–21/23, So 8–18 Uhr. Riesiges Einkaufs- und Freizeitcenter in futuristischem Glas- und Stahldesign, mit über 400 Geschäften, 33 Restaurants und Cafés, 14 Kinos, Bank, 5-Sterne-Hotel, Parkhaus (M3 bis Westbahnhof/Nyugati pályaudvar, Straßenbahn 4 und 6).

Mode

Classic Line, Men's and Ladies' Boutiques, VI., Andrássy út 28

Dressy, V., Petőfi Sandor utca 20. Salon im feinen, holzgetäfelten Stoffgeschäft ›Brammer‹. Hier wird Abendkleidung für Damen und Herren verliehen und auf Maß geschneidert.

Ékes Kesztyű, V., Régiposta utca 14. Handschuhgeschäft seit 1884 mit traditionsreicher Werkstatt; auch originelle gestrickte ungarische Handarbeiten.

Kaczián, V., Régiposta utca 14. Krawatten-Fachgeschäft, auch Einzelanfertigungen.

Kaláka Design-Studio, V., Haris köz 2. Kleidung in ebenso raffinierten wie originellen Schnittformen, auch Maßanfertigungen, dazu ausgefallene Schuhe und Handtaschen.

László Vass, V., Haris köz 2. Traditionelles Schuhmacherhandwerk für handgearbeitete Herrenschuhe aus Pferde- und Kalbsleder. Aber auch Damen lassen sich hier sportliche Schnürschuhe nach Maß anfertigen.

Luxus-Warenhaus, V., Vörösmarty tér 3. Internationale Konfektion, ungarische Designermode, Lederwaren.

Manier Salon und Showroom, VI., Andrássy út 27. Kreatives Künstleratelier. Die ausgefallenen Modelle werden auch nach Maß gefertigt.

Mari, V., Váci utca 44. Lustige Boutique für Kids bis 14 Jahre.

Millennium-Center, V., Váci utca 19–21. Hochpreisige, trendige Markenmode in den Passagen eines alten Innenhofes.

Monarchia, V., Sabadsajtó út 6, Klothilden-Palast. Ausgefallene Abendroben.

Primás, Csárdás, Zimbelklang …

Nicht mehr wegzudenken aus dem **touristischen Ungarnbild** ist ein Abend bei Wein und Kerzenlicht in einem **Restaurant mit ›Zigeunermusik‹**. Dem Primás unterstehen in der klassischen Orchesterbesetzung drei weitere Geiger, ein Zimbelspieler, ein Klarinettist und ein Bassist, die mit virtuosem Spiel und Improvisationstalent die zumeist ausländischen Gäste unterhalten.

Ein Ungar wird sich allerdings ganz entschieden gegen die Gleichsetzung dieser ›Zigeunermusik‹ mit der **ungarischen Volksmusik** verwahren. Und tatsächlich entspricht diese Form der Tischmusik weder den alten Volksweisen der Ungarn noch der originalen Musiktradition der Roma. Es handelt sich vielmehr um im 19. Jh. (meist nur für eine Stimme) komponierte Kunstlieder mit unverbindlich-vager Notenvorgabe, in die Elemente der Volksmusik vieler Länder, aber auch gerade in Mode gekommene Schlagermelodien einfließen. Und obgleich diese Musikgattung nicht original ungarisch ist, nimmt diese Tatsache der Musik und ihren Meistergeigern nichts von ihrem Zauber.

Traditionelle Abendunterhaltung – ›Zigeunermusik‹ im ungarischen Gasthaus

Auf ein ungarisches Gasthaus, die Csárda, ist auch der Name des bekannten Nationaltanzes, **Csárdás**, zurückzuführen. Mit dieser Form des bald zur großen Mode gewordenen und bis heute gepflegten Paar- und Gruppentanzes vergnügt man sich seit dem 19. Jh. auf so mancher Geselligkeit.

Essen und Trinken

»Es gibt hunderte Gründe für die ungarische Küche; der erste: Sie schmeckt. (…) Und vier dagegen: wenig Gemüse; ausschließlich Schweineschmalz; oftmals lau, und ausschlaggebend: Es schmeckt *zu* gut« – so bewertete der Schriftsteller Franz Fühmann in den 70er-Jahren des 20. Jh. die Kochkunst der Ungarn. Zur besseren Orientierung auf der Speisekarte seien hier einige wichtige Gerichte der ungarischen Küche aufgezählt.

Als **Vorspeise** empfehlen sich *Hortobágyer Palatschinken*, Eierkuchen nach einem Hirtenrezept aus der Tiefebene mit einer sahnigen Füllung aus Kalbfleisch und Zwiebeln. Unter den **Suppen** kennt man die *Fischsuppe*. Hierfür werden in einer aus Fischköpfen, Gräten, vielen Zwiebeln, grünen Paprikaschoten, Kirschpaprika und Tomatenmark hergestellten Bouillabaisse Süßwasserfische, u. a. Karpfen, gekocht und zuletzt mit Fischrogenmilch abgeschmeckt. Man unterscheidet die Zubereitung nach Szegeder-Theiß-Art und die Donau-Art von Baja mit einer Einlage aus Fadennudeln.

Das in der Hauptsache aus Rindfleisch bestehende, scharf mit Paprika, Kümmel und Zwiebeln gewürzte **Kesselgulasch** wurde ursprünglich im Freien von den Kuhhirten auf der Puszta gekocht – und ist ebenfalls eine Suppe. Jenes ragoutartige Fleischgericht hingegen, das in manchen Ländern unter der Bezeichnung Gulasch angeboten wird, nennt man in Ungarn *Pörkölt*. Das Rezept zu einer traditionellen Pörkölt-Beilage, *Tarhonya*, blieb aus der Nomadenzeit erhalten. Einst trocknete der Eierteig in der Sonne der Steppe vor dem Zerkrümeln zu graupengroßen Brocken.

Unter den **Hauptgerichten** genießt gebratenes Schweinefleisch den Vorrang. In vielen Variationen erscheint es auf dem Speiseplan, z. B. als *Bakonyer Schweinskotelett mit Räucherspeck* (zu einem Pilz-Paprika-Gemüse) oder als *Székelyer Apfelfleisch* mit Estragon gedünstet. Eine ›echt ungarische‹ Beilage zum Steak (Filet Mignon) ist der wohl schmeckende *Letsch*[...] gedünstetes Gemüse aus Zwiebelrin[...] zarten gelben Paprika- und enthäu[...] Tomatenscheiben, dem abschl[...] verquirlte Eier beigemengt wer[...]

»Vinum regum rex vinorum« – kleine ungarische Weinkunde

Ungarischer Wein wird seit Jahrhunderten von Kennern geschätzt. Sonnenkönig Ludwig XIV. nannte den berühmtesten unter ihnen, den aus Nordostungarn kommenden, weltweit exportierten weißen **Tokajer** gar »König der Weine, Wein der Könige«. Die hoch entwickelte Weinkultur Ungarns – schon seit der Römerzeit wurden hierzulande Reben gezüchtet – sank unter den Türkenherrschern auf ihren Tiefstand und musste einen weiteren Rückschlag verkraften, als in den 70er-Jahren des 19. Jh. viele Weinstöcke durch die Reblausplage vernichtet wurden.

Bis heute werden ausgezeichnete Weine in Transdanubien angebaut, so der **Móri Ezerjó** (Tausendgut aus Mór) bei Székesfehérvár/Stuhlweißenburg. Der **Szürkebarát** (Grauer Mönch) reift auf vulkanischer Erde um Badacsony am Balaton. Auch die Ungarndeutschen erweisen sich als erfolgreiche Weinbauern: Im Umkreis von Sopron/Ödenburg gedeiht der **Kékfrankos** (der Blaufränkische), bei Pécs der **Villányer Kadarka**. Der eigenwillige Name eines dunklen, schweren Rotweins aus Eger/Erlau, **Egri bikavér** (Erlauer Stierblut), regt seit mehr als 100 Jahren zur Verbreitung manch schauerlicher Fantasiegeschichte an. Einkaufsmöglichkeiten:

Uri borház, I., Uri utca 18. Weinfachhandlung gegenüber Labyrinth.

Le Sommelier, V., Régiposta utca 14

Haus des Ungarischen Weines, I., Szentháromság tér 6, tgl. 11–19 Uhr. Im Keller des ehem. Finanzministeriums.

Gebackenes Huhn wird als Schnitzel, paniert auf den Tisch gebracht, während *Paprika-Huhn* ein gekochtes, saucenreiches Festessen aus Geflügel ist, zu dem hausgemachte Nockerln am besten schmecken. In Transdanubien wird bei stlichen Gelegenheiten gern *Gänse-to* gegessen. Dieses Mahl besteht aus tem Gänsefleisch, von den Keulen-n gelöst und mit gekochtem Reis t, dem neben vielerlei Gewürzen auch grüne Erbsen, Pilze und Paprikaschoten beigegeben sind; angerichtet wird es meist mit gebratener Gänseleber.

Ungarische und internationale Küche

Leider kommt es in manchen Budapester Gaststätten zu Betrügereien gegenüber ausländischen Gästen. So ist Skepsis angebracht, wenn auf Speisekarten die Preise fehlen. Besondere Vorsicht ist auch bei der Abrechnung mit Kreditkarten geboten, da die korrekte Buchung an Ort und Stelle nicht überprüft werden kann.

Von den zahlreichen Budapester Restaurants werden im Folgenden einige besonders charakteristische empfohlen:

Á la Carte Kisvendéglö, I., Iskola Utca 29, Tel. 1/202 05 80, tgl. 12–23 Uhr. Kleines, familiäres Lokal am Batthyány-Platz/Burgaufgang. Wegen hervorragender Qualität zu günstigen Preisen von Einheimischen stets gut besucht.

Aranyszarvas (Goldener Hirsch), I., Szarvas tér 1, Tel. 1/375 64 51, www.aranyszarvas.hu, tgl. 12– 23, im Winter Mo–Fr 16–23, Sa/So 12–23 Uhr. Gute Adresse für Wild- und Geflügelspezialitäten in schönem Palais am Aufgang zum Burgpalast.

Ezüstponty (Silberkarpfen), XII., Németvölgyi út 96, Tel. 1/319 16 32, tgl. 12–23 Uhr, abends Livemusik. Gepflegtes, etwas rustikales Restaurant, das wegen seines schattigen Gastgartens mit Spielgelegenheiten bei Familien sehr beliebt ist. Besonders zu empfehlen sind die Fischgerichte.

Fenyőgyöngye Vendéglő (Tannenperle), II., Szépvölgyi út 155, Tel. 1/325 50 06, tgl. 12–24 Uhr. Weil sich die Einkehr in dem gemütlichen Gasthaus gut mit einem Spaziergang im Wald der Budaer Berge verbinden lässt, ist das Lokal bei den Budapestern im Sommer wie im Winter gleichermaßen beliebt. Üppige, bürgerliche Küche.

Fészek-Klub, VII., Kertész utca 36, Tel. 1/322 60 43, tgl. 11–23 Uhr. Fin-de-Siècle-Restaurant, das sich seit 1903 als ›Nest‹ des Künstlerklubs versteht, mit guter internationaler Küche. Besonders reizvoll ist der Innenhof.

Fortuna, I., Hess András tér 4, Tel. 1/375 68 57, tgl. 12–16 und 19–24 Uhr. Die ›Ars poetica‹ des Restaurants im Zentrum des Burgviertels liegt in der Entfaltung des Aromas traditioneller Speisen und in der harmonischen Abstimmung mit hiesigen Weinen. Sektkeller mit Produkten aus heimischen Anbaugebieten. ›Zigeunermusik‹.

TOP TIPP **Gundel**, XIV., Állatkerti körút 2, Tel. 1/468 40 40, www.gundel.hu, tgl. 12–16 und 18.30–24 Uhr. Traditionsgasthaus, dessen feine ungarische Küche einst in ganz Europa gerühmt war und auch heute noch Einheimische wie Besucher begeistert. Von Kennern gar als ›bestes Restaurant Mittel-Osteuropas‹ bezeichnet. Sonntags Brunch (11.30–15 Uhr).

Kalocsai Paprika Csárda, VIII., Bláthy Ottó utca 13, Tel. 1/267 35 12, tgl. 12–22 Uhr. Fast jeden Abend mitreißendes Folklore-Programm mit Volkskünstlern aus der ungarischen Tiefebene (Beginn 20 Uhr).

TOP TIPP **Kéhli**, III., Mókus utca 22, Tel. 1/250 42 41, tgl. 12–24 Uhr. In dem Biedermeierhaus kochte schon die legendäre ›Kéhli-Mama‹ feine Suppen, Fisch- und Wildgerichte. Es ist eines der wenigen noch existierenden Gasthäuser, die seit dem 19. Jh. in Óbuda von den Donauschwaben betrieben wurden. Der Schriftsteller und Gourmet Gyula Krudy (1878–1933) war hier Stammgast. Oft unterhält ein Akkordeonspieler die Gäste.

Kispipa (Kleine Pfeife), VII., Akácfa utca 38, Tel. 1/342 25 87, www.kispipa.hu, tgl. außer So und Fei 12–1 Uhr, Reservierung empfohlen. Spezialitäten bei Klaviermusik. Hier spielte bis 1958 allabendlich der weltberühmte Komponist Rezsö Seress, dessen Lied ›Der traurige Sonntag‹ in den 1930er-Jahren eine mysteriöse Reihe von Selbstmorden ausgelöst hatte – Thema des deutschen Films ›Gloomy Sunday‹ (1999) mit Ben Becker.

TOP TIPP **Margitkert**, II., Margit utca 15, Tel. 1/326 0860, tgl. 12–24 Uhr. Vornehmes ungarisches Spezialitätenrestaurant, in dem immer wieder einmal Staatsgäste einkehren. Unvergesslich ist das Geigenspiel des hochbetagten ›Zigeuner‹-Primás Lajos Boross.

Mátyás Pince (Matthias-Keller), V., Március 15. tér 7, Tel. 1/318 16 93, tgl. 12–15 und 18–1 Uhr. Spezialitätenrestaurant mit traditioneller Küche. Der berühmte ›Zigeuner‹-Primás Sándor Déki Lakatos mit Kapelle sorgt für die musikalische Unterhaltung der Gäste.

TOP TIPP **Náncsi Néni Vendéglője** (Gasthaus der Tante Náncsi), II., Ördögárok utca 80, Tel. 1/397 27 42, www.nancsineni.hu, tgl. 12–23 Uhr, Re-

Äußerst schmackhaft – die ungarische Küche

servierung empfohlen. Familiäre Gastwirtschaft, etwas außerhalb im ›Kühlen Tal‹ Budas gelegen. Verfeinerte ungarische Bauerngerichte und Hausmannskost, ländliche Dekoration, stimmungsvoller Garten und Akkordeonmusik.

Régi Sipos, III., Lajos utca 46, Tel. 1/250 80 82, www.regisipos.hu, tgl. 12–24 Uhr. Schlicht eingerichtetes, sehr gepflegtes Lokal, bekannt für seine Fischspezialitäten in Óbuda. Mit Garten und ›Zigeunerkapelle‹.

Remiz, II., Budakeszi út 5, Tel. 1/275 13 96, www.remiz.hu, tgl. 9–24 Uhr. Ungezwungene Atmosphäre in der Art eines ›Heurigenlokals‹ verbunden mit lukullischen Genüssen und prompter Bedienung. Spezialität: Fleisch vom Lavastein und hausgemachtes Gebäck. Livemusik.

Százéves, V., Pesti Barnabás utca 2, Tel. 1/266 52 40, tgl. 12–24 Uhr. Das namhafte Traditionslokal bietet internationale Spezialitäten. Mit Garten und Musikkapelle [s. Nr. 51].

Szép Ilona, II., Budakezi út 1–3, Tel. 1/275 13 92, tgl. 11.30–22 Uhr. Preiswerte und gute Hausmannskost. Spezialitäten gepökelte Entenbrust und Szegedine Fischsuppe. Im Sommer kann man Freien unter Kastanienbäumen si

Vadrózsa (Wildrose), II., Pente utca 15, Tel. 1/326 58 17, www hu, tgl. 12–15 und 19–24 U Restaurant im neobaro Budaer Villa. Währen monate wird auch

Vegetarisch
Éden, I., Döbrentei utca 9, Tel. 1/375 75 75, tgl. 12–23 Uhr. Frisches Obst und landestypisches Gemüse serviert das erste rein vegetarische Budapester Restaurant mit Terrasse im historischen Stadtteil Tabán, am Fuße der Budaer Burg.

Ausländische Spezialitäten

Französisch
Járdin de Paris, I., Fő utca 20, Tel. 1/201 00 47, tgl. 12–24 Uhr. Ob im Winter im Gewölbe bei Kerzenschein oder im Sommer in Gemäuern eines alten türkischen Bades im weitläufigen Garten – das Restaurant mit Delikatessen wie Fasan, Gänseleber oder geeister Erdbeersuppe ist stets gut besucht. Musikuntermalung live durch Klavier und Zimbel.

Griechisch
Zorbas, VI.,Podmanicky utca 18, Tel. 1/332 79 00, www.zorbastaverna.hu, tgl. 12–24 Uhr. Griechische Fisch- und Fleischspezialitäten. Live-Musik, Do ungarische, Fr griechische Folklore.

Italienisch
Fausto's Étterem, VII., Dohány utca 5, Tel. 1/269 68 06, Mo–Sa 12–15 und 19–24 Uhr. Ausgezeichnete Küche und gute Weine machen den Reiz dieses Lokals aus. Reservierung empfohlen.

Jüdisch
Shalom, VII., Klauzál tér 2, Tel. 1/322 1464, So–Fr 12–23, Sa 12–15 Uhr. Orthodoxe, koschere Gaststätte mit einer großen Auswahl an ungarisch-jüdischen Speisen.

Tschechisch
Svejk, VII., Kürt utca 16, Tel. 1/352 13 46, tgl. 12–23 Uhr. Ein origineller Rest von K. u .K. Donaumonarchie, böhmische Knödel und Pilsner vom Fass, abends Schrammelmusik.

Bierstuben und Pubs

Columbus, Irish Pub, Donauschiff, vor dem Hotel Intercontinental, nahe der Kettenbrücke, Tel. 1/266 90 13, tgl. 12–2 Uhr. Von der Biertheke am Oberdeck ndervoller Panoramablick.

Café, VI., Jókai utca 30, Tel. 3, tgl. 12–1 Uhr. In fantasievoll n Räumen mit Tonnengeh ein meist junges Publi-
Zapfbier, 100 Sorten
Sitzplätze. Livemusik.
s beliebte Restau-
rwald-Flair.

Kárpátia, V., Ferenciek tere 4–8, Tel. 1/317 35 96, tgl. 11–23 Uhr. Bierbar und Restaurant mit ungarischer und Siebenbürgener Küche, für gehobene Ansprüche.

Pub V im Hotel Kempinski, Erzsébettér 7–8, Tel. 1/429 37 77, Mo–Sa 12–24, So 18–24 Uhr, Happy Hour: 17–19, So 18–20 Uhr. Luxuriöser Treffpunkt, Di und Do Livemusik, Eurosportübertragungen.

Trombitás Pub, II., Peték utca 12, Tel. 1/212 49 15, tgl. 11–24 Uhr. Nicht zu verwechseln mit der Touristengaststätte! Im Pub zivile Preise für deftige Speisen (z. B. Eisbein).

Kaffeehäuser und Konditoreien

Angelika, I., Batthyány tér 7, tgl. 10– 22 Uhr. Vor allem junges Publikum fühlt sich von dem modernisierten Kaffeehaus mit neuer Freiterrasse in unmittelbarer Donau-Nähe angezogen. Regelmäßig finden Konzerte sowie kleinere Wechselausstellungen zeitgenössischer ungarischer Künstler statt.

Auguszt, V., Kossuth Lajos utca 14–16, Mo–Fr 10–18, Sa 10–14 Uhr, www.auguszt cukraszda.hu. Urgemütliche Pester Konditorei (seit 1870) mit stets frischem Kuchen. Im Sommer wird auch im prächtigen Innenhof serviert.
Ableger auf der Budaer Seite: II., Fény utca 8, Tel. 1/316 38 17, Di–Fr 10–18, Sa 9–18 Uhr. Hier genießt man hausgemachtes Gebäck in Jugendstil-Ambiente.

Café Miro, I., Úri utca 30, tgl. 9–24 Uhr. Junges, schräges Kontrastprogramm zum benachbarten ›Ruszwurm‹: Starker Kaffee zu frischem Gebäck, kleine Wechselausstellungen, tgl. ab 20 Uhr musikalisches Abendprogramm (Jazz, Klänge aus Lateinamerika).

Café Pierrot, I., Fortuna utca 14, www.pierrot.hu, Mo–Sa 17–1, So 11–23 Uhr. Kaffeespezialitäten, Cocktails, Salate. Ab 20 Uhr Pianomusik.

TOP TIPP **Centrál Kávéház**, V., Károlyi Mihály utca 9, Tel. 1/266 21 10, tgl. 8–24 Uhr. In den Hallen mit kontrastreichen, blaugrün-orangen Wänden und mit Stuckrosetten verzierten Decken wurde seit 1887 ungarische Literaturgeschichte geschrieben. Heute ist hier ein weltstädtischer und dennoch sehr k.u.k-kulturbewusster Treff mit Melange, Guglhupf und Fiaker-Gulasch entstanden.

Eckermann-Café, IX., Ráday utca 58, Tel. 1/374 40 70, Mo–Fr 8–22, Sa 9–22 Uhr. Vorwiegend studentischer Treffpunkt im Goethe-Institut. Deutsche Zeitungen zu Espresso, Internet-Zugang, philosophische Abende.

Gerbeaud, V., Vörösmarty tér 7, Tel. 1/429 90 00, www.gerbeaud.hu, tgl. 9–21 Uhr, Fei geschl. Mondäner Treffpunkt für Besucher aus aller Welt, darunter viele Künstler. Das Interieur entspricht auch nach der jüngsten Renovierung noch weitgehend dem aus der Zeit des legendären Besitzers Emil Gerbeaud [Nr. 53].

Gresham Kávéház, V., Roosevelt tér 5–6 (im Gresham-Palast), Tel. 1/268 51 10, tgl. 6.30–22 Uhr, bei Veranstaltungen bis 23 Uhr; ab 10.30 Uhr warme Küche. Restauriertes Juwel der Sezessionskunst, Gäste genießen Kaffee, Eis, Gebäck, populäre ungarische Gerichte und leichte mediterrane Küche. Sonderprogramme, z. B. im Sommer Do/Fr/Sa ab 19 Uhr Jazz-Dinner mit Favoriten der 20er-, 30er- und 40er-Jahre. Übrigens: die Toiletten sind ein wahres Kulturereignis in Jugendstil.

TOP TIPP **Hauer**, Rákóczi út 47-49, Tel. 1/323 14 76, tgl. 10–20 bzw. bei Kulturprogramm 10–22 Uhr. Pester Traditionskonditorei von 1896, unweit des Ostbahnhofs. Wiedereröffnung im Herbst 2002 als Literaturcafé mit originalgetreu rekonstruiertem Interieur: weißes und dunkles Mobiliar sowie schwere weinrote Draperien beschwören die Salonatmosphäre der 1930er-Jahre herauf. Hier entspannt das Bildungsbürgertum bei Károlyi-Kremschnitten, Herzog-Albert-Kastanientorte oder einem Cocktail. Im Ballsaal mit Bühne werden Theater, Chanson, Jazz, Kabarett, Lesungen geboten, auch auf Deutsch.

Korona, I., Dísz tér 16, tgl. 10–21 Uhr. Durch seine Lage am Nadelöhr des Burgbergs Anziehungspunkt für Touristen, die sich, ermüdet vom Rundgang, bei Kaffee, Eis und Kuchen erholen. Das Korona-Podium bietet abends Programm mit internationalem Musik- und Literatur-Cocktail.

Lukacs-Konditorei, VI., Andrássy út 70, Mo–Fr 9–20 (ab 17 Uhr Pianomusik), Sa/So 10–20 Uhr. Nichtraucher-Empore mit schönem Blick auf die Akademie der Bildenden Künste und die Alte Musikakademie. An-schließend Salon mit denkmalgeschützter Innenausstattung (spätes 19. Jh.).

Művész, VI., Andrássy út 29, tgl. 9–24 Uhr. Seidentapeten, Kirschbaumholz, kleine Marmortischchen, Kandelaber und alte Gemälde geben dem in Opernnähe gelegenen Kaffeehaus einen Hauch gediegener Festlichkeit.

New York, VII., Erzsébet körút 9–11, Tel. 1/886 61 11, tgl. 9–24 Uhr. Nach umfassender Renovierung eröffnete das prachtvolle Kaffeehaus im Fin-de-Siècle-Dekor im Mai 2006 wieder, traditioneller Treffpunkt ungarischer Literaten und Künstler. [Nr. 63].

Ruszwurm, I., Szentháromság utca 7, Tel. 1/375 52 84, www.ruszwurm.hu, tgl. 10–19 Uhr. Überaus beliebte kleine Konditorei im Burgviertel, ausgestattet mit Empire-Möbeln [Nr. 21].

In einigen Hotels gibt es ebenfalls recht stimmungsvolle Cafés, beispielsweise das **Zsolnay Kávéház** im Hotel Radisson Béke, VI., Teréz Körút 43, tgl. 10–21.30 Uhr.

Feste und Feiern

Feiertage

1. Januar (Neujahrstag), 15. März (Nationalfeiertag zum Gedenken der Revolution 1848), Ostern (einschließlich Ostermontag), 1. Mai (Tag der Arbeit), Pfingsten (einschließlich Pfingstmontag), 20. August (St.-Stephans-Tag), 23. Oktober (Nationalfeiertag, Jahrestag des Beginns der Revolution 1956 und der Ausrufung der Republik 1989), 1. November (Allerheiligen), 25./26. Dezember (Weihnachten).

Banken, Postämter, Museen, Geschäfte und Lebensmittelläden haben, mit Ausnahme der größeren Einkaufszentren, an diesen Tagen geschlossen. Mitunter wird an Wochenenden (Sa/So) vor oder nach Feiertagen regulär gearbeitet.

Feste

Januar/Februar

Zwischen dem 6. Januar und Aschermittwoch: **Faschingsbälle** in Hotels und größeren Gaststätten; sehr bekannt sind etwa der Schwaben-, der Juristen-, der Ärzte- oder der Journalistenball.

Am Wochenende vor Fastnacht in Nähe der Kettenbrücke: **Straßen**… val und Umzug der *Buschos*, … Vertreibung des Winters durch … verkleideten Gruppe aus de… schen Mohács.

März/April

15. März (Nationalfeiertag): **Gedenkveranstaltungen** an den Erinnerungsstätten der Revolution von 1848, am Nationalmuseum, wo Petőfi sein patriotisches ›Nationallied‹ verlesen hat, Festumzüge zum Lajos-Kossuth-Denkmal vor dem Parlament.

Ostern: Junge Männer begießen junge Mädchen mit Wasser, ein mit dem Gedanken des Fruchtbarkeitsmythos und der rituellen Reinigung verbundener alter Brauch, auf dem Land heute noch mittels Wassereimern vollzogen, in der Stadt wird Eau de Cologne verwendet.

Ostermarkt im Ethnographischen Museum.

Mai/Juni

1. Mai: **Frühlingsvolksfest** im Stadtwäldchen, Folkloremärkte, Sportwettkämpfe, Öffnung der Freibäder.

Pfingsten: Feierlichkeiten mit Volkskunstprogramm im nahe gelegenen Szentendre (Information: Verband der Volkskunstensemble, Népművészeti Egyesületek Szövetsége, 1011 Budapest, Corvin tér 8, Tel. 1/214 35 23).

Fronleichnam: In der näheren Umgebung Budapests, in Máriaremete, Városmajor und Pilisvörösvár, werden für die Prozessionen frische Blumenteppiche ausgelegt.

Die großen Sommerferien der Schulen, von der 2. Juniwoche bis Ende August, sind die Zeit der **Kirmes** und der **Straßenfeste** in allen Stadtbezirken.

August

20. August: **St.-Stephans-Tag:** Zum Gedenken an den ersten ungarischen König, der zugleich die christliche Religion verbreitete, wird die Hand des hl. István schon Tage zuvor in **Corpus-Christi-Prozessionen** durch das ganze Land geführt und schließlich an seinem Namenstag in der Budapester St.-Stephans-Basilika den Gläubigen offenbart.

September

Weinlesefeste, veranstaltet von Hotels nd Weinbauern. Information bei: Ma- r Szőlő és Borkultúra Kft., 1223 Buda- Dézsmaház u. 19/A, Tel. 1/355 18 47, 2 23 90

arkt im Ethnographischen

31. Dezember: **Straßenkarneval** auf der Großen Ringstraße: Mit Rasseln und Papiertrompeten wird das alte Jahr verabschiedet.

Klima und Reisezeit

Budapest besitzt kontinentales Klima. Die Durchschnittstemperatur im Juli beträgt 22 °C, im Januar -1 °C. Als beste Reisezeiten bieten sich Frühjahr und Herbst an.

Klimadaten Budapest

Monat	Luft (°C) min./max.	Sonnen-std./Tag	Regen-tage
Januar	–2/ 2	2	8
Februar	2/ 4	3	7
März	2/ 11	4	7
April	6/16	6	7
Mai	11/22	8	9
Juni	14/26	9	9
Juli	16/28	9	6
August	15/27	8	7
September	12/23	7	5
Oktober	7/16	5	7
November	3/ 8	2	9
Dezember	–1/ 3	1	8

Kultur live

Informationen zu Veranstaltungen und Adressen für Kartenvorbestellungen bei:

Tourinform Budapest, V., Sütő utca 2, Tel. 1/317 98 00. Kartenvorverkauf Mo–Fr 10–18 Uhr

Bei Tourinform sind zwei monatlich erscheinende Broschüren mit Veranstaltungshinweisen kostenlos erhältlich: ›Programme in Ungarn/in Hungary‹ (in Deutsch und Englisch) sowie ›Budapest Panorama‹ (in Englisch, Deutsch, Italienisch und Russisch).

Veranstaltungen

Januar

1. Januar: **Neujahrskonzert** im Opernhaus und **Operettengala** in der Pester Redoute.

22. Januar: **Tag der ungarischen Kultur** (Premieren, Ausstellungen, Werkstattgespräche, Buchpräsentationen usw.).

Januar/Februar

In den letzten Jahren zieht der **Opernball** verstärkt internationales Publikum an.

März

Budapester Frühlingsfestival: Die größte Kulturveranstaltung der Stadt bietet ein attraktives Programm, das von klassischen Konzerten über Opern-, Operetten- und Ballettaufführungen bis zu Jazz- und Popkonzerten reicht. Daneben bieten die Museen interessante Sonderausstellungen. Informationen bei:

Budapesti Fesztivál Kht., Tel. 1/486 33 11, www.festivalcity.hu

Titanic-Filmfestival: Internationale Experimental, Spiel- und Animationsfilme, www.titanicfilmfest.hu

Juni

Duna Karneval Parade: Kulturtreffen der Donauländer mit Folkloremusik und -tänze auf der Margareteninsel, Burg Vajdahunyad im Stadtwäldchen und auf dem Vörösmarty tér. Infos bei:

BM Művészegyüttes, Mucsi János, Tel. 1/201 66 13, www.dunaart.hu

Juni/Juli

Brückenfest und Filmfestival Budapest: 2004 erstmals ausgerichtetes Fest auf der Kettenbrücke, im Tunnel unter der Brücke und an weiteren Orten werden während der drei Festivaltage ungarische und internationale Filme zu besonders günstigen Eintrittspreisen gezeigt.

Ferencváros-Festspiele: Seit 1993 wird Ende Juni/Anfang Juli das Musikfestival mit Oper, Rockoper, Operngala, Jazz, Musical und Ballett geboten.

Juli/August

Budapester Sommer/Budapesti Búcsú und Budapest Sommer Musikfestival: In der letzten Juniwoche Straßentheater und Freilichtbühnen auf der Margareteninsel, dem Óbudaer Hauptplatz, am Tabáner Hügel und im Budaer Park. Nächtliche Konzerte in einigen Innenhöfen des Burgviertels und im Hof des Kiscelli Múzeum, populäre Kleinopern im Dominikanerhof des Budapest-Hilton, christliche Musicals im Karmeliterhof (Tel. 1/332 48 16, www.viparts.hu)

Anfang Juli bis Mitte Aug.: **Sommer auf der Kettenbrücke**. An den Wochenenden werden auf der zu dem Event gesperrten Kettenbrücke (Sa 7 Uhr–So 22 Uhr) verschiedene Musikveranstaltungen, Ausstellungen, ein literarisches Kaffee- und Teehaus und viele weitere Attraktionen geboten.

August

BudaFest: Ballett, Konzerte und festliche Opern im Budapester Opernhaus, Gastspiele, nachmittags Teekonzerte in kleinen Sälen der Oper (www.viparts.hu)

Insel-Festival: Multikulturelle Open-Air-Veranstaltung für junge Leute in der ersten Augusthälfte, auch als *Pepsi Sziget Festival* bekannt. Musik, Tanz und Theater auf dem Gelände der Schiffswerft in Óbuda (www.szigetfestival.com).

20. August: **Volksfest** auf der Budaer Burg zwischen Disz tér und Szentháromság tér/Fischerbastei, 21 Uhr Feuerwerk. Im gesamten Burgviertel **Festival des Handwerks** mit großem Volkskunstmarkt.

Ende August: **Budapest Parádé**, seit dem Jahr 2000 eine Love Parade á la Budapest

August/September

Jüdisches Sommerfestival: Ende August/Anfang September Konzerte, Kabarettvorführungen, Ausstellungen, Film-, und Büchertage (Tel. 1/413 55 31, www.jewishfestival.hu).

September/Oktober

Budapester Herbstfestival: Kunstwochen mit anspruchsvollem Programm in den Bereichen Musik, Theaters und Bildende Künste; Ausstellungseröffnungen in verschiedenen Museen. Infos bei:

Budapesti Fesztivál Kht., Tel. 1/486 33 11, www.festivalcity.hu

Dezember

31. Dez.: **Silvestergala** und **Ball** in der Ungarischen Staatsoper (www.viparts.hu).

Kartenvorverkauf

Kartenbestellung im Internet: Budapesti Fesztivál Kht., www.festivalcity.hu

Fortissimos Festivalkartenbüro, VI., Nagymezö utca 19, Tel. 1/302 38 41

Music Mix 33 Ticket Service, V., Váci utca 33, Tel. 1/266 70 70, 1/317 77 36

Musikalienhandlung Rózsavölgyi, V., Szervita tér 5, Tel. 1/318 35 00, Mo–Fr 10–19, Sa 10–17, So 11–18 Uhr

Publika Kartenvorverkauf, V., Ferenc tere 10, Tel. 1/342 75 83

Ticket Express, www.tex.hu, jeg hu, II., Lövőház utca 2–6 (Mam Jókai utca 40, Tel. 1/353 06 9

Vigadó Ticket Service, V tér 5, Tel. 1/318 54 63, Fa Mo–Fr 9–19, Sa/So 10

Klassische Konzerte

Budapester Kongresszentrum, XII., Jagelló út 1–3, Tel. 1/361 28 69

Donaupalast (Duna Palota), V., Zrínyi utca 5, Tel. 1/317 27 54

Franz Liszt Kammersaal (Alte Musikakademie), VI., Vörösmarty utca 35, Tel. 1/322 98 04

Kiscelli Múzeum, Innenhof, Kiscelli utca 108, Tel. 1/250 02 88

Kulturgrube Gödör (Erzsébet téri Gödör Klub), V., Erzsébet tér, Mobil-Tel. 209 43 54 54

Marmorsaal des Ungarischen Rundfunks, VIII., Pollack Mihály tér 8–10, Tel 1/328 75 05

Musikakademie (Zeneakadémia), VI., Liszt Ferenc tér 8, Tel. 1/341 47 88

Béla Bartók Nationaler Konzertsaal im Palast der Künste, IX., Komor Marcell utca 1, Tel. 1/555 30 00

Prunksaal der Akademie der Wissenschaften, V. Roosevelt tér 9, Tel. 01/411 61 00, 1/353 15 74

Oper, Operette, Ballett, Musical

Budaer Parkbühne (Budai Parkszínpad), XI., Kosztolányi Dezső tér, Tel. 1/466 98 49

Budaer Redoute (Budai Vigadó), I., Corvin tér 8, Tel. 1/201 59 28

Dominikanerhof im Hotel Budapest-Hilton, I., Hess András tér 1–3, Tel. 1/214 30 00

Erkel-Theater der Ungarischen Staatsoper (Erkel Színház), VIII., Köztársaság tér 30, Tel. 1/333 05 40

Freilichtbühne auf der Margareteninsel (Margitszigeti Szabadtéri Színpad), XIII., Margitsziget, Tel. 1/340 41 96

Hauptstädtisches Operettentheater (Fővárosi Operett Színház), VI., Nagymező utca 17–19, Tel. 1/472 20 30

Madách-Theater (Madách-Színház), VII., Erzsébet körút 29/33, Tel. 1/478 20 00

Nationales Tanztheater (Nemzeti [illegible]ncszínház), I., Színház utca 1–3, [illegible] 1/356 40 85

[illegible] **Redoute** (Pesti Vigadó), V., Viga- [illegible] derzeit wegen Renovierung ge- [illegible]

[illegible] VI., Nagymező utca [illegible] 30

[illegible] **per** (Magyar Állami [illegible] y út 22, www.

opera.hu, Tel. 1/332 81 97, Karten: Mo–Sa 11–17 Uhr, Tel. 1/353 01 70, [Nr. 70]

Víg-Theater (Víg Szinház), XIII., Szent István körút 14, Tel. 1/329 23 40

Folklore

Donaupalast (Duna Palota), V., Zrínyi utca 5, Tel. 1/201 59 28

Hauptstädtisches Kulturzentrum, Fehérvári út 47, Tel. 1/203 38 86. Jeden Di 17–18.30 Uhr Kindertanzhaus, jeden 2. Do 19 Uhr Csörrentő Ensemble Moldavian-Csangó Tanzhaus.

Ungarisches Staatliches Folklore-Ensemble, Budaer Redoute (Budai Vigadó), I., Corvin tér 8, Tel. 1/317 27 54

Tanzhaus, Freizeitzentrum (Almássy téri szabadidőközpont), VII., Almássy tér 6, Tel. 1/342 03 87

Jazz

A 38, I., Pázmány Péter Sétány, Tel. 1/464 39 40. Kultur-Schiff am Budaer Brückenkopf der Petőfibrücke. Beliebter Sammelpunkt der jungen Kunst-Szene auf einem ausgemusterten Moskauer Frachtschiff namens ›Artemovsk 38‹, das von funktionsästhetischen Bauformen im Geiste der klassischen Moderne eines Le Corbusier geprägt ist.

Fonó Music Hall, XI., Sztregova utca 3, Tel. 1/206 53 00, www.fono.hu. Musichall

Fregatt Pub, V., Molnár utca 26, Tel. 1/318 99 97, Mo–Fr 15–24, Sa/So 17–24 Uhr. Alle zwei Wochen Mi Live-Jazz, Fr Live-Country.

Hades Jazz Restaurant, VI., Vörösmarty utca 31, Tel. 1/352 15 03, Mo–Fr 12 – 2, Sa 17–2 Uhr

Jazz-Café, V., Balassi Bálint utca 25, Tel. 1/269 55 06, Mo–Sa 18–3Uhr. Ab 20 Uhr Live-Jazz.

Jazz-Klub des Merlin-Theaters, [illegible] Gerlóczy utca 4, Tel. 1/317 93 38, [illegible]–2 Uhr

Közgáz Jazz Klub, IX., Kinizsi utca 2–6, Tel. [illegible]10

Let's Blues, VIII., Horánszky utca 9, Tel. 1/26[illegible]

Trafó-Haus der Zeitgenössischen Künste, IX., [illegible] 41, Tel. 1/215 16 00, www.trafo.hu. [illegible]genössicher Kunst in einer [illegible] Transformatorenstation, Ho[illegible]er alternativer Szene, Schwer[illegible]ner Tan[illegible]

Wie ist hier die Stromspannung?	*Milyen magas az áramfeszültség?*
Ich reise heute Abend/ morgen früh ab.	*Ma este/holnap reggel elutazom.*
Haben Sie ein Faxgerät/ einen Hotelsafe?	*Van Fax-készülékük/ szállodai biztonsági széfjük?*
Nehmen Sie Kreditkarten an?	*Elfogadnak hitelkártyát?*
Kann ich Geld wechseln?	*Átválthatok pénzt?*

Restaurant

Wo gibt es ein gutes / ein günstiges Restaurant?	*Hol van egy jó/ előnyös árú étterem?*
Die Speisekarte/ Getränkekarte bitte.	*Kérem az étlapot/ itallapot.*
Welches Gericht können Sie besonders empfehlen?	*Melyik ételt tudná különösen ajánlani?*
Ich möchte das Tagesgericht/ das Menü (zu …).	*Napi ajánlatukat/ menűt (…) kérem szépen.*
Ich möchte nur eine Kleinigkeit essen.	*Csak egy keveset szeretnék enni.*
Gibt es vegetarische Gerichte?	*Lehet hústalan ételt kapni?*
Haben Sie offenen Wein?	*Kaphatok kimért bort?*
Welche alkoholfreien Getränke haben Sie?	*Milyen alkoholmentes italaik vannak?*
Haben Sie Mineralwasser mit/ ohne Kohlensäure?	*Van ásványvizük szénsavval/ szénsav nélkül?*
Das Steak bitte englisch/medium.	*A bélszint kérem angol módra/ közepesre sütve.*
Können Sie mir bitte … ein Messer/ eine Gabel/ einen Löffel geben?	*Kaphatnék … egy kést/ egy villát/ egy kanalat?*
Darf man rauchen?	*Szabad dohányozni?*
Die Rechnung, bitte!/ Bezahlen, bitte!	*Kérem a számlát!/ Fizetni szeretnék!*

Essen und Trinken

Ananas	*ananász*
Apfel	*alma*
Apfelsine	*narancs*
Aubergine	*padlizsán*
Banane	*banán*
Bier	*sör*
Birne	*körte*
Braten	*sült*
Bratwurst	*sült kolbász*
Brot/Brötchen	*kenyér/zsemle*
Butter	*vaj*
Ei	*tojás*
Eiergraupen	*tarhonya*
Eintopf	*egytál étel*
Eiscreme	*fagylalt*
Erdbeere	*eper*
Espresso	*fekete*
Espresso mit einem Schuss Milch	*feketekávé kis tejjel*
Essig	*ecet*
Fisch	*hal*
Fischsuppe	*halászlé*
Flasche	*üveg*
Fleisch	*hús*
Fruchtsaft	*gyümölcslé*
Frühstück	*reggeli*
Gänsekeule	*libacomb*
Geflügel	*baromfi*
Gemüse	*zöldség*
Glas	*üveg*
Gulasch	*pörkölt*
Gurke	*uborka*
Huhn	*csirke*
Hummer	*rák*
Käse	*sajt*
Kalb	*borjú*
Kartoffeln	*krumpli*
Kirschen	*cseresznye*
Kokosnuss	*kókuszdió*
Krug/Karaffe	*kanna/kancsó*
Lamm	*bárány*
Meeresfrüchte	*tengeri halak*
Milch	*tej*
Milchkaffee	*tejeskávé*
Mineralwasser	*ásványviz*
Nachspeisen	*desszertek*
Öl	*olaj*
Oliven	*olajbogyó*
Orangensaft	*narancslé*
Palatschinken	*palacsinta*
Pampelmuse	*grapefruit*
Pfeffer	*bors*
Pflaumen	*szilva*
Pilze	*gomba*
Reis	*rizs*
Rindfleisch	*marhahús*
Salat	*saláta*
Salz	*só*
Schinken	*sonka*
Schnaps	*pálinka*
Schweinefleisch	*disznóhús*
Süßigkeiten	*édesség*
Suppe	*leves*
Tee	*tea*
Thunfisch	*tonhal*
Tomaten	*paradicsom*
Vorspeisen	*előétel*
Wachtel	*fürj*
Wassermelone	*görög dinnye*
Wein	*bor*
Weiß-/	*fehérbor*
Rot-/	*vörösbor*
Rosé-Wein	*rozé bor*
Weintrauben	*szőlő*
Zucker	*cukor*

Register

Impressum

Lektorat und Bildredaktion: Kirsten Winkler
Aktualisierung: Renate Nöldeke, München
Karten: Huber Kartographie, München
Herstellung: Martina Baur
Druck, Bindung: Druckerei Uhl, Radolfzell

Printed in Germany

Ansprechpartner für den Anzeigenverkauf:
Kommunalverlag, München

ISBN 978-3-89905-433-0
ISBN 978-3-89905-534-4 Reiseführer Plus

Gedruckt auf chlorfrei gebleichtem Papier

Neu bearbeitete Auflage 2007

Bildnachweis

Umschlag-Vorderseite: Kettenbrücke und Parlament – die Wahrzeichen von Budapest. *Foto: Hahn/laif, Köln*
Umschlag-Vorderseite Reiseführer Plus: Das Parlament am Ufer der Donau. *Foto: Hahn/laif, Köln*

Titelseite
Oben: Neogotisch und kuppelbekrönt ist das ungarische Parlament (Wh. von S. 93 oben)
Mitte: Fassade des ehem. Bankhauses Török am Szervita tér (Wh. von S. 70 oben)
Unten: Holocaust-Mahnmal im Hof der Großen Synagoge (Wh. von S. 82 unten)

Außer den nachstehend angeführten Aufnahmen stammen alle Abbildungen von *laif, Köln, Anna Neumann*
Archiv für Kunst und Geschichte, Berlin: 12 unten, 14 oben rechts, 24, 110 oben – *Agentur Anzenberger, Wien, Manfred Horvath:* 37, 47, 70 oben, 80 oben, 90 oben, 94, 96, 103, 112 oben rechts und unten links, 119 – *Udo Haafke, Ratingen:* 106 – *Mauritius, Mittenwald:* 9 oben, 86, 90 unten, 98/99, 100 – *Horst Schmeck, Köln:* 19, 32, 39, 42, 56, 57, 59, 60, 72, 74, 76 (2), 77, 86, 111 – *Süddeutscher Verlag, Bilderdienst, München:* 13 (2), 14 unten, 15 (2) – *Ernst Wrba, Wiesbaden:* 9 unten, 11 oben, 16/17, 20, 34, 46, 53, 64 (2), 65, 66, 79, 91, 93 oben, 99, 112 oben links und unten rechts, 121, 142 rechts unten

Reisen mit Lust und Laune.

HANS ERNST

Margrets barmherzige Lüge

Roman

rosenheimer

4., überarbeitete Auflage 1998

Titelbild: Michael Wolf, München
Satz: Buch-Werkstatt GmbH, Bad Aibling
Druck und Bindung: Ebner Ulm
Printed in Germany

ISBN 3-475-52208-X

Dicht gedrängt sitzen die Bauern von Stephanshall im kleinen Saal der Gastwirtschaft »Zur Brücke« und starren auf den jungen Menschen vorn auf dem Podium, der ihnen in klarer und unmissverständlicher Sprache die Notwendigkeit der Sprengungen erläutert, die im Zusammenhang mit dem Bau des Viaduktes und des Straßentunnels vorgenommen werden müssen.

Roland Hayder, der Ingenieur, merkt, dass er wie gegen eine Wand redet. Er fühlt die Ablehnung. Sie wollen ihn einfach nicht verstehen, obwohl er sich alle Mühe gibt jedes Fremdwort und jeden technischen Fachausdruck zu vermeiden; denn er weiß, dass diese Bauern bis in ihre Seele hinein misstrauisch sind gegen jedes Wort, das ihnen nicht geläufig ist. Der Ingenieur unterstreicht seine Worte mit beschwörenden Gesten, streift sich einmal das dunkelblonde Haar aus der Stirn und holt kurz Atem.

»Ihr müsst begreifen«, fährt er fort, verbessert sich aber sofort – vor wenigen Minuten war ihm ja erst zugerufen worden, dass man hier gar nichts müsse –, »ich wünschte, ihr würdet begreifen, wie notwendig es ist, durch den Stephansberg den Tunnel zu sprengen. Was nützt der schönste Viadukt, wenn seine Fortsetzung nicht harmonisch weiterläuft?«

»Die Natur wollt ihr verschandeln!«, schreit einer aus der Menge heraus. Roland Hayder kann den Rufer nicht erkennen, so dicht ist hier der Qualm von Zigaretten und Pfeifen.

»Im Gegenteil«, widerspricht er sofort, »verschandelt wird hier gar nichts. Außerdem hat man errechnet, dass unter den gegebenen Umständen die Sprengung des Tunnels weit billiger kommt als der Bau einer Straße um den Stephansberg herum.«

»Du redest so, weil du dafür bezahlt wirst«, ruft der Schreier wieder. Diesmal erkennt Roland das Gesicht. Es ist der Halleder, ein verbohrter, allen Neuerungen unzugänglicher Bauer aus den Karstgründen der Schattenseite des Tales. Roland blickt ihn scharf an, so scharf, dass der andere seinen Blick verwirrt zur Seite wendet. In diese kurze Zeitspanne des Schweigens klingt vom hinteren Saalende her ein misstöniges Lachen und eine sich überschlagende Stimme schreit:

»Der Berg wird sich noch wehren! Das werdet ihr erleben!«

Das war die im Armenhaus wohnende Gottner-Burgl, deren scharfe Zunge gefürchtet ist. Mit ihr will kein anständiger Mensch etwas zu tun haben. Das beifällige Gemurmel beweist jedoch, dass eine große Anzahl der Versammlungsbesucher der gleichen Meinung ist. Weil ihr der Ingenieur nicht gleich in die Rede fällt, kreischt sie noch schriller:

»Beim ersten Hammerschlag, der dem Berg angetan wird, wird er sich wehren!«

O ja, man weiß genau, worauf die Burgl anspielt. Sie hat es von jeher verstanden, den Menschen des Tales die Erinnerung wach zu halten an die uralte Legende, dass der heilige Stephan auf diesem Berg Zuflucht gesucht habe, bevor die Ungläubigen ihn steinigten. Zuweilen streut die Burgel aus, dass sie in gewissen Vollmondnächten den Heiligen in der steilen Wand des Berges hätte stehen sehen; segnend hätte er dann immer seine Hände über das Tal ausgebreitet.

Dieser Stephansberg ist also gleichsam ein heiliger Berg für die Bewohner. Niemand hat bisher gewagt daran zu rühren. Die Gottner-Burgl weiß genau, warum sie ihren Einwurf gebracht hat. Dieser junge Bursche da vorn, dieser Ingenieur, von dem es heißt, dass ihn die Firma als einen ihrer Besten hierher gesandt hat, hat es tatsächlich zuwege gebracht, mit seinen eindringlichen Worten die Bauern zu überzeugen. Das darf nicht sein! Darum ruft sie jetzt wie eine flammende Anklage die Worte in den Saal:

»Der heilige Stephan wird den zu strafen wissen, der Hand an seinen Berg legt!«

Roland Hayder sieht der Schreierin in das verzerrte Gesicht. Ihr Mund ist fast zahnlos, die weißen Haare hängen ihr in wirren Strähnen ins Gesicht. Sie erinnert ihn an das Bild einer Hexe, die die Massen mit suggestiven Kräften in ihren Bann zieht. Das Gemurmel des Einverständnisses geht wie eine Woge durch den Saal und übertönt die vernünftigen Stimmen, die Ruhe haben wollen. Der Ingenieur fühlt genau, dass er jetzt etwas Entscheidendes sagen muss, wenn er nicht untergehen will in diesem Gemurmel. Mit einem Ruck wirft er den Kopf zurück, verlässt den bisherigen Weg des gut gemeinten Zuredens und zeigt ihnen schonungslos die andere Seite, die Seite des Gesetzes und der Beschlüsse.

»Ich habe die Drohung gehört, aber mir kann man nicht drohen. Das möchte ich zunächst hier einmal eindeutig klarstellen. Mit mir kann man reden, verhandeln, aber man kann mir nicht drohen. Ich bin hinreichend davon unterrichtet, wie schwer man es hier den Geometern bei ihren Vermessungsarbeiten gemacht hat. Glaubt nicht, dass das in Ewigkeit so fortgehen müsste. Glaubt vor allem nicht, dass die Regierung ihre Beschlüsse wegen der Starrköpfigkeit einiger Bauern zurückziehen wird. Nur Narren können sich das einbilden. Die Regierung hat euch großzügige Entschädigungen für jeden Flurschaden zugesichert. Das

Projekt ist bis ins Kleinste vorbereitet und die Firma hat mich mit der Arbeit betraut. Ich werde sie beginnen und – vollenden. Darauf könnt ihr euch verlassen. Wenn ihr mir Prügel zwischen die Füße werfen wollt – gut, ich werde mich zu wehren wissen. Im Übrigen scheint ihr vergessen zu haben, dass auch eure Vertreter im Landtag für dieses Bauprojekt gestimmt haben. Ich wollte versuchen mit euch gut auszukommen und ich freue mich, doch eine ganze Anzahl vernünftiger Leute gefunden zu haben, die die Vorteile dieses Projektes begreifen. Ich hoffe, dass sich noch mehr von euch zu dieser Erkenntnis durchringen. Für heute aber habe ich alles gesagt.«

Roland Hayder greift nach seiner Aktentasche und verlässt den Saal. So still ist es plötzlich geworden wie in einer Kirche. Niemand sagt ein Wort und man hört die Schritte des Ingenieurs dröhnend über die Dielen hallen, bis sie sich im Treppenhaus verlieren.

Draußen umfängt ihn die Nacht mit ungezählten Sternen am Himmel. Schnell geht er über das bucklige Kopfsteinpflaster des Dorfplatzes und schlägt dann hinter den letzten Häusern einen Feldweg ein, der als Abkürzung zum Bahnhof führt.

Aus der Talsenke quaken die Frösche in den Moortümpeln. Auch das wird bald nicht mehr zu vernehmen sein, denn mit der beginnenden Arbeit soll zugleich auch das Moor, das niemandem nützt, trockengelegt werden. Saftige Wiesen werden sich dort ausdehnen. Die Bauern hätten eigentlich allen Grund zufrieden zu sein. Stattdessen diese Auflehnung, dieses starrköpfige Verhalten eines Großteils der Bevölkerung.

Ach, es ist doch immer etwas, das sich störend in den Weg legen will und alles Vorwärtsdrängen zu hemmen versucht. Wie hatte er sich gefreut, als seine Arbeit als die beste unter sechsunddreißig Plänen befunden und ihm anschließend in einer feierlichen Sitzung die Leitung des ganzen Projektes übertragen worden war.

Welch eine Arbeit! Welch ein Auftrieb für seine Schaffensfreude! Wie kleinlich dagegen die Menschen hier, die nicht begreifen wollen, dass die Entwicklung der Technik weiterschreitet.

So warm ist diese Nacht, so mild. Der Lärm der quakenden Frösche tritt etwas zurück. Dafür ist jetzt der Chor der zirpenden Grillen über den duftenden Wiesen zu hören. Einmal ist in der Ferne der Pfiff einer Lokomotive zu vernehmen.

Der Ingenieur beschleunigt seine Schritte und erreicht kurz darauf schon den kleinen Bahnhof. Als er die Fahrkarte löst, fällt ihm Angela ein. Natürlich, er fährt ja jetzt zu Angela. Vierzehn Tage herrlichen Urlaubs bei ihr! Der Gedanke daran lässt ihn den eben erlebten Ärger im Brückenwirtsaal augenblicklich vergessen. Das zahnlose Fratzengesicht der Gottner-Burgl versinkt wie in einem Nebel. Dafür steigt leuchtend schön Angelas hübsches Gesicht herauf und umschmeichelt sein Herz.

In dieser Nacht aber werden unter Anführung der Gottner-Burgl dem Landtagsabgeordneten Weber in seinem Haus zwischen Stephanshall und Hochlehen sämtliche Fensterscheiben eingeworfen.

»Wie lange die Trennung auch dauern mag, es ist ganz gleich, Roland. Hauptsache ist, dass du mir gesund wiederkommst!«

Roland Hayder lässt die Ruder sinken und sieht das Mädchen an, das vor ihm im Boot sitzt.,

»Ich danke dir, Angela! Deine Worte nehme ich als guten Trost mit. Ich fürchte nämlich, dass nicht alles so reibungslos abgehen wird da unten.«

»Du bist dir doch über deine Ziele ganz im Klaren, Roland?«

»Natürlich, meine Pläne sind bis auf den letzten Bleistiftstrich genau konstruiert. Aber ich habe dir ja schon erzählt von den Schwierigkeiten, die man mir bereitet hat und sicherlich noch bereiten wird. Da ist es doch gut, liebe Angela, wenn man jemanden hat, dem man unbedingt vertrauen darf.«

»Das darfst und kannst du, denn – ich liebe dich, du weißt es doch, Roland.«

»Ja, ich weiß es, und seit ich es so bestimmt weiß, wird es mir immer schwerer, an die Trennung zu denken. Es sind immerhin ein paar hundert Kilometer, die zwischen mir und dir liegen werden, Angela.«

»Du sollst jetzt nicht an die Trennung denken, Roland, sonst verdunkelst du dir nur das Gegenwärtige.«

»Ja, du hast Recht, ich bin undankbar.« Ein Lächeln huscht über sein braunes Gesicht und mit ein paar kräftigen Stößen treibt er das Boot vorwärts.

Hinter den Fichtenwipfeln brennt in wilder Schönheit das Abendrot, das sich in mildem Widerschein auf dem Wasser des kleinen Sees, der zum Gutshof gehört, spiegelt. Dankbar empfängt Roland Hayder diese Stunde des abendlichen Friedens. Alles Bedrückende fällt von ihm ab. Er freut sich an der Schönheit des Mädchens Angela, liebkost mit seinen Blicken ihr leuchtendes Blondhaar und lächelt in ihre Augen hinein, die so dunkel sind wie das Wasser des Sees im Schatten der Uferbüsche.

»Wir müssen nur immer den Willen in uns tragen, einander nicht verlieren zu wollen, Roland.«

»Ja, Angela. Was hätte unsere Liebe sonst für einen Sinn?«

In der Tiefe des Waldes ruft ein Eichelhäher. Gleich darauf sieht man ihn über die Wipfel aufsteigen und mit lautlosem Schwingenschlag über das Wasser hinziehen. Die Glocke des Türmchens im Gutshof schlägt die Stunde des Feierabends. Der Ton klingt ein wenig dünn und scheppernd. Wahrscheinlich hat die Glocke einen kleinen Sprung.

Jetzt gleitet das Boot in die stille Bucht zwischen das hohe Schilf. Roland hilft Angela beim Aussteigen und umarmt sie. Ihr Mund ist kühl und weich wie ein Rosenblatt im Tau.

Spät erst – die kleine Turmuhr schlägt noch zweimal – denken die beiden an den Heimweg. Im See spiegeln sich die Sternbilder.

Schnell erreichen sie die weißen Mauern des Gutshofes. Dieser weit ausgedehnte Besitz gehört Herrn von Schalleck, der im Ausland lebt. Heinrich Vellhagen ist der Verwalter, der das Gut schon seit drei Jahrzehnten mit Fleiß und Umsicht bewirtschaftet, als ob es sein eigenes wäre. Seit seine Frau vor fünfzehn Jahren starb, lebt er mit seinen beiden Töchtern, von denen die ältere, Angela, in der Buchhaltung des Gutes arbeitet, die jüngere, Margret, in Küche und Haushalt beschäftigt ist, völlig zurückgezogen.

Sie sitzen in der großen Halle beisammen. Das Essen ist vorüber. Es ist Rolands letzter Urlaubsabend. Er hat die grüne Lodenjacke und das weiße Flanellhemd wieder mit dem knapp sitzenden dunklen Anzug vertauscht. Ihm gegenüber am großen Eichentisch sitzt Heinrich Vellhagen. Etwas entfernt davon, in einem bastgeflochtenen Lehnstuhl, ruht Angela. Ihr Gesicht ist verschlossen und ernst. Der bevorstehende Abschied geht ihr recht nahe, aber sie nimmt sich nach Möglichkeit zusammen, weil sie Roland das Fortgehen nicht schwer machen will.

Weiter hinten, am offenen Kamin, in dem um diese Zeit allerdings kein Feuer mehr brennt, sitzt Margret, die Jüngste des Gutsverwalters. Sie ist gerade achtzehn Jahre alt geworden, nicht mehr Kind und noch nicht Frau, unfertig in den Proportionen und so braun gebrannt, als wäre sie ein Gast von einer fernen Südseeinsel. Sie hat die Beine angezogen, beißt herzhaft in einen Apfel und schmatzt dabei wie ein richtiger Fratz.

»Erzähl weiter, Roland«, fordert sie. »Ich höre das für mein Leben gern.«

Roland hat gerade von seinen weiteren Plänen berichtet. Es sind kühne und verwegene Pläne, die er für die Zukunft hegt. Voller Tatendrang ist er, voller Unternehmungslust. Mit kühnen Strichen hat er soeben seinem Gegenüber ein Talsperrenobjekt auf ein Blatt Papier hingeworfen, das er zu bauen wünscht. Da unterbricht Herr Vellhagen die Erzählung und flicht ein, dass er nun wohl erst einmal diesen Viadukt im Stephanstal beenden müsse. Vom glücklichen Gelingen dieser ersten größeren Aufgabe hänge sein zukünftiges Schaffen ab.

Rolands Gedanken sind mit einem Mal bei den Menschen im Stephanstal. Er sieht sich wieder am Podium des Brückenwirtsaales stehen, hört das dumpfe Murren der Ablehnung und sieht das Hexengesicht der Gottner-Burgl in fanatischem Eifer glühen.

Sein schmales Gesicht, eben noch von hoffnungsfrohen Zukunftsgedanken heiter bewegt, ist plötzlich hart und verschlossen. Für einen Augenblick ziehen sich seine Brauen zusammen. Grau und nüchtern ist plötzlich alles um ihn herum und es bedarf einiger Anstrenungen, um sich in dem Raum mit den vertrauten Gesichtern wieder zurechtzufinden und zu wissen, dass die letzten zwei Wochen kein Traum waren.

Nein, es ist kein Traum. Das Abendlicht fällt durch die hohen Fenster, so dass die wuchtigen Deckenbalken der Halle in mildem Hellbraun aufglänzen. Dort geht Angela über die großen Steinfliesen um die hintere Tür zu schließen, durch die es hereinzieht. Unter gesenkten Brauen hervor schaut er ihr nach. Sie hat einen leichten, federnden Gang und ihr Blondhaar leuchtet im zerrinnenden Licht, das über die Dächer der Wirtschaftsgebäude in die Halle fließt.

Es war also wirklich kein Traum. Er hat dieses herrliche Mädchen in seinen Armen gehalten. Es sind zwei herrliche Wochen gewesen, Wochen des gegenseitigen Kennenlernens und Sichfindens, Wochen voller Liebe und Freundlichkeit. Nicht der leiseste Missklang hat die Harmonie dieser vierzehn Tage gestört.

Jetzt kommt Tante Marie herein, die Schwester des Verwalters, die seit dem Tod der Frau dem Haushalt vorsteht. Sie bringt eine Karaffe mit dunkelrotem Wein und füllt die Gläser auf dem Tisch. Einen schrägen Blick zum Kaminwinkel werfend, sagt sie leise tadelnd:

»Wie sitzt du bloß wieder da, Margret?«

»Ja, wie denn?«

»Einfach unmöglich! Setz dich anständig hin!«

Margret nimmt die Beine von der Bank und wirft den Rest des Apfels in den Kamin. Dann kommt sie zum Tisch, denn auch für sie ist ein Glas gefüllt worden. Sie hat einen ganz anderen Gang als Angela. Alles ist sprühendes Leben an ihr. Ihr Mund ist herb und von einer fast knabenhaften Strenge. Ihre Augen sind kastanienbraun wie das Haar, das sie im Nacken zu einem Zopf gebunden trägt, genau wie die Schwester.

Schmunzelnd betrachtet sie ihr Vater und fragt: »Margret, wann hörst du auf, ein Fratz zu sein?«

»Ach, Papa, ich glaube, das kommt ganz von selber. Man muss sich nicht zwingen anders zu sein, als man ist.«

»Ja, du hast Recht, Kleine. Das Leben wird dich noch früh genug hart anfassen. Trotzdem hat Tante Marie nicht immer Unrecht mit ihrem Tadel.«

Margret schaut plötzlich Roland an.

»Dein unparteiisches Urteil, Roland. Wann muss man beginnen, Dame zu sein?«

»Das ist eine Frage, die sich nicht so einfach beantworten lässt, liebe Margret«, antwortet Roland höflich. »Manche ist schon mit fünfzehn eine Dame, andere müssen zwanzig oder noch älter werden.«

»Und manche wird es nie«, ergänzt Margret und lacht übermütig. »Vielleicht gehöre ich zu denen. Das macht mir aber gar nichts aus. Überhaupt – eine Dame hat schön zu sein und das bin ich nicht.«

»Woher hast du denn diese Weisheit?«, fragt Tante Marie.

»Aus mir selber. Jeder Mann will eine schöne Frau.«

»Das ist nicht immer wahr«, belehrt der Vater sie. »Dass deine Mutter schön war, ist Zufall gewesen. Ich hätte sie auch genommen, wenn es nicht so gewesen wäre, weil sie tapfer war und gerecht in allen Dingen.«

»Sooo?«, fragt Margret gedehnt und schaut einen Augenblick nachdenklich vor sich auf den Tisch. Aber dann nimmt sie mit raschem Griff ihr Glas und hebt es hoch. »Warum trinkt ihr nicht? Auf was wartet ihr noch?«

Der Verwalter greift nach seinem Glas.

»Auf ein glückliches Gelingen Ihrer Arbeit, Roland Hayder.«

Die Gläser stoßen klangvoll aneinander und Margret sieht beim Trinken, dass Roland und Angela einander selbstvergessen in die Augen sehen. Zwischen Margrets Brauen schiebt sich eine schmale, scharfe Falte. Sie trinkt ihr Glas mit einem Zug leer, was ihr wiederum von Tante Marie die Bemerkung einträgt, dass sie wirklich noch ein ungezogener Fratz sei.

Hat nicht Roland dazu genickt? Margret erschrickt darüber bis in die Tiefe ihres Herzens hinein, denn gerade von Roland will sie ernst genommen werden. Eine Traurigkeit überkommt sie, eine schwere, kalte Traurigkeit, deren Ursprung sie selbst nicht ganz zu erfassen vermag. Niemand aber soll merken, was in ihr vorgeht. Darum schenkt sie sich wieder ein und lacht. Doch es ist nicht mehr dieses lustvolle, helle Lachen, das ihr sonst eigen ist, so dass alle betroffen aufschauen. Es ist, als sei etwas Fremdes durch den Raum gegangen und hätte alle mit einem kalten Atem angehaucht, so eine fremde, ungewohnte Stille herrscht plötzlich.

Der Verwalter ist der erste, der sich fasst, sich räuspert und die Gläser erneut füllt. Aber da geht Margret mit gesenktem Kopf hinaus. Ihr Schritt ist nicht mehr so locker und froh wie vorhin.

Später, es ist schon tiefe Nacht, nimmt der Verwalter seinen Gast mit auf den Rundgang durch die Ställe. Roland versteht zwar herzlich wenig von Landwirtschaft, aber er erkennt sofort, dass es sich hier um eine Musterwirtschaft handelt. Nebenbei erfährt er, dass die besten Söhne des Landes hier ihre Elevenzeit ableisten, um das Erlernte dann im eigenen Wirtschaftsbetrieb anzuwenden. In den Ställen steht erstklassiges Zuchtvieh. Alles glänzt vor Sauberkeit. Wenn Heinrich Vellhagen so durch den Stall geht, möchte man meinen, dass er der Besitzer des Anwesens sei. Weiß man aber wie Roland, dass es nicht so ist, dann muss man sich wundern, dass es noch Menschen gibt mit einem solch grenzenlosen Pflichtbewusstsein.

Da und dort bleibt Vellhagen stehen, krault ein Kälbchen zwischen den kleinen Ansätzen der Hörner, klopft die Schenkel der vier schweren Oldenburger und hat für die beiden Apfelschimmel ein Stückchen Zucker bereit.

Dabei erzählt er: »Ich hatte im Vorjahr einen jungen Hengst, der ließ sich nur satteln, wenn er vorher sein Stück Zucker bekam. Ihn konnte außer mir nur Margret reiten. Tja – meine Margret – ein merkwürdiges Geschöpf mitunter. Sie werden es ja selbst schon bemerkt haben. Tapfer und treu, zuweilen verwegen bis zum Leichtsinn und dann plötzlich wieder ganz sentimental, so wie Sie es vorhin selber erlebt haben. Bin überzeugt, dass sie jetzt schon wieder über einen Stein lachen kann, der ihr im Weg liegt. Ich fürchte, dass es ein Mann einmal recht schwer mit ihr haben wird.«

»Ja, Margret ist von Angela grundverschieden«, antwortet Roland. Er ist nämlich mit all seinen Gedanken bei Angela.

Danach gehen die beiden Männer um die Gutsgebäude herum. Am Himmel zieht die Pilgerschar der Sterne. Um den Großen Wagen flimmert es wie ein Diadem. Das Schilfrohr rauscht vom See her. Über den jungen Fichtenwald geht wie sanftes Atemholen ein leiser Wind.

»Ich habe Sie absichtlich mitgenommen, lieber Herr Hayder«, sagt der Verwalter während er stehen bleibt und sich mit den Ellenbogen gegen die Planken der Jungviehweide lehnt. »Ich möchte Ihnen dafür danken, dass Sie mir das entscheidende Wort nicht abverlangt haben. Nein hätte ich nicht sagen können, weil ich weiß, dass Sie ein gerader und offener Mensch sind. Und doch scheint es mir ein Wagnis, sich binden zu wollen, bevor Sie Ihre schwere Aufgabe hinter sich gebracht haben. Angela ist in sich zu wenig gefestigt – oh, glauben Sie mir es nur, ich kenne sie ganz genau, während Sie sie mit den Augen des Verliebten sehen. Vielleicht sind mir diese Gedanken erst gekommen, als Sie erzählten, mit welchen Schwierigkeiten Sie da unten zu kämpfen haben. Da darf Sie nichts, aber auch gar nichts beschweren; keine sentimentalen Anwandlungen. Sie müssen zunächst alle Ihre Gedanken auf Ihr Werk konzentrieren. Schließlich sind Sie nicht nur Ihrer Firma allein verantwortlich, sondern dem ganzen

Land. Niemand wird glücklicher sein als ich, wenn Sie in zwei Jahren – so lange wird es wohl dauern – wiederkommen und mir sagen, dass Sie Angela nun heiraten wollen.«

Roland zündet sich eine Zigarette an.

»Ich meine«, sagt er nach einer langen Pause, »ich höre meinen eigenen Vater sprechen. Leider ist er, wie auch meine Mutter, zu früh gestorben. Ich durfte in ihnen nie die Eltern, sondern nur zwei treue Kameraden sehen, die ihr Letztes für mich gaben.«

Beide schweigen eine Zeit lang. Dann unterbricht Vellhagen die Stille: »Morgen fahren Sie also zu Ihrer großen Aufgabe. Ich wünsche Ihnen, dass Gott Sie beschützt. Kommen Sie, wenn Sie fertig sind, gesund und glücklich zurück. Sie sind mir jederzeit herzlich willkommen!«

»Danke«, sagte Roland ein wenig verwirrt. »Danke vielmals!«

Vellhagen fasst Roland unter dem Arm und geht mit ihm über den Gutshof auf das Herrenhaus zu. Die Fenster sind bereits alle dunkel. Nur im Büro brennt noch Licht.

»Kommen Sie mit herein. Noch ein Gläschen Kognak zum Abschied.«

Aus dem Gläschen werden zwei und drei und schließlich ist die ganze Flasche leer. Als Roland über die Treppe in das obere Stockwerk hinaufgeht, schlägt die Uhr im Türmchen Mitternacht.

»Ist jemand hier?«, fragt Roland und tastet nach dem Lichtschalter. Es war ihm, als hätte er den Atem eines Menschen gespürt.

»Kein Licht, bitte«, flüstert jetzt eine Stimme nahe an seinem Ohr und er erkennt, dass es Margrets Stimme ist.

Ein wenig verwundert fragt er: »Du bist es, Margret?«

»Du wunderst dich? Sollte es Angela sein?«

»Nein! Immerhin – es wäre verständlicher. Es ist ja schon nach Mitternacht, Margret.«

»Ja, ich weiß es, entschuldige, Roland! Aber ich war so taktlos und habe dir nicht einmal auf Wiedersehen gesagt. Das hat mich nicht schlafen lassen. Darum bin ich hier; denn morgen früh werde ich wohl kaum wach sein. Und noch etwas, lieber Roland, du hast gelacht heute Abend, an einer gewissen Stelle des Gesprächs. Hast du über mich gelacht, Roland?«

»Aber nein, wie kommst du darauf?«

»Über den ungezogenen Fratz, meine ich – hast du doch genickt und hinterher gelacht.«

»Das ist möglich. Aber damit wollte ich nichts bestätigen. Das stünde mir auch gar nicht zu.« Er neigt sich ein wenig vor, seine Hand greift ihre Schulter. Er sieht im Zwielicht, dass sie barfuß dasteht, und fragt, ob sie nicht friere.

»Nein – nur – du sollst nichts Unrechtes denken von mir, weil ich dastehe und auf dich warte. Was denkst du überhaupt so über mich, Roland?«

»Dass du ein lieber Kerl bist, kleine Margret.«

»Aha …«

»Ein wirklich lieber Kerl, mit dem man gut auskommen kann«, fügt er hinzu.

Sie hebt den schmalen Kopf. »Ist das auch wirklich wahr, Roland? Bitte, belüg mich nicht, es hängt sehr viel für mich davon ab!«

»Warum sollte ich dich belügen, kleine Margret? Bei einer Dame darf man ein wenig flunkern, Kindern aber muss man immer die Wahrheit sagen.«

»Und ist es die Wahrheit, lieber Roland, dass du mir – ich meine, als deiner zukünftigen Schwägerin – ein wenig gut sein kannst?«

»Ja, natürlich kann ich das. Warum denn nicht?«

»Und wirst du mich auch ein klein wenig in Erinnerung behalten?«

»Freilich«, sagt er etwas beklommen. Es kommt ihm alles so merkwürdig vor. Margret steht vor ihm im halbdunklen Flur. Er sieht ihr schmales, herbes Gesicht aus der Dämmerung leuchten und nimmt den Duft ihrer Haut wahr. Roland streicht mit seinem Zeigefinger über ihre Stirn, als wollte er etwas fortwischen.

»Hör mal zu, kleine Margret. Willst du mir einen Wunsch erfüllen?«

»Von Herzen gern, lieber Roland!«

»Dann sei so gut und gib auf Angela Acht.«

»In welcher Weise?«

»Ich meine, dass ihr nichts zustößt oder so. Man weiß nie, was kommt.«

»Ach sooo –«, antwortet Margret gedehnt. »Ich dachte, dass sie dir nicht untreu wird.«

Roland lacht das Mädchen aus. »Du Kind«, sagt er mit einem Anflug von Zärtlichkeit und streichelt ihr dabei über das Haar. »Alles kann passieren, nur das nicht! Angela ist treu und zuverlässig.«

Margret senkt den Kopf und sagt leise: »Treue ist mitunter besser als alle Liebe.« Dann reckt sie sich ein wenig und ergreift seine Hand. »Nun lebe wohl, lieber Roland! Ich bin zwar nur – der Fratz, aber ich will doch versuchen, ob mein Gebet etwas hilft, dass es dir gut gehen möge in der Ferne. Es freut mich, ja –«, ihre Stimme schwankt ein wenig, »es freut mich wirklich von Herzen, lieber Roland, dass du auch ein bisschen an mich denken willst.«

Noch ehe er etwas antworten kann, ist sie unter seiner Hand fortgeschlüpft und in der Dunkelheit verschwunden. Er hört noch leise eine Tür klicken, dann ist es totenstill in dem großen Haus.

Kopfschüttelnd setzt er den Weg bis zum Flurende fort, wo sein Zimmer liegt.

In der folgenden Zeit geht mit Margret eine merkwürdige Veränderung vor. Ihr jungenhaftes, keckes Lachen hört auf. Sie weht nicht mehr ins Haus wie ein lustiger Kobold, sondern tut alles gemessen, mit einem seltsamen Ernst. Ihre Augen werden ausdrucksvoller und ihre Stimme um einen Klang tiefer. Es ist, als sei ihre Kindheit nun zu Ende. Tante Marie nennt sie zwar wieder einmal Fratz, erkennt aber sogleich, dass dieser Name nicht länger passt. Sie erkennt als erste die Wandlung des Mädchens und spricht mit dem Verwalter darüber.

»So?«, sagt der und lächelt. »Mir ist das noch gar nicht aufgefallen. Aber es muss wohl so sein, denn schließlich kann sie nicht ewig der Fratz bleiben. Vielleicht spukt ihr auch schon ein Mann im Kopf herum. Hast du etwas bemerkt?«

»Nein, nicht die Spur. Verliebte sind anders.«

»Kann sein, ich weiß das nicht mehr.«

Aber es ergibt sich dann gerade einmal so, dass Heinrich Vellhagen seine jüngste Tochter fragen kann: »Was ist mit dir? Du bist nicht mehr wie früher.«

Sie lächelt ihn auf eine Weise an, dass es ihn beinahe schmerzhaft berührt.

»Ist es dir Leid, Vater, dass ich nicht mehr so bin?«

»Offen gestanden, ja. Dein Lachen war immer wie ein Gesundbrunnen.«

»Wir brauchen mehr, Vater, als ein unbekümmertes Lachen in den Tag hinein.«

»So, was brauchen wir denn noch, kleine Margret?«

»Frieden in uns selber, Vater, und – ein fröhliches Herz.«

Vellhagen denkt eine Weile darüber nach. Sie sitzen auf einer Bank hinter den Gutsgebäuden. Es ist Hochsommer geworden. Über ihnen singen die Vögel im grünen Laub und zuweilen fällt von den alten Eichen an der Zufahrtsstraße eine vergessene Eichel vomVorjahr ins Gras.

»Du sprichst recht klug, mein Kind. Wie aber soll die ganze Menschheit denn fröhliche Herzen bekommen können?«

»Wenn sie glücklich ist, Vater.«

Die weißen Brauenbüschel des Verwalters schieben sich nachdenklich zusammen. Er faltet die Hände zwischen den Knien und schaut zu Boden. Es dauert lange, bis er die Augen wieder hebt. Dann legt er seine rechte Hand auf Margrets Haar.

»Glück ist etwas Schönes, etwas sehr Schönes, Margret. Ich glaube, die Menschen haben es verlernt, so recht von Herzen glücklich zu sein. Ich meine jetzt nicht das Glück der Liebe. Das wird immer da sein wie der Schnee im Winter und die Blüten im Frühling. Ich meine, das richtige Glück des Daseins und des Lebens. Aber das verstehst du wohl noch nicht ganz.«

Heinrich Vellhagen steht auf und geht davon. Da sieht Margret, dass sich des Vaters Schultern schon stark nach vorn neigen. Mitleid kommt sie an. Hilflos streckt sie die Hände hinter ihm her um ihm etwas zu sagen, etwas Liebes und Gutes, etwas, das zu seinem Herzen finden und ihn aufrichten könnte in seinem Kummer, den er nicht zeigt und der nur ihr in dieser Stunde fühlbar geworden ist. Oh, sie fühlt plötzlich, wie einsam der Vater in seinem Herzen ist, wie er immer noch trauert um seine Frau, die so früh von ihm ging. Darum fehlt ihm das letzte Glück seines Daseins und Lebens, wie er es vorhin so schwermütig sagte.

Dort geht er und scheint sich plötzlich zu besinnen, dass er keinen gekrümmten Rücken zeigen darf vor den Leuten, die auf dem Hof arbeiten. Noch immer ist es ja so, dass alle auf ihn, den Gutsverwalter, schauen, der in guten wie in schlechten Zeiten immer ein leuchtendes Beispiel gewesen ist. Darum richtet er die

Schultern wieder gerade und nimmt den Kopf zurück, so wie um die Mittagszeit, wenn er unterm Tor steht und nach den Gespannen ausschaut.

So beschließt Margret, auch weiterhin für sich zu behalten, was sie für ein paar Augenblicke gemeint hat dem Vater anvertrauen zu müssen: ihre unstillbare Liebe zu Roland Hayder.

Die Wochen gehen dahin. Der Sommer verglüht, über dem kleinen See verdichten sich die Morgennebel und das rote Licht der Vogelbeeren leuchtet in der blassblauen Spätsommerluft.

Um diese Zeit hat Roland Hayder sich im Stephanstal endgültig durchgesetzt. So meint er wenigstens. Sein Werk nimmt sichtbare Formen an. Das Moor trocknet schon aus, die Birken darin sind verschwunden. Dafür wachsen mächtige Betonpfeiler in die Höhe und das ganze Tal ist erfüllt vom Dröhnen der Hämmer und vom Geknatter der Motoren, die die Betonmaschinen treiben. Riesige Krane schwenken Eisenschienen durch die Luft, Pressluftbohrer fressen sich unerbittlich ins Gestein. Selbst in den Nächten wird mitunter, wenn es notwendig ist, bei Scheinwerferlicht gearbeitet.

Roland wird hohlwangig dabei. Er gönnt sich kaum Ruhe. Seine Pflichten wachsen ins Riesenhafte und nehmen seine ganze Kraft in Anspruch. Oft ist die Verständigung gar nicht so leicht, denn die Arbeiterschaft setzt sich aus verschiedenen Nationen zusammen. Nicht ein einziger Mann aus dem Stephanstal ist unter ihnen. Es ist, als wären sie alle dem Bann der Gottner-Burgl erlegen, die wie eine Prophetin von Haus zu Haus, von Weiler zu Weiler zieht und die Menschen beschwört, sich diesem »Teufel« und seinem Werk zu verweigern, der sich in frevlerischem Hochmut erdreistet, der Natur Gesetze der Technik aufzuzwingen.

Mit jedem Hammerschlag erzürne dieser Teufel von Ingenieur den Heiligen im Stephansberg und man werde es ja erleben, dass Gott diesen hochmütigen Narren eines Tages strafen wird, weil bei einer solchen Herausforderung aus dem Gott der Liebe unweigerlich ein Gott des Zornes werden müsse.

Gegen solchen Unsinn kämpft Roland vergebens an und er trägt es wie eine Last mit sich herum. Nicht seinetwegen, nein, er lebt spartanisch einfach in seiner Hütte, aber er fühlt sich für seine große Belegschaft verantwortlich wie ein Vater für seine Familie. Man verweigert seinen Arbeitern ein Unterkommen, so dass Baracken gebaut werden müssen. Er muss in den Nächten Wachen aufstellen, seit an einem Morgen bei Arbeitsbeginn eine der großen Betonmischmaschinen aus unerklärlichen Grünen in Trümmer ging. Dass es nicht schon längst in einer der Wirtschaften zu einer zünftigen Sonntagsrauferei zwischen seinen Arbeitern und den Einheimischen gekommen ist, ist nur seiner Autorität zuzuschreiben. Aber er sieht ein, dass es nicht immer so bleiben kann, und so lässt er sich eines Tages beim Ortspfarrer melden.

Der Pfarrer kommt ihm liebenswürdig und mit größter Aufgeschlossenheit entgegen. Er ist noch verhältnismäßig jung und hört dem Ingenieur aufmerksam zu. Dann lächelt er verständnisvoll und sagt:

»Ja, ja, diese Gottner-Burgl hat mir auch schon manchen Kummer bereitet und gar erst mein Vorgänger könnte ein Liedchen davon singen, wie sauer sie ihm das Leben gemacht hat. Aber was kann ich für Sie tun, Herr Ingenieur?«

»Es gibt mehrere Möglichkeiten, Herr Pfarrer. Laden Sie diese Person vor und sagen Sie ihr, dass ich Roland Hayder heiße und nicht der Teufel bin, für den sie mich überall ausgibt …«

Der Pfarrer wiegt den Kopf hin und her. »Das würde meines Erachtens wenig nützen. Außerdem müsste ich dabei meinem Prinzip untreu werden. Ich habe ihr nämlich vor zwei Jahren strikt verboten mein Haus nochmals zu betreten.«

»Sie könnten, Herr Pfarrer, vielleicht auch von der Kanzel herunter gegen diesen Unsinn angehen. Ein paar Worte würden sicher genügen.«

»Gut, Herr Ingenieur, das will ich tun. Ob es etwas hilft, weiß ich freilich nicht.«

»Auch wenn es nicht hilft, werde ich Ihnen aufrichtig dankbar sein, dass Sie es versucht haben. Es ist mir schon ein Trost, festzustellen, dass wenigstens Sie nicht gegen mich und mein Werk sind.«

»Sie irren, Herr Ingenieur! Ich war dagegen, komme nur allmählich darauf, dass es zwecklos ist, sich gegen den technischen Fortschritt stemmen zu wollen, der sich doch nicht aufhalten lässt. Ich habe meine Meinung geändert und ich weiß, dass man einmal in Bewunderung vor dem stehen wird, was Sie hier schaffen. Ich ahne bereits die Umrisse des Viadukts.«

»Wenn es Sie interessiert, Herr Pfarrer, ich würde Ihnen gern einmal die gesamten Pläne zeigen und erläutern.«

»Ich habe bereits Einsicht genommen. Die Pläne lagen ja lange genug im Rathaussaal zur Ansicht aus. Ich habe mich genauestens orientiert, schon wegen der Sprengungen, die am Stephansberg vorgenommen werden sollen.«

Roland hebt schnell den Kopf. »Ja und?«, fragt er.

»Ich habe eingesehen, dass sie notwendig sind.«

»Das beruhigt mich ungemein, Herr Pfarrer. Sie wissen ja, dass gerade dieses Vorhaben, ich meine der Tunnelbau durch den Stephansberg, die Ursache gewesen ist, gegen mich und mein Werk Stellung zu nehmen, und zwar in einer Art und Weise, dass ich schon wiederholt Gelegenheit gehabt hätte, es der Staatsanwaltschaft zu übergeben. Aber es liegt mir nicht, Gewalt gegen Gewalt zu setzen. Ich möchte die Menschen im Guten gewinnen.«

»Das ist vernünftig, Herr Ingenieur. Verlassen Sie sich darauf, der Widerstand wird verebben und eines Tages ganz verschwinden.«

»Ich hoffe es zuversichtlich.«

»Was ich dazu beitragen kann, tu ich gern!«

Der Pfarrer greift tatsächlich ein. Am nächsten Sonntag schon flicht er ein Kapitel über die Nächstenliebe in seine Predigt ein. Er tut es zunächst unauffällig und Roland, der hinter einer Säule steht, wundert sich über die feine Taktik des Geistlichen, zweifelt jedoch, ob diese Art des Sprechens auf die Zuhörer überhaupt eine Wirkung haben kann. Aber dann macht der Pfarrer bei den Worten »Liebe deinen Nächsten wie dich selbst« eine scharfe Wendung und kommt auf die Sache selbst zu sprechen. Niemand kann jetzt mehr im Zweifel sein, dass zu diesen »Nächsten« auch die Menschen gehören, die am Viadukt arbeiten. Niemand kann bezweifeln, dass der Pfarrer das Verhalten der Talbewohner aufs Schärfste verurteilt.

»Ich kann nicht begreifen«, so beendet er schließlich seine Predigt, »dass ihr ein Werk, das zu eurem Nutzen und zum allgemeinen Besten geschaffen wird, bekämpft und den falschen Einflüsterungen einer Aufhetzerin gehorcht. Wenn Gott jemandem zürnt, dann euch wegen eurer Feindschaft gegen die Arbeiter an diesem Bau. Dieses Werk aber werde ich selbst segnen, sobald es vollendet sein wird. Amen.«

Das war deutlich genug. Ganz mäuschenstill ist es nach diesen Worten, kein Räuspern lässt sich vernehmen. Ein Schweigen tiefster Besinnung liegt über den Menschen.

Nach dem Gottesdienst wartet Roland am Eingang des Friedhofes, bis der Pfarrer aus der Sakristei kommt. Er geht dem Geistlichen entgegen und streckt ihm die Hand hin:

»Wie soll ich Ihnen danken, Herr Pfarrer?«

»Gar nicht! Ich tat ja nur meine Pflicht. Im Übrigen wollen wir erst einmal abwarten, ob es etwas nützt!«

»Ich denke, sicher!«

»Na schön, wollen wir das Beste hoffen, Herr Ingenieur.«

Schon am Nachmittag dieses Tages kommt der erste Stephanshaller zu Roland in die Blockhütte, die auf halber Höhe zum Stephansberg steht, und fragt um Arbeit nach. Er gibt zwar nicht zu, dass er durch die Predigt des Pfarrers eines Besseren belehrt worden sei, sondern sagt, dass er nicht einsehe, weshalb nur die Fremden dieses schöne Geld verdienen sollen, das er selbst auch notwendig brauchen könne.

»Es freut mich, dass Sie zu mir kommen. Ich brauche dringend Arbeitskräfte. Morgen früh können Sie anfangen. Melden Sie sich gleich bei der Baustelle IV, da haben Sie keinen so weiten Weg. Ich nehme an, Sie wissen, dass die Gottner-Burgl jedem, der sich mit mir verbindet, Seuche und Krankheit ins Haus wünscht. Sie können es sich also nochmals überlegen.«

Roland ist nun sehr gespannt. Am anderen Morgen schon vor Arbeitsbeginn ist er an der Baustelle IV, wo an den wuchtigen Eisenträgern gearbeitet wird.

Wahrhaftig, da kommt der Mann aus Stephanshall und bringt sogar drei andere mit. Roland empfindet das wie einen Sieg. Dabei ahnt er noch gar nicht, dass es bis zum Wochenende schon sechzig Männer sein werden.

Die Macht der Gottner-Burgl zerbröckelt unerbittlich. Sie sitzt in ihrer Armenhausstube und geifert zum Fenster hinaus, wenn die Arbeiter nach Feierabend nach Hause eilen.

Am Sonntag darauf sitzt Roland in seiner Hütte und

schreibt an Angela. Ganz schlicht ist diese Hütte eingerichtet. Außer dem großen Zeichentisch, auf dem auch das Telefon steht, enthält sie nur noch ein eisernes Feldbett, einen schmalen Kleiderspind, einen eisernen Ofen und ein paar Bänke und Stühle. Am Fenster steht das Teleskop, durch das er sämtliche Baustellen beobachten kann.

Milde Spätsommersonne fällt durch das Fenster. Roland hört den Wald rauschen und die Wasser über die Felsen springen. Es ist eine schöne und stille Feiertagsstunde, wie er sie selten erleben darf. Er schreibt an Angela, dass sich die Lage im Stephanstal überraschend zu seinen Gunsten gebessert hat.

»... das ist mir ein herrlicher Lichtblick, geliebte Angela. Es ist so schön, erleben zu dürfen, wie sich die Abneigung der Menschen langsam in Vertrauen zu mir und meinem Werk wandelt. Eine große Sorge gleitet damit von meinem Herzen und ich könnte heute froh und übermütig sein wie ein Junge, wenn mich nicht diese schreckliche Sehnsucht nach dir, liebste Angela, erfüllte. Da die feindselige Haltung der Bevölkerung immer mehr schwindet, überlege ich mir, liebe Angela, ob du nicht doch einmal ein paar Wochen zu mir kommen könntest ...«

Da legt sich ein Schatten vor das Fenster und Roland blickt auf. Draußen steht ein stämmiger Bauer und zieht seinen Hut.

»Guten Tag«, sagt Roland. »Sie wünschen?«

»Wünschen? Nichts, gar nichts! Bin nur so vorbeigegangen. Wollt sehn, wie weit ihr schon seid. Ich bin der Bauer Haslreiter von dort drüben.« Er deutet mit einer weit ausholenden Handbewegung in nördliche Richtung, wo man auf einem Hügelrücken gegenüber dem Stephansberg einen stattlichen Hof mit weiten Wirtschaftsgebäuden und einem schönen Apfelgarten liegen sieht.

Roland legt den Federhalter weg und tritt ans Fenster.

»Ein schöner Hof!«, sagt er.

Der Haslreiter lehnt sich nun mit den Ellenbogen auf das Fensterbrett und betrachtet neugierig das vor ihm stehende Fernrohr.

»Was ist das für ein Ding?«

Roland erklärt es ihm genau, dreht es dann nach Norden und lässt den Bauern hineinsehen.

Der Haslreiter tut es ausgiebig. Er hat die größte Freude daran, alles so nahe vor sich zu haben.

»Das dort ist meine Monika«, sagt er und tritt zurück um den Ingenieur hineinsehen zu lassen.

»Ihre Tochter?«, fragt Roland, als er das Mädchen auf der Hausbank sitzen sieht.

»Eine von meinen dreien«, antwortet der Haslreiter. »Außerdem hab ich noch zwei Buben. Einer davon studiert, will auch so was werden wie Sie.«

»Ach, das ist interessant.«

»Ja – und der Bertl hat mir auch gesagt, dass keine Gefahr sei.«

»Welche Gefahr denn?«

Der Haslreiter sieht Roland eine ganze Weile schweigend an.

»Ich möchte von Ihnen die Wahrheit hören, Ingenieur. Besteht Gefahr für meinen Hof, wenn die Sprengungen im Berg vorgenommen werden?«

»Absolut nicht! Es sind selbstverständlich alle Vorsichtsmaßnahmen getroffen, damit kein Schaden entstehen kann.«

»Gut, ich glaube Ihnen!« Der Haslreiter räuspert sich und meint dann: »Besonders komfortabel haben Sie es gerade nicht hier oben.«

»Mir genügt es vollkommen.«

»Na ja, dann ist es eben nichts. Ich habe nämlich gemeint, Sie könnten auch bei uns Wohnung nehmen. Sie könnten bei uns essen und hätten Ihre Ordnung.«

Roland schüttelt den Kopf.

»Ich möchte nicht anders leben als meine Arbeiter. Mit dem Kantinenessen bin ich ganz zufrieden. Allerdings, wenn ich gelegentlich zu Ihnen kommen dürfte – vielleicht könnte ich mich manchmal dort baden –, das würde ich gern annehmen.«

»Aber natürlich! Warum denn nicht? Damit Sie es wissen, Herr Ingenieur, ich dachte schon daran, ehe der Herr Pfarrer am Sonntag seine gepfefferte Predigt gehalten hat.«

Darüber müssen sie nun beide herzlich lachen und sie verabschieden sich mit einem kräftigen Händedruck.

Am Samstag darauf spricht Roland erstmals auf dem Haslreiterhof vor. Er ist überrascht von der Sauberkeit, die in allen Winkeln herrscht. Dankbar nimmt er das Angebot an, das Bad zu benutzen, und kann nicht gut ablehnen, als man ihn zum Abendessen einlädt.

Die Mädels sind quicklebendig und lachen gern. Nur Monika, die älteste von den dreien, ist ernst und in sich gekehrt. Sie ist es auch, die dem Ingenieur das Essen aufträgt. Roland fühlt sich in diesem Kreis sofort sehr wohl. Bald kommt er, sooft es ihm seine Zeit erlaubt, und nach einigen Wochen hat er die Gewissheit, dass er ein gern gesehener Gast ist in diesem Haus. Deshalb findet er auch den Mut zu fragen, ob es nicht ginge, dass seine Braut auf ein paar Wochen bei ihnen wohnen könne. Die Haslreiters sind ohne weiteres damit einverstanden. Roland hätte gar nicht erst zu versichern brauchen, dass er selbstverständlich alles bezahlen werde.

Aber gerade um diese Zeit beginnen Angela Vellhagen die Briefe des Ingenieurs Roland Hayder langweilig zu werden. Es ist nicht die Trennung von Roland allein, die Angela wankelmütig macht. Nein, es ist ein anderer Mann, der ihre Sinne betört. Anfangs wehrt sie sich dagegen. Sie will nicht mit vollem Bewusstsein untreu werden. Auch hat sie Angst vor dem Vater, der gerade in diesen Dingen so streng und korrekt denkt.

Sie weiß nicht, dass sie durch ihre Unschlüssigkeit dem Georg Seestaller nur um so reizvoller erscheint. Er ist der Sohn eines großen Bauunternehmers in der Stadt, ein flotter Bursche, nach dem die Mädchen die Köpfe drehen. Vielleicht hat er ursprünglich nur ein kleines Abenteuer gesucht. Aber die Anmut des Mädchens Angela entfacht in ihm eine Leidenschaft, von der auch sie nicht unberührt bleibt. Ihre Treue zerbröckelt langsam, aber sicher. Der Name Roland löst sich mehr und mehr aus ihren Gedankengängen. Dafür steigt der Name Georg als neuer Stern in ihrer Welt empor.

Der junge Mann hat auf dem Gut Ausbesserungsarbeiten zu beaufsichtigen, die der väterlichen Firma übertragen worden sind. Er kommt also jeden Tag und sieht nach, obwohl es nicht viel nachzusehen gibt, denn der mit den Arbeiten betraute Polier versteht es praktisch viel besser als der junge Herr Seestaller mit seinen auf der Schule erworbenen theoretischen Kenntnissen. Georg Seestaller hält sich auch nie lange bei den Bauarbeiten auf, findet über sein »guten Morgen« hinaus nicht viele Worte und eilt dann weiter zum Herrenhaus, wo linker Hand im Erdgeschoss die Buchhaltung liegt, die Residenz Angelas.

Selbstverständlich bringt er ihr Blumen mit, jeden Tag einen Strauß dunkelroter Rosen. Roland hat nie Rosen gebracht. Wahrscheinlich sind sie ihm zu teuer gewesen. Roland ist auch nicht mit einem silbergrauen Auto vorgefahren wie Georg. An einen Wagen denke er erst in späteren Jahren, wenn seine Existenz auf einer gesunden Grundlage stehen wird, und er finde es überhaupt viel schöner, an Sonntagen Hand in Hand über das Land hin zu wandern, versicherte ihr Roland einmal.

»Ich auch«, hatte Angela ihm damals geantwortet. Heute jedoch würde sie sich bedanken, sollte sie auf der Straße Hand in Hand spazieren gehen, während die anderen in ihren eleganten Wagen vorüberflitzen. Roland hat nach ihrer jetzigen Meinung veraltete Begriffe. Da ist dieser Georg doch ein ganz anderer Kerl. Unnachahmlich, wie er seine modernen Anzüge trägt, wie er hereinkommt mit den Rosen und sie ihr überreicht. Er sieht Rolands Bild auf ihrem Schreibtisch, tut aber in der ersten Zeit so, als bemerke er es nicht. Dann wirft er einmal einen ganz nachlässigen Blick auf das Bild und lächelt kaum merklich dabei. Er fragt nicht, wer der Mann sei. Es interessiert ihn scheinbar gar nicht. Er lächelt nur geringschätzig darüber und sagt auch dann nichts, als das Bild eines Tages vom Schreibtisch verschwunden ist. Da weiß er, dass er eine weitere Hürde zu Angelas Herzen genommen hat.

Angela fährt mit ihm in die Stadt. Ihr Vater, der Gutsverwalter, hat nichts dagegen einzuwenden. Es gibt sowieso im Finanzamt etwas zu regeln und mit der Bahn kann man nur umständlich dorthin gelangen. Heinrich Vellhagen ist ganz ohne Argwohn. Der Gedanke, dass seine Angela etwas mit einem anderen Mann anfangen könnte, liegt ihm fern.

Angela fährt also mit Georg Seestaller in die Stadt. Selbst wenn sie wollte, könnte sie jetzt nicht mehr auf ein paar Wochen zu Roland fahren, wie er es in seinem letzten Brief dringend wünschte. Nein, das kann sie nicht mehr, denn sie liebt nun wirklich den anderen. Roland ist weit weg. Sie hat ihn schon fast vergessen. In ihrem Herzen klingt jetzt ein ganz anderes Liebeslied. Sie ist durchglüht von diesem Neuen. Ihr Herz sei jetzt erst voll erwacht, sagt sie sich und wartet mit jedem Tag sehnlicher, dass Georg Seestaller kommt und sie in seine Arme schließt. Er flüstert ihr Liebesworte ins Ohr. Sie schlingt ihre Arme um seinen Hals und küsst ihn. Schon tut sie sich keinen Zwang mehr an. Man darf es ruhig sehen und wissen.

Da geschieht eines Tages etwas, mit dem Angela nicht gerechnet hatte. Sie sitzt auf Georgs Knien in der großen Diele, hat den einen Arm um seinen Hals gelegt und küsst ihn. Plötzlich betritt Margret die Diele. Einen Augenblick steht sie wie erstarrt. In ihre Augen kommt etwas Drohendes und langsam geht sie auf ihre Schwester zu. Dann steht sie vor Angela, hebt die Hand und gibt ihr eine schallende Ohrfeige.

Georg Seestaller springt verdutzt auf.

»Was soll das heißen?«, fragt er.

»Das soll heißen«, sagt Margret, »dass ich gelernt habe, für andere einzutreten, wenn sie selber daran verhindert sind. Ich weiß nicht, Angela, ob du dich schämen wirst, wenn Roland einmal fragt, ob du ihm eigentlich treu warst. Ich weiß nur, dass ich mich für dich schämen muss!« Dann geht sie hinaus und wirft die Flurtür so nachdrücklich ins Schloss, dass es wie ein Schuss durch das Haus hallt.

Kurz darauf fährt Georg Seestaller weg. Er sagt, dass ihm der Zwischenfall sehr Leid tue und dass er bedauere, nicht zurückschlagen zu können, weil man gegen eine Frau die Hand nicht heben darf.

Mit eisiger Kälte geht Angela eine Stunde später an der Schwester vorüber. Dann aber bleibt sie stehen und sagt über die Schulter, dass sie im Internat gelernt habe, niemals zurückzuschlagen, wenn man geschlagen wird, weil man sich die Hand dabei schmutzig macht.

Margret erwidert ihr: »Ja, das habe auch ich gelernt. Eine schmutzige Hand aber ist besser als eine schmutzige Gesinnung.«

Dann haben sie sich nichts mehr zu sagen, zumal

Angela noch die Frage aufwirft, ob Margret etwa daran denke, es Roland zu schreiben. Margret empfindet dies als eine Beleidigung. An einem der folgenden Tage geht sie heimlich in Angelas Zimmer hinauf und sucht nach Rolands Briefen in der scheuen Hoffnung, dass er Grüße mit an sie geschrieben haben könnte. Nein, kein einziger Gruß an die kleine Margret. Roland Hayder hat den »lieben Kerl« vergessen. Aber es sind erschütternde Briefe, die Margret da liest. Erschütternd, weil immer wieder geschrieben steht, dass er auf Angelas Treue baue, dass gerade sie ihm die Kraft für die Aufgabe gebe.

»Ich weiß«, schreibt er einmal, »dass es nicht immer leicht ist für dich, noch so lange auf mich zu warten. Du bist jung und schön. Aber einmal, liebe Angela, werde ich dir alles tausendfach lohnen. Die Stunden mit dir in meinem letzten Urlaub stehen in meiner Erinnerung wie ein blühender Baum, aufgerichtet über einer dürren, glanzlosen Erde …«

Liebe Worte, beglückende Worte, an ein Nichts verschwendet. – Aber kein Gruß an die kleine Margret. Mit schmalem Mund legt sie die Briefe zurück und geht hinaus. Plötzlich schämt sie sich, dass sie die Briefe gelesen hat. Es belastet ihr Gewissen und trübt das Bild der Reinheit und Unschuld, mit der sie ihre Liebe im Herzen trägt. Insgeheim aber fährt sie fort, Briefe an Roland zu schreiben. Briefe, die nie abgeschickt und in einer kleinen Stahlkassette ängstlich verschlossen werden. Briefe, die sie nur schreibt, weil ihr die Sehnsucht keinen anderen Ausweg lässt und weil sie ihr übervolles, liebeerfülltes Herz befreien muss. Glühende, verzehrende Berichte eines jungen Herzens sind es. In ihnen sagt Margret alles, was ihr Mund nie aussprechen könnte. Es gibt eine wundersame Unschuld des Wortes, deren Zauber im Schweigen und Andeuten liegt. Gerade sie ist das Zeichen wahrer, inniger Liebe.

Diese Unschuld des Wortes hat auch Angela einmal gekannt. Nun aber hat sie sie abgelegt wie ein Kleid, das aus der Mode gekommen ist. Ihr Inneres hat sich gewandelt. Manchmal hat Margret das Gefühl, als wäre alle Wärme aus Angelas Herz fortgeweht, als hätte sich ihr Wesen mit einem Eispanzer umgeben. Diese neue Verbindung mit Georg Seestaller macht sie kalt und verletzend hochmütig gegen ihre Mitmenschen. Die Eleven des Gutes empfangen kein Lächeln mehr, wenn sie samstags in die Buchhaltung kommen, um ihren Lohn in Empfang zu nehmen. Mit abweisender Miene sitzt Angela dann hinter ihrem Rosenstrauß und schiebt mit spitzen Fingern das abgezählte Geld mit der zu unterschreibenden Quittung über den Schreibtisch. Früher war dieses Geschäft immer von ein paar freundlichen Worten, von einem Lächeln begleitet. Sie hatte sich den Leuten ihres Vaters zugehörig gefühlt. Nun ist sie offenbar weit über diesen Kreis hinausgestiegen.

Da erhält Heinrich Vellhagen von Roland Hayder eines Tages einen Brief. Roland ist nämlich der Meinung, dass er wegen der paar Wochen, die Angela bei ihm verbringen wird, auch Angelas Vater davon unterrichten muss. Heinrich Vellhagen nimmt den Brief vom Postboten in Empfang, als er gerade von seinem Rundgang über die Felder zurückkommt. Er liest ihn gleich draußen auf dem Hof und betritt dann das Büro.

»Roland schreibt mir soeben, du sollst auf ein paar Wochen zu ihm kommen. Denkst du, dass dich Margret in der Zwischenzeit hier vertreten kann?«

Angela blickt von ihrem Kassenbuch auf. Wie kommt Roland dazu, nun auch noch an den Vater zu schreiben, nachdem sie ihm doch schon mitgeteilt hat, dass sie wegen Arbeitsüberlastung nicht abkömmlich ist?

»Ich habe Roland bereits mitgeteilt, dass es zur Zeit nicht möglich ist.«

»Ich denke aber doch, dass du ihm die Freude machen solltest.«

»Nein, ich fahre nicht!«, antwortet Angela gereizt. Ihr Vater schaut sie aufmerksam an.

»Ich sehe gerade, dass du rauchst. Warum das?«

»Warum? Andere tun es auch!«

»Andere gehn mich nichts an. Bei dir möchte ich das nicht sehen! Ich glaube kaum, dass Roland damit einverstanden wäre.«

»Ach – Roland!«, entfährt es ihr. Dann lehnt sie sich nachlässig zurück.

»Ich bin nur noch nicht dazu gekommen, ihm zu schreiben, dass ich mich nicht mehr an ihn gebunden fühle«, sagt sie.

Der Verwalter erschrickt sichtlich. Ganz unwillkürlich greift er mit der Hand nach seinem Herzen. Der stechende Schmerz ist wieder da, den er immer spürt, wenn ihn etwas aufregt. Er presst die Lippen aufeinander und dann, als es vorüber ist, steht er langsam auf, tritt an den Schreibtisch und stemmt die Fäuste darauf. In seine Augen tritt ein harter Glanz.

»Sag das noch einmal! – Und setz dich anständig hin, wenn du mit mir sprichst!«

Etwas verlegen folgt sie seiner Anordnung und schaut unsicher an den forschenden Augen ihres Vaters vorbei. Für ein paar Minuten spürt sie wieder den Respekt, den sie immer vor der Gestalt ihres Vaters gehabt hat.

»Entschuldige, Papa, aber ich habe mich lange geprüft, bis ich mich innerlich von Roland gelöst fühlte.«

»Ich fürchte, du hast dich zu wenig geprüft. Ich hätte nicht gedacht, Angela, dass du einer solchen Untreue fähig seist.«

Bei diesen Worten zuckt sie zusammen. »Ich glaube«, fährt er fort, »du weißt gar nicht, dass du im Begriff bist diesem guten Menschen eine Welt zu zerstören.«

»Ach, du übertreibst! Warum so große, schwere Worte, Papa?«

»Groß und schwer?«, fragt er zurück und es wird ihm dabei immer klarer, wie sehr sich seine Tochter verändert hat. Gerade Angela hätte er eine solche Entwicklung am allerwenigsten zugetraut. Bei Margret hätte ihn etwas Derartiges weniger gewundert. Angela aber ist seinem Herzen immer näher gestanden als Margret und darum trifft ihn ihr Verhalten um so schmerzlicher. Plötzlich ahnt er es: Ein anderer muss ihr Herz betört haben.

»Du liebst einen andern, nicht wahr?«

»Ja, Papa.«

»Und darf ich wissen, wer der andere ist?«

Angela blickt einen Moment auf ihre Fingerspitzen nieder. Dann schaut sie den Vater wieder an. »Georg Seestaller ist es.«

Heinrich Vellhagen tritt vom Schreibtisch zurück und geht ein paar Mal im Zimmer auf und ab. Plötzlich schlägt er sich mit der flachen Hand vor die Stirn.

»Und ich Narr habe das nicht gemerkt! Dir imponiert wohl sein Reichtum, was? Der Geldsack seines Herrn Vaters vielmehr; denn selbst hat dieser junge Mann noch wenig geleistet in seinem Leben. Auf so etwas fällst du herein? Willst Spreu gegen guten Weizen eintauschen? Und ich soll mich damit abfinden, denkst du?« Mit einem Ruck bleibt er stehen und klopft nachdrücklich mit den Knöcheln seiner Hand auf den Schreibtisch. »Aber ich mache das nicht mit, verstehst du? Roland Hayder hat mich in aller Form um deine Hand gebeten. Ich habe sie ihm nicht verweigert, denn er ist ein tüchtiger, strebsamer Mensch und ich erinnere mich einer Stunde, in der du mir weinend gestanden hast, wie sehr du ihn liebtest, wie du dir das Leben ohne ihn nicht denken könntest. Nie war ich froher in meinem Leben, weil deine Wahl auf diesen guten

Menschen gefallen war. Und nun willst du ihn einfach wegschicken? Angela – ich habe immer die Menschen verachtet, die keinen Standpunkt haben, die nie wissen, was sie wollen. Der Gedanke ist mir schrecklich, dass ich auch dich verachten müsste.«

Angela ist plötzlich blass geworden. Immer ist der Vater ihr der Mensch gewesen, vor dem sie Achtung und Angst zugleich empfunden hat. Krampfhaft sucht sie nach einer Verteidigung.

»Aber, Vater, ich kann doch nichts dafür. Es kam einfach so über mich.«

»Was kam über dich? Der Rausch und die Verblendung! Es ist eine Verwirrung deines Herzens, weiter nichts! Eines Tages wirst du erwachen, wenn es zu spät und dein Herz ein Scherbenhaufen ist.«

»Du siehst es nur von der dunklen Seite, Vater. Er liebt mich doch und ich liebe ihn.«

»So! Er liebt dich. Warum spricht er dann nicht mit mir darüber? Glaubt dieser Herr Seestaller vielleicht, dass ich das nicht zu wissen brauche?«

»Es hat sich noch keine Gelegenheit dazu ergeben.«

Vellhagen macht eine unwirsche Handbewegung. »Dass du für ihn eine Ausrede suchst, sagt mir, wie hörig du ihm schon bist! Kam er nicht jeden Tag? Und da sagst du mir, dass er nie eine Gelegenheit gefunden hätte mit mir zu sprechen! Ich glaube jetzt immer mehr, dass du zu feige warst ihm zu sagen, dass du schon gebunden bist! Du hast wahrscheinlich Angst gehabt, er könnte es von mir erfahren. Darum dieses ekelhafte Spiel hinter meinem Rücken.«

»Aber was soll ich denn tun?«, fragt sie kläglich.

Bei dieser Frage umschattet sich sein Gesicht noch mehr. Sein Kopf wird ganz schwer vor Trauer und Müdigkeit und seine Hand greift wieder nach dem Herzen. So weit ist sie also schon gesunken, denkt er, dass sie den geraden, den einzig richtigen Weg nicht mehr erkennt.

»Was du tun sollst? Es ist merkwürdig, dass ich dir das erst sagen muss. Du musst dich aus dieser Verstrickung lösen und wieder zu Roland finden! Einen Menschen wie ihn darf man nicht so enttäuschen. Er lädt dich ein und du kannst und darfst diese Einladung nicht ausschlagen. Ich sehe sofort im Fahrplan nach, wie du am besten fahren kannst.«

Damit geht Heinrich Vellhagen hinaus und lässt Angela in ihrer Unsicherheit zurück. Sie hat nicht mit diesem Widerstand vonseiten des Vaters gerechnet. Erneut überkommt sie Zorn gegen Roland, weil er diesen Brief an den Vater geschrieben hat. Nun bereut sie es heftig, dass sie Roland nicht längst schon klipp und klar die Wahrheit mitgeteilt hat. Sicher hätte er sich in der Zwischenzeit damit abgefunden.

Nach einer Weile bringt ihr der Vater einen Zettel, auf dem er ihr die Zugverbindung aufgeschrieben hat. Sie wagt nicht mehr zu widersprechen. Später erscheint Margret und bittet sie, ihr einige Dinge in der Buchführung zu erklären. Dann ist Angela wieder allein und grübelt weiter.

Wenn sie doch zu Roland fahren würde? Vielleicht fände sie wieder Halt an ihm und vergäße das andere.

»Nie! Nie!«, stöhnt sie vor sich hin und birgt das Gesicht in ihre Hände. Dann plötzlich greift sie nach dem Telefon.

»Hier Gutsverwaltung Schalleck. Bist du selbst am Apparat, Georg? Hier ist Angela.«

»Ach, Angela«, antwortet es von der Gegenseite, »nett, dass du anrufst.«

»Ja, hör zu, Georg! Ich kann nun auf ein paar Wochen von hier weg. Das wolltest du doch schon lange …«

»Ja, natürlich, Liebes, ich freue mich riesig. Hast du dir die Reiseroute schon ausgedacht?«

»Nein, noch gar nichts, Lieber. Ich überlasse das dir.«

»Gut, gut. Wann darf ich denn kommen und dich abholen?«

»Gar nicht. Ich komme morgen mit dem – wart einen Augenblick –«, Angela nimmt den Zettel zur Hand, den ihr der Vater vorhin gebracht hat, »um zehn Uhr fahre ich von hier ab und treffe gegen dreizehn Uhr in der Stadt ein. Erwarte mich bitte am Bahnhof! Alles Nähere dann persönlich. Ich küsse dich, Georg …«

Entschlossen legt sie den Hörer auf die Gabel zurück. Dabei meint sie, es fiele eine Last von ihr ab. Sie fühlt sich irgendwie befreit, einen Ausweg gefunden zu haben, und ahnt nicht, welchen Gefahren und neuen Verstrickungen sie sich aussetzt. Aber sie denkt nicht mehr klar, sie ist so eingesponnen von ihrer Liebe zu Georg Seestaller, dass ihr alles recht und gut erscheint, was sie tut.

Spät am Abend packt sie noch ihren Koffer und lässt sich am anderen Vormittag von ihrem Vater zur Bahn fahren.

»Also«, sagt Heinrich Vellhagen beim Abschied, »grüß mir Roland recht schön! Ich hoffe ganz zuversichtlich, dass du wieder ganz zu ihm zurückfindest.«

»Leb wohl, Papa«, antwortet Angela und geht auf den Bahnsteig hinüber. Dort stellt sie den Koffer zu Boden, eilt noch einmal zurück an die Sperre, legt dem Vater beide Arme um den Hals und küsst ihn. Einige Tränen perlen über ihre Wangen. Dann muss sie gehen, weil der Zug einfährt.

Drei Stunden später liegt sie am anderen Bahnhof in Georgs Armen. Alles Bedrückende ist von ihr abgefallen. Das Vergangene scheint wie ein bedrückender Traum hinter ihr zu liegen.

Der junge Mann flüstert ihr zärtliche Worte zu. Er nennt sie ein tapferes, selbstbewusstes Mädchen. Die

Reiseroute hat er inzwischen schon festgelegt. Er nennt ihr Südfrankreich, die Riviera, Venedig. Diese Namen erregen Angelas Phantasie und lassen sie das Stephanstal völlig vergessen, wohin sie eigentlich reisen sollte.

Angela meint zwar, Georg werde sie gleich seinen Eltern vorstellen. Georg aber überredet sie, dass dazu auch nach der Reise noch Zeit sei. Er bringt sie in einem erstklassigen Hotel unter und holt sie dort am nächsten Morgen ab. Frisch gewaschen und poliert steht der silbergraue Wagen vor der Hoteltür. Der Hausdiener trägt Angela den Koffer nach, der im Kofferraum des Wagens verstaut wird. Dann steigt sie ein, ihr Traum hat sich erfüllt.

Als sie einmal an einem kleinen Brückenbau langsam vorbeifahren, muss Angela ganz flüchtig an Roland denken. Der Mann dort in der abgetragenen Windbluse ist wohl der leitende Ingenieur. Wahrscheinlich steht auch Roland in einer abgetragenen Windbluse irgendwo da unten im Süden auf seiner Baustelle.

Jetzt nimmt sie eine große, breite Straße auf. Georg Seestaller kann es sich erlauben, in kurzen Zeitabständen seine Hand streichelnd über die ihre gleiten zu lassen. Schmeichelnd schmiegt sie ihren Kopf an seine Schulter um ihm zu zeigen, wie sehr sie ihn liebt.

Um diese Zeit steht Roland Hayder tatsächlich in einer abgetragenen Windbluse vor einem festgefügten Schuppen und registriet die Zahl der Kisten, die hier sorgfältig abgeladen und aufgestapelt werden. Diese Kisten enthalten hochgefährlichen Sprengstoff, mit dem der Stephansberg durchbrochen werden soll. Schon sind die schweren Pressluftbohrer dabei, Löcher und Höhlen in den Berg vorzutreiben.

Im Hintergrund spannen sich bereits in kühnem Bogen die Umrisse des Viadukts. Die schweren Eisenträger sind auf die Betonsäulen aufgelegt und überall zucken die blauen Flämmchen der Schweißapparate um Tausende von Schrauben und Nieten einzufügen. Die Decke selbst wird wohl kaum mehr vor dem Winter aufgelegt werden können. Darum will Roland Hayder jetzt dem Berg zu Leibe gehen.

Eine Riesenarbeit ist geleistet und er könnte zufrieden sein. Von Wind und Wetter ist sein Gesicht gebräunt. Rastlos ist er unterwegs, bedenkt immer wieder alle Gefahrenmomente und trifft Vorsichtsmaßnahmen, damit bei Beginn der Sprengungen niemand zu Schaden komme.

In der Vorwoche erst waren Regierungsvertreter zur Besichtigung erschienen und hatten ihm für das bisher Geleistete höchste Anerkennung ausgedrückt. Alle Leute nehmen reges Interesse an seinem Schaffen, nur Angela nicht. Ihre Briefe sind in letzter Zeit geschäftsmäßig kühl geworden. Keines ihrer Worte will erwärmend den Weg zu seinem Herzen finden. – »… das Korn ist reif. Vater ist jetzt viel auf den Feldern …«, schreibt sie einmal. Ein andermal: »… die Wirtschaftsgebäude werden zur Zeit renoviert. Damit ist die Firma Seestaller beauftragt …«

Wie soll ihn das schon interessieren? Es ist so unbedeutend gegen ihre früheren Briefe, in denen sie von ihrer Sehnsucht nach ihm geschrieben, in denen sie sich ernsthaft nach dem Fortschritt seiner Arbeit erkundigt hatte.

Wir haben uns schon zu lange nicht mehr gesehen, denkt er zuweilen. Angela ist kein Mädchen, das man lange allein lassen darf. Sie kann die Einsamkeit nur schwer ertragen. Ach, er sucht nach tausend Entschuldigungen und tröstet sich auch über ihren letzten Brief, in dem sie ihm auf seine dringende Einladung mitteilte, dass sie zwar gern käme, aber unmöglich von der

Buchhaltung abkommen könnte, da es gerade jetzt mit dem Verrechnen des Getreides sehr viel Arbeit gebe.

Da ist die Monika vom Haslreiterhof ganz anders. Es ist nicht Liebe, was sie zu ihm hinzieht, und es ist nicht Liebe, was er für sie fühlt. Es ist nur eine gute Freundschaft, ein warmherziges Verständnis von Mensch zu Mensch. Monika spürt, wie der Mann heimlich leidet und es nicht zeigen will. Darum tut ihre Hand manch heimliches Liebeswerk, ganz unaufdringlich und scheu, das dem Mann den grauen Alltag ein wenig verschönen soll. Sie trägt Blumen in seine Bauhütte und hängt ein paar nette Vorhänge dort auf.

Monika ist ein großes und herbschönes Mädchen. Ihr schwarzes Haar schimmert leicht ins Bläuliche, ihre Augen strahlen eine ruhige Kraft aus, die Roland oft wohltuend empfindet, wenn er müde und abgespannt am späten Abend auf dem Hof erscheint.

»Du sagst gar nichts mehr davon, Ingenieur, dass deine Braut zu Besuch kommen wird«, fragt sie einmal.

»Es ist ihr leider nicht möglich zu kommen, Monika.«

»Schade, ich hätte sie gern kennen gelernt.«

»Oh, du wirst sie sicher noch kennen lernen.«

Später gehen sie zusammen durch den Apfelgarten auf die Wiesen hinaus. Schwerer Nebel steigt aus dem Talgrund. Von den Bäumen fällt braunes Herbstlaub. Lautlos gleiten beider Schritte über den Wiesengrund.

»Liebst du sie sehr, Ingenieur?«, fragt Monika in die Stille hinein.

»Doch, ja –«, antwortet Roland sofort.

»Darf ich dich etwas fragen, Ingenieur?«

»Bitte, Monika, wenn ich es beantworten kann.«

»Dann sag mir, ob man einen anderen Menschen so lieben kann, dass man ohne ihn auf keinen Fall mehr leben möchte?«

»Natürlich kann man das, Monika! Es soll ja auch so sein! Echte Liebe kennt keine Halbheiten.«

Sie gehen an einem mächtigen Wacholderstrauch vorüber, der seine Zweige wie trauernd in den steigenden Nebel hineinhängt. Hinter dem Wacholderbusch aber kauert die Gottner-Burgl und verfolgt den Ingenieur mit hasserfüllten Blicken. Nun ist er vollends ihr Todfeind geworden, da es ihm gelungen ist, sie der Macht, die sie über die einfältigen Seelen besaß, zu berauben. Das ganze Tal steht heute auf seiner Seite, während ihr nur wenige Getreue verblieben sind.

»Liebst du deine Braut so?«, setzt Monika nach längerem Schweigen ihr Fragen fort.

Lachend legt Roland die Hand auf ihre Schulter. »Was du heute für Fragen stellst, Monika!«

»Dumme Fragen, nicht wahr? Ich möchte es aber gern wissen, Ingenieur. Es ist wichtig für mich!«

»Aha, verliebt?«, fragt er geradezu. »Ist es dieser Rochus, den ich schon einige Male bei euch gesehen habe?«

Monika bleibt stehen, als versuche sie von der Höhe aus noch einen Blick in das Tal zu werfen. Aber es ist schon alles mit Nebel verhängt und die Dunkelheit wächst mit drängender Eile.

»Du meinst den Ploner-Rochus?«, nimmt sie im Weitergehen das Gespräch wieder auf. »Er liebt mich, ja, das weiß ich und meinen Leuten daheim wäre es auch ganz recht. Aber wenn er kommt, verschließt sich etwas in mir, ich fühle nicht das Geringste für ihn, obwohl er sonst kein übler Bursche ist.«

»Dann ist es also ein anderer?«, meint Roland.

»Ja, ein anderer. Ich sah ihn im letzten Winter bei den Skimeisterschaften und kann ihn nicht vergessen.«

Roland ist plötzlich ernstlich interessiert an Monikas Liebesschicksal.

»Hast du ihn denn nie wieder gesehen?«

»Doch, doch! Wir treffen uns monatlich einmal heimlich auf der anderen Seite des Stephansberges. Thomas ist nicht das, was er nach der Meinung meines Vaters sein müsste, wenn er mich heiraten will.«

»Was ist er denn von Beruf?«

»Er betreibt neben dem Kolonialwarenladen seiner Mutter eine kleine Mechanikerwerkstatt. Mein Vater lebt noch in der alten Vorstellung, Bauern dürften aus ihrem Kreise nicht heraus, sie müssten immer und allezeit der Erde verhaftet bleiben.«

Roland lächelt ein wenig, weil er selbst einem Bauerngeschlecht entstammt.

»Man kann auch anderswo seinen Mann stehen. Man müsste das deinem Vater einmal klarlegen.«

Ganz impulsiv nimmt Monika seinen Arm. »Wenn der Vater auf einen hört, dann bist es nur du, Ingenieur. Auf dich hält er große Stücke!«

Sie sind inzwischen vor der Bauhütte angelangt und Roland zieht den Schlüssel heraus, zögert aber noch.

»Eigentlich müsste ich dich jetzt wieder nach Hause begleiten. Ich kann dich nicht allein durch die Nacht laufen lassen.«

»Nein, nein, ich habe keine Angst! Sperr nur auf, Ingenieur! Ich will die Vorhänge zum Waschen mit heimnehmen.«

Sie betreten die Hütte. Monika nimmt die Vorhänge ab und verabschiedet sich.

»Wann kommst du morgen, Ingenieur?«

»Um dieselbe Zeit wie heute. Wenn ich dir einen Gefallen damit tun kann, Monika, dann will ich mit deinem Vater reden.«

»Ich würde mich sehr darüber freuen. Es muss aber durchaus nicht gleich morgen sein.«

Sie drückt ihm die Hand und springt in die Nacht hinaus. Roland schließt hinter ihr die Tür und lächelt befreit vor sich hin. Im ersten Augenblick hatte er nämlich befürchtet, dass Monikas heimliche Liebe ihm gelte. Es hätte ihm sehr Leid getan um ihre Freundschaft, denn er hätte ihr sagen müssen, dass sein Herz allein Angela gehört.

Er tritt an den Zeichentisch und betrachtet nachdenklich die dort ausgebreiteten Pläne. Genauestens ist der Tunnel auf dem Papier durchkonstruiert. Vier Kilometer lang soll er werden, mit einer lichten Höhe von fünf Metern und einer Fahrbahnbreite von ebenfalls fünf Metern; dazu alle einhundertfünfzig Meter eine Ausweichstelle. Etwa zweihunderttausend Kubikmeter Gestein gilt es auszubrechen. Beleuchtungsanlagen, Ventilatoren, die die Auspuffgase absaugen sollen, und hundert andere Dinge, an die ein Außenstehender gar nicht denkt, sind nötig und beschäftigen den Ingenieur. Das alles hat sein Hirn ausgedacht und er darf das große Glück erleben, seine Pläne Wirklichkeit werden zu lassen. Aber er denkt noch weiter. Plötzlich fällt ihm ein, dass am Nordausgang des Tunnels eine große Tankstelle errichtet werden müsste. Roland denkt sofort an den jungen Mann mit der kleinen Mechanikerwerkstätte, von dem Monika gesprochen hat. Er wird ihr gleich morgen davon erzählen.

Plötzlich ist ihm, als hätte er den Atem eines Menschen gespürt. Schnell schaut er auf und schrickt zusammen, denn vor dem Fenster steht in gespenstischer Blässe das verzerrte Gesicht der Gottner-Burgl. Mit ein paar Schritten ist er an der Tür und reißt sie auf.

»Was willst du hier?«

Keine Antwort! Mit schlurfenden Schritten versucht die Burgl in der Dunkelheit zu verschwinden. Aber mit ein paar Schritten hat er sie eingeholt und zerrt sie in seine Hütte.

»So, nun will ich dich einmal aus nächster Nähe genau betrachten. Du nennst mich ja immer den Teufel von Stephanshall. Wenn ich ein Teufel wäre, müsste ich dich jetzt mit mir schleppen und in eine dunkle Schlucht werfen, denn Teufel pflegen mit Hexen, wie du eine bist, nicht viel Federlesens zu machen.«

»Rühr mich nicht an, du!«, schreit die alte Frau auf. Ihre Augen starren ihn voll brennendem Hass an. Aus ihrem zahnlosen Mund trieft grauer Speichel.

»Davor behüte mich Gott«, lächelt Roland mitleidig.

»Gott, Gott!«, schreit sie ihn an. »Was weißt du schon von Gott?«

»Ich trage ihn tiefer in meinem Herzen als du in allen deinen Worten«, antwortet er ihr.

»Drum willst du ihm ins Handwerk pfuschen, willst ihm das, was er geschaffen hat, zerschlagen und verschandeln!«

»Aha, immer der gleiche Unsinn«, lacht Roland zornig auf. »Ich sehe, du kannst mich nicht verstehen.«

»Ich will dich gar nicht verstehen!«, begehrt die Alte auf und hebt beschwörend ihre Hände. Eine Strähne ihres weißen Haares hängt ihr über das linke Auge bis in den Mundwinkel hinein. »Du hast den Ungeist ins Tal getragen und hast mit deinem verfluchten Geld die Seelen der Menschen vergiftet. Du hast vor nichts Ehrfurcht, willst unsern heiligen Berg in die Luft sprengen, an den noch keiner gerührt hat! Aber grab du nur deine Höhlen und Löcher in den Berg. Ehe du damit fertig bist, wird der Berg sich wehren und das Strafgericht wird über dich kommen!«

Roland erkennt, dass es keinen Sinn hat, diese keifende Frau vernünftig belehren zu wollen. Darum sagt er nur:

»Ich kam mit dem besten Willen zu euch. Der Bau der Brücke hat in die Häuser und Familien Wohlstand und Aufschwung gebracht. Das ist die Wahrheit. Gott hat mein Werk bis jetzt sichtbar gesegnet. Du kannst es nicht verhindern, dass ich es vollende!«

Schrill kreischt die Gottner-Burgl: »Triumphiere nur nicht zu früh, du Teufel!«

Plötzlich ist sie draußen. Er tritt in die Tür – sieht nichts mehr von ihr. Der Nebel hat sie verschluckt. Dann dringt noch einmal von irgendwo her ihr höhnisches Lachen an sein Ohr. Wütend schlägt er die Tür hinter sich zu und löscht das Licht aus.

Für Angela ist ihre Flucht zur Märchenreise geworden, die sich allmählich ihrem Ende zuneigt. Und doch ist immer ein Tropfen Wermut in jedem Becher Freude, den sie trinkt. Sie fühlt sich zwar frei und ungebunden, die Liebe zu Roland Hayder ist für sie zur Episode geworden und doch fühlt sie immer wieder Unruhe bei dem Gedanken, dass sie ihm noch nicht offen und ehrlich gestanden hat, dass sie sich nicht mehr an ihn gebunden fühlt und dass er ihr verzeihen möge.

Sie liegt mit Georg Seestaller am Strand von Cannes. Auch im Spätherbst ist es hier noch sehr warm. Rauschend schieben sich die Wellen heran um lautlos zurückzufluten. Weit draußen zieht eine weiße Luxusjacht vorüber. Angela hat die Hand über die Augen gedeckt und lässt ihren Gedanken freien Lauf. Neben ihr im Strandstuhl liegt Georg, nachlässig eine Zigarette rauchend. Wenn sie jetzt ihre Hand hinüberstreckt, wird er sie ergreifen und streicheln, ja, er wird sich herüberneigen und sie küssen. Warum denkt sie das so sicher? Sie ist noch ganz vom Wunder ihrer Liebe eingenommen. Nichts Trennendes ist mehr zwischen ihr und Georg, seit sie ihm das von Roland erzählt hat. Georg hatte dazu nur überlegen gelächelt, hatte sich als Sieger gefühlt – ist aber seitdem seines Sieges schon ein wenig müde geworden.

Sie streckt ihre Hand zu ihm hinüber, nach einer kleinen Zärtlichkeit dürstend, Georg jedoch sieht ihre

Hand nicht; er sieht den Rauchwölkchen seiner Zigarette nach. Angela erschrickt.

»Du –«, sagt sie mit harter Stimme, »siehst du meine Hand nicht?«

Er blinzelt schräg zu ihr hinüber. »Ich dachte gerade über etwas nach«, antwortet er.

»So? Darf man wissen, worüber?«

»Ach, weißt du, Angela, man hat manchmal so seine Gedanken. Ich dachte gerade darüber nach, wie sie diesen Espresso machen. Man müsste es sich zeigen lassen.«

Er lügt, denkt sie plötzlich, und er lügt gar nicht schlecht. Sie kann gar nicht sagen, warum sie nicht glaubt, dass er an Espresso gedacht hat, von dem er so viel trinkt, den sie aber abscheulich findet. Zigaretten zündet er sich oft eine an der anderen an und dazu immer Wein, dieser süße, schwere Wein. Gerade als ob er sich betäuben wolle.

Langsam richtet sie sich auf.

»Hör einmal zu, Georg! Ich werde heute doch noch an Roland schreiben müssen.«

»Wieso?«, fragt er und wirft die Zigarette in den Sand. »Muss denn das noch von hier aus sein?«

»Das hätte schon viel früher sein müssen, Georg. Schließlich muss ja einmal Klarheit herrschen.«

»Nun, ich meine, dass man da nicht so viel Worte verlieren soll. Man schweigt einfach, man lässt nichts mehr von sich hören und die Sache ist damit erledigt.«

Mit immer größer werdenden Augen sieht ihn Angela an.

»Hast du diese Praxis immer angewandt, Georg?«

»Ich? Nein! Wieso?«

Angela legt sich wieder zurück und verschränkt die Hände hinter dem Kopf. Ein leiser Wind ist aufgekommen und treibt den feinen Sand wie eine leichte Staubwolke vorüber.

»In den letzten Tagen schien es mir manchmal, als hättest du dich verändert, Georg.«

»Ach, das bildest du dir nur ein!«

»Möglich, ich hoffe es sogar sehr. Es kann auch sein, dass es an mir liegt.«

»Sicher, sicher nur an dir, mein Liebes. Vielleicht macht dich diese ewige Sonne nervös. Aber tröste dich – bald geht es wieder in Richtung Heimat. Ich glaube, in der Fremde sind wir immer ein wenig anders.«

»Wenn wir zurückkommen, Georg, bringst du mich dann zu deinen Eltern?«

»Unmittelbar nach unserer Rückkunft?«

»Ich dachte es mir so.«

»Hm –«, brummt er gedehnt. »Dann hätte ich sie wissen lassen sollen, dass ich mit dir gereist bin.«

»Das hättest du schon tun sollen. Auf der nächsten Ansichtskarte werde ich mit unterschreiben.«

»Ja, bitte, wie du willst.«

»Wenn wir im Frühjahr heiraten wollen, ist es nicht zu früh!«

»Sagte ich im Frühjahr? Ja, natürlich, im Mai vielleicht.« Georg erhebt sich aus dem Strandstuhl und geht langsam meerwärts. Die erste Welle schlägt ihm an die Knie, die zweite schon springt ihm an die Brust und von ihr lässt er sich tragen, gleitet ins Meer hinaus ohne sich noch einmal nach Angela umzusehen.

Angela kommt sich grausam verlassen vor. Hat sie etwas Dummes gesagt? Vergebens grübelt sie darüber nach, bis ihr plötzlich einfällt, dass sie das von dem Brief nicht hätte sagen sollen. Das muss ihn verletzt haben. Eben noch dem Weinen nahe, muss sie jetzt lächeln. Sieh einmal an, er ist also doch eifersüchtig, denkt sie. Und wenn er eifersüchtig ist, liebt er mich auch. Wie hat sie nur daran zweifeln können!

Sie springt auf, stürzt ins Meer, schwimmt ihm entgegen und spritzt ihm eine Hand voll Wasser ins Gesicht. Da ergreift er ihre Hand und sein Lachen ist wieder da, voll und jungenhaft. Dicht nebeneinander schwimmen sie zurück, kleiden sich um und gehen Arm in Arm in ihr Hotel. Die Welt ist wieder so schön wie in den vergangenen Wochen. Die Sonne liegt mit vollem Abendgold über den weißen Prachtpalästen der breiten Uferstraße, die sich von Palmen umsäumt in sanftem Bogen dahinzieht.

Am späten Abend schreibt Angela einen Brief an Roland. Sie schreibt ihm offen und ehrlich, schont sich selbst nicht dabei und bittet ihn um Verständnis. Als sie aus dem Hotel geht, nachdem sie sich überzeugt hat, dass Georg bereits schläft, ist ihr doch recht sonderbar zumute. Immer wieder betrachtet sie den Brief in ihrer Hand. Es kommt ihr vor, als wäre er schwer wie Blei. Sie fühlt, dass sie das Glück eines Menschen in ihrer Hand trägt.

Nun steht sie vor dem Briefkasten. Sie denkt an Roland, an den Frühlingstag auf dem kleinen Weiher hinter den Gutsgebäuden, an ihre sehnsuchtsvollen Briefe, die sie ihm schrieb, bis Georg in ihr Leben trat. »Verzeih mir, Roland«, flüstert sie vor sich hin. »Du warst das ruhige Licht, Georg aber ist die lodernde Flamme, die mir in die Zukunft leuchtet …«

Auch an die Zukunft denkt sie, an das Heimkommen, bei dem alles Lüge und Betrug sein wird, weil der Vater nie erfahren darf, dass sie statt bei Roland gewesen zu sein mit einem anderen Mann die Schönheiten der südlichen Welt erlebt hat. Aber eines Tages wird es dann doch aufkommen und diese Wahrheit wird für den Vater schrecklich sein. Es ist gerade, als ob sie in dieser nächtlichen Stunde vor dem Briefkasten in Cannes alles noch mal genau abwägen wollte, Vergangenheit und Zukunft. Endlich wirft sie den Brief in den Schlitz. Das gegenwärtige Glück scheint ihr größer als alle vergangene Freude und zukünftige Sorge.

Am anderen Morgen fahren sie weiter. Georg ist in bester Stimmung. Beschwingt und heiter pfeift er ausgelassen vor sich hin, als er die Koffer im Auto verstaut. Angela kann sich von dem herrlichen Anblick ringsum noch nicht trennen.

»Nun komm schon!«, ruft er und lässt den Motor anspringen.

Dann geht die Fahrt über Nizza, Monaco, Monte Carlo, die ganze westliche Riviera entlang nach Genua und von dort auf die Höhen des Apennin.

Mittags essen sie in einem Bergrestaurant. Angela muss Georg wieder mahnen, er solle nicht so viel Wein trinken. Aber er lacht sie nur aus.

»Das ist nun bald vorbei mit dem billigen Wein. Man muss es noch nutzen!«

»Aber, Georg, das ist doch kein Standpunkt«, entgegnet sie ihm.

Georg lacht und zupft sie am Ohr. »Komm, Angela, du musst mir keine Moralpredigten halten. Man muss nicht in allen Dingen einen Standpunkt vertreten, mein Kind! – Du tust es ja auch nicht!«

Angela wird blass und schiebt seine Hand mit einem Ruck fort. »Wie meinst du das?«

»Nun, du hast den andern geliebt und jetzt liebst du mich.«

Entsetzt springt sie auf. »Georg, was fällt dir ein? Darfst du mir das vorhalten?« Tränen verschleiern ihren Blick. Das macht ihn nüchtern.

»Aber, leg doch nicht alles gleich auf die Goldwaage! Es war doch nur ein Scherz.«

»Ich habe es so aufgefasst, wie du es gesagt hast.«

Mit schnellen Schritten geht sie hinaus. Draußen schaut sie über eine niedere Steinbrüstung in die Tiefe. Hier oben ist es nicht mehr so warm wie drunten am Meer. Hier merkt man den Herbst überall. Der Wind weht schärfer und dringt bis in die Poren. Wolken ziehen bleischwer über die Berge und es beginnt leichter Regen zu fallen. Angela fröstelt, bringt es jetzt aber nicht fertig zu Georg zurückzugehen. Der Mann kommt ihr plötzlich so fremd vor. »Mein Georg«, hat sie vor wenigen Tagen, nein, gestern noch gesagt und auch geglaubt, dass er ihr Georg sei. Jetzt aber ist ihr zumute, als hätte sie ihn durchschaut und sein anderes Ich entdeckt. Da weiß sie, dass es verkehrt war, in der vergangenen Nacht den Brief an Roland einzuwerfen. Nun hat sie sich den Rückweg endgültig verbaut. Es beginnt stärker zu regnen. Die Pinien schaukeln gespenstisch im Wind. An einer nahen Ruine klirrt unablässig eine lose Dachrinne. Angela wendet sich um, setzt sich in den Wagen, der vor dem Restaurant parkt; sie grübelt und weint leise vor sich hin.

Endlich erscheint Georg unter der Tür, wankt ein wenig, gibt sich aber gleich einen Ruck, als er Angela so aufgelöst im Wagen sitzen sieht. Im Grunde ist er ein Mensch, der nicht wehtun will, und darum legt er jetzt zärtlich seine Wange an ihr nasses Haar.

»Komm, sei wieder gut. Es tut mir so herzlich Leid. Ich wollte dich nicht verletzen!«

Wie Balsam empfindet sie diese Worte. Aber er hat sie doch vorhin zu tief getroffen, als dass sie jetzt einer Zärtlichkeit fähig wäre. Starr blickt sie geradeaus.

»Sprechen wir nicht mehr davon, Georg.«

»Um Gottes willen, nie wieder!«, verspricht er.

In zuweilen recht scharfen Windungen zieht sich die Straße abwärts. Die Gegend ist auf einmal einsam und trostlos. Kaum mehr ein Haus nur einzelne Bäume säumen die Straße, links und rechts nackte Felsen oder wildes Gestrüpp. Hin und wieder fällt ein Wort zwischen den beiden.

»Am Abend können wir in Florenz sein«, meint er einmal.

»Am Abend, ja. – Bitte, fahr nicht so schnell!«

»Schnell?«, fragt er zurück. »Aber, Angela, ich fahre ja noch nicht einmal achtzig Stundenkilometer.«

Angela weiß nicht, ob hundert Stundenkilometer auf einer regennassen Straße zu viel oder zu wenig sind. Georg dagegen müsste es wissen. Der aber hat zwei Flaschen Wein getrunken und findet es so flott, mit hohem Tempo die Kurven zu durchfahren. Ob er unversehens statt auf die Bremse auf das Gaspedal gestiegen ist, er weiß das später selbst nicht mehr. Er fühlt nur plötzlich, dass er in einer scharfen Kurve die Gewalt über den Wagen verliert, und dann ist es schon geschehen.

Der schwere Wagen prallt gegen die niedrige Steinmauer, überschlägt sich und stürzt in die Tiefe. Ein berstendes Splittern und Krachen – dann Stille. Nur der Wind ist noch da und das Rauschen eines fernen Wasserfalls.

In einer kleinen Kapelle brennen gelb flackernde Kerzen über einem marmorbleichen Mädchen, das man auf einen Schragen gebettet hat. Eine Locke des blonden Haares hängt in ihre Stirn und verdeckt gnädig die klaffende Wunde.

Ein Dutzend fremde Menschen knien in den Bänken und beten eine Totenklage für das Mädchen, das man am Abend vorher unter einem völlig zertrümmerten Auto hervorgezogen hatte. Aus den Papieren war zu ersehen, wo sie zu Hause ist. Bis dorthin ist es sehr weit und darum kann niemand da sein, weder ihr Vater noch ihre Schwester, die sich um die Tote kümmern könnten. Man wird sie auf dem kleinen Friedhof des Bergdorfes im Apennin zur letzten Ruhe bestatten. Die Polizei wird die Behörden in der Heimat des Mädchens verständigen. Die Leute hier beten für die Tote aus Barmherzigkeit und Mitleid. Langsam verlassen sie das Kirchlein, als die Kerzen niedergebrannt sind.

Angela Vellhagen bleibt allein im Dunkel der kleinen Kapelle zurück, deren Tür nicht schließt, sodass der Wind hereinsingt wie ein leiser Geigenchor.

Fast zur selben Stunde öffnet im Operationssaal der nächsten Stadt Georg Seestaller zum ersten Mal seit dem schrecklichen Moment, in dem er die Kontrolle über sein Fahrzeug verlor, die Augen. Er weiß nicht, wo er ist, und verliert auch gleich wieder das Bewusstsein. Der Chirurg meint, dass innere Verletzungen nicht vorhanden seien und dass die gesunde Natur mit den allerdings schweren Knochenbrüchen schon fertig würde. Er lässt den Verletzten in ein Einzelzimmer bringen, teilt die Nachtwache ein und vertieft sich dann in seinem Büro in die Papiere des Verunglückten.

Die Blutuntersuchung hat ergeben, dass der Patient zu viel Alkohol getrunken hatte. Das alte Lied, denkt der Arzt und verschließt die Papiere in seinem Aktenschrank. Dann nimmt er den Hörer vom Telefon, legt ihn aber wieder auf. Es besteht keine Lebensgefahr. Warum soll er die Angehörigen des Verletzten mitten in der Nacht erschrecken? Dazu ist am andern Tag noch Zeit.

Georg liegt die Nacht über ruhig und kommt erst am andern Vormittag ganz zu sich. Seine erste Frage gilt Angela. Weil die Schwester ihm darauf keine Antwort gibt, sondern ihn nur mit ihren großen sanften Augen mitleidig ansieht, begreift er sofort und schlägt entsetzt die Hände vors Gesicht.

In dieser Nacht sitzt der Bauernsohn Rochus Ploner im Stübchen des Armenhauses zu Stephanshall der Gottner-Burgl gegenüber. Die Flasche Schnaps auf dem

Tisch ist schon halb geleert. Das meiste davon hat die Gottner-Burgl getrunken. Ihr Gesicht ist gerötet, die Augen glänzen wie im Fieber, ihre langen Hände liegen wie die Fänge einer Spinne auf dem schmutzigen Tisch, auf dem neben den Resten ihres Abendbrotes ein halb ausgegebenes Kartenspiel liegt. Rochus Ploner sitzt mit gesenktem Kopf da. Es ist, als horche er auf den Regen, der gegen die Scheiben trommelt und in der Dachrinne lärmt. Plötzlich hebt er die breiten Schultern und lässt sie wieder sinken.

»Das geht nicht, Burgl!«

Die Alte ballt langsam ihre Hände zu Fäusten, wirft den Kopf zurück, dass die weißen Haarsträhnen fliegen und zischt: »Feiglinge seid ihr alle! Du brauchst nicht mehr zu kommen und mir deine Not zu klagen. Wenn du zuschaust, wie dieser fremde Teufel dir dein Liebstes wegnimmt, dann sieh selber zu, wie du dir helfen kannst.«

»Ich glaub das nicht von der Monika. Sie hat mir selbst gesagt, dass es eine reine Freundschaft sei, die nichts mit Liebe zu tun habe.«

»Aha, so drückt sie es aus! Was ich selber sah, mein Lieber, das hat allerdings ein wenig anders ausgeschaut!«

Damit trifft sie ihn wieder an seiner empfindlichsten Stelle.

»Sag es mir noch einmal, was du gesehen hast.«

»Also, vorgestern war es, da ist sie mit ihm durch den Nebel gegangen. Und wie sie daherkamen! Eng umschlungen und alle fünf Schritt sind sie stehen geblieben und haben sich geküsst. Ja, knirsch nur mit den Zähnen! Es ist schon so, wie ich dir sage. Ich bin hinter einem Wacholderbusch gesessen und sie haben mich vor lauter Verliebtheit gar nicht gesehen. ›Ich hab dich so lieb‹, hat sie zu ihm gesagt, ›dass ich ohne dich nicht mehr leben kann.‹«

»Hat sie das wortwörtlich gesagt?«

»Wortwörtlich! Warum soll ich lügen?«

»Ja, warum sollst du lügen. Was war dann weiter?«, fordert der Bursche mit heiserer Stimme.

»Was weiter war?« Die Burgl kichert vor sich hin. »Mit ihm ist sie gegangen in seine Hütte. Ich bin ihnen nachgeschlichen, aber sie haben die Fensterläden geschlossen. Warum haben sie die Fensterläden zugemacht?«

Der Rochus steht auf und geht mit geballten Fäusten in der kleinen Stube auf und ab.

»Wann ist sie wieder raus aus der Hütte?«

»Alles kann ich doch nicht wissen. Hab gewartet bis drei Stunden nach Mitternacht. Bis dahin ist sie nicht rausgekommen.«

Immer erregter wird der Bursche. Es ist fast unheimlich anzusehen, wie er mit schweren Schritten durch den Raum stapft, vorgebeugt, den Nacken eingezogen, weil er sonst mit seinem Kopf die niedere Decke streift. Lauernd beobachtet ihn die Burgl und stellt befriedigt fest, dass sie die verzehrende Flamme in ihm aufs Neue geschürt hat. Nur noch ein paar Tropfen Öl zugießen, dann muss er lichterloh brennen vor Zorn und Rachegelüsten. Gespenstisch gleiten ihre langen Finger wieder über die Karten, decken sie zu und legen sie wieder auf.

»Ich kann es anschaun, wie ich will, dir sieht eine schwarze Dame ins Haus. Es ist eine Bauerntochter. Ihr Name fängt mit M an. Aber da ist einer, ein ganz Falscher, der dir die Lieb wegstehlen will! Und da – da schau her, Rochus – die Karten lügen nicht – da liegt es schwarz auf weiß auf –, du bist zu etwas Großem berufen. Dir ist die schwarze Dame todsicher, du musst sie nur aus den Krallen des Teufels befreien. Ich sehe ein Gewehr – das passt zu dir, weil du der beste Schütze im Tal bist. Es ist ganz einfach: Jeden Abend geht er, wenn es dunkel wird, vom Haslreiterhof zu seiner Bauhütte. Und kein Verdacht wird auf dich fallen – nicht der leiseste Verdacht. Jeder Mensch wird es als ein sichtbares Zeichen des Himmels anschaun, weil er frevlerisch unsern heiligen Berg in die Luft sprengen wollte. Es ist die Rache des Heiligen, wird man sagen. Du wirst das Tal von einem Teufel befreien und der Berg wird stehn wie bisher. Der Heilige wird unser Tal weiterhin segnen und ganz besonders dich, Rochus. Lauter Glück und Rosen liegen auf deinem Weg – du wirst die Monika auf deinen Hof führen. Die Glocken werden läuten und die Böller krachen. Das ganze Tal wird sich versammeln, wird am Weg stehn, wenn du zur Kirche ziehst mit deiner Monika. So gut wie dir haben noch keinem Menschen die Karten gelegen.«

Diese beschwörenden Worte gehen nicht ohne Wirkung an Rochus vorüber. Von Natur aus nicht mit großen Geistesgaben gesegnet, nimmt er die Worte der Burgl wie eine Verheißung in der Not auf. Und Not hat er gelitten um seiner Liebe willen. Unverrückbar lebt Monika in seinem Herzen. Nun hat ihm die Burgl mit ihrer Sehergabe den Weg zu seinem Glück gewiesen. Sollte er diese Gelegenheit nicht wahrnehmen?

»Gut, ich tu es!«, ruft er entschlossen.

Nun löst sich die Spannung im Gesicht der Gottner-Burgl, ein teuflisches Lächeln zuckt um ihren Mund.

»Ich habe es gewusst. Der heilige Stephan erschien mir im Traum, dort vor meinem Bett hat er gestanden und hat mir gesagt, dass einer aufstehen und das Tal vom Teufel befreien wird. Wann wird es geschehen?«

»Morgen!«

»Morgen. Ja, das ist gut! Morgen ist Freitag und zunehmender Mond. Es wird dir glücken, Rochus! Und wenn er tot ist, der Teufel, dann geh hin und zupf ihm ein Haar aus der linken Augenbraue. Das trag dann immer bei dir, dein ganzes Leben lang. Es wird dich schützen vor Krankheit und Not!«

Rochus Ploner zerrt seinen Regenumhang von der Herdstange und geht. Draußen strömt noch immer der Regen. Schnell verschwindet Rochus Ploner in der rabenschwarzen Finsternis.

Am anderen Abend, als die Dämmerung sich bereits über das Tal breitet, schleicht Rochus auf einsamen Waldwegen auf die andere Seite des Tales. Unter seinem Wetterumhang trägt er sein zerlegbares Gewehr verborgen. Kein Mensch begegnet ihm. Von den Baracken herüber, in denen die Arbeiter ihre Unterkunft haben, klingen leise die Töne einer Ziehharmonika.

Es regnet heute nicht mehr, obwohl dunkle Wolken über den Himmel ziehen. Zuweilen reißt es auf und man sieht schüchtern einen Stern blinken.

Die Bauhütte des Ingenieurs kommt in Sicht. Langsam pirscht sich Rochus heran. Das Fenster ist dunkel. Der Ingenieur ist also nicht daheim. Von brennender Eifersucht gehetzt, läuft er den Bergbuckel hinauf, bis er die Lichter des Haslreiterhofes aufleuchten sieht. Er sucht sich einen mannshohen Felsblock im Gelände und kauert sich dahinter, den Hof keine Sekunde aus den Augen lassend.

Die Wolkenbänke lockern sich immer mehr auf. Wahrscheinlich ist noch einmal eine Schönwetterperiode zu erwarten, bevor es endgültig Winter wird. Der Dreiviertelmond steht jetzt schräg über dem Stephansberg und taucht alle Dinge in ein geheimnisvolles Zwielicht.

Die Minuten ziehen sich endlos hin. Gespannt horcht Rochus auf die Schläge der Turmuhr, die von Stephanshall herüberklingen. Es ist genau zehn Uhr, als sich mit dem letzten Schlag die Haustür des Haslreiterhofes öffnet. Lichtschein fällt in einem schrägen

Streifen auf das Hofpflaster hinaus. Deutlich kann Rochus den Ingenieur und Monika erkennen.

Während des gespannten Wartens hatte Rochus immer mehr das Gefühl bekommen, dass er den Schuss nicht wird abgeben können, wenigstens nicht gleich. Er hat es sich so ausgedacht, dass er den Ingenieur zuerst klipp und klar fragen will.

Jetzt stehen die beiden da unten im Lichtschein, gerade als ob sie sich für ihn hingestellt hätten. Sie halten sich bei den Händen. Nun legt der Ingenieur seine Hand auf Monikas Kopf.

Herrgott, ausgerechnet jetzt muss sich eine Wolke vor den Mond schieben. Rochus kann nichts mehr sehen, obwohl ihm fast die Augen aus den Höhlen treten. Seine Phantasie arbeitet fieberhaft. Kein Mann kann so vor Monika stehen und weiter nichts tun, als nur seine Hand auf ihr Haar legen. Nun werden sie sich geküsst haben, denn sie gehen auseinander.

Gleich einer Flamme schießt die Eifersucht heiß in ihm auf. Seine Fäuste umklammern den Büchsenkolben, dass ihm die Finger schmerzen. Rochus hört einen schwachen, pochenden Laut in der Tiefe. Wahrscheinlich hat Monika jetzt die Tür geschlossen. Der Lichtstreifen ist weg.

Fieberhaft lauscht Rochus den Hang hinunter. Kommt er hier vorbei oder schlägt er eine andere Richtung ein? Da – ein Klirren, als ob jemand an einen Stein gestoßen wäre. Jetzt taucht ein grauer Schatten kaum zwanzig Schritt vor ihm auf. Langsam hebt Rochus die Büchse. Es ist kein Irrtum möglich. Der da heraufsteigt und ein lustiges Lied vor sich hin pfeift, das ist der Ingenieur. Monikas Küsse scheinen ihn recht froh gemacht zu haben, denkt Rochus.

Zwei Minuten später kracht der Schuss und ohne einen Laut bricht Roland Hayder in die Knie, schlägt lang hin und bleibt regungslos liegen.

Rochus erinnert sich zwar an den Rat der Gottner-Burgl, ein Haar von der linken Augenbraue mitzunehmen, aber ihn packt plötzlich das Entsetzen. Er meint, dass rings um ihn Menschen aus dem Boden wachsen um ihn einzukreisen, und stürzt davon wie von Furien gehetzt.

Es war aber niemand außer der Burgl auf der Straße. Sie kauert bei der Bauhütte und macht einen Freudensprung, als sie den Schuss hört. Sie meint, das sei der Sieg ihres Lebens. Damit sich das Werk ihrer Rache vollende, zieht sie einen mit Petroleum getränkten Wolllumpen hervor und legt ihn gegen die Holzwand der Bauhütte. Erst im Laufe des Tages war ihr eingefallen, dass man auch die Hütte verbrennen müsse. Diese Bauhütte ist doch die Zentrale des tanzen Teufelswerkes! Sie muss von der Erde verschwinden mitsamt den Plänen, den Zeichnungen und dem Geisterapparat, für den sie das Teleskop hält.

Wenig später steigt eine glühende Brandfackel in die Nacht. Das Holz, von Wind und Sonne ausgetrocknet, brennt wie Stroh. Es knistert und kracht, Funken wirbeln hoch in die Luft und schweben langsam wieder zur Erde.

Um diese Zeit kehrt Roland flüchtig das Bewusstsein zurück. Er spürt keinen Schmerz, nur eine große, schwere Dunkelheit. Zwar hört er ein Knistern und Prasseln, sieht aber kein Feuer. Über die Wange fühlt er etwas Warmes laufen und will die Hand heben um es wegzuwischen. Doch dazu fehlt ihm die Kraft. Er nimmt noch einen scharfen Brandgeruch wahr und sinkt wieder zurück in das Dunkel der Bewusstlosigkeit.

Die Leute vom Gut Schalleck arbeiten an der Herbstsaat. Wochenlang hat es geregnet. Darum sind sie mit dieser Arbeit bis in die letzten Oktobertage hineingeraten. Zwei Gespanne ziehen die Sämaschinen über die riesigen Ackerbreiten. Andere Gespanne eggen die Körner unter die Erde. Hinter einer der Sämaschinen geht der Gutsverwalter selbst, um mit einem eigens dafür angefertigten Stock die Wurzelfasern und groben Erdbrocken zwischen den Pfeifen der Sämaschine herauszuputzen, damit sie den geraden Lauf der Saat nicht unterbrechen.

Der Leiter der Polizeistation kommt langsam mit seinem Fahrrad den schmalen Feldweg daher. Eigentlich hatte er seinen Wachtmeister schicken wollen, aber als der hörte, um was es sich handelt, schützte er eine andere dringende Aufgabe vor. Nun, der Hauptwachtmeister Holzweber gehört nicht zu jenen Beamten, die im Allgemeinen peinliche Aufträge gern auf ihre Untergebenen abwälzen. Heute aber hätte er lieber einen anderen geschickt. Schon oft hat er diesen Weg zurückgelegt, gehört er doch zum Dienstgang Nr. 3, und man kann da nicht gut am Herrenhaus Schalleck vorbeifahren, wenn der Herr Gutsverwalter einem jedesmal einen Likör anbietet, zum Sitzen einlädt und dann seine Zigarrenkiste hervorholt. Ein feiner Mann, dieser Herr Vellhagen! War er selbst einmal nicht anwesend, dann übernahm seine Tochter Angela, dieses reizende Mädel, immer mit großem Eifer das Amt des freundlichen Wirts, schenkte ihm den Schnaps ein und bot die Zigarre an. Wie oft hat er bei ihr im Büro gesessen! Man konnte sich so nett mit ihr unterhalten!

Ja – also – diese Angela Vellhagen ist tot, liegt auf einem italienischen Bergfriedhof – und schläft den ewigen Schlaf. Es braucht niemand zu wissen, dass der Hauptwachtmeister Holzweber bei Erhalt der Nachricht geweint hat. Nein, das bleibt ganz bei ihm. Jetzt jedoch ist sein Herz so steinschwer, weil er dem Vater diese traurige Nachricht zu überbringen hat. Warum muss gerade er der Bote sein? Ist nicht eigentlich die Post für Trauerbriefe zuständig?

Er steigt vom Rad ab um die Begegnung noch ein wenig hinauszuzögern. Er weiß ja, wie abgöttisch Heinrich Vellhagen seine Tochter geliebt hat. Es ist zwar noch eine zweite Tochter da, die Margret, ein gutherziges Mädchen, aber ohne den Charme ihrer Schwester Angela. Jedenfalls meint Holzweber, noch nie während seiner dreißigjährigen Dienstzeit einen so unangenehmen Auftrag gehabt zu haben. Immer näher kommt er dem Acker. Soeben fährt das Gespann mit der Sämaschine wieder an. Holzweber berechnet, dass das Gespann in etwa zwanzig Minuten zurückkommen wird, und lehnt sein Fahrrad in den Schatten eines Haselnussstrauches.

Keine Zeitspanne dauert ewig, am allerwenigsten zwanzig Minuten. Das Gespann kommt unerbittlich näher. Jetzt wendet das Gespann. Holzweber tritt aus dem Schatten der Haselnussstaude und räuspert sich. Das wäre gar nicht notwendig gewesen, denn Heinrich Vellhagen hatte ihn schon entdeckt und gedacht, dass sicherlich wieder einer seiner Angestellten etwas ausgefressen hat. Wenn man über fünfzig Leute beschäftigt, ist es kein Wunder, wenn von Zeit zu Zeit ein Vergehen geahndet werden muss. Da Vellhagen es sich ausbedungen hat, dass er über derartige Fälle stets zuerst unterrichtet wird, ist es also nichts Außergewöhnliches, dass Holzweber ihn aufsucht.

Das Wetter ist so schön. Die Aussaat wird an diesem Nachmittag noch beendet werden können. Darum ist Heinrich Vellhagen recht fröhlich und fragt den Kommandanten heiter:

»Na, lieber Holzweber, wen von meinen Leuten haben Sie heute auf dem Korn? Oder hat Margret die Kirschlikörflasche nicht gefunden?«

»Nein, das hätte sie gewusst. Aber es ist etwas sehr Ernstes, Herr Vellhagen, das mich herführt.«

»Na, es ginge ja auch ganz gegen die Regel, von

euch etwas Fröhliches zu hören«, scherzt Heinrich Vellhagen behaglich, tritt an den halb gefüllten Weizensack und nimmt eine Handvoll Körner heraus.

Holzweber nimmt die Mütze ab, zieht ein Schriftstück hervor, entfaltet es umständlich und sagt:

»Das ist vor einer Stunde angekommen, Herr Verwalter. Es tut mir furchtbar Leid, aber ...«

Heinrich Vellhagen blickt fragend zu dem Sprecher auf. »Was tut Ihnen Leid?«

»Ihre Tochter Angela.«

Der Verwalter richtet sich langsam auf.

»Was ist mit meiner Tochter Angela?«

Immer schwerer wird es dem Hauptwachtmeister zu sprechen. Das Weinen ist ihm schon wieder nahe.

»In dem Schreiben hier steht – es kommt von der Polizeistation in Santa Delanora –, dass Ihre Tochter Angela dort beerdigt worden ist.«

Stille! – Ein paar Krähen ziehen lautlos über die Ackerbreite und stoßen am Ende des Raines gierig auf die Körner nieder. Einmal wirft ein Pferd den Kopf auf und das Nickelzeug am Geschirr klirrt leise. Der Fuhrknecht starrt bald auf den Polizisten, bald auf den Verwalter, dessen Gesicht plötzlich so grau ist wie Asche. Langsam fallen die Körner aus seiner Hand. Dann sagt er fast unhörbar:

»Nein – das kann nicht sein. – Ein Irrtum!«

»Es ist ein amtliches Schreiben.«

Heinrich Vellhagen lehnt sich mit dem Rücken gegen die Sämaschine.

»Lesen Sie es vor!«

Umständlich setzt Holzweber seine Brille auf, hält das Schriftstück ziemlich weit ab und beginnt:

»An die Polizeistation Amlangen

Am 25. Oktober ist in der Nähe von Santa Delanora, die – wie aus den aufgefundenen Papieren hervorgeht – in Amlangen geborene Angela Vellhagen tödlich verunglückt. Die Genannte befand sich vermutlich auf einer Ferienreise mit einem Herrn Georg Seestaller, der in schwer verletztem Zustand in ein Krankenhaus in Bologna eingeliefert wurde. Wir bitten, die Angehörigen der Toten zu benachrichtigen und insbesondere darüber zu befragen, ob eine Überführung der Leiche gewünscht wird, die vorläufig auf dem Friedhof von Santa Delanora beigesetzt wird.«

Vellhagen gibt keinen Laut von sich. Wie zugeschnürt ist seine Kehle. Sein Gesicht ist kalkweiß. Nur seine Lippen leuchten bläulich. Die Augen hat er geschlossen. Erst nach langer Zeit öffnet er sie zu einem kleinen Spalt und mustert seine Umgebung, als müsste er sich zurechtfinden in einer ihm gänzlich fremden Welt. Ein paar Mal öffnet sich sein Mund, sei es, um tiefer zu atmen, oder weil er etwas sagen will. Aber er bringt kein Wort über die Lippen – nur ein Ächzen, schwer und knarrend – wie ein Baum, der fallen will.

Er lehnt mit dem Rücken gegen die Sämaschine und sagt endlich langsam und leise, die Augen auf einen Arbeiter richtend:

»Hast du das gehört, Jochen?«

Der Jochen nestelt am Zaumzeug der Pferde herum. Er will nicht sehen lassen, dass er weint.

»Ich hab es gehört.«

»Und – kannst du – es glauben?«

»Ich weiß nicht, Herr Vellhagen.«

»Es wird wohl doch so sein. Ich – danke Ihnen, Herr Hauptwachtmeister.«

Mit schweren Schritten stapft Vellhagen davon. Seine Schultern sind eingezogen, als hätte sich eine schwere Last darauf gelegt. Im Hof gehen alle scheu zur Seite. Er sieht niemanden an. Schnurstracks eilt er ins Büro, wo Margret über den Büchern sitzt.

»Du bist noch da?«, sagt er mit gebrochener, schwacher Stimme.

Margret erschrickt und schaut den Vater besorgt an.

»Warum soll ich nicht hier sein, Vater?«

»Freilich, warum solltest du nicht hier sein? Du bist ja nicht wie Angela, die mich belogen und betrogen hat.« Er wirft seinen Hut in die Ecke und schreit plötzlich wie ein todwundes Tier: »Ihr, gerade ihr habe ich vertraut. Ich hielt sie einer Lüge überhaupt nicht für fähig!«

Entsetzt springt Margret auf. »Um Gottes willen, Vater, du darfst dich nicht so aufregen! Dein Herz – du weißt es doch …«

»Ach – mein Herz. Was liegt an meinem Herz! Es hätte schon längst stillstehen sollen, dann wäre mir das erspart geblieben!«

»Was ist denn passiert, Vater?«

»Weißt du, wo deine Schwester ist?«, fragt er plötzlich und schaut seine Jüngste mit verschwommenen Augen an.

»Angela? Bei Roland ist sie doch!«

»Ja, das habe ich auch geglaubt. Seit vierzehn Tagen ist sie fort. Hat sie uns auch nur einmal eine Karte geschrieben? Ich will dir sagen, wo sie ist: Irgendwo in einem kleinen Bergnest liegt sie in der kalten Grube.«

»Tot?«, schreit Margret auf und greift nach einem Halt. »Das kann nicht sein, Vater!«

»Das Schicksal fragt nicht, ob es kann oder darf. Es holt einfach aus mit seinem Prankenschlag und trifft. Ja, ja, kleine Margret, dich habe ich immer unterschätzt. Aber ich glaube kaum, dass du es fertig gebracht hättest, deinen Vater so zu belügen und diesen prächtigen Menschen, diesen Roland Hayder, so zu betrügen.«

Nun knickt Margret in die Knie. Es ist gerade, als ob sie ein Blitz gestreift hätte, der nicht tödlich wirkt, nur das Leben ansengt.

»Ich weiß nicht, was das alles bedeuten soll.«

»Ich habe es zuerst auch nicht gewusst, aber jetzt ist mir alles klar: Angela ist statt zu Roland zu fahren mit Georg Seestaller durch die Welt gejagt. Da unten auf dem Apennin sind sie irgendwo verunglückt. Ich habe den langen Weg vom Acker bis hier herein gebraucht um es glauben zu können, dass Angela tot ist.«

Margret weint erschüttert in ihre Hände hinein. Aber sie weiß nicht, weint sie um die Schwester oder um den betrogenen Roland Hayder.

Gerade als ob der Verwalter ihre Gedanken erraten hätte, sagt er: »Wir müssen ihm sofort schreiben.«

Da springt nach einer kurzen Pause Margret auf. Sie hat sich gefasst und wunderbar gesammelt, als begreife sie mit einem Mal, dass sie jetzt stärker sein müsse als der Vater.

»Nein, Vater, das dürfen wir ihm nicht schreiben, vorerst wenigstens nicht. Ich glaube kaum, dass er den Schlag aushalten kann, ohne dass sein Werk darunter Schaden leidet. Es steht zu viel auf dem Spiel für ihn!«

»Was nun zu tun ist, liebe Margret, ich weiß es nicht. Holzweber hat, glaube ich, auch etwas gesagt von einer Überführung. Warum? Tot ist tot, und wenn ein Mensch nicht mehr atmet, ist es gleich, in welcher Erde er liegt. Nein, wir lassen das so, wie es ist. Aber wir beide, nicht wahr, du und ich, kleine Margret, wir werden einmal hinfahren an ihr Grab. Im Frühling vielleicht …«

Margret schluckt und drängt die Tränen gewaltsam zurück. Langsam geht sie hinaus um Tante Marie das Schreckliche mitzuteilen. Es ist dann, als erstarre der ganze Hof in Trauer. Mit Windeseile verbreitet sich die Nachricht bis in die letzte Gesindestube. Als die Gespanne um die Mittagsstunde in den Hof fahren, steht der Gutsverwalter wie jeden Tag auf der breiten Treppe des Herrenhauses und tut so, als mustere er alles, was da durchs Tor einfährt. In Wirklichkeit schaut er heute über alles hinweg. Sein Blick verfängt sich erst weit draußen in den Fichtenwipfeln, um die ein Häher kreist.

Der Chefchirurg des Krankenhauses geht in seinem Büro mit langen Schritten auf und ab. Noch nie ist ihm ein Fall so nahe gegangen wie der dieses Ingenieurs Roland Hayder. Professor Moldenhauer ist bekannt für seine geradezu pedantische Gewissenhaftigkeit. Gelingt es ihm einmal nicht, einen seiner Patienten am Leben zu erhalten, dann geht er tagelang wie von einer schweren Last bedrückt umher.

In diesem Fall hat er das Menschenmögliche getan. Er hat die Kugel vom Stirnknochen entfernt und hat gebangt und gezittert um das Leben dieses Ingenieurs, den man ihm eines Morgens einlieferte. Das Augenlicht aber kann er ihm anscheinend nicht erhalten. Professor Modenhauer denkt, ja grübelt noch einmal den ganzen Fall durch: Der Schusskanal verläuft oberhalb des linken Schläfenbeins zum schräg gegenüberliegenden Stirnbein. Der Sehnerv selbst ist nicht verletzt. Allerdings ist der obere gerade Augenmuskel stark geschwollen und der untere schiefe Augenmuskel entzündet. Nach seinen Erfahrungen jedoch hätte der Patient schon vor einigen Tagen bei der Verbandserneuerung wenigstens einen grauen Schimmer wahrnehmen müssen. Aber er sah nichts. Es war rabenschwarze Nacht um ihn. Ebenso heute, als man ihm wieder den Verband erneuerte. Auch auf dem Röntgenbild, das heute gemacht wurde, ist nichts zu sehen. Man hat dem Patienten die Binde wieder über die Augen gelegt und ihn getröstet, dass bald Besserung eintreten würde.

Es klopft. Eine Schwester tritt ein.

»Was gibt es, Schwester?«

»Ein Brief ist angekommen für Herrn Hayder.«

»Ein Brief? Er kann ihn ja nicht lesen!«

»Ich wollte Sie fragen, ob ich den Brief dem Patienten vorlesen soll.«

Der Professor zuckt die Schultern. »Tja, man müsste wissen, ob der Brief erfreulich oder unerfreulich auf den Patienten wirken wird. Das ist für seinen derzeitigen Zustand von größter Wichtigkeit. Geben Sie einmal her.«

Er liest den Absender: »Angela Vellhagen, z. Z. Cannes, Riviera.«

»Eine Frau also«, nickt er vor sich hin.

»In seinen Fieberträumen hat er manchmal nach einer Angela gerufen. – Ich glaube, dass wir berechtigt sind, den Brief vorher zu lesen.« Schon schlitzt er mit einem silbernen Brieföffner den Umschlag auf, liest die ersten Sätze und lacht rau auf.

»Sehen Sie, da haben wir es schon, Schwester. Das fehlte uns gerade noch! Lesen Sie selber weiter, mir genügt es bereits.«

Er reicht den Brief über den Schreibtisch hin und Schwester Monika liest, was Angela Vellhagen geschrieben hat:

»Lieber Roland! Ich habe es lange, fast länger, als ich es verantworten konnte, mit mir herumgetragen. Nun muss ich dir doch die Wahrheit sagen. Glaube nicht, dass ich es unüberlegt tue, nein, ich habe mich lange und gewissenhaft geprüft und es tut mir sehr, sehr Leid, dass ich mich in meinen Gefühlen getäuscht habe. Ich habe einen anderen Mann kennen gelernt und weiß, dass er der mir vom Schicksal bestimmte Weggenosse ist. Wenn dir meine heutigen Eröffnungen wehtun, Roland, so denke dir, dass ich deiner nicht wert gewesen bin. Das – so glaube ich wenigstens – könnte dir ein Trost sein. Eine Umkehr gibt es für mich nicht mehr. Ich bin bereits zwölf Tage mit ihm unterwegs. Er hat mir so viel Schönes gezeigt von der Welt. Ich glaube heute, dass es doch nicht das Letzte und Tiefste war, was uns beide einmal verbunden hat. Mich tröstet der Gedanke, dass du in deinem Werk aufgehst. Du wirst mich vergessen können, Roland. Ich bitte dich nur, wenn es geht, nicht allzu böse von mir zu denken. Mit den allerbesten Wünschen für deine weitere Zukunft bin ich, dich herzlich grüßend, Angela Vellhagen.«

Langsam lässt die Schwester den Brief sinken und schaut gedankenverloren zum Fenster hinaus. Dann seufzt sie schwer und sieht den Professor an.

»Was sollen wir jetzt tun, Herr Professor?«

»Was tun? Den Brief auf keinen Fall aushändigen! Erfinden Sie einen anderen Text, Schwester. Ich weiß zwar nicht, wie Sie darüber denken, aber ich glaube, es wäre eine menschenfreundliche Lüge. Der Patient müsste sich ja verraten und verkauft vorkommen. Und das gerade jetzt, wo jede Erschütterung zu einem Rückschlag führen kann. – Gibt es sonst noch etwas Neues, Schwester?«

»Die Abendzeitung schreibt heute, dass man den Täter überführt hat und dass er geständig ist, diesen verhängnisvollen Schuss auf den Ingenieur abgegeben zu haben.«

»Und das Motiv?«

»Darüber weiß die Zeitung nichts zu berichten.«

So gehen die Tage dahin. Rolands Zustand bessert sich von Tag zu Tag, aber er darf die Binde immer noch nicht von den Augen nehmen. Schwester Monika kommt in eine immer schwerere Bedrängnis. Täglich bedrängt sie der Ingenieur mit der Frage, ob kein Brief für ihn gekommen sei.

»Nein«, antwortet sie dann und fühlt jedesmal einen brennenden Schmerz dabei, denn sie lügt, lügt mit jedem Tag aufs Neue. Sie fühlt die Ungeduld des Kranken, seine zehrende Sehnsucht und eines Nachts kann sie das nicht mehr mit ansehen.

Schwester Monika hat Nachtdienst in der Männerabteilung der Klinik. Sie tut das immer behutsam und leise, öffnet kaum hörbar die Türen, tritt mit ihrer abgedunkelten Taschenlampe an jedes Bett heran und überzeugt sich, ob der Kranke schläft oder ob er einen Wunsch hat.

Roland Hayder hat ein Zimmer für sich allein. Als sie die Tür öffnet, sieht sie eine Bewegung.

»Können Sie nicht schlafen?«

»Nein, Schwester! Ist es jetzt Nacht oder Tag?«

»Es ist Nacht, Herr Ingenieur.«

»Wieder keine Post gekommen heute?«

Wie ein Schlag trifft sie die Frage. Einige Sekunden Schweigen.

»Doch – heute ist ein Brief eingegangen.«

»Endlich! Warum sagt man mir das erst jetzt? Bitte, Schwester, lesen Sie mir sofort den Brief vor!«

»Ja – ich muss ihn erst holen.«

Fast zehn Minuten bleibt sie aus. Dann kommt sie und setzt sich an sein Bett. Sie reißt ein Stück Papier entzwei um das Öffnen des Briefes vorzutäuschen. Tief holt sie Atem. Dann spricht ihre Stimme leise und langsam Wort für Wort:

»Lieber Roland! Ich habe lange von dir nichts mehr gehört, hoffe jedoch zuversichtlich, dass es dir gut geht. Ich habe viel Sehnsucht nach dir, lieber Roland – das fühlst du sicherlich. Bleib mir gut, mein Roland, so wie ich dir immer gut bleiben werde! Deine Angela.«

Das Gesicht der Schwester ist von Purpurröte übergossen. Sie hat das Gefühl, als sähe der Kranke durch seine schwarze Binde hindurch, dass sie nur ein leeres Blatt Papier in den Händen hält.

»Danke«, sagt Roland. »Vielen, herzlichen Dank, Schwester! Angela ist nämlich meine Braut. Wenn ich wieder gesund bin, wollen wir bald heiraten.«

»Ja«, antwortet die Schwester leise und nimmt ein Tuch zur Hand um ein paar Schweißtropfen von seiner

Stirn zu wischen. Dann steht sie auf. Der Lichtschalter knackt leise und die Tür schließt sich hinter ihr mit einem quietschenden Ton.

Wieder vergehen ein paar Tage. Roland fragt, als man ihm das Mittagessen bringt: »Ich komme ganz aus der Ordnung, Schwester. Ist es jetzt Tag oder Nacht?«

Die Schwester friert bei dieser Frage bis ins Herz hinein. »Es ist Tag, Herr Ingenieur.«

»Für mich aber immer nur Nacht, immer Nacht«, jammert er. »Wird es denn überhaupt nicht mehr hell für mich?«

Die Schwester setzt sich zu ihm ans Bett und nimmt seine Hand.

»Doch, Herr Ingenieur. Es wird auch wieder hell werden. Wenn das Licht in unserer Seele leuchtet, gibt es gar keine wirkliche Nacht.«

»Natürlich – das Licht der Seele, wenn es leuchtet. Aber ich will das Licht meiner Augen! Ich will meinen Viadukt sehen, meinen Tunnel. Wann wird das endlich sein, Schwester? Mir kommt es vor, als wäre es schon eine Ewigkeit Nacht um mich.«

»Die Ewigkeit ist anders, Herr Ingenieur.«

»Ist anders? Schwester, was soll das heißen? Warum weichen Sie meiner Frage immer wieder aus?« Er stößt plötzlich ihre Hand zur Seite und setzt sich mit einem Ruck auf. Ehe sie ihn daran hindern kann, hat er mit einem Ruck die Binde von seinen Augen gerissen, befühlt mit zitternden Händen seine Augen und schreit auf wie ein Tier in Todesqual.

»Warum sehe ich nichts? Schwester, warum nicht? Die Wahrheit, Schwester, die Wahrheit!«

»Um Gottes willen, beruhigen Sie sich doch«, redet Schwester Monika auf ihn ein.

»Beruhigen? Ach so – jetzt kenne ich mich aus! Blind bin ich also! Und das hat man mir bisher verschwiegen!«

»Weil wir immer noch gehofft haben.«

»Immer noch gehofft? Und jetzt – jetzt seid ihr wohl ohne Hoffnung?«

»Man darf die Hoffnung nie aufgeben, Herr Ingenieur.«

»Mein Gott, was habe ich nur getan, dass du mich so hart strafst? War es denn falsch, dass ich diesen Berg anrührte …?«

Und wild aufschluchzend wirft er sich in seine Kissen zurück.

Die Schwester hört und sieht das nicht mehr, denn sie hat das Zimmer schon verlassen und steht vor dem Professor.

»Er weiß es jetzt, Herr Professor.«

»Und? Wie hat er darauf reagiert?«

»Ich weiß nicht – es ist so unheimlich.«

»Ich gehe natürlich sofort zu ihm. Keine scharfen Gegenstände mehr ins Zimmer, kein Messer, keine Gabel! Die ersten drei Tage sind die schlimmsten in diesen Fällen.«

Dann geht er zu Roland.

Aber diese drei schlimmen Tage gehen vorüber, ohne dass etwas geschieht. Roland liegt apathisch da. Er spricht kein Wort, nimmt kaum etwas zu sich und braucht genau diese drei Tage und drei noch schlimmere Nächte um sich mit seinem Schicksal abzufinden. Am vierten Tage sagt er zu Schwester Monika:

»Sie dürfen mir ruhig wieder Messer und Gabel bringen, Schwester. Wenn auch mein Leben nicht mehr viel wert ist, so bin ich in der langen Zeit meines Nachdenkens draufgekommen, dass viele andere auf Gottes Erdboden herumlaufen, denen es noch schlechter geht als mir.«

Die Schwester ergreift gerührt seine Hand.

»Ja, ja, es ist schon gut, Schwester! Etwas anderes, Schwester! Sie waren so freundlich und haben mir vor einigen Tagen Angelas Brief vorgelesen. Könnten Sie ihn nun auch in meinem Namen beantworten? Das heißt, ich möchte Ihnen diktieren, was Sie schreiben sollen. Oder darf ich als Krüppel ein Mädchen wie Angela nicht länger an mich binden? Was meinen Sie?«

»Ich meine, Herr Ingenieur, die Liebe müsste sich jetzt erst recht bewähren. Ihr Unglück dürfte daran eigentlich nichts ändern. Gerade jetzt müsste es sich zeigen, ob Angela zu einem Opfer fähig ist.«

»Angela?« Er lacht – ja, er lacht wirklich zum ersten Mal nach langer Zeit wieder. »Angela sollte zu diesem Opfer nicht fähig sein? Wenn Sie daran zweifeln, kennen Sie Angela schlecht! Sie ist so tapfer, wie sie treu ist. Aber von mir wäre es unrecht, dieses große Opfer von ihr anzunehmen. Nein, das darf und kann ich nicht!«

»Unsere Ansichten gehen hier auseinander, Herr Ingenieur. Auf alle Fälle würde ich mit dem Antwortbrief noch etwas warten.«

Sein Entschluss, Angela nicht mit Gewalt an sich zu binden, steht unerschütterlich fest. Er kann sich das nicht ausdenken: Angela, seine Angela, die so sehr am Leben hängt, lebenslang an ihn, einen Krüppel, einen Blinden gekettet? Nein, nein, das ist unmöglich!

Er kann jetzt aufstehen und umhergehen. Mit den Händen tastet er seinen Raum ab. Wenn er am Fenster steht, dann weiß er nur, wenn er das Glas berührt hat, dass es das Fenster ist. Manchmal öffnet er es und lässt sich den Wind ums Gesicht spielen. Er hört die Blätter in den Bäumen rauschen und denkt, dass es schon weit im Herbst sein muss.

Es ist auch nicht mehr so langweilig für ihn. Er bekommt viel Besuch. Zuerst ist es der Seniorchef seiner Firma. Roland horcht misstrauisch auf jedes Wort, das zu ihm gesprochen wird. Als der Chef sagt, dass die Firma im Aufsichtsrat beschlossen habe, ihm eine lebenslängliche Pension zu zahlen, fragt er sofort mit schneidender Schärfe:

»Soll das aus Mitleid geschehen? Mitleid verbitte ich mir!«

»Aber nein, davon kann keine Rede sein, lieber Herr Hayder. Die Arbeiten am Viadukt und am Tunnel werden nach Ihren Plänen fertig gestellt. Dafür müssen Sie doch entlohnt werden! So hoch wird die Pension nun auch wieder nicht sein. Sie ist als Anerkennung Ihrer Leistung gedacht.«

Das will Roland gelten lassen. Er rechnet aus, dass er auch eine Unfallrente erhalten wird. Hundert Prozent erwerbsunfähig, das ergibt eine ganz schöne Summe bei dem, was er monatlich einbezahlt hat. Er wird also leben können.

Auch der Haslreiterbauer besucht ihn. Von ihm erfährt Roland erst die näheren Zusammenhänge. Rochus Ploner habe aus Eifersucht auf ihn geschossen, weil er meinte, Hayder wolle ihm Monika wegnehmen.

Erschüttert schlägt Roland die Hände vors Gesicht. »Auch das noch! Ich hatte doch wirklich nicht die Absicht!«

»Das weiß ich«, sagt der Haslreiter, »das weiß ich wohl. Man sagt ja auch, dass er aufgehetzt worden ist. Die Brandstiftung an deiner Bauhütte leugnet er nach wie vor ab und es geht nun das Gerücht um, dass es die Gottner-Burgl gewesen sei.«

Roland schüttelt nur immer wieder den Kopf.

»Wie können die Menschen bloß so dumm sein? Haben die denn geglaubt, dass der Bau nicht zu Ende geführt wird, wenn ich nicht mehr da bin?«

»Das weiß ich nicht. Jedenfalls ist die Gottner-Burgl seit dem Tag verschwunden. Aber wie ist es, Ingenieur, kommst du nicht mehr zu uns zurück?«

Roland lässt den Kopf tief auf die Brust sinken und denkt lange nach. Dann richtet er sich langsam auf.

»Nein, dass kann ich nicht!«

»Warum denn nicht? Du kannst doch bei uns wohnen und leben.«

»Danke, ihr seid gute Menschen. Aber trotzdem geht es nicht! Schau, Haslreiter, ich kann nicht dort leben, wo man mir meine Lebensaufgabe aus den Händen geschlagen hat. Was ich brauche, ist Ruhe und Abgeschiedenheit.«

Der Haslreiter hatte das nicht erwartet. Sie haben daheim alles schon genau besprochen und er war überhaupt der Meinung, dass er den Ingenieur gleich mitnehmen würde. Nun sitzt er da und kratzt sich nachdenklich mit den Knöcheln seiner Hand den Dreitagebart. Roland hört die Bartstoppeln knistern und stellt sich im Geist das breite und gutmütige Gesicht des Bauern vor.

»Wie ist dann das?«, beginnt der Haslreiter unvermittelt. »Du hast mir doch einmal von einem erzählt, den meine Monika gern hätte. Ein Mechaniker soll es sein, glaube ich. Sie faselt jetzt immer von einer Werkstatt und einer Tankstelle am Tunnelausgang. Meinst du, dass das das Richtige ist?«

»Doch, Haslreitter, das ist das Richtige. Den Tipp mit der Tankstelle habe ich ihr gegeben. Das hat eine Zukunft, Bauer.«

»Also gut, wenn du meinst. Muss ich halt in Gottes Namen tief hineingreifen in meinen Geldschrank. Es wird allerhand kosten, denk ich. Selbst wird er ja vermutlich nicht viel haben, wenn er bloß Mechaniker ist. Was meinst du?«

»Über seine materielle Lage bin ich natürlich nicht unterrichtet. Aber ist denn das so wichtig zum Glück, Haslreiter?«

»Hast Recht, Ingenieur. Es ist bloß, weil sie aus der Reihe tanzt, die Monika. Hab mir gedacht, sie müsste Bäuerin werden. Weißt, ich bin noch einer vom alten

Schlag, dem das Neue noch nicht so schnell in den Schädel will. Aber es ist schon gut, wenn du meinst, dass sie das Richtige trifft.«

»Ja, das meine ich unbedingt! Grüß sie mir recht schön, die Monika!«

Dann geht der Haslreiter und Roland steht noch lange am offenen Fenster, geradeso als ob er ihm nachsehen würde. Dieser Besuch hat ihn doch recht bewegt. Er sagt sich in Gedanken, dass er von hier wegmüsse, denn hier wird er immer wieder Menschen begegnen, die er gekannt hat, bevor er blind wurde, und die nur schlecht verbergen können, wie Leid er ihnen tut.

Jawohl, fort von hier! Aber wohin?

Eines Tages besucht ihn der Sprengmeister Bruckner, teils aus alter Anhänglichkeit, teils weil er allerhand Fragen auf dem Herzen hat. Die alten Pläne sind verbrannt und man ist sich nicht recht klar, ob in die Kopien auch die nachträglichen Korrekturen eingezeichnet sind. Der neue Ingenieur, der für Roland angekommen ist, ist voller Tatendrang und möchte am liebsten zum Protest den ganzen Berg auf einmal sprengen. Zuweilen aber ist er auch recht unsicher. Darum fragt nun der Sprengmeister einige Dinge nach.

»Ja natürlich«, sagt Roland sofort, »es ist alles genau nach dem Original kopiert.« Oh, jeden einzelnen Strich hat er im Kopf. »Ihr müsst die Sprengkörper genau an den Stellen anlegen, die mit schwarzen Kreuzen eingezeichnet sind. Nicht mehr und nicht weniger! Es ist alles bis auf den letzten Kubikmeter berechnet!«

Sebastian Bruckner nickt.

»Das hab ich mir gedacht. Nur der Sicherheit halber wollte ich nochmals fragen. Und nun was anderes. Der Haslreiter hat mir gesagt, dass Sie nicht mehr ins Stephanstal zurückkommen wollen?«

»Nein, das will ich nicht. Was soll ich auch dort? Tag und Nacht mit anhören, wie ihr arbeitet, während ich irgendwo stillsitzen müsste, untätig, die Hände im Schoß und immer in Sorge, ob denn auch alles nach meinen Plänen geschieht.«

»Ich verstehe schon, Herr Ingenieur. Als mir's der Haslreiter sagte, hab ich gleich an meinen Bruder gedacht. Er besitzt einen Bauernhof im Gebirge. Ganz ruhig und abgeschieden kann man dort leben. Zum Anwesen gehört ein kleiner Anbau, den sich unsere Eltern in der Hoffnung bauten, dort einen ruhigen Lebensabend zu verbringen. Es war ihnen aber nicht lange vergönnt. Sie sind beide bald nacheinander gestorben, als sie in den Austrag gingen, obwohl ihnen mein Bruder Matthias und auch meine Schwägerin alles zuliebe getan haben. Dieses kleine Häuschen also, das würde mein Bruder gern vermieten. Es wäre nicht zu teuer. Wenn Sie sich dazu entschließen könnten, würde ich meinem Bruder schreiben.«

»Ja, Bruckner, schreiben Sie ihm!«, sagt Roland schnell entschlossen. Er hat sofort das Gefühl, dass dies das Richtige für ihn ist. »Sagen Sie es mir doch bitte gleich, wenn Sie Antwort erhalten haben. Ich denke, man wird mich hier bald entlassen.«

Roland fühlt, als er wieder allein ist, dass sich seine tiefe Niedergeschlagenheit löst. Gleich macht er sich über sein zukünftiges Leben allerlei Gedanken. Das Angebot kommt ihm wie gerufen. Er wird sich in einer völlig fremden Gegend ein neues Leben aufbauen. In diesem neuen Leben aber sieht er für Angela keinen Platz. Er weiß sie nirgends unterzubringen. Nicht dass sich seine Gefühle gewandelt hätten, o nein! Er liebt sie immer noch wie am ersten Tag. Im Gegenteil, seine Liebe ist so groß, dass er es ihr nicht zumuten will, dass sie in seine verdunkelte Welt versinkt und darin vielleicht alles Lachen und jeden Frohsinn verliert.

Darum muss der Brief endlich geschrieben werden. Er drängt Schwester Monika jedesmal, wenn sie in sein Zimmer tritt, bis sie endlich mit Papier und Stift erscheint, sich an den Tisch setzt und darauf wartet, was er ihr diktieren wird.

Roland steht am Fenster, die Arme über der Brust gekreuzt. Genau überlegt er sich den ersten Satz. Sie soll nicht erschrecken, soll vor allem nicht das Gefühl haben, dass es ihm leicht falle, sie freizugeben. Nein, er will es gern so einrichten, dass sie zu ihm kommen kann, wenn sie glaubt ohne ihn nicht leben zu können. Er wird sie freigeben, jawohl, zugleich aber die Tür offen lassen, dass sie jederzeit wieder hereintreten kann um mit ihm zusammen zu sein.

»Bitte, schreiben Sie«, sagt er jetzt ohne sich umzudrehen.

»Geliebte Angela! Für deinen letzten Brief danke ich dir von ganzem Herzen. Damals konntest du noch nicht wissen, wie schwer mich – nein, schreiben Sie lieber – konntest du noch nicht wissen, welche Veränderung in mein Leben gekommen ist. Mittlerweile wirst du es sicherlich aus der Presse erfahren haben. Wisse, dass gerade dein Brief und das, was du mir mit so guten Worten zu sagen wusstest, mir die Kraft und den Willen zum Weiterleben gaben.

Mittlerweile habe ich genügend Zeit gehabt darüber nachzudenken, dass ich nun in einer Welt weiterleben muss, in der es für mich keine Baumblüte, keine leuchtenden Rosen am Gartenzaun, keine weißen Wolken am Himmel mehr gibt. Alle diese Dinge trage ich fortan nur noch in meiner Erinnerung. In der immerwährenden Nacht, die mich jetzt umgibt, leuchtet mir aber tröstend dein liebes Gesicht, das ich aus der Erinnerung heraus bis in die kleinste Linie nachzeichnen kann.

Blindsein, dieses Wort hört sich im ersten Augenblick an wie Totsein. Und doch ist es nicht dasselbe, denn man atmet, man spürt, wie das Blut durch den

Körper kreist, und man fühlt langsam und sicher ein neues Verhältnis zu allen Dingen. Ich werde nun irgendwo untertauchen, in einem kleinen Dorf, abseits von allem Trubel –«

Hier unterbricht ihn die Schwester und meint:

»Wollen Sie ihr nicht mitteilen, wohin Sie zu gehen beabsichtigen?«

»Nein, nein, was denken Sie. So wie ich Angela kenne, würde sie alles liegen und stehen lassen um dorthin zu kommen. Gerade das will ich vermeiden! Angela soll nichts überstürzen, sie soll sich alles reiflich überlegen, denn es ist keine Kleinigkeit, mit einem Blinden zu leben. Schreiben Sie bitte weiter:

Ich weiß um deine Liebe, Angela, und ich weiß, dass du zu jedem Opfer bereit bist. Dieses Opfer anzunehmen wäre aber grenzenloser Egoismus von mir. Deshalb, liebe Angela, bitte ich dich, prüfe dich ganz genau und lass dir Zeit, ehe du dich endgültig entschließt. Fass es nicht so auf, als ob du mir nichts mehr bedeuten würdest, wenn ich dir jetzt schweren Herzens sage, dass du dich – nicht mehr an mich gebunden fühlen brauchst. Du darfst den Glauben an ein neues Glück nicht verlieren und sollst auch nicht denken, dass ich als grauer Schatten in deinem neuen Glück herumgeistern würde. Was du mir durch deine Liebe einmal geschenkt hast, Angela, ist so viel, dass ich mein ganzes Leben lang davon zehren werde. In meiner Erinnerung leben die herrlichen Stunden der Freude, die ich mit dir und durch dich erleben durfte. Prüfe dich eingehend und genau, liebe Angela, ob du mir weiter etwas bedeuten willst. Ich werde Geduld haben. Geduld ist ja alles jetzt in meinem Leben. Somit grüße ich dich für heute und – wenn es sein soll – für immer. Dein Roland.«

Tief aufatmend wendet sich Roland vom Fenster ab.

»Würden Sie mir jetzt bitte das Ganze noch einmal vorlesen, Schwester?«

Er stützt den Kopf in die Hände, hört zu und nickt dann zufrieden.

»Danke, Schwester. Ich glaube, so ist es gut.«

Die Schwester klebt den Brief zu und schreibt die Adresse auf das Kuvert. Dann verlangt Roland, dass sie ihn zur Post führt. Es ist das erste Mal, dass er ausgeht, und er erlebt mit grenzenloser Erschütterung, wie es ist, wenn man von einem Menschen geführt werden muss. Bei jedem Geräusch zuckt er zusammen. Er hat schreckliche Angst irgendwo anzustoßen und fasst mit der rechten Hand den Arm der Schwester so krampfhaft, dass es sie schmerzt, während er die linke Hand immer tastend ausstreckt.

Einmal geht jemand vorüber und sagt etwas. Mit einem Ruck bleibt er stehen.

»Was hat die soeben gesagt? Dass ich ihr Leid tue?«

»Nein, das hat niemand gesagt. Kommen Sie nur!«

»Aber es war doch so ähnlich wie: Der arme Mensch! Doch, doch, Schwester, ich habe es nur zu deutlich gehört.«

»Herr Ingenieur, wenn Sie so ins neue Leben finden wollen, dann werden Sie es sehr schwer haben.«

»Sie haben Recht, Schwester, ich muss lernen unempfindlich zu werden. Ach, ich glaube, Sie werden mir einmal recht fehlen. Ich denke, dass es besser ist, wenn ich in Zukunft eine Brille trage. Dann sieht man es mir nicht gleich auf den ersten Blick an, dass ich blind bin.«

Schließlich kommen sie zur Post. Eigenhändig wirft Roland den Brief ein. Danach gehen sie auf einem Umweg zur Klinik zurück. Roland gewinnt langsam ein wenig Sicherheit. Er hat nicht mehr so viel Angst, dass er irgendwo anstößt, und er interessiert sich für die Umgebung.

»Hier muss eine Bäckerei sein«, sagt er. »Ich rieche frisches Brot.« Und später: »Kommt jetzt nicht ein Blumenladen, Schwester?«

»Ja, ganz richtig, ein Blumenladen.«

»Bitte, wollen wir hineingehen?«

Roland verlangt Orchideen, zehn Orchideen, obwohl sie ziemlich teuer sind. Als er nach seiner Brieftasche greift, ist er einen Augenblick versucht, sie Schwester Monika auszuhändigen, damit sie für ihn bezahle. Dann aber sagt er sich, dass er gerade hier seine erste Prüfung ablegen müsse. Er nimmt einen Schein, tastet ihn mit den Fingern ab und sagt dann mit großer Sicherheit: »Das muss ein Hunderter sein, nicht wahr?«

Ja, es war ein Hunderter. Als man es ihm bestätigt, lächelt er kindlich froh. Dann nötigt er die Blumen der Schwester in den Arm.

»Sie haben so viel für mich getan, Schwester Monika, dass ich Ihnen unbedingt eine kleine Freude machen möchte.«

Diese Freude will sie ihm nicht nehmen.

Aber gleich, als sie wieder zur Klinik zurückkommen, nimmt die Schwester eine große Vase und stellt die Orchideen unter das Bild der Gottesmutter in der Hauskapelle.

Rolands Brief trifft in Schalleck ein und wird von Margret geöffnet. Er schlägt ein wie ein Blitz aus heiterem Himmel, denn man ist auf Schalleck völlig ahnungslos. Man hatte sich gewundert, warum Roland nichts mehr von sich hören ließ, und meinte, dass Angela ihm vor ihrem schrecklichen Ende ihre Untreue noch gestanden habe und Roland sich deshalb in Schweigen hülle.

Margret trifft dieser Brief noch furchtbarer als die Botschaft vom Tod ihrer Schwester. Damals ist sie erschrocken. Diese Nachricht dringt mitten in ihr Herz und füllt es bis zum Rand mit Trauer und Mitleid.

Langsam steht sie auf und fühlt die Schwäche in den Kniegelenken. Sie starrt im Spiegel gegenüber ihr Gesicht an, sie ist weiß geworden.

»Blind ...«, spricht sie mit leiser, zitternder Stimme vor sich hin. »Und – nicht helfen können ...«

Sie hält es im Haus nicht aus und geht über die Felder tief in den Wald hinein. Obwohl ein schneidend scharfer Wind weht, spürt sie die Kälte nicht, merkt auch kaum, wie die Tränen unaufhaltsam über ihr Gesicht laufen.

Wie viele Stunden ist sie schon unterwegs? Sie weiß es nicht. Als sich der Wald endlich lichtet, sind der Himmel und die weite Landschaft in ein wundervolles Abendrot getaucht. Hier begegnet sie dem Vater, bei dessen Anblick sie erschrickt. Der Verwalter wähnt sich allein auf den abendlichen Wiesen und darum geht er so, wie er in letzter Zeit immer zu gehen pflegt, wenn er allein ist: die Schultern nach vorn gebeugt, den Hut in den Händen, den Blick starr zu Boden gerichtet, als suche er etwas. Als Margret ihn anruft, bleibt er mit einem Ruck stehen, richtet sich auf und sieht ihr entgegen. Ohne zu fragen weiß er, dass wieder etwas Schlimmes geschehen ist. An ihrem Gesicht erkennt er es, an dem Klang der Stimme.

Als sie ganz nahe bei ihm steht, sieht er ihr in die Augen und fragt dann ohne Hast – es gibt für ihn auf dieser Welt nichts mehr, was ihn überraschen oder erschrecken könnte:

»Was ist es diesmal?«

»Ach, Vater, es ist so furchtbar: Roland ist blind.«

»Was sagtst du? Roland? Roland Hayder? Wie ist denn das zugegangen?«

»Darüber schreibt er nichts, Vater. Er hat an Angela geschrieben. Er gibt sie frei.«

»Er gibt sie frei?« Der Inspektor wendet den Kopf und starrt in das Abendrot, bis ihn die Augen schmerzen. »Das ist eine seltsame Ironie!«

»Aber zwischen den Zeilen kann man lesen, dass er trotzdem auf Angela wartet. Er meint nur, dass er dieses Opfer nicht annehmen könne.«

»Tote haben nichts mehr zu opfern, man gibt sie auch nicht frei. Siehst du, wir hätten es ihm damals doch mitteilen sollen!«

»Ich bin froh, Vater, dass wir es nicht getan haben, denn er schreibt auch, dass es gerade Angelas Liebe gewesen sei, die ihm die Kraft zum Weiterleben gegeben habe.«

»Merkwürdig«, sagt der Verwalter im Weitergehen, »dass die Menschen so verzweifelt am Leben hängen. Natürlich können wir ihm jetzt nicht ohne weiteres mitteilen, dass Angela nicht mehr lebt. Wir müssen abwarten.«

Margret schweigt. Sie weiß im Augenblick nicht, was sie tun soll. Sie weiß nur, dass sie sofort zu Roland gefahren wäre, wenn er sie statt Angela gerufen hätte. Aber er hat anscheinend überhaupt vergessen, dass es eine kleine Margret gibt. Nicht einmal jetzt erinnert er sich ihrer. Sie kommt sich so verlassen, so unnütz vor. Nirgends leuchtet ein kleiner Hoffnungsstern für sie. Das Leben könnte nun eigentlich zu Ende sein, denn einen Roland Hayder hat es nur für Angela gegeben und er lebt auch weiterhin nur in Gedanken an sie.

Margret hat ihm nie etwas bedeutet und wird ihm nie etwas bedeuten können. Die Geschichte ihrer Liebe ist so unwirklich wie ein Märchen.

Endlich zerreißt sie die Kette ihrer düsteren Gedanken, bezwingt die Qual ihrer Seele und wendet ihre ganze Aufmerksamkeit wieder dem Vater zu, der in letzter Zeit sichtbar gealtert ist. Sein Haar ist grau, die Haut seines Gesichtes fahl, sein Blick teilnahmslos und seltsam abwesend geworden. Sein Schritt ist so müde und schwer, als gingen seine Füße bereits unter der Erde.

Der Verwalter denkt nur mehr an das kommende Frühjahr. Da will er nach Italien reisen und Angelas Grab besuchen. Vielleicht wäre doch daran zu denken sie heimzuholen, damit sie neben ihm schläft, denn er fühlt, dass ein Ende nahe bevorsteht.

Dann ist Roland Hayder eines Tages in dem kleinen Gebirgsdorf angekommen. Der Sprengmeister Ferdinand Bruckner hat ihn an einem Sonntag hingebracht und seinem Bruder vorgestellt. Über den Preis hat man sich schnell geeinigt. Roland kann im Anbau wohnen, wird bei Bruckners verpflegt und hat es in allem gut.

Jetzt erst kommt es ihm so vor, als hätte er sein früheres Leben abgestreift. Am Sonntag nimmt die Brucknerin, eine junge, gutmütige Bäuerin, ihn mit in die Kirche des nahen Dorfes. Es gehört bald zum sonntäglichen Bild, dass die Brucknerin mit dem Blinden die Kirche betritt, ihn dem Predigtstuhl gegenüber in die Bank setzt und danach von dort wieder abholt.

Von Angela hat er nichts mehr gehört. Er nimmt es ihr nicht übel und übt sich den ganzen Winter über vergebens, diese schweigende Absage widerspruchslos zu tragen. Aber er kann Angela einfach nicht vergessen. Sie lebt in allen seinen Träumen. Manchmal ist er nahe daran, die Geduld, in der er sich doch üben will, zu verlieren und sie kategorisch aufzufordern, dass sie zu ihm komme. Sie hat sich ihm doch versprochen und ihm einmal gesagt: »Wir müssen nur immer den Willen in uns tragen, einander nicht verlieren zu wollen.«

Wenn er so denkt, dann kommt er sich verraten und verkauft vor. Im nächsten Augenblick aber bittet er ihr alles wieder ab, versucht sie zu begreifen und entschuldigt ihr Schweigen. Was soll sie ihm auch schreiben? Trostworte braucht er keine, Liebesworte wären nur ein Pfand, das eines Tages einzulösen wäre. Ach ja, Angela wird wahrscheinlich selbst von großer Unruhe und Unentschlossenheit gepeinigt sein.

So fällt er von einem Extrem ins andere. Der Winter vergeht und im Frühling wird es recht schlimm mit ihm. Einmal besucht ihn der Pfarrer des Ortes, ein alter, stiller Mann, und gibt ihm den Rat ein paar Monate eine Blindenschule zu besuchen.

Roland ist sofort dafür begeistert. Was man dort lernen könne, fragt er.

»Oh, das liegt ganz bei Ihnen. Vor allem Blindenschrift und vielleicht auch ein Handwerk, falls Sie Interesse daran haben.«

Ein Handwerk? Roland lächelt resigniert. Was könnte das für ein Handwerk sein? Sein Handwerk war Brücken- und Straßenbau. Aber das tun nun andere an seiner Stelle.

Aber er besucht die Blindenschule. Nach drei Monaten kommt er zurück. Eine tiefe Befriedigung ist in sein Herz eingezogen. Er hat erfahren, dass er nicht allein ist mit seiner Behinderung. Er hat viele Leidensgefährten kennen gelernt. Unter ihnen solche, die von Geburt an schon blind sind, die nie erfahren haben, in welchen Farben die Blumen blühen und wie ein Menschengesicht aussieht.

So geht die stille Weise eines neuen Sommers durch das Land. Roland Hayder verwertet nun das, was er auf der Blindenschule, wo man ihm in der kurzen Zeit freilich nur die Grundlagen beibringen konnte, gelernt hat. Er bindet Bürsten. Mögen die ersten auch aussehen wie Strohwische, es kehrt doch mit jedem Tag mehr Lebensfreude in sein Herz, weil er erkennt, dass seine Hände auch diesem neuen Handwerk gefügig und gelehrig sind.

Der Anfang ist jedenfalls gemacht und hinter seinem Beginnen steht ein eiserner Wille. Matthias Bruckner geht bereitwillig auf seine Pläne ein und lässt eine Wand im Erdgeschoss durchbrechen, so dass ein ziemlich großer Arbeitsraum entsteht. In diesem baut Roland seine neue Welt auf. Hier arbeitet er vom frühen Morgen bis in den späten Abend hinein, den mit trautem Klang die Glocke der Dorfkirche einläutet. Er hört den Kuckuck aus dem Bergwald rufen und die Wasserfälle rauschen. Langsam verdichten sich die Eindrücke dieser Gebirgslandschaft vor seinem inneren Auge, dass ihm zumute wird, als hätte er schon immer hier gelebt.

Aber das Glück, das ihm aus der einfachen Arbeit seiner Hände zufließt, macht auch sein Blut wieder sehnsüchtig. Er hat so viel Geld, dass er die Bürsten, die er anfertigt, nicht zu verkaufen braucht. Matthias, sein Vermieter, erhält die ersten brauchbaren Bürsten für seine Pferde. Schnell spricht sich im Dorf herum, dass man hier Bürsten geschenkt bekommt, und die Bauern nützen das gern aus. Fast jeden Tag kommt ein anderer und setzt sich zu ihm.

»Kannst du mir nicht auch so eine Bürste machen, Ingenieur?«

O ja, Roland kann das ohne weiteres. Er lächelt immer ein wenig, weil alle Ingenieur zu ihm sagen, obwohl er jetzt ein schlichter Bürstenbinder geworden ist.

Am Abend sitzt oft Matthias bei ihm. Ihre Gespräche tasten sich anfangs nur mühsam über den Bezirk des Alltäglichen hinaus. Aber auf einmal ist das Vertrauen da, das tiefe und restlose Vertrauen, das der Blinde instinktiv zu dem einfachen Bauern fasst, und an einem Abend, der so schön ist wie jener, an dem er einst mit Angela über den Gutssee fuhr, erzählt er dem Jungbauern Matthias Bruckner von Angela, seiner Braut. Er nimmt das Wort »Braut« so behutsam in den

Mund, dass man die Sehnsucht spürt, die dahinter glüht.

»Ja, ein sehr schönes Mädchen!«, sagt er. »Sie hat blondes Haar und ihre Augen sind ganz dunkel, so dunkel wie ein See, wenn es im Schilf Nacht wird.«

Matthias hat eine empfängliche Seele für alles Schöne und er zweifelt keinen Augenblick, dass der Ingenieur die Wahrheit sagt.

»Donnerwetter«, sagt er. »So schön ist sie? Weiß sie, dass du blind bist?«

»Ja, natürlich weiß sie es. Darum habe ich ihr ja geschrieben, dass sie ihr Glück mit einem anderen Mann suchen soll.«

Das versteht Matthias einfach nicht.

»Warum? Liebst du sie denn nicht mehr? Oder liebt sie dich nicht mehr?«

»Ich sie nicht mehr lieben? Wenn du wüsstest, wie sehr ich sie liebe! Aber ich kann sie doch in diesem Zustand nicht an mich ketten. Was wäre das für ein Leben für sie!«

»Ein schönes Leben«, sagt Matthias. »Im Dorf gibt es mehrere, die dich sofort nehmen würden. Sie warten sonntags, wenn du in die Kirche gehst, und flüstern dann: ›Dort kommt er, der Herr Ingenieur.‹«

»Tatsächlich? Denkst du wirklich, Matthias, dass mich eine Frau trotz meiner Blindheit noch lieben könnte?«

»Warum denn nicht? Blindsein ist noch nicht das Schlimmste! Taubheit zum Beispiel ist weit schwieriger. Taubstumm sein, dass stelle ich mir furchtbar vor. Du weißt wenigstens von früher her noch, wie deine Braut aussieht. Du kannst dich mit ihr unterhalten. Ich begreife nicht, warum du ihr nicht schreibst, dass sie kommen soll.«

Schweigen. – Erst nach einer langen Weile richtet sich Roland auf. Es ist plötzlich ein ungeheurer Aufschwung in ihm. Noch nie hat ihm ein Mensch auf solch einfache und klare Weise gesagt, was er tun soll.

»Du hast Recht, Matthias. Ich werde ihr schreiben. Lass mich nur noch ein paar Tage darüber in Ruhe nachdenken.«

Drei Tage darauf diktiert er Martha den folgenden Brief:

»Liebe, innig geliebte Angela! Ich habe mich lange geprüft, bis ich den Mut fand, dich zu bitten, dass du zu mir kommst. Komm zu mir, liebe Angela, damit es nicht mehr so einsam um mich ist. Hier im Süden habe ich eine neue Heimat gefunden. Ich sehe diese hohen Berge zwar nicht, von denen sie sprechen, aber ich spüre die Kühle des Windes, der von ihnen ins Tal niederweht. Ich erinnere dich an deine eigenen Worte, dass wir stets den Willen haben müssen, einander nicht zu verlieren. Ich habe diesen Willen wieder erkämpft, liebe Angela, und glaube, dass wir noch nie so eins waren, wie wir es jetzt sein werden. Mit deinen Augen wirst du für mich sehen und deine Hände werden mich durch das Leben führen. Nur der Gedanke an dich hat mich bisher alles ertragen lassen. Ich bitte dich inständig, liebste Angela, komm so bald als möglich, damit mein Leben wieder einen Sinn erhält. Für immer dein Roland.«

Er wartet auf Antwort und wird immer aufgeregter, als sie am dritten Tag noch nicht da ist. Endlich, nach einer Woche zermürbenden Wartens erhält er einen Brief. Dieser Brief ist recht kurz und bündig:

»Ja, Lieber, ich komme – und bin immer deine Angela.«

Roland glüht vor Aufregung und Glück. Triumphierend hält er den Brief vor Matthias hoch.

»Siehst du«, sagt er, »so ist sie! Ich habe es gewusst. Sie hat nur auf den Ruf gewartet. Nun kommt sie. Das ist echt Angela. Du musst oben noch ein Zimmer ausbauen lassen für sie, Matthias. Glaubst du, dass es geht?«

Bei Matthias geht alles. Er ist ein Mensch, dem das Helfen angeboren ist. Er drückt sich um nichts. Wenn geholfen werden soll, spuckt er in die Hände und packt zu, wo andere die Hände auf den Rücken legen und davongehen. Unverzüglich wird die Arbeit in Angriff genommen. Es lässt sich sogar durch Einziehen einer Wand im Erdgeschoss noch ein Zimmer einbauen und Roland gibt genau an, wie es gestrichen werden soll, wie die Möbel gestellt werden müssen und wie die Vorhänge aussehen sollen.

Ach, er ist ja so voll freudiger Erwartung und wird erst wieder unsicher, als der Tag ihrer Ankunft herannaht. Endlich ist es so weit. Mit Herzklopfen tritt Roland aus dem Haus und mit Herzklopfen trippelt er den Fahrweg entlang, die gelbe Binde mit den drei schwarzen Punkten am Arm. Matthias hat ihn gefragt, ob er ihn nicht zum Bahnhof fahren soll. Aber nein, Roland will mit Angela allein sein beim Wiedersehen. Er kann ja den Weg nicht verfehlen. Wenn der Fahrweg zu Ende ist, muss er in die Hauptstraße einbiegen, die direkt zum Bahnhof führt.

Nun steht er am Bahnhof. Seine Sicherheit verliert sich immer mehr, seine Ungeduld wächst und Angst erfüllt sein Herz. Wird Angela nicht doch recht erschrecken, wenn sie ihn sieht? Und wird er dieses Erschrecken fühlen?

Der Bahnhofsvorsteher, zugleich Fahrdienstleiter und Abfertiger der Güterhalle, kommt einmal heraus und trägt einen Korb mit Waldfrüchten zum Bahnsteig.

»Herr Ingenieur verreisen?«, fragt er.

»Nein, ich erwarte jemanden.«

»Ach so. In fünfzehn Minuten wird der Zug ankommen.«

Roland empfindet es angenehm, dass er noch so viel Zeit hat. Er lehnt am Geländer des Bahnsteiges. Die Sonne scheint warm auf ihn herunter und die Vögel singen ringsum. Eine schwarze Brille bedeckt seine toten Augen. In seinen Händen hält er ein paar Blumen, schöne Feldblumen, die ihm Martha hergerichtet hat. Übrigens erwartet Martha ein Kind, das erste in ihrer Ehe. Roland hat versprochen, als Taufpate zu gehen.

Plötzlich läutet es im Stellwerk. Er erschrickt. Die Abfahrt des Zuges von der anderen Station ist angezeigt worden. Auf einmal ist ein Poltern zu vernehmen. Der Pfiff einer Lokomotive gellt misstönig in die Stille und schon bald darauf hört man, dass der Zug in den Bahnhof einfährt und mit einem Ruck hält.

Roland richtet sich straff in den Schultern auf, weil er wenigstens äußerlich ein gutes Bild abgeben will. Immer schneller schlägt sein Herz. Er hört, dass die ersten Menschen durch die Sperre gehen, und streckt schüchtern und unbeholfen die eine Hand mit den Blumen ein wenig vor. Er spürt, wie jemand langsam auf ihn zukommt. Was werden die nächsten Minuten wohl bringen?

Sie bringen ihm ein Mädchen namens Margret, den Fratz einer sonnigen Vergangenheit. Damals, als sie zum letzten Mal vor Roland stand auf dem dämmerigen Flur, da ist sie noch ein halbes Kind gewesen. Aber damals schon hat sie diesen Menschen Roland Hayder geliebt, inniger und schmerzlicher, als ihn die Schwester Angela jemals geliebt hat.

»Roland –«, flüstert sie ganz leise und fasst nach seiner Hand.

Es liegt etwas Erschütterndes in diesem Wiedersehen. Roland streicht mit seinen Fingern über ihr Haar, über ihr Gesicht. Es ist alles noch da; die feine Delle an den Schläfen, die Wärme der Wangen, die Schlankheit des Halses, so wie er es in seiner Erinnerung trägt, seit es Nacht um ihn geworden ist. Nur der Mund scheint ihm etwas größer und die Stimme ist dunkler geworden. Aber er denkt darüber nicht nach. Die Zeit mag die geliebte Stimme etwas verändert haben.

Jetzt nimmt er ihren Arm und die ersten Schritte, die sie zusammen tun, bringen es Margret jäh zum Bewusstsein, was sie um ihrer Liebe willen tragen muss, denn es ist doch seltsam, einen großen Menschen führen zu müssen wie ein Kind, damit er an keinen Stein stößt.

Plötzlich umkrallt eine schmerzhafte Angst ihr Herz. Hoffentlich schickt er sie nicht wieder fort, wenn sie ihm sagt, wer sie eigentlich ist. Denn sagen muss sie es ihm!

»Nein, dass du da bist, Angela!«, sagt er nun schon zum dritten Mal, als fiele ihm nichts anderes ein oder als könne er es einfach nicht fassen.

»Ja«, sagt sie leise. »Freust du dich, Roland?«

»Sehr, Angela!« Ungestüm drückt er ihren Arm an sich. »Nun beginnt mein Leben erst wieder.«

»Ja, Roland, aber ich muss dir nun –«

»Nein, du musst jetzt gar nichts«, unterbricht er sie schnell. »Das hat alles Zeit bis später. Wie geht es deinem Vater?«

Da schluchzt Margret laut auf.

»Vater ist im Frühjahr plötzlich an einem Herzschlag gestorben.«

»Was? Dieser prächtige Mensch! Und ich hatte keine Ahnung davon, konnte dich nicht trösten. Das tut mir furchtbar Leid!«

Margret hätte ihm ja nun erzählen können, dass auch Angela tot ist und dass sie hierher gekommen war in der stillen Hoffnung ihm etwas sein zu können. Aber in diesem Augenblick fragt er:

»Und was ist aus der kleinen Margret geworden?«

Ein neuer Schrecken packt sie.

»Du musst mir den Weg sagen, Roland. Geht es hier rechts oder links ab?«

»Bei der Kirche müssen wir die Straße überqueren und in den Fahrweg links einbiegen, der zu einem Feldkreuz führt. Dort müssen wir uns dann halb rechts halten. – Angela, wenn dein Vater nicht mehr lebt, dann könntest du doch gleich ganz bei mir bleiben.«

»Ja – das kommt ganz darauf an, Roland, ob du mich bei dir behalten willst.«

»Ob ich was? Aber wie kannst du das bloß bezweifeln? Wenn ich dich so fragen würde, wäre es etwas anderes. Du wirst ja sehen, Angela, wie schön es bei mir ist. Es wird dir sicher gefallen.«

»Wo du bist, Roland, gefällt es mir immer, und wenn es am Ende der Welt wäre!«

»Ja, aber was wollte ich jetzt gleich fragen? Ach ja, richtig. Du hast mir meine Frage noch nicht beantwortet, was aus der kleinen Margret geworden ist. Fratz, glaube ich, habt ihr sie genannt.«

»Beim Feldkreuz halb links, sagtest du, oder?«, weicht sie seiner Frage aus. Aber er lässt nicht locker.

»Nein, halb rechts. Nun aber sage mir endlich, was aus Margret geworden ist! Hat sie vielleicht schon geheiratet?«

»Nein – Margret – der Fratz – ist auch tot ...«

»Was sagst du da? Die kleine Margret ist auch –? Nein, das kann doch nicht möglich sein. Wie kam denn das?«

»Frag jetzt nicht – später, Roland!«

»Das ist ja furchtbar! Nur wir beide sind also übrig geblieben, du und ich, Angela.«

Margret fühlt eine große Schwäche in den Knien. Es war ursprünglich nicht ihre Absicht gewesen ihm die Wahrheit zu verschweigen. Sie weiß selbst nicht, warum sie sich nicht schon in der ersten Minute zu erkennen gegeben hat. Sie fuhr zu ihm, um ihm die Wahrheit zu bekennen, auch die Wahrheit ihrer Liebe. Sie wollte ihm helfen die furchtbare Enttäuschung zu tragen und nun ist alles anders gekommen. Sie weiß sich keinen Ausweg mehr.

Jetzt stehen sie vor dem Feldkreuz mit der kleinen Birkenbank daneben. Margret wirft einen scheuen Blick auf den Gekreuzigten. Kann vielleicht er sie und ihre Not verstehen, in die sie sich verstrickt hat?

»Setzen wir uns ein wenig?«, fragt sie und führt ihn zur Bank. Sie hat wieder den festen Willen, ihm die Wahrheit doch noch zu sagen, mag es ausgehen, wie es will. Sie sucht nur noch angestrengt nach den richtigen Worten, die wie Balsam sein müssen und nicht wie ein Dolchstoß. Da sagt Roland:

»Nun erkenne ich erst ganz, dass wir vom Schicksal füreinander bestimmt sind, Angela. Schau, wie leicht hättest du statt Margret sterben können. Was aber hätte ich schon mit Margret anfangen können?«

Margret friert bei diesen Worten trotz der Hitze.

»Ja, das ist nun so, lieber Roland –«, versucht Margret abermals mit dem Mut der Verzweiflung auf die Wahrheit zuzusteuern.

Aber er unterbricht sie sofort wieder: »Nein, du brauchst mir gar nichts zu sagen, Angela. Das ist die ausgleichende Gerechtigkeit des Schicksals. Das Augenlicht wurde mir genommen, dafür bist du mir erhalten geblieben. Mit deinen Augen wirst du nun für mich sehen, Angela. Ich bau zwar keine Brücken und Straßen mehr, aber wir werden leben, Angela. Eins fürs andere. Wir werden doch bald heiraten?«

Die Hände im Schoß verkrampft, sitzt Margret da. Tränen tropfen aus ihren Augen, ganz still, ohne ein Schluchzen, so wie ein Kerzenlicht tropft.

»Ja, Roland«, sagt sie schließlich und wirft wieder

einen scheuen Blick auf das Kreuz. »Gehen wir jetzt weiter, Roland?«

Der Weg zieht sich nun ein wenig aufwärts. Einmal ist rechter Hand zwischen zwei Hügelrücken eine grün schillernde Wasserfläche zu sehen.

»Ist dort ein See, Roland?«, fragt Margret.

»See? Nein, nur ein kleiner Weiher, wurde mir gesagt. Erinnerst du dich noch unserer letzten Bootsfahrt auf eurem Gutsweiher, Angela? Damals sagtest du mir: ›Wie lange die Trennung auch dauern mag, Roland, die Hauptsache ist, dass du gesund wiederkommst.‹«

»Ja, ja«, sagt Margret ganz leise.

»Und auch das andere ist tief in mir haften geblieben«, spricht er weiter. »Du sagtest, dass wir immer den Willen haben müssen, einander nicht zu verlieren. Das alles habe ich fortwährend in meinem Herzen getragen. – Du kannst nicht ermessen, was es für mich bedeutet, dass du zu mir gekommen bist!«

»Ich musste es doch tun, Roland!«

»Ja, aber – du hast mich noch gar nicht geküsst, Angela.«

Da schlingt Margret ihre Arme um seinen Hals und küsst ihn. Zum ersten Mal in ihrem Leben küsst sie – außer ihrem Vater – einen Mann. Sie küsst ihn so, wie sie es sich hundertmal in ihren Träumen gewünscht hat ihn küssen zu dürfen, und gibt sich dabei alle Mühe, damit er die Unfertigkeit ihres Küssens nicht erkennen möge.

Das Glück der Stunde lässt ihn auf solche Kleinigkeiten nicht achten. Seine Arme halten sie umklammert und zum ersten Mal nach langer Zeit findet er wieder ein befreiendes Lächeln. Dann gehen sie langsam, eng umschlungen weiter.

Als sie am Bauernhaus ankommen, steht Matthias mit seiner Frau Martha zum Empfang unter der Tür.

»Da ist nun Angela«, sagt Roland voller Stolz.

Sie entspricht nicht ganz den Vorstellungen der beiden. Roland hat das Mädchen immer anders geschildert, hat von hellem Blondhaar gesprochen und von dunklen Augen. Er hat vor allem von einer großen Schönheit gesprochen. Vor ihnen steht nun ein Mädchen wie hundert andere auch. Ihre Augen sind freundlich und es ist eine schöne Geste von ihr, dass sie gekommen ist und den Blinden nicht allein lassen will. Darum schütteln sie ihr herzlich die Hand und heißen sie im Bachgrund – wie ihre Einöde heißt – willkommen.

Dann führt Roland sie hinüber in sein Zuhause. Er sperrt die Tür auf und sagt feierlich:

»Gott segne deinen Eingang.«

In den ersten Tagen geht Margret scheu und gedrückt umher. Sie hat sich noch nicht in Angela verwandelt. Jedesmal, wenn er den Namen so zärtlich ausspricht, geht eine Welle des Schmerzes durch ihr Herz. Manchmal ist sie nahe daran, einfach wieder fortzugehen. Der neue Verwalter auf Gut Schalleck würde ihr Wiederkommen aufrichtig begrüßen, denn sie war ihm eine unentbehrliche Hilfe in der Buchhaltung. Aber sie bringt es nicht fertig, Roland zu verlassen, denn ihre Liebe zu ihm ist so groß, dass sie jeden Gedanken an Flucht sofort verwirft.

In der ersten Zeit ist sie immer noch ehrlich bestrebt ihm in einem passenden Moment zu sagen, dass sie nicht Angela, sondern Margret ist. Aber dann wird dieser Vorsatz immer schwächer und es wird ihr mit jedem Tag neuen Verschweigens mehr bewusst, wie schwer ihn die Wahrheit treffen würde. In seinem Herzen, in all seinen Gedanken, in allem, was er tut und plant, existiert nur Angela. Soll sie ihm plötzlich sagen, wie sehr er sich täuscht? Nein, sie bringt es einfach nicht übers Herz.

So beginnt Margret den Opfergang ihres Lebens. Um ihrer Liebe willen spielt sie Angela und trägt ihr Los mit der großen Tapferkeit ihres einfachen Herzens.

Oh, es ist so schmerzlich und demütigend, wenn Roland ihr erzählt, dass damals nach dem Abschiedsabend die kleine Margret im dunklen Flur auf ihn gewartet hat, und hinzufügt: »So ein dummer, lieber Kerl!«

»Wollte sie denn etwas von dir?«, fragt Margret mit schmalen Lippen.

»Ich musste ihr versprechen, zuweilen an sie zu denken.«

»Und hast du das getan?«

»Mitunter, ja. Freilich nicht in dem Sinne, wie sie es vielleicht gemeint hat.«

»In welchem Sinne denkst du, dass sie es gemeint haben könnte?«

»Aber Angela, was stellst du denn bloß für Fragen!«

»Weil – es ist nämlich so, lieber Roland – Margret hat dich sehr geliebt. Es war eine ganz verschwiegene und heimliche Liebe.«

»Das mag sein: eine Bachkfischschwärmerei vielleicht. Ich glaube, du sagtest mir das auch einmal. Aber ich bitte dich, Angela, was hätte mir Margret jemals sein können? Vor allen Dingen konnte sie sich in keiner Beziehung mit dir messen! Rein äußerlich schon nicht. Und auch sonst habe ich Margret immer im Verdacht gehabt, dass sie das Leben etwas leichtfertig nimmt.«

Da kann sich Margret nicht mehr zurückhalten und sagt mit beißender Ironie: »Ich bewundere deine Menschenkenntnis, Roland!«

»Es gehört nicht viel Kenntnis dazu um Margret zu durchschauen.«

»Um Margret zu –?«

»Ich meine, sie auf ihre Einstellung abzuschätzen. Auf keinen Fall wäre sie zu einem Opfer, wie du es mir bringst, fähig gewesen.«

»Das möchte ich bezweifeln!«

»Na ja, es mag sein, dass sie sich geändert hat in der langen Zeit. Auf alle Fälle bin ich ihr dankbar, dass sie auf dich Acht gegeben hat. Das habe ich ihr damals nämlich besonders ans Herz gelegt. Was ist eigentlich passiert, dass sie so früh sterben musste?«

»Ich habe dir doch schon gesagt: durch einen Autounfall.«

»War sie da – mit einem Mann unterwegs, oder so? Du sprichst darüber so wenig, Angela.«

Allein? Mit einem Mann? Margret starrt lange zum Fenster hinaus. Dann sagt sie tonlos: »Nein, mit einer größeren Reisegesellschaft im Omnibus.«

Lügen! Lügen! Nichts als Lügen! Ein ganzes Netzwerk voller Lügen schon, denkt Margret schaudernd. Ob Gott mir diese Lügen als Sünde anrechnet? Aber er muss doch meine Not, das Motiv dieser Lügen, sehen! Wird sie sich überhaupt jemals wieder herauswinden können aus diesem Gestrüpp der Lügen oder wird sie immer weiter hinuntergezogen werden in das Dunkel!

»Es ist doch hoffentlich schnell gegangen mit ihr?«, unterbricht Roland ihre Gedanken.

»Ja, es soll sehr schnell gegangen sein. Genaues erfuhren wir leider nicht.«

In diesem Augenblick steckt Matthias seinen Kopf zum Fenster herein und hält in seiner Hand ein Prachtexemplar von einem Rettich aus seinem Garten.

»Wenn ihr ihn wollt«, lacht er und wirft ihn Margret zu, dass sie ihn wie einen Ball auffangen muss. »Sind noch genug im Garten«, sagt er und bietet ihnen an, sich davon zu holen, wenn sie Appetit hätten.

Margret atmet erleichtert auf, dass durch diesen

Zwischenfall das heikle Thema so schnell beendet worden ist. Wenn er nur nicht wieder darauf zurückkommt, denkt sie.

»Und du hast –«, fragt er, »auf dem Gut weiterhin die Bücher geführt?«

»Ja, daran änderte sich nichts. Man war froh, dass ich da war, weil ich doch in allem Bescheid wusste.«

»Es war also sozusagen eine Vertrauensstelle. Gut bezahlt?«

»Ja, sehr gut sogar.«

»Siehst du und das alles hast du nun meinetwegen aufgegeben! Sei aber gewiss, dass ich mir stets bewusst bin, was du auf dich genommen hast. Gefällt es dir wenigstens hier?«

Das kann Margret wirklich freien Herzens beantworten. Bei dieser Frage braucht sie sich nicht zu verstellen. Die Landschaft mit ihren hohen Bergen nimmt sie ganz gefangen. Die Menschen, mit denen sie in Berührung kommt, sind gut und freundlich zu ihr, bemitleiden sie vielleicht, dass sie ihr junges Leben mit dem eines Blinden verbindet.

So lebt sie nun neben Roland. Täglich in der Nähe des geliebten Mannes, geht es zunehmend besser. Sie trägt ihren Kopf wieder freier. Wie träumend geht sie oft durch diesen Sommer. Auch die kleinen Nadelstiche, weil sie ja nicht Angela ist, erträgt sie nun schon mit größerer Gelassenheit und fährt nicht mehr so erschrocken zusammen, wenn sie sie spürt. Ach, sie gibt sich doch alle Mühe, damit Roland ganz eingehüllt sei in ihrer Liebe. Sie nimmt das kleine Hauswesen energisch in die Hand. Alles ist blitzsauber. Sie kocht für ihn, wäscht für ihn, ist ihm Braut, Halt und Stütze und weint ganz leise, wenn sie immer wieder erkennt, dass doch nur Angela in ihm lebt. Einmal tastet er mitten unterm Gespräch über ihr Gesicht und fragt:

»Was ist denn? Weinst du?«

»Nein, ich weine nicht, Roland. Ich habe – gelacht – vor Glück.«

»Denk nur«, spricht er dann weiter, »ich weiß selber nicht, wie es kommt, aber mitunter fällt mir jetzt die kleine Margret ein. Manchmal, wenn du so lachst, dann hast du ihr Lachen. Mit ihr hätte ich nie glücklich werden können, obwohl sie an sich ein guter Kerl war.«

Ein guter Kerl. Ihr Mund krümmt sich vor Qual und Hilflosigkeit und sie ist jetzt nahe daran, das Gewebe ihrer Lügen zu zerreißen und die Sinnlosigkeit der Unehrlichkeit einzusehen. Aber was dann? Er würde vielleicht zerbrechen, wenn er jetzt erst die Wahrheit erfahren würde. Dieser Mensch ist so hilflos. Manchmal kommt es ihr vor, als habe er oft dunkle Stunden, in denen er sich innerlich aufreibt. Nur der Gedanke an sie hält ihn dann aufrecht.

Wenn sie am späten Abend auf der kleinen Bank vor dem Haus sitzen, dann erzählt er ihr von dem großen Viadukt im Stephanstal, vom Berg, den sie nach seiner Berechnung jetzt schon durchbrochen haben müssen. Dann plötzlich hält er inne, als schmerze es ihn, länger über dieses Thema zu sprechen, fasst nach ihren Händen und lässt seine Liebe reden. Ernst und feierlich spricht er die Worte, hinter denen die Angst steht, dass er sie doch wieder verlieren könnte. O ja, sie merkt ganz gut, was ihn zuweilen quält, und hilft ihm mit ihren Zärtlichkeiten darüber hinweg.

Die Tage gehen dahin. Margret sieht für ihn. Sie wird ihn immer führen und nie verlassen, wenn auch ihr Herz neben ihm verblüht, denn es ist oft schwer, die Süße einer Liebe zu empfangen, die eigentlich einer Toten gilt.

Eines Tages erhält Roland als Hauptzeuge gegen den Bauernsohn Rochus Ploner eine Vorladung zum Gericht. Während Margret ihm das Schreiben vorliest, runzelt er finster die Stirn.

»Was soll ich dort? Was ich weiß, habe ich bereits alles angegeben. Wenn sie ihn verurteilen und einsperren, erhalte ich deshalb mein Augenlicht wieder?«

»Das nicht, Roland. Aber ich glaube, du solltest dem Ruf des Gerichtes doch Folge leisten.«

»Ach ja, ich verstehe«, lächelt er plötzlich, »du willst reisen, Angela, willst einmal raus aus diesem engen Kreis hier. Wann ist der Termin?«

»Kommenden Mittwoch, morgens neun Uhr.«

»Gut, gut, wir fahren hin.«

Ganz plötzlich ist er nun selbst angesteckt vom Reisefieber. Als endlich der Tag da ist, freut er sich wie ein Kind, ist aufgeregt und fragt immer wieder, ob man auch nichts vergessen habe.

Nein, denn Margret hat den kleinen Reisekoffer schon früh genug gepackt, verschließt nun das Haus und trägt den Schlüssel hinüber zu Bruckners.

»Ich dachte, dass ich in meinem Leben nie wieder reisen würde«, sagt er, als sie schon im Zug sitzen. »Aber das war egoistisch von mir, denn ich kann dich doch nicht lebendig begraben da hinten im Bachgrund. Freust du dich, Angela?«

»Ja, sehr, Roland!«

»Na, siehst du. Was meinst du dazu? Wir werden jedes Jahr eine größere Reise machen, wir beide. Geld haben wir ja genügend, oder?«

»Ja, Geld haben wir genügend, Roland, besonders seit ich begonnen habe, die Bürsten, die du anfertigst, nicht mehr zu verschenken.«

Interessiert horcht er auf. »Davon weiß ich ja gar nichts!«

»Ich habe geschwiegen darüber und sah am Anfang auch zu, wie du immer alles verschenktest. Dann merkte ich aber, wie sie deine Gutherzigkeit ausnutzen. Einmal kam einer, du schliefst gerade, und wollte ein paar Bürsten haben. Im Herbst bringe er einen Sack voll Äpfel. Es würde aber im Herbst keine Äpfel geben, weil der Reif alle Blüten zerstört habe, antwortete ich ihm und ließ ihn wissen, dass wir von nun an nichts mehr zu verschenken hätten.«

»Das sagtest du tatsächlich?«

»Ja. Dann ging er. Am nächsten Tag aber kam er wieder und bezahlte korrekt. Dabei machte er ein pfiffiges Gesicht. Vielleicht dachte er, er hätte mich übers Ohr gehauen. Es war aber ganz gut bezahlt und seitdem wissen sie es.«

»Schau einmal einer an!«, lacht er. »Da hab ich ja nicht nur ein schönes, sondern auch ein tüchtiges Mädchen im Haus! Angela, wenn wir heute in der Stadt sind, musst du dir unbedingt ein paar hübsche Kleider kaufen. Dass ich nicht früher schon daran dachte! Sind eigentlich deine Sachen aus Schalleck schon alle angekommen?«

»Meine Kleider und sonstigen persönlichen Sachen schon. Die Möbel stehen noch dort.«

»Können wir die nicht hierher holen? Hättest du Lust, Angela, nächste Woche hinzufahren und alles zu regeln? Doch halt, nein –«, plötzlich packt ihn die Angst, sie könnte nicht wiederkommen, »du fährst nicht hin. Wir übergeben das lieber einem Spediteur. – Was ist eigentlich aus Tante Marie geworden? Könnten wir sie nicht zu uns nehmen?«

»Tante Marie ist nach Vaters Tod in ein Heim gezogen.«

Er sinnt eine Weile angestrengt nach und hebt dann schnell den Kopf.

»Das hätte ich vielleicht auch getan, wenn du nicht gekommen wärst als mein Engel in der Finsternis. Nie in meinem Leben kann ich dir genug danken!«

»Ich bin doch gern bei dir. Darüber sollst du keine großen Worte verlieren, Roland.«

»Ja, so bist du: selbstlos, bescheiden und treu. Ich werde immer wieder davon sprechen müssen, Angela. Übrigens werden viele meiner früheren Bekannten vom Stephanstal bei der Verhandlung anwesend sein. Ich denke, du wirst dich freuen sie kennen zu lernen.«

So spricht er unentwegt, bis Margret auf einmal sagt, dass man bei der nächsten Station am Ziel sei.

Roland hatte richtig vermutet. Der Gerichtssaal ist gedrängt voll. Als erster begrüßt ihn der Haslreiter auf dem Gang. Von ihm erfährt Roland, dass die Tankstelle schon bald fertig ist und gerade an der Werkstatt und am Wohnhaus gebaut wird.

Auch der Tunnel, so erzählt man ihm, ist bereits vollendet. Bei der zweiten Sprengung fand man die Gottner-Burgl tot unter den Trümmern. Niemand weiß, wie sie ins Gelände kam. Der Viadukt soll bereits im nächsten Monat für den Verkehr freigegeben werden. Das Leben ist also weitergegangen – auch ohne ihn.

Wer sich eine Sensation von Rolands Erscheinen erhofft hatte, wird gründlich enttäuscht; denn Roland wird in seinen Zeugenaussagen zu keinem leidenschaftlichen Ankläger, dessen Herz nach Rache schreit für seine verdunkelten Augen. Ganz ruhig und sachlich, völlig leidenschaftslos schildert er dem Gericht jenen Abend, an dem ihn auf dem Heimweg der verhängnisvolle Schuss traf.

»Ich habe lange Zeit gehabt«, sagt er, »über das Motiv nachzudenken, das den unglücklichen Schützen zur Büchse greifen ließ. Ich bin fest davon überzeugt, dass er nur in sehr beschränktem Maße für seine Tat verantwortlich ist. Er stand im Bann einer dunklen Macht, eben jener Gottner-Burgl. Ich behaupte heute, dass Rochus Ploner damals, als er den Schuss abgab, gar nicht im vollen Besitz seiner geistigen Kräfte gewesen ist, und möchte um ein mildes Urteil für ihn bitten.«

Ein Raunen geht durch den Saal. Das hatte man nicht erwartet! Hier steht einer, der des kostbaren Augenlichts beraubt wurde, und wird zum Fürsprecher dessen, der ihn in diese Dunkelheit gestoßen hat. Sogar die Richter sehen sich an und schütteln den Kopf.

»Das Gericht steht aber auf dem Standpunkt, Herr Zeuge«, sagt der Vorsitzende nach einer Weile, »dass der Angeklagte bei vollem Verstand und vorsätzlich Ihnen nach dem Leben getrachtet hat.«

»Das eben ist es, was ich bezweifle«, sagt Roland.

»Der Angeklagte war der Meinung, Sie würden ihm seine Freundin abspenstig machen.«

»Zu dieser Meinung wurde er aufgehetzt. Die wirklichen Hintergründe wüsste nur die Gottner-Burgl, die nun leider dem irdischen Gericht entzogen ist. Sie hat mich gehasst, vom ersten Tag an, als ich ins Stephanstal kam. Es sind viele hier im Saal, die das genau wissen. Manche von ihnen waren ihrer teuflischen Gewalt ebenso erlegen, bis sie sich schließlich von ihr frei machten!«

Während der ganzen Zeit sitzt der Angeklagte in sich versunken da, die Hände müde zwischen seinen Knien gefaltet. Nur manchmal blickt er schräg aus den Augenwinkeln zu dem Blinden vor dem Zeugenstand hinüber, als könne er es nicht fassen, dass dieser Mensch keine Rache verlangt.

»Angeklagter«, sagt jetzt der Richter. »Haben Sie gehört, was der Zeuge gesagt hat? Sie hätten gar keinen Rechtsanwalt gebraucht, weil Ihr Opfer wider Erwarten für Sie spricht. Etwas, das ich in meiner beruflichen Laufbahn noch nicht erlebt habe. Nun sagen Sie dem Gericht, was Sie sich dachten, als Sie mit dem Gewehr in der Hand auf Roland Hayder warteten.«

»Ich wollte ihn töten«, antwortet Rochus ruhig und richtet sich auf.

»Ist es richtig, dass Sie dazu von dieser –«, der Vorsitzende schaut schnell in die Akten, »von dieser Gottner-Burgl angestiftet wurden?«

Rochus übergeht diese Frage und spricht ruhig weiter: »Ich glaubte, dass mir der Ingenieur die Monika wegnehmen wollte. Heute weiß ich, dass es ein Irrtum war.«

»Wieso wissen Sie das heute?«

Rochus sieht den Frager mit traurigen Augen an. »Die Monika heiratet demnächst, wie mir gesagt wurde, aber nicht den Ingenieur, sondern einen andern. Und darum tut es mir furchtbar Leid, dass ich es getan habe. Wenn das Gericht es erlaubt, würde ich gern den Ingenieur um Verzeihung bitten.«

»Nachher vielleicht – ich weiß nicht –, es ist sonst nicht üblich«, sagt der Richter und sieht den Staatsanwalt an, der mit einem Bleistift spielt und die Lippen beleidigt schürzt, weil diese Verhandlung ganz anders verläuft, als er gedacht hatte.

»Wie ist das dann mit der Bauhütte, Angeklagter? Haben Sie das Feuer gelegt?«

»Ich habe gestanden, was ich getan habe, und bereue meine Tat. Ich kann aber nicht etwas zugeben, was ich nicht getan habe.«

»Wer könnte es nach Ihrer Ansicht gewesen sein?«

Rochus zuckt die Schultern. »Ich weiß es nicht.«

»Das Gericht nimmt an, dass Sie es wissen, jedoch nicht bekennen wollten, weil Sie die Rache dieser Gottner-Burgl fürchteten. Aber Sie haben ja gehört, dass sie bei einer Sprengung von den Steinmassen erschlagen wurde.«

Rochus zieht die Brauen hart zusammen, schweigt lange und sieht dann den Richter an: »Ich glaube, dass es die Burgl gewesen ist.«

Nachdem der Staatsanwalt und der Verteidiger gesprochen haben, zieht sich das Gericht zur Beratung zurück.

Dann wird das Urteil verkündet: drei Jahre Gefängnis unter Anrechnung der Untersuchungshaft.

Rochus nimmt das Urteil an ohne eine Regung zu zeigen. Als man ihn aber abführen will, lenkt er seinen Schritt zur Zeugenbank hin und bleibt dicht vor Roland Stehen.

»Ingenieur, kannst du mir verzeihen?«

Da nimmt Margret Rolands Hand und legt sie in die hergestreckte Rechte des Bittenden.

Auch der Verteidiger kommt hinzu und reicht Roland die Hand.

»Ich werde sofort Revision einlegen«, sagt er.

Ein paar Wochen später liest Margret Roland aus der Zeitung vor, dass in der Berufungsverhandlung tatsächlich das Urteil gemildert worden ist und dem Bauernsohn Rochus Ploner Bewährungsstrafe zugebilligt wurde.

»Ich gönne es ihm«, meint Roland. »Was könnte es mir schon nützen, wenn sie ihn ewig eingesperrt hätten. Es bliebe trotzdem dunkel um mich.«

Der Sommer geht dahin und taumelt kaum merklich dem Herbst in die Arme. Roland arbeitet sehr viel in dieser Zeit, obwohl es nicht nötig wäre, denn seine Rente ist ziemlich hoch. Meist ist er still und zufrieden dabei. Plötzlich aber kann seine Stimmung umschlagen und er wird misstrauisch und böse.

Ach ja, es ist doch schwer, mit einem Menschen zu leben, der nichts mehr sehen kann. Roland ist jetzt oft so unberechenbar und klagt zuweilen über heftige Kopfschmerzen. Die kleine Narbe an seiner rechten Schläfe glüht dann dunkelrot auf, weil er dauernd daran reibt. Er schreit Margret oft unvermittelt an und ist gleich darauf wieder von jungenhafter Zärtlichkeit. Margret leidet schwer darunter, aber sie erträgt mit einer Engelsgeduld ohnegleichen seine Launenhaftigkeit und seine Schwächen. Als Margret einmal mit Einkaufstaschen bepackt in die Wohnung kommt, schreit er sie gereizt an:

»Was hast du denn in letzter Zeit für einen trampelnden Schritt! Manchmal polterst du genauso daher, wie Margret oft in die Halle hereinpolterte. Es war dagegen immer ein Genuss, dich schreiten zu sehen.«

Margret stellt die Taschen zu Boden und wird mit einem Mal totenblass.

»Roland, ich muss dich jetzt wirklich bitten Angela – ich meine Margret – aus dem Spiel zu lassen. Bitte, bemühe dich, sie nicht mehr ins Gespräch zu bringen! Sie war doch meine Schwester und es berührt mich jedesmal schrecklich, wenn du –«

»Ja, natürlich, du hast Recht, Angela. Aber – in welchem Ton sagst du mir das? Bist du mir böse?«

»Nein, wie könnte ich das? Aber ich bin schließlich auch nur ein Mensch und kann nicht alles ertragen.«

Er lässt die Hände sinken, sitzt betroffen da, ein Häuflein Unglück, dessen Anblick unweigerlich Mitleid erwecken muss.

»Du hast Recht, Angela. Verzeih mir, es soll nicht wieder vorkommen!«

Und wirklich, er bemüht sich, nicht mehr aufzubrausen, und ist dabei zornig über sich selbst, weil er merkt, wie sehr er sich dazu zwingen muss. Gutsein soll doch aus dem Herzen kommen. Man soll sich dabei keinen Zwang antun müssen. Ich werde zu einem Arzt gehen, denkt er. Irgendetwas mit meinen Nerven muss nicht mehr ganz in Ordnung sein. Vielleicht sind sie zu sehr angespannt von der immer noch währenden Umstellung vom verlorenen Augenlicht auf die anderen Sinne, die als Ersatz dienen müssen.

Ach, er kommt aus dem Grübeln nicht heraus. Es fällt ihm ein, dass er irgendwo einmal gelesen hat, dass Menschen, die sich lieben, sich auch am meisten quälen. »Das ist es«, sagt er sich. »Ich liebe sie zu sehr und darum quäle ich sie.«

Dann wieder hat er ganz ruhige Stunden und Tage. Da spricht er unaufhörlich und monoton vor sich hin, wie man es bei Blinden oft finden kann. Es ist geradeso, als ob er sich selbst gern zuhöre.

»Wie ist es?«, fragt er plötzlich mitten in einem Gespräch. »Du hast dir doch damals nach der Verhandlung ein paar Kleider gekauft? Nun hast du keine Gelegenheit sie zu tragen. Ich stelle immer wieder fest, welch ein Egoist ich geworden bin! Aber das kommt nur daher, weil mir das Tor zum Leben oder, besser gesagt, zum Miterleben des Lebens zugeschlagen worden ist. Dabei vergesse ich nur zu oft, dass du noch jung bist und vom Leben noch recht wenig gehabt hast. Aber das muss jetzt anders werden, Angela! Matthias hat mir gesagt, dass am Sonntag im Dorf ein Fest ist, irgendeine Fahnenweihe mit Tanz im Freien. Da gehen wir zusammen hin. Zieh dich nur recht hübsch an!«

Margret freut sich auf diesen Sonntag wie ein reich beschenktes Kind. Als sich am Samstag der Himmel bewölkt, bekommt sie Angst, dass es den Sonntag verregnen könnte, und fragt am Abend Matthias beim Milchholen: »Wie ist das Wetter morgen, Matthias? Wird es regnen?«

»Ach woher! Wir haben zunehmenden Mond und der wird die Wolken schon wieder vertreiben.«

Nachts steht sie einmal auf und schaut zum Fenster hinaus. Der Himmel steht voller Sterne. Der Mond blickt still und lässt sein mildes Licht über die Bergspitzen ins Tal rieseln. Still und groß ist diese Nacht. Dann und wann raschelt leise das Laub in den Obstbäumen und mitunter fällt eine reife Frucht zu Boden.

Es wird also schön werden morgen. Ganz glücklich schlüpft Margret wieder unter die wärmende Decke.

Am anderen Tag gehen sie, nachdem sie am Morgen der Prozession und der Feldmesse beigewohnt haben, gegen zwei Uhr nachmittags ins Dorf hinüber. Im großen Wirtsgarten spielt die Blaskapelle zum Tanz auf. Die Paare drehen sich auf einem großen Podium, das unter den Nussbäumen aufgebaut ist. Roland hat Margrets Arm genommen, geht hoch aufgerichtet neben ihr und ist fest davon überzeugt, dass aller Augen hinter der leuchtenden Schönheit seiner Begleiterin herwandern. Er kostet diesen Triumph aus bis in die Seele hinein.

Margret findet einen leeren Tisch nahe dem Podium. Kaum sitzen sie, kommt schon die Bedienung herbeigeeilt.

»Grüß Gott, Herr Ingenieur, grüß Gott, Fräulein! Was wollen die Herrschaften trinken? Bier?«

»Bier?«, fragt Roland und neigt sich zu Margret. »Ich glaube, nein. Du willst sicher Wein trinken, Angela? Bestell doch, wonach dich gelüstet!«

Margret bestellt eine Flasche roten Terlaner, den sie daheim immer im Keller hatten. Dann sitzt sie da, ganz fröhlich, fasst nach Rolands Händen und drückt sie.

»Ich bin so froh, Roland!«

»Wir müssen in Zukunft mehr unter die Leute gehen«, antwortet er. »Hör nur, wie schneidig die Musik spielt! Es wird wohl auch getanzt? Ich höre doch schlurfende Schritte.«

»Ja, gleich dort auf dem Podium wird getanzt, Roland.«

»Glaubst du, dass es geht, Angela, wenn wir tanzen? Ich meine, dazu braucht man doch nichts zu sehen.«

»Ja, es geht bestimmt, Roland!«

Es geht besser, als er gedacht hatte. Er sieht nicht,

dass die anderen Paare einen kleinen Bogen um sie machen, damit sie ihn nicht anstoßen. Ganz heiter wird er dabei und nachher sitzen sie wieder unter dem schattigen Kastanienbaum. Roland spricht dem Wein fest zu, die Musik spielt und man hört das Poltern der Schuhe auf den Brettern.

»Ich erinnere mich gerade an meine Tanzstundenzeit«, sagt Roland. »Diesen Walzer, den sie soeben spielen, habe ich mit Vorliebe getanzt.«

Margret wird vom Wein auch ganz beschwingt und fragt ihn neugierig: »Was ist aus deiner Tanzstundenliebe geworden?«

Roland lacht so herzlich, wie sie es noch nie gehört hat, seit sie bei ihm ist.

»Ja du, das weiß ich eigentlich gar nicht. Isabella hat sie geheißen. Ich glaube, sie war schwarzhaarig und ziemlich dick, gerade das Gegenteil von dir. Ganz plötzlich verlor ich sie aus den Augen. Und dann habe ich dich kennen gelernt.«

Plötzlich steht ein bildhübscher Bursche vor ihnen und fordert Margret zum Tanz auf. Verwegen hat er den grünen Hut mit den Reiherfedern leicht schräg auf den Kopf gesetzt. In seinem braun gebrannten Gesicht blitzen ein paar helle, scharfe Augen. Margret wird an die Augen ihres verstorbenen Vaters erinnert.

»Was ist?«, fragt der Blinde und hebt den Kopf. »Ist jemand hier?«

»Ja, Roland. Tanzen will jemand mit mir.«

»So? Ja, bitte, tanz nur!«

Kaum ist Margret weg, wird er unruhig. Er ist schon so sehr an ihre Gegenwart gewöhnt, dass er sich augenblicklich verlassen und einsam fühlt. So einfach ist das also, denkt er in bitterer Aufwallung. Angela geht weg und ich kann nicht einmal sehen, wo sie hingeht! Ich kann nicht sehen, wie sie tanzt! Wahrscheinlich besser als alle andern. Aber ich weiß nicht, mit wem sie tanzt, weiß nicht, wie der Mann aussieht, der den Arm um sie legt. Wenn jetzt Angela von diesem Tanz nicht mehr zurückkäme, müsste ich es hinnehmen, könnte sie nicht einmal suchen!

Währenddessen tanzt Margret mit dem Burschen. Alles an diesem Menschen ist blühende Kraft. Er trägt sie fast über die Bretter. Wenn sie in seine Augen schaut – und er zwingt sie auf merkwürdige Weise dazu –, erschrickt sie zwar nicht, aber es kommt ihr sonderbar vor, weil es ihr fremd geworden ist, in eines Mannes Augen zu blicken, die nicht von dunkelgrünen Brillengläsern bedeckt sind. Margret sieht, dass er zwei Grübchen in den Wangen hat, wenn er lächelt, und dass seine Zähne schneeweiß schimmern unter seinem dünnen hellen Bartanflug an der Oberlippe.

»Wie ist das bei dir?«, fragt er sie plötzlich. »Kannst du nie allein ausgehen?«

Margret sieht ihn verwundert an. Was erlaubt sich denn dieser Mensch? Legt seine Hand noch fester als vorher um ihre Schulter und fragt, ob sie allein ausgehen könne. Aber merkwürdigerweise wird Margret gar nicht zornig, denn in seinem ruhigen Blick liegt nichts Böses.

»Allein? Warum soll ich das?«

»Weil du zu jung bist, um neben einem Blinden herzuleben.«

Margret zieht ihre Stirn in Falten.

»Wer gibt Ihnen das Recht so zu sprechen? Ich leben neben ihm, weil ich es so will und weil ich es gern tue.«

»So? Na – dann nichts für ungut. Ich habe es nicht bös gemeint. Aber wenn du so finster schaust, bist du noch schöner, kleine Angela.«

»Ach? Meinen Namen kennen Sie auch schon?« Margret lacht ein wenig gezwungen. »Was wissen Sie denn noch alles von mir?«

»Nichts weiter, als dass du vor vier Wochen gekommen bist und dem Blinden hilfst. Ich bin schon ein paar Mal vorbeigegangen bei euch hinten im Bachgrund. Du hast mich wahrscheinlich nicht gesehen.«

»Nein, wirklich nicht. Aber sagt man denn hierzulande gleich zu jedermann du?«

»Eigentlich nicht. Entschuldige! Entschuldigen Sie vielmals, gnädiges Fräulein!« Er lacht wieder und zeigt seine Grübchen. »Du siehst, dass ich es auch anders kann, wenn es sein muss. Aber mir ist, offen gestanden, nicht so wohl dabei.«

Margret wird direkt angesteckt von seiner unbeschwerten Art.

»Nein, es muss nicht unbedingt sein. Aus Ihrem Mund hört es sich ganz gut an. Lassen wir es also dabei, Herr –«

»Anton Moser heiße ich«, ergänzt er, »kannst aber ruhig Toni zu mir sagen. Mir macht das gar nichts aus. Ich bin ein Holzfäller, besitze zwar nicht viel Geld, dafür aber ein lustiges Herz.«

Ein lustiges Herz, denkt Margret. Es gibt also doch noch Menschen, die sich über die Kindheit hinweg ein fröhliches Herz bewahrt haben. Er scheint darüber nicht betrübt zu sein, dass er nur wenig Geld hat. Ja, diese Tatsache scheint ihn eher zu belustigen. Ein richtiger Naturmensch! Es geht ein Geruch von Harz, Baumrinden und Fichtenzweigen von ihm aus. Und wie er tanzen kann! Jede Sehne an seinem Körper schwingt mit, als sei alles in ihm tönende Musik. Und Margret merkt, dass sie nicht ungern mit ihm tanzt. Ach, sie hat in ihrem Leben doch noch kaum Gelegenheit gehabt, zu tanzen – höchstens beim Erntefest auf Schalleck, das der Vater immer wie ein kleines Volksfest aufgezogen hatte. Darum nickt sie beinahe fröhlich ihr Einverständnis, als er sie um einen zweiten Tanz bittet. Aber dann fällt ihr Blick zufällig zum Kastanienbaum hinüber, unter dem Roland einsam sitzt.

»Nein«, sagt sie, »ich darf ihn nicht so lange allein lassen.«

Toni hält sie an der Hand zurück. »Bei mir ist es auch einsam oben, Angela. Meine Holzfällerhütte steht zwischen dem Luchsberg und dem Geierstein. Falls du grad einmal vorbeikommst: Der Schlüssel hängt immer hinter dem rechten Fensterladen, wenn ich nicht daheim bin. Kommst du einmal?«

»Nein, Toni, ich glaube kaum.«

Es ist keine glatte Absage, es lässt eine kleine Hoffnung bestehen. Margret spürt das selbst, denn sie errötet ein wenig, entzieht ihm ihre Hand und springt schnell die Stufen hinunter. Ein wenig atemlos kommt sie bei Roland an.

»Bist du da?«, fragt er und Margret merkt sofort, dass das Misstrauen wieder in ihm nistet. »Kommst du allein? Warum bringt er dich nicht zurück und bedankt sich bei mir? Glaubt er vielleicht, dass das nicht nötig ist? Wer bin ich denn? Bin ich ein Niemand?«

Verwundert schaut sie ihn an. Sie versteht nicht, wie ein Mensch so launisch sein kann. Zuerst war er fast ausgelassen lustig, jetzt plötzlich ist er schrecklich verdrießlich. Da ist auf einmal etwas, das sich in ihr auflehnt.

»Musst du mir selbst die kleinste Freude verderben?«

Das Weinglas entgleitet seinen Händen, so trifft ihn der harte Klang ihrer Stimme.

»Ich verderbe …«

»Ja, so ist es Roland. Du vergisst, dass ich jung bin und dass ich noch nicht viel getanzt habe in meinem Leben.«

»Ich wusste nicht, dass du es so gerne tust.«

»Ich tue es nicht lieber als andere junge Menschen. Du hättest mich halt nicht hierher bringen sollen.«

»Entschuldige, ich bin ein Egoist geworden und zerstöre auch dir die kleinen Lebensfreuden. Das muss anders werden. Ich muss versuchen mich zu beherrschen. Bitte, tanz, wenn du möchtest. Ich habe nichts dagegen.«

Aber nun hat Margret plötzlich keine Freude mehr daran. Roland hat es ihr gründlich verleidet. Zum ersten Mal empfindet sie die Bindung an Roland als Fessel. Soll das immer und ewig so sein? Immer dieses Misstrauen? Fühlt er denn wirklich nicht, dass kein falscher Gedanke in ihrem Herzen ist? Das muss er doch spüren, wie sehr sie ihn liebt. wie sie nur für ihn lebt. Um das zu merken, braucht man doch nicht das Augenlicht. An tausend Kleinigkeiten müsste Roland das erkennen.

Als er jetzt nach ihrer Hand tastet, zieht sie die ihre zurück. Zum ersten Mal tut sie das. Sie kann jetzt keine Zärtlichkeit ertragen, da er sie gerade erst tief verletzt hat.

»Bitte, bezahl jetzt!«, sagt sie. »Wir wollen gehen. Du musst auch das Weinglas ersetzen, das zu zerbrochen hast.«

»Willst du wirklich schon gehen?«, fragt er zögernd und schuldbewusst. »Es tut mir alles so Leid! Ich wollte dir nicht wehtun!«

»Ja, im Augenblick vielleicht. In zehn Minuten hast du es schon wieder vergessen. Nein, ich will jetzt heimgehen!«

Zum ersten Mal, seit sie beisammen sind, sagen sie sich an diesem Abend nicht gute Nacht. Kein Kuss, keine Zärtlichkeit. Eine Kluft hat sich aufgetan. Sie fühlen es beide und finden nicht die erlösenden Worte, diesen Riss wieder zu schließen.

Und dann ist die Kluft doch überbrückt, ohne dass ein Wort gesprochen worden wäre. Am nächsten Morgen ist alles wieder gut, genauso als wäre es mit den Träumen der Nacht verflogen oder als hätten sie es mit der Morgentoilette fortgewaschen. Margret deckt den Frühstückstisch vor dem Haus, nimmt Roland an der Hand und führt ihn hinaus. Sie hat ihm die Brote gestrichen und seinen Kaffee mit Zucker gesüßt. Die Sonne scheint warm, obwohl der Wind schon die Melodie des Herbstes singt.

»Ich weiß nicht, Angela«, sagt Roland, »kannst du zaubern? Jeden Tag schmeckt dein Kaffee besser!«

Da ist es wieder, das gute Wort, auf das ihr Herz zu jeder Stunde so sehnsüchtig wartet wie die Erde nach heißen, trockenen Tagen auf den erquickenden Regen. Es sind nur ein paar belanglose Worte, kaum der Rede wert, aber sie freut sich darüber und nimmt seine Hand.

»Mach ich dir denn immer alles recht, lieber Roland?'«

»Das fragst du, die mich auf jede Art verwöhnt? Vermisst du gewiss nichts bei mir, Angela? Sag es ruhig! Wir haben doch Geld genug, oder?«

»Mehr als wir brauchen können, Roland.«

»Gehen meine Bürsten reißend weg? Es fragt eigentlich niemand mehr nach.«

»Ich trage sie immer in den Ort und lasse sie beim Kramer mit verkaufen.«

Das ist nun wieder nicht ganz die Wahrheit. Hin und wieder zwar werden dort einige Bürsten verlangt, die Margret dann hinüberbringt, die meisten aber trägt sie auf den Dachboden, weil sie meint, dass es sein Selbstbewusstsein stärkt, wenn er glaubt, dass seine Arbeiten reißend gekauft werden.

»Wie war das doch gestern gleich?«, fragt er jetzt unvermittelt. »War da nicht irgendeine Unstimmigkeit zwischen uns? Ich erinnere mich nicht mehr genau.«

Margret weiß, dass er sich genau erinnert, kommt ihm jedoch entgegen und wehrt ab: »Lass nur, Roland! Wir wollen nicht mehr davon sprechen. Ich muss im Dorf einkaufen. Gehst du mit?«

»Nein, nein, auf keinen Fall! Ich muss arbeiten. Ich darf die Leute nicht aufsitzen lassen. Sei doch bitte so gut und schreib an die Fabrik wegen weiterem Bindematerial, ja?«

Margret hat viel Arbeit. Das weiß er nur nicht und es ist unvernünftig von ihm, dass er verlangt, sie solle bei ihm sitzen und ihm zusehen. Sie muss kochen, waschen, die Wohnung sauber halten. Nebenei hilft sie oft drüben bei Bruckners. Martha erwartet ein Kind und kann nicht mehr mit hinaus aufs Feld.

Einmal, an einem Abend, schwenkt Margret am Bach drunten Wäsche. Sie kniet auf der kleinen hölzernen Brücke, die Matthias zu diesem Zweck gebaut hat, und sieht ihr Spiegelbild im Wasser abwechselnd auftauchen und wieder zerfließen. Eine ganze Weile freut sie sich an dem mutwilligen Spiel, wie ihr Gesicht von den Wellen gleichsam geteilt und fortgetragen wird. Auf einmal hört sie ein Rascheln und sieht ein zweites Spiegelbild im Wasser. Erschrocken steht sie auf und zieht die Schnüre ihrer weißen Leinenbluse, die sich gelöst hatten, über der Brust zusammen. Wie lange mag der Mann wohl schon hinter den Haselnussstauden am andern Ufer gestanden haben?

Toni lächelt sie ein wenig verlegen an.

»Wart«, sagt er dann. »Ich spring zu dir hinüber!«

Ehe sie etwas Abwehrendes erwidern kann, nimmt er einen kurzen Anlauf und schnellt, wie von einem Pfeil geschossen, über den Bach. Seine Augen strahlen sie an wie zwei Sonnen.

»Ich habe immer geglaubt, du kämst einmal zu mir hinauf auf den Berg, Angela.«

Dass Roland sie Angela nennt, daran hat sie sich

bereits gewöhnt. Auch bei Bruckners empfindet sie seit kurzem nichts mehr dabei. Wenn sie aber ein fremder Mensch so nennt, erschrickt sie tief. Der Anton Moser freilich kann das nicht wissen und deutet ihr Erschrecken anders.

»Du brauchst vor mir keine Angst zu haben. Ich meine es gut und hoffe wirklich, du kommst einmal hinauf in meine Hütte.«

»Was soll ich denn da oben?«, fragt sie. »Ich kann doch hier nicht so leicht fort.«

Sein Gesicht umschattet sich ein wenig.

»Das ist ein Kreuz und ein Elend mit dir, Mädl. Du fragst mich, was du bei mir sollst? Nichts! Bloß dass du einmal da bist! Vielleicht könnte es dir dann so gut gefallen bei mir am Berg, dass du gar nicht mehr fort möchtest.« Ganz nahe tritt er jetzt vor sie hin und sieht sie offen an. »Schau, Mädchen, ich hab dich halt schrecklich gern. Weiß selber nicht, wie es gekommen ist. Es hat mich einfach gepackt und überwältigt. Seit ich dich das erste Mal gesehen habe, denk ich nur mehr an dich und bringe dich nicht mehr aus meinem Kopf.«

Seine Worte umschmeicheln ihr Ohr, aber sie klingen nicht tiefer hinein. Sie glaubt nicht an den Ernst seiner Worte und fragt ihn lächelnd:

»Zu wie vielen hast du denn das schon gesagt, Toni?«

»Zu manch einer, ja. Aber schnell war es immer wieder vergessen. Bei dir aber ist es anders, das habe ich im ersten Moment gefühlt. Dich hab ich lieb, Angela, wie mein eigenes Leben!«

Nun muss sie ihm doch beinahe glauben. Verwirrt bückt sie sich nach der Waschwanne und will gehen. Aber dann besinnt sie sich anders. Zu neu, zu überwältigend ist es zu hören, dass ein Mensch sie liebt, dass sie ihm etwas bedeutet. Wenn Roland es sagt, dann meint er nur immer Angela, die wirkliche Angela. Hier aber gilt es ihr persönlich. Sie sieht ihn lange an, als möchte sie ihm auf den Grund seiner Seele blicken, ob er es auch ehrlich meine. So gesund, so jung und schön steht er vor ihr! Und wie seine Augen betteln können! Ach, es ist doch das erste Mal in ihrem Leben, dass ihr ein Mann seine Liebe gesteht, wenn dieser Mann auch ein Holzfäller ist und eine Lederhose trägt, an der das Baumpech glänzt. Er fühlt seine Armut nicht und das hebt ihn heraus aus der Masse.

»Du meinst, dass du mich liebst?«, fragt sie leise. »Du täuschst dich auch gewiss nicht, Toni, wenn du denkst, dass ich es bin, die dir im Kopf herumgeht?«

»Nein, da kann ich mich nicht täuschen. Jeden Tag zieht es mich jetzt herunter vom Berg, so viel Unruhe ist in mir und so viel Kummer. Wenn ich dich bloß für einen Augenblick sehen kann, ist mir leichter ums Herz!«

Schweigend blickt Margret zu Boden. Sie sollte jetzt wirklich gehen. Es ist Gift für sie dazustehen und mit wachsender Neugierde dem Werben dieses Mannes zu lauschen, der keine Winkelzüge kennt und es frei und ungezwungen heraussagt, dass er sie liebt. Roland wirbt nicht mehr in dieser Art um ihre Liebe. Das hat er sicherlich bei Angela getan. Das ist der große Irrtum der Männer, dass sie nicht einsehen, dass eine Frau immer neu umworben werden will! Von dem Augenblick an, da sie wissen: dieses Geschöpf liebt mich, ist mir eng verbunden, vergessen sie, es neu zu umwerben, genauso wie viele Frauen der abwegigen Meinung sind, sie brauchten sich, wenn sie den Mann ihrer Wahl gefunden und geheiratet haben, nicht mehr für ihn pflegen und schmücken.

Ja, aber da sind ihre Gedanken plötzlich wieder bei Roland. Sie denkt an ihn und ihre Liebe zu ihm, die sie unwandelbar im Herzen trägt.

»Lass es gut sein, Toni!«, sagt sie dann. »Bleib du

auf deinem Berg und trag keinen Unfrieden herunter in meine stille Welt, in der ich nun einmal leben will.«

Da fasst er plötzlich nach ihrer Hand.

»Das ist nicht wahr, Angela. Du lügst.«

»Lügen?« Sie starrt ihn erschrocken an. »Ja, vielleicht tu ich das schon, seit ich hier bin. Vielleicht ist mein ganzes Leben Lüge geworden.«

»Es ist nur Mitleid, das dich an den Blinden bindet. Ich habe euch genau beobachtet am Sonntag.«

»Aber nun täuschst du dich, Toni! Es ist wirklich nicht Mitleid, das mich an ihn bindet, sondern echte, tiefe Liebe. Ich liebte ihn schon, als er sein Augenlicht noch hatte. Das ist die reine Wahrheit, Toni! Darum sollst du auf deinem Berg bleiben und mich nicht umwerben.«

In diesem Augenblick ruft es über die Wiese herunter. Margret erschrickt wie ein Reh, das in der Ferne einen Schuss fallen hört.

»Ich muss gehen, Toni. Leb wohl und – komm nie wieder.«

In seinen hellen Augen lodert es kurz auf. »Nein, das kann ich nicht versprechen!«

Kurz wendet er sich um und geht in eine andere Richtung davon ohne sich noch einmal umzusehen.

»Angela …!«, tönt es noch länger gezogen über die Wiese und, wie es Margret scheint, zornig und erregt.

»Ich komm ja schon!« Margret nimmt ihre Wanne auf und geht zu ihm zurück.

Roland steht an der Planke des Zaunes und wartet. Seine Hände sind um das Holz geklammert, dass die Knöchel weiß hervortreten.

»Was ist das?«, schreit er sie an. »Hast du nicht gehört, dass ich gerufen habe? Wo warst du so lange?«

Ganz leise, als dürfe sie nicht laut sprechen, antwortet sie: »Ich war mit der Wäsche unten am Bach, Roland.«

»So, so – mit der Wäsche. Komm her! Warum lügst du? Triffst du dich da unten nicht mit einem Mann? Ich habe eine Stimme gehört! Du hast mit jemandem gesprochen, leugne es nicht!«

Margret sieht die furchtbare Erregung, die in seinem Gesicht wühlt. Angst und Eifersucht schreien aus ihm. Und – es wäre der glücklichste Augenblick ihres Lebens, wenn dies ihr gelten würde. Aber das alles geschieht ja wegen Angela. Alles gilt nur der toten Schwester, sein Zorn, seine Eifersucht, seine Liebe. Sie selber ist nichts, ist weniger als ein Staubkorn auf dieser Erde.

»Kannst du nicht antworten?«, knirscht er jetzt zwischen den Zähnen hervor. Die kleine Narbe an seiner Schläfe glüht dunkelrot, als wäre sie wieder zur Wunde aufgebrochen. »Ich habe die Männerstimme genau gehört. War es der Tänzer vom Sonntag?«

Margret schweigt erschrocken und betroffen vor dem Ahnungsvermögen des Mannes.

»Oder war es Matthias?«, fragt er noch.

Weil diese letzte Frage entschieden ruhiger klingt, fühlt sie sofort, dass ihm dies eine Beruhigung wäre. Darum geht sie an ihm vorbei und sagt: »Ja, Matthias ist es gewesen.«

Roland geht hinter ihr her. Wenn er allein und ohne Stock läuft, streckt er immer die Hände vor sich hin und hebt die Füße etwas höher. Das zeigt die ganze Hilflosigkeit seines Daseins.

»Warum hast du nicht gleich gesagt, dass es Matthias war? Warum treibst du mich in eine solche Angst hinein?«

»Ich will dich nicht beunruhigen!«

»Doch, das tust du aber! Warum bleibst du nicht bei mir? Du sollst nicht so viel arbeiten! Nimm dir eine Haushaltshilfe! Wir haben doch genügend Geld! Du sagst«, wiederholt er, »du willst mich nicht beunruhigen. Es hilft aber nichts, ich fühle mich so verlassen, wenn ich deine liebe Stimme nicht höre oder deinen Atem nicht spüre. Es ist ja nur die Angst, Angela, dass ich dich verlieren könnte.«

»Du musst aber keine Angst haben, Roland, denn ich bleibe immer bei dir.«

»Bleib stehen«, bittet er, »ich muss dich jetzt fühlen, muss deine Hände halten und dein Herz schlagen hören, damit ich wieder glauben kann.«

»Es schlägt für dich, Roland, für dich ganz allein! Wenn du das nur endlich glauben wolltest!«

»Ja, ich glaube es, natürlich glaube ich es. Komm, setzen wir uns auf die Bank! Die Sonne scheint noch so schön warm. Du weißt nicht, wie das ist, wenn man alles nur fühlen muss und nichts sieht. Nein, das weißt du nicht. Der blinde Bürstenbinder, sagen sie und stellen mich dem blinden Musikanten vom Nachbardorf gleich. Bei dem ist es aber etwas ganz anderes: Er ist von Geburt an blind. Ich dagegen weiß, wie alle Dinge aussehen. Wenn ich den Duft der Rosen rieche, sehe ich sie bildhaft schön hinter dem Gartenzaun blühen. Wenn die Menschen vom Abendrot sprechen, dann weiß ich, dass der Himmel im Westen brennt und dass nach diesem feierlichen Leuchten die große Nacht kommt, die mein Bruder geworden ist. Ich weiß auch, mit welchen Augen sie deiner Schönheit nachsehen, Angela.«

»Ich gebe darauf nicht Acht, Roland. Übrigens – ich bin nicht mehr so schön, wie du denkst …«

»Doch, doch! Was könnte sich denn verändert haben? Dein Gesicht, deine Gestalt sind in meine Nacht mit hineingegangen und leben dort weiter in unverwischbarer Deutlichkeit. Ich trage dich gleichsam in mir, Angela, und darum ist es eigentlich gar nicht möglich, dass dich mir ein anderer wegnehmen kann. Das sollte ich nie vergessen, dann könnte mich auch diese dumme Angst nicht übermannen.«

Margret hat die Wäsche niedergestellt, nimmt ihn nun bei der Hand und führt ihn zur Hausbank. Aber auch dort lässt sie seine Hand nicht los, sondern streichelt sie leise und behutsam.

»Roland, es ist Zeit fürs Abendrot.«

Er lehnt den Kopf weit zurück an die Wand.

»Tief im Westen leuchtet es also«, sagt er, »und verwandelt den Himmel in ein tiefes Rot. So ist es doch?«

»Nicht ganz, Roland. Das Land hier ist anders. Das Abendrot liegt auf den Gipfeln der Berge. Eine Spitze zündet die andere an, ein Gipfel schenkt das Licht dem andern. Jetzt glüht es noch golden, für eine Weile wird es purpurn strahlen und dann werden die blauen Schatten aus den Tälern hinaufkriechen und alle Farben auslöschen.«

»Danke schön, Angela, dass du mir das beschreibst! Es gehörte bisher nicht zu meinen Vorstellungen, aber nun sehe ich es mit deinen Augen ganz deutlich und schön.«

Ein Schritt wird hörbar und Roland streckt witternd den Kopf vor. Matthias ist es, der junge Bauer von drüben. Roland kennt seinen Schritt und steht auf.

»Wie ist es, Matthias. Steht das Grummet gut?«

Margret will gerade durch die Tür, bleibt aber plötzlich stehen und wendet das Gesicht.

»Könnte besser stehen«, meint Matthias. »Im Mai zu wenig Regen, das macht sich jetzt bemerkbar.«

»Aber du hast doch soeben am Bach drunten gemäht?«

Matthias hat nicht gemäht. Er ist ohne Sense, kommt soeben von seinem Kartoffelacker und hat einen Korb voll goldgelber Frühkartoffeln bei sich. Er will das dem Blinden auch sagen, aber er sieht Margrets erregtes Gesicht und ihre angstvoll flatternden Augen. Da versteht er plötzlich alles – er hat ja den

Moser-Toni von der Bachwiese heraufkommen und im Wald verschwinden sehen. Obwohl er ein einfacher Mensch ist, reagiert er blitzschnell und sagt dem Blinden, dass er unten am Bach gemäht habe.

Über Rolands Gesicht geht ein erlösendes Lächeln. Er nickt fröhlich vor sich hin: »Ja, ja, Angela hat es mir schon gesagt.«

Sein Misstrauen ist nun völlig verflogen. Er wendet sich um und will dem Mädchen etwas Gutes sagen, vielleicht sich entschuldigen. Margret aber ist verschwunden. Sie kauert hinter dem Haus, dort, wo die Brombeerstauden so wild wuchern, und weint.

Seit Margret nach der Liebe Rolands gegriffen hat, die ihr nicht gehört, ist es noch nie so dunkel in ihr gewesen wie in dieser warmen Frühherbstnacht, in der sie hellwach im Bett liegt und ihrem Leben nachsinnt, das in einer wunderlichen Zickzacklinie zwischen aufopfernder Liebe und Hoffnungslosigkeit dahinläuft. Sie weiß nun endgültig, dass sie für den Rest ihres Lebens verwandelt bleiben muss, und hat in diesen Tagen ihre eigenen Papiere tief im Boden des grauen Lederkoffers verborgen und dafür die anderen der toten Schwester hervorgekramt. Sie liegen nun bereit, diese Papiere, mit denen sie zum Standesamt und zum Pfarrer gehen wollen. Der Blinde in seinem immer währenden Misstrauen glaubt, dass seine Eifersucht schwinde, wenn sie vor Gott und der Welt seine Frau sei. Mit diesem Wunsch kommt er ihren eigenen Wünschen direkt entgegen, denn sie will nichts lieber sein als seine angetraute Frau, die dann ganz und völlig zu ihm gehört, die ihm Kinder schenkt und sein getreuer Kamerad bleiben wird, bis der Tod sie scheidet.

Nichts mehr erinnert an den Fratz von ehedem. Margret ist in diesem Sommer zwanzig geworden. Sie ist gut gewachsen und Roland wäre sicher erstaunt, wenn er sie sehen könnte. Aber für Roland existiert Margret überhaupt nicht. Früher ist sie oft zusammengezuckt, wenn er sie Angela gerufen hat. Heute würde sie erschrecken, wenn er sie – aus Versehen vielleicht – einmal Margret rufen würde, so sehr hat sie sich in ihre Rolle hineingelebt.

Und doch ist etwas anders geworden. Sie nimmt nicht mehr alles so willenlos hin, widersetzt sich zuweilen seinen Launen. Margret denkt angestrengt darüber nach, woher dies kommen mag. Nein, der junge Holzfäller, der Toni, ist daran nicht schuld. Auch nicht die anderen Burschen, die ihr mit unverhohlener Bewunderung nachblicken, wenn sie ins Dorf kommt. Das kann seinen Grund wohl nur darin haben, dass sie selbstbewusster geworden ist und dass sie entdeckt hat, dass auch der Mann Roland Fehler und Schwächen hat. Ihr Bild von ihm war immer rein und ungetrübt. Nun entdeckt sie zuweilen einen Fleck darin, der sie stört.

Es ist nicht allein sein krankhaftes Misstrauen, das sie so quält, seine abfälligen Worte über Margret schmerzen sie noch mehr. Obwohl sie ihn einmal gebeten hatte, nie mehr über Margret zu sprechen, sagte er neulich, wohl in der Meinung, ihr ein liebevolles Lob zu spenden: »Stell dir nur vor, Angela, du hättest neben deiner Schönheit die Charaktereigenschaften deiner Schwester Margret! Das wäre durchaus verständlich; findet man doch so selten, dass Schönheit, Güte, Treue und Opferbereitschaft in einer Frau vereinigt sind.« Auf ihre ängstliche Frage, wie denn nach seiner Ansicht die Charaktereigenschaften ihrer Schwester Margret waren, antwortete er mit leisem Lachen: »Aber, Angela, das weißt du doch viel besser! Du selbst hast mir einmal gesagt, dass aus der Margret nie viel werden wird, weil sie alles so leicht nimmt. Ich glaube auch heute noch, dass Margret nie die Treue aufgebracht hätte wie du, und zu einem Opfer, wie du es bringst, wäre sie niemals fähig gewesen.« Damals war sie nahe daran gewesen, ihm die Wahrheit über die treulose Angela ins Gesicht zu schleudern; aber der Gedanke, wie schwer das den trotz allem so geliebten Mann treffen müsste, verschloss ihr die Lippen.

Es dauert in dieser Nacht lange, bis Margret einschlafen kann. Sie hört, wie der Wind durch das Laub der Obstbäume streicht, und einmal, zwischen Wachen und Träumen, glaubt sie auch Schritte draußen um das Haus zu vernehmen.

Als Margret die Augen wieder aufschlägt, spielt vor dem kleinen Fenster das graue Licht des erwachenden Tages. Zufällig blinzelt sie über die stets sauber gescheuerten Dielen hin und sieht dort etwas liegen. Es ist ein Buschen Almrausch, freilich schon ohne die kleinen roten Blüten – und Margret geht nicht fehl in ihrer Vermutung, wer die Blumen in dieser Nacht durch das offene Fenster in den Raum geworfen haben könnte. Sie steht auf, hebt den Buschen auf und riecht daran. Sie atmet den Duft der Berge. Diese kleinen Rauten haben die Hitze des Sommers getrunken, sie haben die lieblichen hellroten Blüten getragen und liegen nun in Margrets Händen als Morgengruß eines Mannes, den sie gebeten hat nie wieder von Liebe zu ihr zu reden. Nun tut er es eben auf diese Weise, und wenn sie ehrlich sein will, muss sie sich eingesehen, dass es eine feine, unaufdringliche Art des Liebeswerbens ist. Ohne dass sie es will, ruft sie sich sein schmales, braun gebranntes Gesicht ins Gedächtnis, denkt an seine guten graublauen Augen und an seinen Mund, der so fröhlich plaudern kann.

Doch dann schüttelt sie mit einem Ruck diese Bilder von sich ab, steckt den Buschen in eine Vase, wirft ein Kleid über und geht zum Brunnen um Wasser in diese Vase zu schöpfen. Dabei sieht sie eine Spur, die sich im Tau über die Wiese bis zum Wald hinüberzieht.

Hinter den östlichen Bergspitzen hebt sich bereits ein gelblicher Schein herauf und die kleinen Schleierwolken bekommen einen rötlichen Glanz. Der Tag erwacht nun vollends. Im Dorf beginnt eine Glocke zu läuten und im Wipfel des Nussbaumes pfeift ein Vogel. Ein Tor knarrt im Bauerngehöft, Matthias tritt heraus, schaut zum Himmel und nickt zufrieden vor sich hin, weil das Wetter weiterhin schön bleiben wird. Dann sieht er Margret am Brunnen stehen.

»Guten Morgen, Angela.«

»Guten Morgen, Matthias.«

Er kommt an den Brunnen heran und krempelt die Ärmel seines Hemdes hoch um sich zu waschen.

»Was hast du denn da für ein Kraut?«, fragt er gut gelaunt.

»Das müsstest du doch kennen.«

»Almrausch ist es, das seh ich wohl. Almrausch ohne Blüten. Welcher Narr reißt denn um diese Jahreszeit noch die Rauten ab?«

Margret erwidert darauf nichts. Sie richtet die einzelnen Stengel in der Vase, indessen sich Matthias prustend das kalte Wasser des Brunnens über Kopf und Nacken rinnen lässt. Dann, als er einmal aufschaut und die Tropfen von sich schüttelt, sagt Margret:

»Du, Matthias, ich muss dir eigentlich noch danken, weil du mir neulich aus der Not geholfen hast.«

Er trocknet sich Hände und Gesicht – zuerst die Hände, weil dies nach einer alten Bauernregel ein sicheres Mittel gegen Zahnweh ist – und stellt sich unwissend:

»Ich hätte dir aus der Not geholfen?«

»Du weißt schon, was ich meine, Matthias.«

»Ach so, ja, als Roland mich fragte, ob ich am Bach unten gemäht hätte.« Matthias blinzelt auf die Spur hinüber, die sich im Tau durch seine Wiese zieht. »Wegen dieser Spur wird er mich heute nicht fragen, weil er sie nicht sehen kann.«

»Diesen Almrausch hat jemand heute Nacht in mein Zimmer geworfen«, sagt Margret jetzt.

»Wird schon der Moser-Toni gewesen sein.«

Margret stellt die Vase auf das Brett, das über den Brunnen gelegt ist, und setzt sich auf den Brunnenrand.

»Matthias, sag mir einmal ehrlich: Was ist dieser Toni für ein Mensch?«

Matthias knöpft sein Hemd am Hals zu und sucht in seiner Hosentasche die kurze Pfeife.

»Er ist kein schlechter Mensch, der Toni. Was wahr ist, muss man sagen! Er ist arbeitsam, grundehrlich und sparsam.«

»So sehe ich ihn auch. Und – Matthias – nun sag mir auch ehrlich, was du von mir hältst!«

Matthias zündet gerade seine Pfeife an, schielt bei dieser Frage schnell über das verglimmende Zündholz in ihr Gesicht, macht ein paar Züge und bläst den Rauch in die Luft.

Dann sagt er: »Wir – ich sage ausdrücklich wir und ich meine damit alle, die dich kennen –, wir halten dich für ein braves und anständiges Mädl, dem man gut sein muss. Von mir selbst möchte ich noch hinzufügen, dass du nach meiner Meinung sein Misstrauen nicht verdienst. So wie du dich für ihn aufopferst, das nötigt mir Respekt ab und ich glaube, das könnte nicht jede.«

Margret lächelt still vor sich hin. »Ich muss so sein, Matthias, weil ich ihn liebe.«

»Ja, das weiß ich, sonst könntest du das alles auch nicht ertragen. Er ist ja so voller Misstrauen. Neulich fragte er mich, ob ich kein Fuchseisen im Hause hätte. Er habe das Gefühl, dass sich nachts zuweilen jemand um das Haus schleiche.«

Mutlos lässt Margret den Kopf sinken. »Sag mir, Matthias, wo soll dieses Misstrauen bloß enden?«

In diesem Augenblick erscheint Roland drüben in der Tür, barfuß, nur mit Hose und Hemd bekleidet, den Stock in der Hand.

»Angela?«, ruft er durchdringend.

»Ja, Roland, ich komme!«

»Du bist doch eine undurchsichtige Person! Bist du jetzt in der Nacht schon fort! Wer spricht mit dir?«

Zornig schreit er das über das kleine Wegstück und Margret erkennt, dass alle ihre guten Vorsätze wieder zunichte sind. Soll dies das ganze Leben hindurch so fortgehen: einmal die Versicherung des unbedingten Glaubens und Vertrauens und dann gleich wieder Misstrauen und Eifersucht? Hilflos schaut sie Matthias an. Antworten kann sie beim besten Willen nicht. Ihre Kehle ist wie zugeschnürt. Matthias antwortet also für sie, indem er hinüberruft, dass er es sei, der Matthias.

»So, du bist es«, kommt es böse zurück. »Zum zweiten Mal bist du es also schon. Bist du es nun wirklich oder trittst du nur für einen anderen in die Lücke? Ich werde das schon noch herausbringen, verlasst euch darauf!«

Margret sieht, wie Matthias' Gesicht sich verfärbt, wie er die Stirn runzelt und wahrscheinlich im nächsten Moment etwas Heftiges entgegnen wird. Da legt sie schnell, beschwichtigend die Hand auf seinen Arm.

»Sei ruhig, Matthias! Er kann ja nichts für sein Misstrauen.«

Dann geht sie zu ihm hinüber. Er steht da, auf den Stock gestützt, ein wenig vorgeneigt wie ein witterndes Tier.

»Ist das eine Art und Weise, schon in der Nacht davonzulaufen? Wer bin ich denn?«

»Ein armer Mensch, der einem Leid tun kann. Aber

du sollst dich trotzdem schämen, Roland! Alle Menschen, die dir gut sind, musst du quälen!«

»Das ist ein verdammt kluges Wort! Leider nicht auf deinem Baum gewachsen. Hab ich irgendwo einmal gelesen: Wir alle sind Egoisten und quälen mit Wonne den Menschen, der uns am meisten liebt. Aber weiß ich denn, ob du mich von allen Menschen am meisten liebst? Mein Glaube beginnt allmählich zu wanken. Heute Nacht waren wieder Schritte ums Haus. Ich werde noch herumfragen müssen, ob ich kein Fuchseisen auftreibe, damit das aufhört.«

Margret steht vor ihm, als warte sie darauf, dass der Boden sich unter ihr spalte und sie verschlucke. Sie sieht, dass seine Hände zittern und sein Gesicht fahl ist unter der braunen Haut. Es entgeht ihr auch nicht, dass eine tiefe Falte über seiner Nasenwurzel steht, die vom Bügel der dunklen Brille durchschnitten wird. Sie sieht seinen verzerrten Mund und seine weißen Lippen.

Ganz nahe steht sie vor ihm und tritt noch einen Schritt näher an ihn heran, damit seine Hände nicht ins Leere fallen, wenn ihn die Verzweiflung packt über das, was sie ihm jetzt sagen wird und sagen muss:

»Du hast mich einmal gerufen, Roland, und ich bin ohne Zögern zu dir gekommen, obwohl ich wusste, dass es schwer sein wird. Aber ich war mit meiner ganzen Liebe, die, wie du wohl weißt, nicht nur eine Liebe aus Mitleid war, bereit jedes Opfer auf mich zu nehmen. Bitte – unterbrich mich jetzt nicht, wenn du nicht haben willst, dass ich unhöflich schreie, so wie du vorhin wieder geschrien hast! Ja, Roland, es ist wahr, es ist die reine Wahrheit: Die Liebe hat mich zu dir kommen lassen, die Liebe allein macht mich so stark, alles auf mich zu nehmen. Ich hätte noch mehr ertragen: Hunger und Durst, Hitze und Kälte, Not und Elend. Dein Misstrauen aber verzehrt meine Kraft. Wenn es aber so weitergeht, Roland, dann befürchte ich, dass der Tag kommen wird, an dem wir uns trennen müssen.«

Roland steht erstarrt wie ein Baum. Dann geht ein Zittern durch seinen Körper, seine Schultern sinken weit nach vorn. Der Schlag hat gesessen; man sieht es ihm an. Beinahe tonlos kommt es von seinen Lippen:

»Das – das habe ich – nicht erwartet ...«

»Du hättest ewig auf diese harten Worte warten müssen, Roland, wenn du selber sie nicht heraufbeschworen hättest. Wenn es so weitergeht, zerstören wir nur unser Leben. Du quälst mich und dich selbst, bis alles in uns leer und ausgebrannt ist.«

»So, so! Ich bin es? Natürlich, ich muss es sein! Das ist eine schamlose Verdrehung der Tatsachen zu deinen Gunsten. Gut, gut! Hahaha! Ich muss es sein, natürlich bin ich schuld! Ich bin es ja auch, der nachts aus dem Haus läuft, um fremde Mädchen zu treffen!« Er reckt sich in den Schultern, schaut scheinbar lange über sie hinweg, als suche er den Bussard am Himmel, dessen lang gezogener Ruf über den Baumkronen schwebt. – »Ich fasse es nun so auf«, spricht er dann zögernd weiter, »dass du deine Konsequenzen schon gezogen hast. Wenn du meinst – ich kann dich nicht halten. Dann musst du eben gehen. Ich habe es ja gleich gewusst, dass du es nicht aushalten wirst bei einem Krüppel.«

Er gibt sich einen Ruck, wendet sich um und taumelt mit vorgestreckten Händen zur Haustür hinein in seine Werkstatt. Dort sitzt er dann in sich zusammengesunken, unfähig, etwas anderes zu tun, als die Hände an die schmerzende Narbe zu drücken. Ganz plötzlich ist er wieder da, dieser rasende Schmerz oberhalb der Schläfe. Dazwischen horcht er ängstlich auf die Schritte im Nebenraum und jedesmal wenn die Schritte zur Tür gehen, zuckt er zusammen, weil er nicht weiß, ob Angela das Haus verlässt um nie wiederzukehren.

Aber da steigt ihm plötzlich der Geruch gerösteter Zwiebeln in die Nase und er erinnert sich, dass sie gestern den Speisezettel für heute auf Rostbraten mit Kartoffeln verabredeten: Sie kocht mir also noch die Henkersmahlzeit, denkt er, und dann wird sie gehen.

Ob sie mir noch die Hand geben wird zum Abschied?, fragt er sich. Dann denkt er sich die Worte des Dankes aus, die er ihr sagen will. Es müssen markante Worte sein, die sie ihr ganzes Leben lang nicht mehr vergisst. Auf keinen Fall will er weich werden oder um Verzeihung bitten, nicht weil es ihm schwer fallen würde, sondern weil er deutlich fühlt, dass er sich damit jetzt allmählich lächerlich machen würde. Ich werde dich nie vergessen, will er sagen. Und ich wünsche dir von Herzen Glück an der Seite eines Mannes, der deiner mehr wert ist als ich.

Der Vormittag geht dahin, ohne dass etwas Außergewöhnliches geschieht. Zu Mittag ruft ihn Margret zum Essen. Er horcht genau hin, ob Abschiedsschmerz in ihrer Stimme mitschwingt. Während des Essens sprechen sie kein Wort. Es ist, als hätten sie sich am Morgen so viel gesagt, dass es nichts mehr zwischen ihnen zu besprechen gibt.

»Bist du satt, Roland?«, fragt sie wie jeden Mittag, wenn er Messer und Gabel weglegt.

»Ja, danke!«, antwortet er wie immer. »Ich danke dir von ganzem Herzen«, fügt er heute noch hinzu. »Würdest du mir bitte eine Zigarette anzünden?«

Sie raucht ihm eine Zigarette an und steckt sie ihm zwischen die Lippen.

»Vielen herzlichen Dank«, sagt er.

Oh, er kann sehr höflich sein, wenn etwas zwischen ihnen steht, und diesmal steht sehr viel zwischen ihnen. Ängstlich wartet er auf den Abend, wie er den ganzen Vormittag über auf den Mittag gewartet hatte. Aber auch am Abend ist Margret noch da. Sie sitzt auf der Bank draußen – ganz allein. Sie ist so allein, weil Roland nicht den Mut findet zu ihr hinauszugehen. Das sähe ja womöglich so aus, als versuche er wieder eine Annäherung. Darum bleibt er drinnen sitzen und ordnet seine Gedanken für das bevorstehende Alleinsein.

Die Dämmerung fällt schnell herein. Drüben im Bauernhaus brennt schon die Lampe. Margret sieht Matthias am Tisch sitzen und die Zeitung lesen. Seine Frau geht mit gemessenen Schritten durch die Stube, ordnet dies und das, bleibt einmal stehen und legt ihre Hand auf den Kopf des Mannes, so dass er aufblickt und ihr in die Augen schaut. Margret beobachtet alles mit wehem Herzen. So muss das Glück sein, denkt sie. Einer weiß, was er am anderen hat, und kein Misstrauen kann sich einschleichen.

Von den Fichtenwäldern weht ein kühler Nachtwind herunter ins Tal. Ein paar Sterne blinzeln über den Bergen. Es sieht so aus, als könnte der Wind ihren flackernden Schein jeden Augenblick auslöschen.

In dieser Stunde der Dämmerung wird Margret von allen Bildern der Vergangenheit heimgesucht. Sie ziehen an ihr vorüber wie ein bunter Filmstreifen: die sorglose Kindheit, das wilde Reiten auf dem jungen Hengst Milord, alle Freuden, mit denen sie jeden Tag begrüßt hat, bis zu jenen Tagen der ersten Not ihres Herzens. Sie denkt an die Briefe, die sie heimlich an Roland schrieb und die nun ungeöffnet als ewiges Geheimnis in der Tiefe des Gutsweihers liegen. Vor ihrem Weggehen hat sie sie noch zusammengeschnürt, mit einem Stein beschwert und in den See geworfen. Auch die anderen Bilder kommen; traurig und schwer ziehen sie vorbei: Angelas unverschämtes Flirten mit diesem Georg Seestaller, die schleichende Krankheit des Vaters, der jähe Zusammenbruch seiner Kräfte und sein plötzlicher Tod. Angelas Verhalten ist der erste Sargnagel für den Vater gewesen, muss Margret denken.

Die kleinen Sterne von vorhin brennen jetzt ruhig am Himmel. Der Bach rauscht lauter in der Dunkelheit und vom Wald herunter kommt der klagende Ruf eines Nachtvogels.

Margret erschrickt, denn plötzlich fühlt sie den Atem eines Menschen neben sich und eine Hand tastet nach der ihren.

»Angela – so kann es doch nicht weitergehen mit uns beiden!«

»Ich weiß es, Roland, und darum habe ich das heute Morgen sagen müssen.«

»Es war hart, Angela, aber gerecht. Ich habe es nicht anders verdient. Viele Stunden habe ich heute Zeit gehabt mein Versagen zu erkennen. Die Schuld liegt einwandfrei bei mir, das ist mir ganz klar. – Wollen wir es aber nicht doch noch einmal versuchen, Angela?«

Lange antwortet sie nicht. Dann ringt es sich schwer aus ihrer Seele los:

»Niemand wäre glücklicher als ich, Roland, wenn es wieder so werden würde wie in der ersten Zeit. Aber ich kann nicht mehr daran glauben und das ist das Schlimmste von allem.«

»Doch, doch, du musst daran glauben, Angela. Du wirst sehen, es wird alles wieder, wie es früher war, und schöner noch. Und morgen – jawohl, gleich morgen – gehen wir zum Pfarrhof. Ich glaube, dass alles gut ist, wenn wir erst geheiratet haben.«

Margret sagt nichts mehr. Sie lehnt nur ihren Kopf an seine Schulter und weint ganz leise vor sich hin.

Drüben im Bauernhaus ist das Licht jetzt erloschen. Eine große Ruhe liegt über der Landschaft.

Am Sonntag darauf kann man an der Gemeindetafel lesen, dass der Ingenieur Roland Hayder sich mit der ledigen Gutssekretärin Angela Vellhagen verheiraten wird. Dies verkündet auch der Pfarrer nach der Predigt von der Kanzel.

So, dann heiraten die beiden jetzt also. Na, es ist nicht mehr als recht und billig, denken die einen. »Hat sie denn gar keinen anderen finden können als den Blinden?«, wispern sich die anderen zu. Und – Gutssekretärin ist sie gewesen? Na ja, recht große Sprünge werden sie nicht machen können, die beiden. Wenn sie nur nicht der Gemeinde einmal zur Last fallen.

Hier weiß nun allerdings der Gemeindeschreiber Becker genau Bescheid. Draußen auf dem freien Platz beim Adlerwirt steht nach dem Hochamt eine ganze Menge Neugieriger um ihn herum. Herr Becker weiß von einem gut gehenden Geschäft mit den Bürsten zu berichten. Er weiß auch genau die Höhe der Pension, die der Ingenieur erhält, und es kommt ihm dabei darauf an, den Mund ein wenig voller zu nehmen, weil er ein Mensch ist, der sich gern wichtig macht.

Als die Suttner-Amalie das hört, geht sie beleidigt davon, denn sie hat sich einmal mit dem Gedanken getragen, dem Blinden versuchsweise den Haushalt zu führen. Aber dann ist diese Angela dahergekommen und zerstörte alle ihre Pläne.

Da kommen die beiden soeben langsam über die Steintreppen des Friedhofes herunter. Wie vorsichtig ihn das Mädchen führt! Die Burschen grüßen freundlich und das Mädchen nickt heiter zurück. Nur einer steht mit bleichem Gesicht in der Ecke zwischen dem Kramerhaus und dem Wirtsgarten und starrt den beiden entgegen.

Margret erschrickt ein wenig, als sie ihn erkennt. Aber dann neigt sie den Kopf und lächelt ihm unbeschwert zu, so, als wolle sie sagen: Lass es nur gut sein, Toni, du hast ja gehört heute, dass ich zu ihm gehöre …

Am Nachmittag dieses Tages machen Roland und Margret ihre erste größere Wanderung über das Land. Margret ist es, die ihn dazu überredet. Bis jetzt ist sie, außer auf der Fahrt zu jener Verhandlung, nicht mehr aus dem Dorf herausgekommen. Sie weiß aber von einem größeren See hinter den Waldbergen. Sie will wieder einmal unter Menschen sein, den Rhythmus des Lebens spüren, auf irgendeiner Terrasse sitzen und gute Musik hören.

So wandern sie frohen Herzens auf dem Prinzenweg über die Hubertushütte das Alpachtal hinauf. Munter plätschert die Alpach daneben in ihrem steinigen Bett. In den hohen Buchenwäldern ist es so still wie in einer Kirche. Es ist ihnen zumute, als ließen sie bei jedem Schritt ein Stück der Qual hinter sich, die sie in letzter Zeit so zermürbt hat. Ganz übermütig werden sie und Margret stimmt ein Lied an, in das Roland mit seiner schönen Baritonstimme einfällt.

Wo bei der Schießstätte der Wald sich lichtet und der Ausblick frei wird, bleibt Margret überwältigt von dem Bild, das sich ihr bietet, stehen. Unten in der Tiefe glänzt in blauer Schönheit der See. Soeben zieht ein Motorboot von Wiessee herüber seine Bahn. In seiner Kiellinie glitzert das Wasser wie ein schmaler Silberstrom, so verschwenderisch liegt die Sonne über dem See. Schlank und weiß leuchtet der Kirchturm von Rottach herüber und das Gipfelkreuz auf dem Wallberg schimmert wie getriebenes Gold.

»Wie schön, wie wunderschön!«, sagt Margret leise und betrachtet wie verzaubert dieses großartige Panorama. Es tut ihr bis ins Innerste weh, dass Roland so stumm neben ihr stehen muss, ohne diese Schönheit sehen zu können.

Aber sähe er sie, dann stünde sie ja nicht neben ihm,

dann hätte er nach Angelas Treubruch sicher einem anderen Mädchen seine Liebe geschenkt. Auf keinen Fall ihr, der Margret, in der er immer nur einen »guten Kerl« gesehen hat und weiter nichts.

Sie setzen sich auf eine Bank und da fällt plötzlich ein dunkler Schatten in Margrets feiertägliche Stimmung, denn Roland sagt, wohl in der Absicht, ihr eine Freude zu breiten:

»Wir fahren demnächst einmal nach Schalleck. Vielleicht machen wir sogar unsere Hochzeitsreise dorthin.«

Das geht nicht, denkt sie erschrocken. Dann käme ja alles auf, denn niemand wird sie dort Angela nennen, sondern freudig in ihr die Margret begrüßen.

»Du antwortest ja gar nichts«, sagt er nach einer Weile. »Freut es dich denn nicht?«

»Doch – aber –«

»Ah – jetzt weiß ich's. Du hast Recht, Angela. Wir fahren nach Italien und besuchen das Grab der kleinen Margret auf dem Apennin. Dass mir das nicht schon früher eingefallen ist!«

Sie nickt ihr Einverständnis und fasst seine Hand, als brauche sie einen Halt.

»Du bist so gut, Roland.«

»Oh, du bist viel besser! Mach dich nur nicht geringer, als du bist! Du kannst gleich morgen einmal nachsehen, Angela, wie wir am besten fahren. Ich glaube, mit dem Zug über Innsbruck.«

»Das hat noch vierzehn Tage Zeit, Roland.«

»Ja, aber am liebsten würde ich morgen schon mit dir reisen. – Gehen wir jetzt wieder?«

Der Weg führt nun steil bergab und Margret muss den Blinden gut stützen. Eine Stunde später sitzen sie bereits im Motorboot und fahren nach Wiessee hinüber.

Der Nachmittag vergeht schnell. Die Stunden fliegen vorüber wie im Traum. Sie sitzen unten am Ufer und hören das Kurkonzert an. Nachher essen sie in einem guten Restaurant und fahren dann am Abend, gesättigt von Luft und Sonne, wieder über den See zurück. In Dankbarkeit für diesen schönen Tag lehnt Margret an Rolands Schulter. Ein Lächeln liegt über ihrem Gesicht, so schön und geheimnisvoll, wie man es zuweilen in Madonnengesichtern sieht, wenn das Kerzenlicht der Kirche sie erhellt. Leise schaukelt das Boot. Auf dem Vorderdeck spielt eine Ziehharmonika und Margret summt die Melodie mit. Das Schiff ist dicht besetzt. Sehr viele haben keinen Sitzplatz finden können. Bei einer leichten, schaukelnden Bewegung des Bootes kommt ein junger sympathischer Herr, der mit einer bildhübschen Blondine im Gang steht, ein wenig ins Stolpern und stößt gegen Margrets Knie. Sofort entschuldigt er sich höflich.

»Verzeihen Sie vielmals!«

»Bitte sehr, ist nicht so schlimm«, antwortet Margret und lächelt ihn freundlich an.

Vielleicht ist es dieses freie und ungezwungene Lächeln, das dem Mann den Mut gibt, zu fragen: »Ihr Herr Gemahl ist blind?«

Margret lächelt immer noch. Der Herr Gemahl, denkt sie – mein Herr Gemahl –, bald wird er es sein.

Roland aber hebt das Gesicht. »Ja, blind durch eine Schußverletzung.«

»Ach so! Also nicht von Geburt!« Das interessiert den jungen Mann. Er ist Arzt, ein Könner in seinem Fach.

»Nein, nein, Sie können ja die Narbe noch sehen, hier, an meiner rechten Schläfe.«

»Schlecht genäht worden«, sagt der andere und betrachtet die Narbe genauer.

»Verstehen Sie etwas davon?«, fragt Roland.

»Ja, einiges. Ich bin Arzt. Doktor Bröger ist mein Name.«

»Roland Hayder. Früher Ingenieur, jetzt Bürstenfabrikant«, sagt Roland nicht ohne Sarkasmus.

Margret sitzt plötzlich kerzengerade da mit gespannten Sinnen, als wittere sie eine Gefahr.

»Haben Sie zuweilen Schmerzen dort an der Schläfe?«, fragt jetzt Doktor Bröger.

»Ja, sehr heftige Schmerzen mitunter. Hat das etwas Besonderes zu bedeuten?«

»Vielleicht, ich – weiß nicht. Möglich wäre es immerhin. Man müsste die Sache einmal genau untersuchen, röntgen vielleicht.«

»Ist das nicht schon einige Male geschehen, Roland?«, fragt jetzt Margret mit merkwürdig unsicherer Stimme.

»Ja, damals oft. Es würde mich aber schon interessieren, auch von anderer Seite darüber zu hören. Könnten Sie meinen Kopf röntgen, Doktor?«

»Ich selber bin zwar nicht Augenspezialist, aber Professor Merklin ist ein naher Verwandter von mir. Vielleicht ist Ihnen sein Name ein Begriff.«

»Er hat schon vielen das Augenlicht wiedergegeben«, sagt jetzt die Blondine in einem Ton, als hätte sie es getan.

»Das wage ich zwar in meinem Fall nicht zu hoffen«, meint Roland. »Aber wenn wenigstens die Schmerzen aufhören würden! Wissen Sie, Herr Doktor, manchmal drückt es von innen her so schmerzhaft auf die Augenhöhle zu, dass ich schlicht rasend werden könnte.«

»So? Das ist äußerst interessant. Bei Blindheit gibt es nämlich normalerweise keine Schmerzen. Ich würde Ihnen dringend empfehlen, sich einer genauen Untersuchung bei Professor Merklin zu unterziehen.«

Rolands anfängliche Gespanntheit löst sich wieder. Er lässt sich gegen die Lehne der Bank zurückgleiten und fasst nach Margrets Hand.

»Mein Gott, Angela, wenn ich wieder sehen könnte! Aber daran kann ich nicht glauben, denn sicher hat ja damals auch Professor Moldenhauer sein Möglichstes getan. Allerdings fällt mir jetzt ein, dass er mir bei meiner Entlassung geraten hat, doch nach einiger Zeit zu einer Nachuntersuchung zu kommen!«

»Es wäre herrlich, wenn du wieder sehen könntest«, antwortet Margret. Vor Angst und Weh krampft sich ihr Herz zusammen, denn an diese Möglichkeit mit ihren unabsehbaren Folgen hat sie noch nie gedacht. Der ganze leuchtende Abend kommt ihr plötzlich grau und öde vor. Als das Schiff jetzt am Steg des Cafés am See anlegt, steht Margret rasch auf und fasst Roland unter dem Arm. Aber der junge Doktor klopft Roland noch einmal auf die Schulter und steckt ihm ein Blatt Papier in die obere Tasche seines Jacketts.

»Hier gebe ich Ihnen auf alle Fälle die Adresse von Professor Merklin. Auf der Rückseite steht die meine, wenn Sie sich auf mich berufen wollen. Meines Erachtens sollten Sie nichts unversucht lassen!«

»Selbstverständlich werde ich hinfahren! Nicht wahr, Angela? Gleich diese Woche fahren wir noch. Ich danke Ihnen vielmals, Herr Doktor! Vielen herzlichen Dank! Ich habe zwar wenig Hoffnung. Immerhin, ich will es versuchen. Vielleicht bringt Ihr Professor wenigstens die Schmerzen weg. Damit wäre mir schon viel geholfen.«

Sie stehen jetzt draußen auf dem Promenadenplatz. Der Menschenstrom um sie herum hat sich verloren.

»Wenn ich es genau wüsste, wann Sie kommen, würde ich in der Zwischenzeit mit Professor Merklin über Ihren Fall sprechen und Sie vormerken lassen.«

»O ja, das wäre sehr freundlich! Wann fahren wir, Angela?«

»Ich weiß nicht, Roland – wie du denkst –«

»Es kommt nicht allein auf mich an«, meint Roland

und wendet sich an die beiden anderen. »Sie ist nämlich mein guter Geist. Sie sieht für mich und hält mein Leben sicher in ihren Händen. – Ich denke, wir fahren noch in dieser Woche. Wenn Sie so liebenswürdig sein wollten und mich vormerken?«

»Das mache ich sehr gern«, antwortet Doktor Bröger. Dann verabschieden sie sich. Im Weggehen sagt die blonde Frau zu ihrem Begleiter:

»Merkwürdig, Wilhelm, ich habe das Gefühl, als ob es dieser Dame nicht ganz recht wäre, wenn der Mann plötzlich wieder sehen könnte.«

Roland hat nicht ganz die Wahrheit gesagt, als er vorgab, wenig Hoffnung zu haben. Im Gegenteil, er ist mit einem Mal voller Hoffnung. Er spricht auf dem Heimweg schon davon, dass er nun bald wieder sehen würde. Je mehr er sich dafür begeistert, desto stiller und in sich gekehrter wird Margret. Sie führt ihn an der Hand und hat die Augen zu Boden gerichtet. Seine Worte gehen wie Hagelschlag auf sie nieder.

»Stell dir das bloß vor, Angela, wenn ich wieder sehen könnte! Unser ganzes Leben würde wieder anders: Du brauchtest mich dann nicht mehr zu führen, ich würde selbstverständlich wieder in meinem Beruf arbeiten. – Du sprichst so wenig, Angela? Freut es dich nicht?«

»Doch, doch, Roland. Es freut mich natürlich sehr«, antwortet sie und dabei rinnen ihr die Tränen über die Wangen. Die Welt ist auf einmal ohne allen Glanz und Schönheit für sie. Sie hört die Blätter des Buchenwaldes nicht mehr rauschen und den Bach nicht mehr plätschern. Langsam bricht die Welt, die sie um sich und ihren Blinden aufgebaut hat, in sich zusammen. Jawohl, er ist ihr Blinder, niemand hat sonst ein Recht auf ihn! Glaubt denn der junge Mann, dass dieser andere Professor nicht damals schon alles versucht hat, Roland das Augenlicht zu retten? Man lässt doch einen jungen Menschen nicht blind werden, wenn es nicht unbedingt sein muss!

Aber noch während sie über alles nachgrübelt, erkennt sie schon Gottes Wege, denen man nicht entrinnen kann. Sie weiß, dass jeder Widerstand vergeblich wäre, dass die Dinge ihren Gang gehen werden, ob sie dagegen aufbegehrt oder nicht. Zu sicher hatte sie sich schon gefühlt. Darum trifft sie nun alles mit solch grausamer Wucht.

»Ja, das werde ich nun doch gleich diese Woche in Angriff nehmen«, sagt Roland jetzt wieder, bleibt plötzlich stehen und drückt sie ungestüm an sich. »Ach, Angela, wie ich glücklich wäre! Stell dir vor, ich könnte dann sehen, wie schön du bist an unserem Hochzeitstag.«

Ein neuer Schrecken durchzuckt sie, der ihr die rasche Frage auf die Lippen drängt: »Wollen wir nicht lieber vorher noch heiraten, Roland?«

»Warum? Ich glaube, Angela, es wäre schöner, ich könnte vorher wieder sehen.«

»Natürlich, aber ich meine, Roland, nachher könntest du dir das Heiraten noch mal überlegen.«

»Noch mal überlegen? Wie kommst du bloß auf diese Idee? Ob ich dich heiraten will, das brauch ich wirklich nicht mehr zu überlegen! Es verschiebt sich höchstens noch um einige Wochen, das ist alles. Nachher, wenn ich sehe, brauche ich dich doch erst recht, Angela. Mein Leben ist nun mit dem deinen schon so stark verflochten, dass es anders gar nicht mehr sein könnte.«

»Ja – eben, das ist es ja. Ich meine, du wirst manches anders finden, Roland. Es hat sich manches geändert, ich bin vielleicht nicht so schön, wie du denkst –«

»Das lass nur meine Sorge sein! Ich weiß genau, wie schön du bist. Das habe ich nicht vergessen. Und selbst wenn dein liebes Gesicht durch die Geschehnisse der letzten Zeit gezeichnet wäre, deine innere Schönheit ist mir erhalten geblieben. Seit unserer Auseinandersetzung begreife ich erst ganz, wie tapfer du die ganze Zeit über gewesen bist, wie großzügig du in deinem Herzen bist und dass du mich nie belogen hast.«

Margret windet sich in Qual. Es kommt ihr vor, als wähle er die Worte absichtlich so, dass jedes sie treffen muss.

»Mit Absicht nicht – nein, mit Absicht habe ich gewiss nie gelogen«, sagt sie hastig, als wolle sie sich jetzt schon eine Rechtfertigung für ihre große Lüge verschaffen.

»Was heißt hier Absicht? Ich will sagen, dass, wenn ich nun wirklich wieder sehen kann, wir uns dann ohne jede Bedrückung in die Augen schauen können, weil nicht das Geringste da ist, vor dem wir sie niederschlagen müssten. Aber – wie weit sind wir denn schon gelaufen? Ich höre die Frösche quaken. Kommen wir schon zum Weiher?«

»Ja, Roland, wir sind bald daheim.«

»Siehst du, das war doch ein glänzender Gedanke von mir, heute nach Wiessee zu gehen. Sonst hätte ich diesen Doktor Dingsda – wie heißt er gleich? Na ja, die Adresse hat er mir ja zugesteckt. Gib acht, Angela, dass wir den Zettel nicht verlieren!«

Eigentlich ist ja der Gedanke zu dieser Wanderung von ihr ausgegangen. Aber sie lässt ihn in dem Glauben, dass er der Inspirator gewesen sei. Zu ändern ist jetzt doch nichts mehr. Das Schicksal hat die Hand gehoben und wird nun die Richtung weisen. Oder hat Gott selbst die Hand gehoben um dem Spiel dieser Lüge Einhalt zu gebieten? Bestraft Gott jede Lüge, auch wenn sie aus Barmherzigkeit geschieht?

Schon betreten sie die Wiese in der Nähe des Dorfes. Es ist später Abend geworden und in den Häusern brennen bereits die Lampen. Auch bei den Bruckners brennt das Licht. Roland kann es zwar nicht sehen, er spürt aber an der Kühle des Windes und am Tau, der seine Füße nässt, dass es später Abend sein muss.

»Sind die Bruckners noch wach?«, fragt er mit ganz erregter Stimme.

Da kommt Matthias schon aus dem Haus, weil er die Stimmen gehört hat. Voller Aufregung erzählt ihm Roland gleich, dass er sich noch einmal operieren lassen wird und dann vielleicht wieder sehen kann.

Matthias freut sich darüber, er freut sich besonders für das Mädchen, dem dann seine Tapferkeit belohnt werden würde.

Als sie drüben ihr Zuhause aufsperrt, gewahrt Margret, in die Türklinke eingezwängt, einen Strauß bunter Herbstblumen. Sie weiß sofort, von wem er kommt, und deutet ihn als Abschiedsgruß, denn der Toni hat ja heute gehört, was von der Kanzel herunter verkündet worden ist.

Seit einer Woche liegt Roland in der Privatklinik von Professor Merklin in München. Margret läuft verwirrt und mit angsterfülltem Herzen allein durch die Straßen. Sie hasst diese Stadt trotz ihrer Gemütlichkeit; sie wandert herum und kämpft verzweifelt mit sich selbst und ihrem Schicksal. Wenn sie an einer Kirche vorbeikommt, geht sie hinein und ruft Gott und seine Heiligen aus der Not ihres Herzens an. Und es ist eigentlich furchtbar, um was sie bittet. Seit jenem Sonntag ist alles furchtbar für sie gewesen. Unter allerlei fadenscheinigen Vorwänden hat sie die Reise in die Stadt zunächst verhindern wollen. Sie müsse zuerst die Wäsche richten, dieses und das sei noch zu tun. Zuletzt hat sie unbedingt noch durchsetzen wollen, dass sie vorher Hochzeit feiern. Sie wolle ihm beweisen, gab sie vor, dass sie aus reiner Liebe ganz zu ihm gehöre, auch wenn er blind bliebe. Roland besprach sich darüber mit dem Pfarrer. Dieser aber meinte ebenfalls, er solle mit der Hochzeit getrost warten, wenn Hoffnung bestehe, dass er das Augenlicht wiedererhalten könne.

Alles half nichts, und als sie sich krank stellen wollte, war Roland misstrauisch geworden.

»Es kommt mir geradeso vor, als wolltest du nicht, dass ich wieder sehen kann«, sagte er. Darüber war sie so tief erschrocken, weil er genau das aussprach, was sie dachte.

Stillschweigend packte sie dann die Koffer und gemeinsam fuhren sie los.

Roland wurde aber erst drei Tage später untersucht, weil sich Professor Merklin noch auf einem Kongress aufhielt.

Nun ist das Röntgenbild fertig. Die Untersuchung hat ergeben, dass sich ein zurückgebliebener Knochensplitter verkapselt hat. Das verknorpelte Gebilde drückt von der Seite her auf den Sehnerv und bewirkt, dass das Sehvermögen außer Kraft gesetzt ist. Es ist ein einzigartig dastehender Fall. Professor Merklin schaut sich immer wieder das Röntgenbild an, bespricht den Fall mit seinem Assistenten, mit anderen Experten und weiß nicht, ob er den Eingriff wagen soll.

Plötzlich hat er einen Gedanken, fordert telegrafisch von Professor Moldenhauer die ersten Röntgenbilder an und schickt zugleich einen Eilbrief ab, in dem er dem Kollegen die Eigenart dieses Falles ausführlich beschreibt.

Zwei Tage später trifft Professor Moldenhauer persönlich ein.

»Lieber Kollege Merklin«, sprudelt er sogleich nach der Begrüßung heraus, »wenn ich damals fahrlässig gehandelt haben sollte, lasse ich mich morgen pensionieren. Kann ich sofort Ihr Röntgenbild sehen?«

Dann beugen sich die beiden Spezialisten über die zwei Röntgenaufnahmen, vergleichen sie und stellen fest, dass beide verschieden sind.

»Auf meiner Aufnahme ist der Splitter nicht zu sehen«, sagt Professor Moldenhauer und atmet erleichtert auf.

»Nein, er ist nicht zu sehen. Er ist eben in der Zwischenzeit gewandert und hat sich dann am Sehnerv festgeklemmt. Das ist wissenschaftlich durchaus erklärlich, Herr Kollege. Daher auch der immer währende Kopfschmerz des Patienten.«

Professor Moldenhauer nagt nachdenklich an seiner Unterlippe.

»Erklärlich ist nur nicht, weshalb Hayder damals nach der Operation nicht sehen konnte. Ich kann mir höchstens denken, dass durch die Schwellungen und Entzündungen, die ich damals feststellte, das Sehvermögen gestört wurde.«

Mit einem feinen Lächeln sagt Professor Merklin: »Dieser Gedanke dürfte auch richtig sein. Eine Schwellung oder eine kleine, überhaupt nicht sichtbare Verletzung des Sehnervs muss zum damaligen Zeitpunkt das Sehvermögen gestört haben.«

»Zeitlich gestört haben, wollen Sie sagen, Herr Kollege?«

»Sehr richtig, zeitlich. Eigentlich hätte unser gemeinsamer Patient nach etwa einem Vierteljahr wieder allmählich sehen können müssen. Aber vermutlich hat sich schon nach einem Zeitraum von vier Wochen dieser Knochensplitter knapp unterhalb des Sehnervs festgesetzt und damit die Sehkraft erneut unterbunden, noch ehe sie normalerweise hätte wiederkommen müssen.«

Moldenhauer richtet sich auf und wischt sich mit dem Taschentuch den Schweiß von der Stirn. »Tatsächlich, so muss es gewesen sein, Herr Kollege. Ist

Ihnen in Ihrer Praxis je einmal etwas Derartiges untergekommen?«

»Lieber Moldenhauer! Solch einen Fall gibt es vielleicht unter zigtausenden einmal. Mir ist jetzt alles ganz klar. Der Splitter muss vom linken Schläfenbein stammen. Möglicherweise hat er sich auch erst nach Ihrer Operation abgesondert.«

»Ja, so muss es sein. Und – denken Sie nun an eine Operation?«

»Natürlich. Vorausgesetzt, dass der Patient einverstanden ist.«

»Versprechen Sie sich Erfolg davon?«

Professor Merklin hebt die Schultern und lässt sie wieder sinken.

»Auf alle Fälle würde ich Sie bitten mir zu assistieren.«

Zuerst spricht der Professor mit der jungen herbschönen Frau, die jeden Tag kommt und dem Blinden Blumen bringt.

»Ja, ich weiß nicht«, antwortet Margret. »Wir haben gut gelebt bis jetzt. Ist es denn sicher, dass er dann sehen wird?«

»Sicher, absolut sicher ist gar nichts, liebe Frau. Im schlimmsten Fall bliebe er eben blind. Ich kann aber fast garantieren, dass die Kopfschmerzen verschwinden.«

Margret weiß nicht, was sie sagen soll.

Der Professor spricht mit Roland selbst. Roland ist sofort für die Operation.

»Natürlich, Herr Professor. Schneiden Sie ruhig zu. Ich habe volles Vertauen zu Ihnen und das ist – habe ich mir einmal sagen lassen – für einen Arzt von großer Wichtigkeit.«

»Freilich ist das Vertrauen des Patienten zum Arzt sehr wichtig«, antwortet Merklin, »nur darf und kann ich Ihnen nichts garantieren.«

So wird der Operationstag vereinbart. Roland sieht ihm gefasst und ohne jede Aufregung entgegen.

»Bald«, sagt er zu Margret, »werde ich dein Gesicht wieder sehen – dein Haar – deine Augen. Alles darf ich wieder sehen: Wiesen und Wälder, Sonne und Sterne, Brücken und Straßen.«

Ach, es ist ihr so jämmerlich ums Herz bei diesen Worten. Von immer neuen Ängsten wird sie heimgesucht, von Gewissensbissen gemartert. Jeder Tag ist ihr jetzt noch ein geschenkter Tag, jede Stunde eine geschenkte Stunde. Als sie ihn zum Abschied noch einmal küsst, umklammert sie wie in Todesangst seinen Hals in dem Gefühl, dass es wohl der letzte Kuss sein wird, sofern die Operation glückt.

Dann steht sie in den dämmerigen Kirchen der Stadt, betet und bittet, dass die Operation gut vorübergehe, bringt es aber nicht übers Herz, auch darum zu bitten, dass er wieder sehen möge.

Ach, es hat viel Tapferkeit dazu gehört, mit ihm zu leben in dem Bewusstsein, dass seine Liebe nicht ihr, sondern der toten Angela gehört. Sie hat es tun können, weil sie ihn über alles liebt. Sie kann aber jetzt nicht entsagen, so qualvoll diese Liebe auch ist. Roland will wieder sehen können, das ist ganz natürlich. Aber dann wird er auch sehen, dass er nicht mit Angela gelebt hat. Er wird begreifen, dass er betrogen worden ist in seiner Hilflosigkeit, und dann wird alles zusammenbrechen.

Oh, warum hat sie damals nicht den Mut zur Wahrheit gefunden? Er hätte sich vielleicht an sie gewöhnt, hätte Angela vergessen, wenn er die Selbstlosigkeit erkannt hätte, mit der sie sich um ihn gekümmert hat.

Darum ist sie jeden Tag zu ihm gegangen, weil sie noch jede Stunde auskosten wollte, in der er noch ihr gehörte. Sie ist an seinem Bett gesessen, hat mit ihm gesprochen, hat seine Hände gestreichelt und sein Gesicht.

»Armer Roland«, hat sie einmal gesagt. Er deutete es so, dass er ihr Leid tut, weil er nun hier liegen und auf das Messer warten muss. Deshalb tröstete er sie und malte ihr immer wieder in leuchtenden Farben aus, wie schön es nachher sein wird. Er ist so voller Zuversicht und nichts kann ihn darin verunsichern, dass er wieder sehen wird.

Als Margret eines Nachmittags in die Klinik kommt, wird sie nicht mehr vorgelassen. In den frühen Morgenstunden dieses Tages hat die Operation stattgefunden. Sie darf den Kranken nicht besuchen. Er muss unbedingt Ruhe haben und im Dunkeln liegen. Man weiß noch nicht, ob der Eingriff geglückt ist.

Aber sie kommt trotzdem jeden Tag. Sie steht auf dem Gang. Es herrscht eine eigenartige, gefährliche Stille im ganzen Haus. Lautlos kommen Schwestern aus den Türen; ihre Gesichter sind weiß und kühl und von einer Sanftmut ohnegleichen. Wie Schwäne ziehen sie dahin, ganz stolz und lautlos, und dann verschwinden sie in der Tiefe des Ganges.

Das wäre eigentlich das Richtige für mich, denkt Margret auf einmal. Ich habe jetzt Erfahrung im Umgang mit Blinden und könnte wohl als Krankenschwester arbeiten. Das wäre eine Aufgabe und mein Leben hätte einen Sinn, während es sinnlos werden wird, wenn ich von Roland erfahren muss, dass er meinen Betrug an ihm nicht verwinden kann und mich nicht mehr braucht.

Einmal sieht sie Professor Merklin daherkommen. Margret steht auf und macht sich bemerkbar. Er bleibt stehen und schiebt die Brille auf die Stirn.

»Wünschen Sie etwas?«

»Ich wollte fragen, Herr Professor, wie es – Herrn Hayder geht?«

»Ach so! Entschuldigen Sie, ich habe Sie nicht gleich erkannt. Es ist so dämmerig hier.« Er nimmt die Brille wieder vor die Augen und legt dann seine Handflächen ineinander. »Bisher verläuft alles tadellos.«

»Und wird es auch weiter tadellos verlaufen?«

»Ich hoffe es zuversichtlich.«

»Dann wird er also wieder sehen?«

»Liebe junge Frau! Heute kann ich Ihnen noch gar nichts sagen. Kommen Sie in ein paar Tagen wieder, dann weiß ich es sicher.«

»Danke«, antwortet Margret kleinlaut. »Ich darf jetzt nicht zu ihm? Auch nicht für ein paar Minuten?«

»Leider nein. Aber gedulden Sie sich noch ein paar Tage, dann wird die Freude um so größer sein.«

Da wendet sich Margret ab, zieht die Schultern ein und geht davon. Es ist das letzte Mal, dass sie die Klinik betreten hat.

Ganz verzweifelt geht sie dahin, überquert eine Straße und wäre beinahe unter die Räder eines Autos geraten. Die Bremsen kreischen auf, der Fahrer flucht und es sieht aus, als wollte er aussteigen, um diesem »blöden Frauenzimmer«, wie er sich ausrückt, gehörig die Meinung zu sagen. Aber Margret geht weiter, als kümmere sie das alles gar nicht, kommt dann in das kleine Hotel, in dem sie Wohnung genommen hat, und packt ihren Koffer.

Wieder daheim angekommen, bringt sie die Räume in Ordnung, scheuert und putzt und stellt frische Blumen hin, damit er alles in guter Ordnung findet, wenn er kommt. Dann erst geht sie zum Hof hinüber und erzählt den Bruckners, dass Roland nun bald heimkommen werde, mit vollem Augenlicht.

»Nein, so ein Glück!«, ruft Martha, die junge Bäuerin und Matthias streicht seinen Dreitagebart vor Aufregung.

»Ist das möglich?«, sagt er. »Na, das gönn ich dir von Herzen, Angela. Weißt du, bevor du kamst, haben wir uns oft gefragt, was muss das bloß für eine sein, weil er sie gar so arg lobt.«

Mit einem müden Lächeln streicht sich Margret eine Haarsträhne aus der Stirn.

»Was bin ich denn für eine?«

»Wenn unser Herrgott alle so wachsen ließe wie dich, mit einem so guten Herzen, dann sähe es besser aus in der Welt.«

»Ein fröhliches Herz wäre besser. Aber das habe ich verloren.«

»Ja freilich, sonst nichts?«, lacht Matthias. »Jetzt wird das Leben doch erst schön für dich!«

»Ach, wenn du Recht hättest, Matthias. Ich glaube, ich bin der unglücklichste Mensch auf dieser Welt.«

Kopfschüttelnd sehen die beiden ihr nach, als sie mit müden Schritten zum Haus hinübergeht. Sie begreifen es nicht, wie man unglücklich sein kann, wenn einem Menschen das Augenlicht wiedergeschenkt wird.

In dieser Nacht liegt Margret hellwach. Die Hände hinter dem Kopf verschränkt, liegt sie da, ganz still und regungslos, und lauscht den Stimmen, die draußen über der nächtlichen Erde sind. Es will ihr wie eine Vermessenheit erscheinen, dass sie noch hier liegt und die paar Tage nutzt, ehe Roland kommt und sie des Hauses verweist, weil er das Possenspiel erkennt, das sie mit ihm getrieben hat.

Nein, sie wird nicht mehr hier sein, wenn er kommt. Sie will es nicht erleben, wenn sich in seinem Gesicht zuerst die große Enttäuschung und dann der helle Zorn abzeichnen. Sie will nicht warten und dastehen, wenn er erkennt, dass sie ihn hintergangen hat.

Ihr Leben ist nun am Rand eines Abgrunds. Wie soll sie zurückfinden? Soll sie sich verteidigen? Das ist aussichtslos! Sie wird es nicht tun, denn sie weiß, dass zu einer solchen Verteidigung viel mehr Mut gehört als zu ihrer Lüge.

Vom Dorf her hört man es Mitternacht schlagen. Je länger sich die Nacht hinzieht, desto klarer reift in Margret der Entschluss von hier fortzugehen. Wohin, weiß sie freilich noch nicht. Sie hat nicht mehr viel Geld; denn das, was sie mitbrachte, ist durch den kostspieligen Aufenthalt in der Stadt recht zusammengeschrumpft. Nie hat sie Roland um Geld für ihre kleinen Bedürfnisse fragen wollen. Sein Konto bei der Raiffeisenkasse im Dorf ist beträchtlich angewachsen, zumal vor kurzem erst ein Kaufmann aus der Kreisstadt den gesamten Vorrat an Besen und Bürsten aufgekauft hat. Nein, wenigstens da kann er ihr nichts nachsagen, dass sie auf sein Geld ausgewesen wäre. Immer hat sie von ihrem eigenen dazugegeben.

Es schlägt ein Uhr vom Dorf herüber und immer noch liegt sie wach. Vielleicht würde sie ruhiger, wenn sie einen Menschen hätte, mit dem sie sich aussprechen könnte. Aber wo ist dieser Mensch? Einmal hat ihr einer nahekommen wollen, hat ihr Almrosen durchs Fenster geworfen und erst kürzlich einen Strauß Herbstblumen an die Türklinke gesteckt. Vielleicht ist seine Liebe so wahrhaftig, dass er verstehen würde, warum sie so hat handeln müssen. Dieser Toni ist ein einfacher Mensch, dem man sich anvertrauen könnte. Aber helfen, nein, helfen könnte auch er ihr nicht. Er würde sicher sagen: »Das macht gar nichts, dann kommst du eben zu mir, ich nehme dich mit offenen Armen auf.« Damit wäre aber nichts geholfen und es würde nichts daran ändern, dass sie mit dem fadenscheinigen Mantel der Lüge sich in das Leben eines Blinden eingeschlichen und mit seinem Herzen ein Gaukelspiel getrieben hat.

Plötzlich aber fällt ihr Tante Marie ein und schon ist

sie aus dem Bett, sucht ihr Schreibzeug und schreibt ihr einen ausführlichen Brief. Nichts verschweigt sie darin. Sie macht nicht den leisesten Versuch, ihr Handeln zu beschönigen. Es wird ein Brief innerster Bekenntnisse. Das erste Aufkeimen ihrer Liebe zu Roland mit ihrer Aussichtsloskeit, weil sein Herz Angela gehörte, dann der Wille zur Wahrheit, ihr Hineintaumeln in die Lüge und alles, was dann folgte.

»Ich wage zu hoffen, liebe Tante Marie«, schreibt sie weiter, »dass du meine Handlungsweise verstehen wirst. Noch nie war mein Leben so sinnerfüllt wie an der Seite des blinden Mannes. Was ich getan habe und was in Zukunft geschehen wäre, alles hat seinen Ursprung nur in meiner grenzenlosen Liebe zu ihm. Nun aber weiß ich keinen Ausweg mehr und ich bitte dich, liebe Tante Marie, um deinen Rat. Vater hätte mich verstanden, das weiß ich. Wie könntest du mich als Frau nicht verstehen? Bitte, schreib mir gleich, was ich tun soll, jede Stunde ist kostbar! Wie dein Rat auch ausfallen mag, ich werde ihn befolgen.«

In dieser Nacht noch trägt sie den Brief ins Dorf und wirft ihn in den Briefkasten. Als sie zurückgeht, spielt der erste Morgenschimmer um die Bergspitzen. Daheim angekommen, wird sie von einer bleiernen Müdigkeit übermannt und schläft sofort ein. Als sie wieder erwacht, ist es heller Mittag.

Ein paar Tage banger Erwartung vergehen. Glücklicherweise hat Margret nicht so viel Zeit zum Nachdenken, denn drüben im Brucknerhaus kommt ein kleines Mädel zur Welt und Margrets Hilfe wird dankbar angenommen.

Das muss doch der Höhepunkt allen Glückes sein, denkt sie immer wieder, so ein kleines Kind zu haben. Dann kann man doch nie mehr im Leben einsam sein.

Am dritten Tag trifft Tante Maries Antwortschreiben ein. Es ist für Margret eine Enttäuschung auf der ganzen Linie und sie wird dadurch erst recht in eine Mutlosigkeit ohne Grenzen hineingetrieben.

Tante Marie ist von jeher in solchen Dingen übertrieben empfindlich gewesen. Vielleicht hat ihr die Abgeschlossenheit im Altersheim das Verständnis für menschliche Nöte außerhalb der Mauern des Heimes ganz genommen. Jedenfalls versteht sie Margrets Verhalten in keiner Weise und tadelt sie in harten Worten, denen offenbar jede Menschenkenntnis mangelt.

Nachdem sie zunächst ihrer Empörung reichlich Ausdruck verleihen hat, fährt sie fort:

»Ich sehe eben, dass du der Fratz geblieben bist, von dem nichts Besseres zu erwarten war. Der Tod deiner unglücklichen Schwester, das Heimgehen deines vortrefflichen Vaters, so glaubte ich wenigstens, hätten dich reifer machen müssen. Zu meiner Betrübnis muss ich aber erkennen, dass du dich überhaupt nicht verändert hast. Nun sage mir bloß, wie das noch enden soll, wenn du dir jetzt ein Glück durch Lüge und Betrug aufbauen willst. Ich sehe es als eine himmlische Fügung an, wenn Roland Hayder sein Augenlicht wiedererhält, damit er sieht, welch merkwürdige – um nicht zu sagen schamlose – Rolle du gespielt hast. Ist es doch der Gipfel der Frechheit sich für eine Tote auszugeben und Liebe zu nehmen, die eigentlich einer anderen gehört. Es wundert mich keineswegs, wenn er dir bei seiner Rückkehr seine grenzenlose Verachtung zeigt. Mag dir das eine Lehre sein, dass man mit so heiligen Dingen nicht spielt! Vielleicht führt dich das dann doch noch auf einen rechten Weg. Nur wenn du den Mut findest, die vielen Konsequenzen aus deinem Verhalten zu ziehen, bin ich bereit, dich hier zu empfangen um mit dir deine weitere Zukunft zu besprechen. Einen anderen Rat kann ich dir leider nicht geben. Ich umarme dich aber trotzdem, du armes, verlorenes Kind, und grüße dich herzlich.

Deine Tante Marie.«

Ihre Reue, an die Tante geschrieben zu haben, kommt zu spät. Sie hätte doch wissen müssen, dass ihr nicht geholfen werden kann. Ganz allein muss sie nun also mit allem fertig werden. Der Brief treibt ihr die Tränen in die Augen. Sie kommt sich so verlassen vor wie noch nie in ihrem Leben. Es ist ihr Schicksal, dass sie immer verkannt wird. Von Konsequenzen spricht die Tante. Ja, aber wie sollen die denn aussehen? Ist es konsequent, wenn sie einfach spurlos von hier verschwindet, oder ist es konsequent, wenn sie Rolands Heimkommen abwartet und sich dann von ihm davonjagen lässt?

Margret hält es auf einmal im Haus nicht länger aus. Es ist ihr, als würden die Mauern sie erdrücken. Sie ordnet ihr Haar noch ein wenig und erschrickt vor der Blässe ihres Gesichtes, das ihr ganz fremd aus dem Spiegel entgegensieht. Seit kurzem trägt sie ihr Haar in der Mitte gescheitelt. Sie tut dies aus der Erwägung heraus, dass sie mit dieser Frisur fraulicher und reifer aussehe. Sie weiß gar nicht, wie gut es ihr steht, weil sie keine Eitelkeit kennt. Sie hat also gar keine Ahnung davon, dass dieser streng gezogene Scheitel dass vollendete Oval ihres Gesichtes noch besser zur Geltung bringt.

Als sie das Haus abschließt, fällt ihr ein, dass sie den Schlüssel, wenn sie morgen oder übermorgen für ganz weggeht, bei Bruckners hinterlegen muss, damit Roland ins Haus kann, wenn er kommt. Wahrscheinlich werde ich ihm einen Brief auf den Tisch legen, denkt sie. Brieflich lässt sich das alles am leichtesten sagen. Vielleicht ist das Glück über das wiedergeschenkte Augenlicht so groß, dass er die Enttäuschung leichter überwindet.

Margret geht ohne eigentlich ein Ziel zu haben durch das Dorf. Sonst grüßt sie immer freundlich zu jeder Seite hin, heute blickt sie starr auf die Straße wie in tiefer Versunkenheit, sieht niemand und grüßt auch niemand, so dass die Leute verwundert hinter ihr hersehen und sich fragen, was das Fräulein heute wohl haben mag.

Die Straße macht einen Bogen um den Friedhof herum und führt an einem niederen Staketenzaun entlang, hinter dem sich bei dem nahenden Schritt langsam ein breiter Schlapphut mit einem gutmütigen roten Gesicht darunter aufhebt. Ächzend reckt sich der Pfarrer Anselm Gruber zu seiner ganzen Größe auf und blickt über die Ränder seiner Nickelbrille auf die Vorübergehende. Als er sie erkennt, grüßt er freundlich zu ihr hinüber.

Margret zuckt zusammen, als sie so unverhofft angesprochen wird, denn sie hat den Pfarrer vorher nicht bemerkt. Gleichzeitig aber schießt ihr der Gedanke durch den Kopf, ob er nicht der richtige Mensch wäre, dem sie alles erzählen könnte. Rat wird freilich auch er ihr keinen geben können, aber vielleicht versteht er sie wenigstens, weil es doch zu seinem Amt gehört, die Seelennöte der Menschen, die ihm anvertraut sind, mit zu tragen. Zögernd tritt sie einen Schritt näher und sieht, dass der Pfarrer eine Schere und einige Bastbänder in den Händen hält. Er hat gerade einige Rosensträucher mit Stroh umwickelt, damit sie gegen Nachtfröste geschützt seien.

»Grüß Gott, Herr Pfarrer! Ich hätte gern mit Ihnen etwas besprochen.«

»Ja, bitte. Wegen der Hochzeit vermutlich. Übrigens – wie steht es mit der Operation? Ist sie geglückt?«

»Darüber möchte ich mit Ihnen sprechen, Herr Pfarrer.«

»Schön, schön.« Er schneidet noch ein paar Rosen ab, hält sie gegen das Sonnenlicht und sagt schwärmerisch: »Sehen Sie, wie sie leuchten! Sie gehören zu den letzten dieses Jahres. Dort hinten steht eine noch spätere Sorte; die werden sich gerade noch halten bis zu Ihrer Hochzeit. Damit schmücken wir dann den Altar recht schön.« Er betrachtet seine Arbeit noch einmal und lächelt. »Jetzt haben sie ihr warmes Kleid bekommen. Um diese Zeit weiß man nie sicher, wann der erste Frost eintritt. Dann wären sie kaputt. Halten ja noch nichts aus, die jungen Triebe. Das ist gerade wie bei den Menschen: Was die Jungen schon umwirft, macht den Alten kaum etwas aus.« Er nimmt seine blaue Arbeitsschürze ab und legt die Schere fort. »Kommen Sie bitte mit ins Haus.«

In seinem Arbeitszimmer stellt er die Rosen in eine Vase und bittet Margret Platz zu nehmen, bis er sich die Hände gewaschen hat. Dann lässt er sie allein.

Wie fange ich jetzt am besten an, denkt Margret und schaut sich im Raum um. Es gibt nicht viel zu sehen hier. Außer einem altmodischen Schreibtisch steht in der Ecke beim Kachelofen ein Harmonium, daneben ein grünes Plüschkanapee mit gestickten Kissen, von denen ihr besonders eins mit dem sinnigen Spruch ins Auge fällt: »Mei Ruh will ich hab'n.« Der Pfarrer scheint also Sinn für Humor zu haben.

Beim Fenster steht ein Betschemel vor einer Muttergottesgrotte, einer Miniaturnachbildung der Grotte von Lurdes, die von rotem Ampellicht mild bestrahlt wird. Margret ist nahe daran vor der Grotte niederzuknien, um die Gottesmutter zu bitten, dass sie ihr beistehe in ihrer Not, als sich die Tür wieder öffnet und der Pfarrer eintritt. Er nimmt ihr gegenüber auf dem Kanapee Platz und lehnt sich behaglich zurück.

»Also, was haben Sie auf dem Herzen, Fräulein?«

»Viel, Herr Pfarrer, sehr viel.«

»Na, na, so schlimm wird es doch nicht gleich sein.«

»Ich weiß mir keinen andern Rat mehr, Herr Pfarrer. Ich muss mich aussprechen, es drückt mir sonst das Herz ab.«

Mit einem kaum merklichen Lächeln nimmt der Pfarrer seine Brille ab und reibt sich die Augen. »Hier haben sich schon manche ausgesprochen und haben ihr Herz erleichtert. Und so schwer wird Ihre Bürde doch nicht sein.«

»Ich weiß nicht, Herr Pfarrer –«

»Das mag wohl sein. Wir wissen oft über uns selbst am wenigsten Bescheid.« Er schaut zum Fenster hinaus in seinen Apfelgarten, wo noch einzelne Äpfel gelb und rot zwischen den Blättern leuchten. »Wenn man sich aber ausspricht von Mensch zu Mensch, dann erkennt man oft erst, was man verkehrt gemacht hat.«

»Ich habe wahrscheinlich alles verkehrt gemacht in meinem Leben, Herr Pfarrer.«

»Aber nein! Sie sind ja gerade erst dabei, ins wirkliche Leben zu treten.«

»Man kann aber in kurzer Zeit so viel Schuld auf sich laden, dass man sein ganzes Leben lang daran zu schleppen hat.«

»Schuld?«, fragt der Pfarrer und schaut sie lange an. »Jede Schuld kann vergeben werden!«

»Vom Herrgott, ja, so habe ich es gelernt. Nicht aber von den Menschen!«

»Von den Menschen? Wer von ihnen ist ganz ohne Schuld?«

»Hier geht es nur um meine Schuld allein. Ich bin nicht die, für die ich – gehalten werde.«

»Sie sind Angela Vellhagen.« Er steht auf und schlägt ein dickes schwarzes Buch auf. »Hier steht es: Aufgebot! Der Ingenieur Roland Hayder mit der Gutssekretärin Angela Vellhagen.«

»Nein, ich bin Margret Vellhagen. Angela Vellhagen ist meine Schwester und sie ist längst tot.«

Bedächtig klappt der Pfarrer das Buch wieder zu und bleibt eine ganze Weile, mit dem Rücken zu ihr gewendet, stehen, als überlege er etwas. Dann wendet er sich langsam um und schaut sie prüfend an, als hätte er die Gabe, ihre ganze Geschichte, derentwegen sie gekommen ist, ihr vom Gesicht abzulesen. Pfarrer Gruber ist aber kein Hellseher. Er schaut dieses Gesicht nur deshalb so eindringlich an, weil er fühlt, dass diese ehrlichen braunen Augen nicht fähig sind, auf etwas Bösem zu ruhen. Vielleicht ahnt er aber ganz von ferne, was diese junge Frau getan haben könnte. Er räuspert sich wie immer, wenn ihm etwas zu schaffen macht, und gibt seiner sonst schon brüchigen Stimme den schönen, ungebrochenen Klang menschlicher Wärme. Er weiß, dass man nur mit eigener Herzenswärme das Herz eines Menschen anrühren und erschließen kann.

»Ich weiß nicht, weshalb Sie den Namen Ihrer Schwester angenommen haben. Doch dürfte sich kaum eine große Schuld dahinter verbergen.«

»Ich bin hergekommen, Herr Pfarrer, um Ihnen die volle Wahrheit zu bekennen. Meine Schwester Angela, mit der Roland Hayder so gut wie verlobt war, verunglückte in Italien bei einem Unfall. Er wusste nichts davon. Deshalb rief er damals nicht mich, sondern meine Schwester Angela zu sich. Als ich am Bahnhof vor ihm stand und er unbeirrbar glaubte, Angela sei angekommen, da brachte ich es einfach nicht fertig, ihm die Wahrheit zu sagen, wenigstens nicht in diesem Augenblick. Ich verschob es dann von Stunde zu Stunde, von Tag zu Tag.«

»Ja, ja, ich verstehe schon«, unterbricht sie der Pfarrer und dreht seine Brille wie spielerisch hin und her, setzt sie auf und wiederholt: »Ich verstehe vollkommen. Aus Mitleid sind Sie zu ihm gefahren und dann bei ihm geblieben.«

»Nein, nicht aus Mitleid, Herr Pfarrer! Geliebt habe ich ihn schon immer. Aber neben meiner Schwester war ich für ihn nichts, bedeutete ihm weniger als ein Stück Papier, das man auf der Straße findet.«

»Dann kann es für Sie nicht so schwer gewesen sein, bei ihm zu bleiben. Ich meine, wenn Sie – wie Sie sagen – ihn schon früher geliebt haben.«

»Ich bin gern bei ihm gewesen, Herr Pfarrer, obwohl es nicht leicht ist, mit einem Blinden zu leben. Er war oft so unberechenbar und voller Misstrauen. Trotzdem wäre ich mein ganzes Leben bei ihm geblieben. Sie wissen ja, Herr Pfarrer, das wir bereits heiraten wollten.«

Der Pfarrer überschaut nun die ganze Tragweite dieses Spiels, dessen letzter Akt noch aussteht. Nachdenklich blickt er eine ganze Weile auf seine Schuhe nieder, an denen noch etwas Gartenerde klebt. Da hat sich dieses Mädchen in eine Zwickmühle hineinmanövriert und er, der alte Pfarrer Gruber, er soll nun helfen. Weil er aber zeit seines Lebens auch den schwersten Dingen immer etwas Heiteres abzugewinnen vermocht hat, so fragt er auch jetzt schalkhaft:

»Und was hat er dann gesagt, als er es erfuhr?«

Ganz verblüfft starrt ihn Margret an. Sie kann in diesem Moment gar nicht antworten.

»Ach so, Sie haben es ihm bis heute noch nicht gesagt? Er weiß es also noch immer nicht?«

»Nein, er weiß es noch immer nicht. Das ist doch meine ganze Ratlosigkeit, die mich zu Ihnen treibt. Erst wenn er jetzt zurückkommt und wieder sehen kann, wird er merken, wie sehr er betrogen worden ist.«

»Betrug ist wohl nicht ganz das richtige Wort. Ein Irrtum seinerseits vielleicht – Vorspiegelung falscher Tatsachen Ihrerseits. Ja, so könnte man es nennen.«

»Nein, nein, Herr Pfarrer! Ich habe ihn schließlich ganz bewusst in diesem Irrtum belassen. Und darum ist es Betrug an seinen innersten Gefühlen.«

»Mein liebes Kind, warum so schwerwiegende Worte? Sehen Sie, ich habe weiße Haare, ich habe siebzig Sommer erlebt und bin bis heute noch nicht recht dahinter gekommen, wo Irrtum aufhört und Betrug beginnt. Betrug ist ein Vergehen, bei dem man wissentlich einen anderen schädigt. Haben Sie den Ingenieur geschädigt? Ich glaube: nein! Das Gegenteil wird der Fall sein. Sie haben ihm das Leben verschönt und sein trauriges Schicksal tragen helfen. Das ist ein großes Plus für Sie und der Mann müsste ein Herz aus Stein haben, wollte er das nicht anerkennen. Sehen Sie, Fräulein Vellhagen, wir werden oft nicht gefragt im Leben, ob wir so wollen, wie das Schicksal will. Ich gebe zu, Ihr Fall ist etwas außergewöhnlich, aber das, was Sie getan haben, war ja kein böswillig ersonnenes Spiel. Sie wollten im Gegenteil etwas Gutes tun. Man muss sich immer fragen, warum man etwas tun musste. Der Grund für Ihr Handeln war doch nicht kalte Berechnung, sondern Ihre Liebe.«

»Das wohl, Herr Pfarrer. Ob aber alle Menschen so denken wie Sie?«

»Menschen, Menschen. Du meine Güte! Das Urteil der Menschen ist wie die Wetterfahne auf meinem Kirchendach: heute so, morgen wieder anders. Es braucht doch auch niemand etwas zu wissen, außer mir.«

»Und ihm.«

»Natürlich – und ihm. Aber er ist jetzt noch nicht da, und wenn er kommt, dann wird es sich ja zeigen, ob er Ihr Opfer in den Wind schlägt oder ob er Sie bei der Hand nimmt und vergibt.«

»Das ist es ja, was ich nicht glauben kann, Herr Pfarrer. Er wird mir bestimmt nicht so ohne weiteres vergeben. Dazu kenne ich ihn zu genau und darum kann ich nicht zu Hause auf seine Ankunft warten. Ich fürchte mich vor seinem Blick, wenn er die Enttäuschung sieht. Deshalb will ich fort, aber ich weiß nicht, wohin.«

Der Pfarrer ist aufgestanden und ans Fenster getreten. Mit einem Händeklatschen scheucht er ein paar Amseln fort, die sich den Tomaten im Garten nähern wollten.

»Schau einer diese frechen Tagediebe an! Im Frühsommer schon stahlen sie mir die Kirschen vom Baum. Jetzt wollen sie auch noch meine Tomaten holen. Ich kann aber doch nicht den ganzen Tag über draußen im Garten stehen und die Vogelscheuche spielen.«

Dann dreht er sich um, stemmt die Hände hinter seinem Rücken auf das Fensterbrett und sagt:

»Wissen Sie was, Fräulein Margret? Bleiben Sie einstweilen in meinem Haus. Ich bin alt und meine Schwester, die mir den Haushalt führt, ist nicht viel jünger. Es gibt so viel Arbeit im Haus und im Garten. Die Äpfel zum Beispiel – viel sind heuer leider nicht gut gewachsen – müssen noch gepflückt werden, dies und jenes gibt es zu tun.«

Impulsiv steht Margret auf und drückt seine Hand.

»Wie soll ich Ihnen danken, Herr Pfarrer?«

»Dadurch, dass Sie wieder ein fröhliches Gesicht zeigen und sich von dem Gedanken losmachen, Sie seien eine Betrügerin. Sehen Sie, Gott hat den Menschen die Liebe ins Herz gegeben, dass sie etwas Gutes damit vollbringen. Sie haben Ihre Liebe einem Menschen ohne Augenlicht geschenkt und haben ihm damit das Leben wieder lebenswert gemacht. Glauben Sie denn, dass Gott einen solchen Dienst um der Liebe willen bestrafen will?«

»Ich bin so froh, Herr Pfarrer, dass ich zu Ihnen gekommen bin«, sagt Margret aufschluchzend und drückt den Kopf gegen seinen Arm.

»Nein, Kind, das stimmt nicht ganz. Sie wollten nämlich vorbeigehen und erschraken, als ich plötzlich hinterm Gartenzaun auftauchte. Na ja, jetzt tröpfelt 's Wasser. Macht nichts. Das erleichtert das Herz. Gehen Sie jetzt heim und holen Sie Ihre Sachen! Das Weitere wird sich dann schon finden. Für Sie ist es jedenfalls gut, wenn Sie nicht so allein sind, und mir ist auch geholfen.«

Da es bereits Nacht ist, sieht es auch beim Bruckner niemand, dass Margret mit ihrem Koffern den Zubau verlässt. Sie hängt den Schlüssel hinter den Fensterladen, damit Roland jederzeit das Haus betreten kann, wenn er heimkommt.

Einen Tag später öffnet sich für Roland Hayder erneut die Welt. Er darf die sanfte Dämmerung des Zimmers verlassen. Berauscht vom Licht geht er durch die Gänge und hinunter über die sauber gebohnerten Treppen in den Garten der Klinik.

Als man ihm das erste Mal die Binde abgenommen hatte, hätte er aufschreien mögen vor Glück und Wonne, weil er in grauen Umrissen die Dinge im Zimmer unterscheiden konnte. Dann hatte man ihm den Verband gleich wieder auf die Augen gelegt. Am nächsten Tag war es noch besser gewesen. Da hatte er schon mit Bestimmtheit sagen können: »Das am Fenster dort ist ein Kakteenstock.«

»Sehr richtig«, hatte ihm Professor Merklin bestätigt. »Und können Sie mir sagen, was dort an der Mauer auf dem Schild steht?«

Roland hatte den Blick gehoben und hatte, wenn auch noch mit großer Anstrengung, abgelesen: »Rau – chen – ver – bo – ten.«

Das ist vor zwei Tagen gewesen. Jetzt geht er durch

den Garten. Bäume sind da mit leuchtendem Herbstlaub. Astern stehen in flammender Schönheit am Zaun. Er schaut zum Himmel auf und sieht kleine Kumuluswölckchen dahinziehen. Im Gebüsch pfeift ein Vogel und er sieht ihn aufsteigen mit lautlosem Flügelschlag. An einen Baum gelehnt, starrt Roland auf die Straße hinaus. Er sieht die Menschen wieder, wie sie hastig über die Straße eilen, in Läden verschwinden oder in Trambahnen steigen. Ein Rausch erfasst ihn, ein Rausch des Glückes. Dankbarkeit erfüllt sein Herz, dass er am liebsten niederknien möchte um Gott zu danken.

Aber wo ist Angela? Es berührt ihn schmerzlich, dass ihm in der glücklichsten Stunde seines Lebens der liebste Mensch fern ist.

Er geht zurück in das Haus und fragt die erste Schwester, die ihm in die Hände läuft:

»Haben Sie nicht meine Braut gesehen, Schwester?«

Die Schwester lächelt ihn freundlich an.

»Ein schönes junges Mädchen. Verstehen Sie, Schwester? Blondes Haar und ganz dunkle Augen.«

Immer noch lächelt die Schwester unergründlich. Sie ist schon lange in diesem Haus und kennt das Glück der Menschen, die plötzlich wieder sehen können. Das verwirrt diesen Menschen am Anfang den Sinn ein wenig. Sie weiß wohl von dieser Frau, die Tag für Tag gekommen ist und so still dort auf der Bank gewartet hat. Aber dieses Mädchen war nicht blond, wie er meint, sondern sie hatte kastanienbraunes Haar.

»Seit fünf Tagen ist sie nicht mehr gekommen«, sagt sie dann.

»So, seit fünf Tagen.«

»Ja, wir durften sie nicht mehr zu Ihnen lassen. Soll man ihr schreiben? Aber nein, das können Sie ja selbst tun. Sie sind ja nicht mehr auf die Hilfe anderer angewiesen.«

»Auf niemand mehr angewiesen«, spricht Roland nachdenklich vor sich hin. »Sehen Sie, Schwester, das ist mir noch gar nicht voll zum Bewusstsein gekommen. Angela wird wahrscheinlich vorausgefahren sein, um alles für mein Heimkommen festlich vorzubereiten. Wann denken Sie, Schwester, dass ich entlassen werde? Übermorgen? Glauben Sie, dass der Professor es zulässt?«

»Vielleicht. Aber Sie werden die erste Zeit über noch eine dunkle Brille tragen müssen. Zu viel Licht auf einmal könnte den Augen schaden.«

»Zu viel Licht! Sie haben Recht, Schwester! Der Gedanke, dass ich wieder ein vollwertiger Mensch bin, macht mich ganz schwindlig vor Freude.«

Die Schwester kennt auch das zur Genüge. Andere haben sich schon wie Verrückte gebärdet, wenn Professor Merklin ihnen zum letzten Mal die schützende Augenbinde wegnahm und ihnen dann mit einem herzlichen Händedruck die Tür öffnete, damit sie wieder ins Leben hinaustreten konnten. Dieser Ingenieur verhält sich ihrer Meinung nach immer noch äußerst vernünftig im Vergleich zu anderen.

Roland sucht den Professor auf, bei dem sich gerade auch Professor Moldenhauer aufhält. Er lässt sich seinen Fall ganz genau erklären. »Ich bin so glücklich, ich würde dem Krankenhaus gern etwas schenken.«

»Da machen Sie sich nur keine Gedanken!«, lacht Professor Merklin und klopft ihm auf die Schulter. »Sie haben uns mit dem Viadukt im Stephanstal schon genug geschenkt. Vor kurzem bin ich mal darüber gefahren. Einfach grandios, sage ich Ihnen!«

»Ja, ja«, stottert Roland verlegen. »Nun kann ich mein Werk ja selbst bald sehen. Wann denken Sie, dass Sie mich entlassen können, Herr Professor?«

»Morgen will ich Sie noch einmal untersuchen. Ist alles in Ordnung, können Sie übermorgen abreisen.«

Die zwei Tage scheinen Roland noch endlos lang zu sein. Er geht durch die Straßen der Stadt und sieht allen vorübergehenden Mädchen ins Gesicht. Ist eine unter ihnen, die auch nur annähernd so schön wäre wie Angela? – Nein, keine!

Lange denkt er vor einem Juwelierladen darüber nach, was er ihr für ein Geschenk mitbringen könnte. Plötzlich fällt ihm ein, dass ja auch die Eheringe noch gekauft werden müssen. Zu diesen ersteht er noch eine Halskette mit wunderschönen wasserblauen Steinen.

Am anderen Tag bringt ihn Professor Merklin selbst in seinem Wagen zum Bahnhof. Der Zug rollt an und Roland ist es zumute wie einem Knaben, der zum ersten Mal allein in die Ferien fahren darf. Wann war das eigentlich, dass er zum letzten Mal mit gesunden Augen in einem Zug reiste? Ach ja, richtig: Das ist die Fahrt nach Stephanshall gewesen, als er seine Arbeit dort begann. Damals hat ihn Angela an die Bahn gebracht. Heute wartet Angela zu Hause auf ihn. Wahrscheinlich wird sie einen Willkommenskranz über die Tür genagelt haben.

Merkwürdig, es kommt ihm vor, als hätte er ein Jahrhhundert verschlafen, sei aus einer dunklen Höhle herausgetreten und als neuer Mensch ins Leben hineingegangen. Alles, was einmal war, seine Kindheit und Jugend, seine Studentenjahre und die Nächte am Zeichentisch, das alles liegt so weit zurück. Selbst die Arbeit im Stephanstal, die Gottner-Burgl, Rochus, der Unglücksschütze, und Monika, alles liegt so fern. Nur ein Mensch ist ihm nahe geblieben: Angela.

Er nimmt die beiden Ringe heraus und betrachtet sie. Hoffentlich passt der ihre, denkt er. Angela hat so schmale Hände.

Dann schaut er wieder zum Fenster hinaus. Die Dörfer fliegen vorüber, er sieht schlanke weiße Kirchtürme, die in der Herbstsonne leuchten. Er sieht wieder die liebe, gute Erde, aufgebrochen vom Pflug; fettig und schwarz liegt sie da. Weit drüben brennen Kartoffelfeuer; Roland sieht den Rauch noch lange über die Fichtenwipfel steigen. Dann wechselt das Bild. Die Landschaft wird hügeliger. Menschen gehen über die Wiesen. Ein kleines Mädchen hütet Ziegen am Bahndamm und winkt dem Zug nach. Roland winkt zurück, weil er meint, der Gruß gelte ihm ganz allein, ihm, der als Liebling des Herrgotts heute wieder die Welt sehen darf. Ach, er möchte allen Menschen gut sein.

Plötzlich sind die Berge da. Immer höher und gewaltiger steigen sie empor. Auf den höchsten Gipfeln liegt schon Neuschnee. Da wird seine Station ausgerufen.

Behende springt er vom Trittbrett und geht als erster durch die Sperre. Der Stationsvorsteher ist ganz verblüfft, als er Roland das Billett abnimmt.

»Herr Ingenieur – was – wie –«

Roland nimmt seine Brille ab und lacht den Mann an.

»Ja, nun sehe ich wieder! Auch Ihnen habe ich zu danken! Sie waren stets sehr rücksichtsvoll mir gegenüber.«

Als er weitergeht, denkt er daran, wie er damals mit einem kleinen Blumenstrauß hier stand, um Angela zu empfangen. Welch eine Angst erfüllte damals sein Herz! Ach, wie gut ist es nun heimzukommen, Angela in die Arme zu schließen und ihr danken zu können für alle Geduld und Liebe, die sie im letzten halben Jahr aufgebracht hat.

Rasch geht er dahin, immer schneller. Die Menschen, die ihm begegnen, schauen ihm verwundert nach. Er merkt es, bleibt stehen und nimmt wieder seine Brille ab.

»Ja, ja, ihr dürft es schon glauben. Ich sehe nun wieder.«

Da erblickt er schon den Bauernhof, daneben das Anbauhäuschen. Alles hat er sich ganz anders vorgestellt.

Aber warum ist es so still? Warum sieht das Häuschen so unbewohnt aus? Warum steht Angela nicht in der Tür? Roland hatte damit gerechnet, dass sie ihn ungeduldig erwartet. Eine kleine dumme Angst schnürt sein Herz zusammen. Gleich darauf lacht er aber über diesen kindischen Gedanken und legt den Rest des Weges im Laufschritt zurück.

Die Tür ist verschlossen und Roland steht betroffen davor. Wo ist nur Angela? Vielleicht ist sie ins Dorf gegangen. Sicher ist es so, denn er findet den Schlüssel hinter dem Fensterladen und tritt ein.

»Angela ...«

Nichts rührt sich. Er hört nur seine eigene Stimme.

Sie kann noch nicht lange fort sein. Alles ist geordnet und für sein Heimkommen gerichtet. Nur geheizt ist nicht. Doch – was ist das? – Angelas Kleider sind fort. Roland erschrickt furchtbar. Was soll denn das alles bedeuten? Er steht vor dem geöffneten Kleiderschrank und findet nur noch ein paar Kleinigkeiten von Angela, die anscheinend des Mitnehmens nicht wert waren.

Mit einem Ruck wendet er sich ab und springt zum Brucknerhaus hinüber.

»Wo ist Angela?«

Martha schlägt die Hände über dem Kopf zusammen. »Du siehst wirklich und wahrhaftig wieder?«

»Ich glaubte es bis vor ein paar Minuten noch. Aber jetzt sehe ich nicht, was ich sehen möchte. Wo ist Angela?«

»Angela? Das – weiß ich nicht. Ist sie denn nicht zu dir gefahren! Matthias! Matthias, komm einmal her! Roland ist wieder da und kann sehen. Wann war Angela zuletzt hier?«

Für Matthias ist das zu viel auf einmal. Zunächst muss man ihm doch gestatten, sich auch darüber zu wundern, dass ein Mensch vor ihm steht, der bis vor kurzem noch nicht gewusst hat, wie er, der Bauer Matthias Bruckner, aussieht.

»Du siehst also wieder?«, fragt er mit der bedächtigen Ruhe eines Menschen, der alle Dinge gelassen hinnimmt.

»Natürlich, ich sehe. Aber das ist im Augenblick Nebensache. Wo ist Angela?«

»Angela? Wir dachten, sie wäre zu dir gefahren. Seit drei Tagen haben wir sie nicht mehr gesehen.«

»Seit drei Tagen!« Roland schreit es heraus in furchtbarer Erregung, wird plötzlich fahl im Gesicht und schlägt sich mit der flachen Hand auf die Stirn. »Mir will scheinen, dass ich zu früh gekommen bin. Jetzt weiß ich, wo sie zu finden ist.«

Mit einem Ruck wendet er sich um und rennt davon. Kopfschüttelnd sehen ihm die beiden nach. Sie begreifen das alles nicht, sind wirklich der Meinung gewesen, dass Angela fortgefahren wäre um ihn abzuholen. Was mag da nun wieder dahinter stecken?

Roland rennt unterdessen den Hügel hinunter, stürmt über die Bachbrücke und drüben den Hang hinauf, keucht über die Bergwiesen mit den lichten Herbstzeitlosen dahin, bis ihn die Stille des Waldes umfängt. Immer aufwärts und aufwärts läuft er. Er weiß nicht, wo die Hütte dieses verfluchten Toni steht, aber er wird sie schon finden und dann wird er den beiden die Larve vom Gesicht reißen. Bildlich stellt er es sich vor, wie sie bei seinem plötzlichen Auftauchen erschrecken werden. Wer weiß, wie lange ihn Angela schon betrogen hat mit diesem Toni! Wahrscheinlich schon seit jenem Festsonntag im Dorf! Darum hat sie absolut nicht haben wollen, dass er operiert wird, darum hat sie so lange gezögert! Das fällt ihm alles jetzt erst ein.

Er bleibt stehen und überlegt sich nun alle diese Dinge. Als er so dasteht, fällt die düstere Schwermut des Waldes in sein Herz hinein und macht es ganz traurig. Er kommt sich vor wie ein Knabe, der einem bunten Vogel nachrennt, der längst verschwunden ist.

Wie schön dieser Wald ist in seiner herbstlichen Stimmung! Wie die Ahornbäume mit ihrem herrlichen Gold aus den schwermütigen Fichten herausleuchten! Es ist ein Farbenrausch, ein beklemmender Geruch ringsum, eine fast atemlose Stille. Ein menschliches Herz versinkt darin mit seinen Schmerzen wie ein kleines Staubkorn.

Nur kurze Zeit überlässt sich Roland diesen Eindrücken und Gefühlen. Dann geht er weiter. Immer wieder überwältigt ihn das Wunder seiner aufgewachten Augen. In diesem Dämmerschatten benötigt er die Brille nicht. Er trägt sie in der einen Hand. In der anderen hält er einen derben Fichtenstock umklammert, weil er doch irgendetwas in der Hand haben muss, wenn er die beiden überrascht.

Dann sieht er plötzlich eine Holzhütte, ein kleines Haus, das auf Felsbrocken ruht und einen friedlichen Eindruck macht. Aus der Esse schlängelt sich blauer Rauch und steigt kerzengerade zwischen den Bäumen hinauf ins Blaue.

Anton Moser kocht am knisternden Feuer sein Abendessen aus Eiern, Mehl und Milch, einen Kaiserschmarren. Er hat erst vor einer halben Stunde Feierabend gemacht, steht nun mit aufgekrempelten Ärmeln vor dem Herd und stochert mit einem Kochlöffel im Teig herum. Dabei freut er sich schon auf die Pfeife, die er nachher vor der Hütte draußen rauchen wird. Auf einmal verdunkelt ein Schatten die Helligkeit des Türrahmens und Toni wendet langsam den Kopf über die Schulter.

Was er sieht, ist ein recht merkwürdiges Bild: In der Tür steht ein Mann, der in der einen Hand eine Sonnenbrille, in der anderen einen Fichtenprügel hält.

Er erkennt diesen Mann nicht gleich, obwohl er ihn an jemand erinnert. Wird wohl ein Bergwanderer sein, der ein Nachtlager sucht. Das kann er haben, beim Toni hat noch keiner vergebens angeklopft. Plötzlich dämmert ihm etwas – die Brille in der Hand – die ganze Gestalt –, natürlich, das muss der blinde Ingenieur sein. Sieht denn der auf einmal? Bis in seine Einsamkeit ist noch nichts davon heraufgedrungen. Langsam legt er den Kochlöffel weg und kommt näher. Gerade will er fragen, ob er wirklich der Ingenieur sei, da überfällt ihn der andere schon mit seinen Fragen:

»Wo ist Angela? Wann war sie hier? Wo ist sie jetzt?«

Der Toni ist nicht so schlagfertig, diese Fragen ebenso blitzschnell zu beantworten, wie sie gestellt sind. Er muss sie in seinem Verstand erst langsam registrieren. Dann begreift er, was man von ihm will, dass er verdächtigt wird. Er ist sonst kein unhöflicher Mensch, aber auf diesen so grob hingeschleuderten Verdacht muss er doch energisch und auf seine Art antworten. Langsam dreht er sich um und sagt verächtlich:

»Du spinnst ja!«

Er will seinen Teig wieder rühren. Da aber fasst ihn Roland, der ihm gefolgt ist, derb an den Schultern.

»Ich will wissen, wo Angela ist!«

Langsam senkt Toni die Brauen und schiebt die Hand von seiner Schulter.

»Rühr mich nicht noch einmal an, sonst werde ich ungemütlich! Such dir deine Angela! Was weiß ich, wo sie ist! Wie kommst du überhaupt darauf, dass sie bei mir sein könnte?«

Roland tritt zurück und streicht sich über die Augen. Seine Erregung schwindet merklich und macht einer melancholischen Stimmung Platz.

»Ja, Sie haben Recht. Wie komme ich darauf? Entschuldigen Sie bitte!«

»Ach was, zu mir musst du nicht Sie sagen. Ich bin der Moser-Toni und nicht so ein feiner Mensch wie du. Aber mit Grobheiten darf man mir nicht kommen, da kann ich nämlich recht ungemütlich werden. Setz dich nieder, bist ja ganz abgehetzt. Und dann erzähl mir in aller Ruhe, was eigentlich los ist. Siehst du denn plötzlich wieder?«

Ganz niedergeschlagen setzt sich Roland auf die Bank neben dem Ofen.

»Ja, ich sehe wieder. Durch eine geglückte Operation habe ich mein Augenlicht wiederbekommen. Aber – Angela ist nicht mehr da und – da habe ich gedacht, sie könnte bei Ihnen – bei dir – sein.«

»So, das hast du gedacht, du Dummkopf. Entschuldige, Ingenieur! Aber ein normaler Mensch denkt so etwas nicht! Wie kommst du überhaupt darauf, dass Angela bei mir sein könnte? Weil ich ihr ein paar Dinge geschenkt habe?« Der Toni kommt vom Herd her und fuchtelt mit dem Kochlöffel vor Rolands Gesicht herum. »Wenn sie nicht so sehr an dir gehangen hätte, hätte ich sie dir ausgespannt! War aber nichts zu machen mit ihr. Notabene möchte ich aber gleich sagen, dass es mir dabei um keine Flirterei ging. Nein, das Mädl hatte mir's angetan auf den ersten Blick. Aber sie hat von keinem anderen was wissen wollen. Leider, leider!« Er geht wieder zurück und macht seinen Schmarren fertig.

Roland hat den Fichtenprügel längst weggelegt, sitzt nun auf der Bank und starrt vor sich hin auf seine verschlungenen Hände. Es tut ihm wirklich Leid, dass er diesen Menschen verdächtigt hat. Aber wo, um Himmels willen, mag Angela bloß sein?

»Du musst entschuldigen, Toni! Ich habe so lange in einer verdunkelten Welt gelebt. Keinen Menschen habe ich um mich gehabt als Angela. Du musst verstehen, sie bedeutet mir alles. Und nun komme ich heim mit gesunden Augen und Angela ist wie vom Erdboden verschluckt.«

Nachdenklich schaut der Toni eine Weile vor sich hin. Dann schüttelt er den Kopf.

»Kein Mensch verschwindet ohne Spur vom Erdboden! Auf alle Fälle: Bei mir war sie nie und sie ist auch jetzt nicht hier, obwohl ich sie zu jeder Zeit aufnehmen würde. Hör gut zu: Zu jeder Zeit, hab ich gesagt! Aber es weiß hier vielleicht keiner so wie ich, dass ihr Herz nur dir allein gehört und sonst niemandem.«

Roland nickt schwer vor sich hin. Er findet es beschämend, dass dieser einfache Mensch ihm die Wahrheit sagen muss, an der er gezweifelt hat und immer noch zweifelt. Er kommt sich in diesem Augenblick so hilflos vor wie vor Wochen, als er noch blind war. Ja, hilfloser noch, weil er zu bemerken glaubt, dass der Mann dort am Herd ein wenig lächelt. Über was soll er jedoch lächeln, wenn nicht über ihn, den Narren, der durch den Wald gerannt ist um seine Freundin zu suchen.

»Ich weiß nicht mehr, was ich denken soll«, sagt Roland leise.

»Das hab ich auch oft nicht gewusst und dann ist es mir ganz von selbst eingefallen, was ich tun muss. Man muss bloß auf den richtigen Gedanken warten können! Ich mach dir einen Vorschlag, Ingenieur. Du bleibst jetzt bei mir und hilfst mir, dass die Schüssel leer wird; denn so wie ich es einschätze, hast du seit heute Morgen nichts mehr gegessen. Nachher setzen wir uns draußen auf die Bank und reden uns in aller Ruhe aus.«

»Du hast Recht, ich habe tatsächlich den ganzen Tag nichts mehr gegessen.«

Roland schmeckt der derbe Holzhackerschmarren besser als das vorzüglichste Menü. Er trinkt den sauren Apfelmost dazu, den Toni ihm einschenkt, und nachher sitzen sie draußen vor der Hütte auf der Bank. Toni stopft umständlich seine Pfeife, drückt bedächtig den Tabak in den hölzernen Pfeifenkopf, bläst das Rohr noch einmal durch und zündet schließlich an. Das alles geschieht bei ihm mit einer so liebenswürdigen Umständlichkeit, als habe er sich schon den ganzen Tag über auf diesen Genuss gefreut.

Die blauen Rauchwölkchen steigen auf und fliegen davon. Toni lehnt den Kopf gegen die Bretterwand und gibt dann seine Meinung kund:

»Weißt du, Ingenieur, ich schau die Sache so an: Die Angela war bisher gewöhnt dich zu führen und jetzt siehst du plötzlich wieder selbst. Das bedeutet eine völlige Umstellung für sie. Vielleicht hat sie auch Angst, dass du sie nicht mehr so vorfindest, wie du sie in deiner Erinnerung trägst.«

Roland macht eine abwehrende Handbewegung.

»Sie hat mich schon gekannt, bevor ich erblindete. Aber du hast Recht. Auf den Gedanken bin ich noch gar nicht gekommen. Sie könnte nicht mehr so sein, wie ich sie in der Erinnerung habe. Aber das ist ja ganz gleich. Was sie für mich getan hat, das allein ist maßgebend, nicht, wie sie jetzt aussieht. Du hast sie doch gesehen und du hast auch mit ihr getanzt. Sie ist hellblond und hat dunkle Augen, nicht wahr?«

»Hellblond? Nein, dunkelblond!«

»Ausgeschlossen, hellblond ist sie!«

Toni nimmt seine Pfeife aus dem Mund und wird nun selbst etwas unsicher.

»Kann möglich sein. Beschwören möchte ich es nicht.«

»Groß und schlank ist sie«, sagt Roland wieder.

»Schlank, ja. Aber so überaus groß ist sie nicht.«

»Wir reden aneinander vorbei, Toni. Ich habe sie anscheinend besser in der Erinnerung als du. Weißt du, was möglich sein kann? Vielleicht ist sie mir entgegengefahren und wir haben uns verfehlt. Jawohl, so muss es sein! Dass mir das jetzt erst einfällt. Sicherlich sitzt sie jetzt schon daheim und ist ebenso unruhig wie ich.«

Toni sieht ein, dass es zwecklos ist, ihn noch länger halten zu wollen.

»Diese Schneise dort entlang, das ist der kürzeste Weg ins Tal«, sagt er.

»Danke. Dort rechts also gleich. Wie lange brauche ich bis zu Bruckners?«

»Höchstens zwanzig Minuten.«

»Gut. Ich danke dir auch schön für die gute Bewirtung. Vielleicht komme ich morgen mit Angela zu dir oder du kommst zu uns hinunter.«

Schon ist er fort und verschwindet nach ein paar Minuten zwischen den Bäumen. Ein paar Mal hört man noch einen Stein unter seinem eilenden Schritt klirren, dann wird es wieder still im Wald.

»So ein Narr!«, murmelt der Toni kopfschüttelnd vor sich hin. »Sucht bei mir seine Braut.«

Natürlich ist Angela auch jetzt nicht im Haus. Die letzte Hoffnung stürzt in Roland zusammen. Er weiß, wann der letzte Zug aus München ankommt. Sie müsste längst hier sein, wäre sie ihm heute wirklich entgegengefahren.

Es gibt keinen Zweifel mehr: Angela ist vor ihm geflüchtet. Er weiß nicht, warum, kennt die Gründe nicht. Aber er wird sie erfahren. Er wird nach Schalleck reisen. Er ist ja nicht mehr ans Haus gefesselt, ist auf niemanden mehr angewiesen, kann wieder allein gehen, reisen und sie suchen.

Nie hat er geglaubt, dass eine Nacht so lang und trostlos sein kann. In seinen Kleidern sitzt er auf der Bettkante, von einem undurchdringlichen Dunkel umhüllt. Seine Augen schmerzen ihn von ungeweinten Tränen. Er fühlt die Tränen, wie sie im Hals heraufsteigen und mit bitterem Geschmack auf dem Gaumen liegen. Aber er hält sie mit aller Gewalt zurück, weil es ihm unmännlich erscheint dazusitzen wie ein kleiner Bub und um ein Mädchen zu weinen, das ihn verlassen hat.

Wann er eingeschlafen ist, das weiß er nicht. Als er die Augen wieder öffnet, spielt der Schimmer des neuen Tages um die kleinen Fenster. Jetzt erst merkt er, dass er mit den Kleidern eingeschlafen war, sieht, dass sein Anzug verbeult und unordentlich ist. Er zieht sich um tritt in die Haustür.

Der Morgen ist kalt. Reif liegt auf allen Gräsern, Nebel hängt über den Wiesen. Dahinter aber steht die Sonne, macht den Nebel durchsichtig hell und zerreißt ihn schon da und dort. Es ist zu ahnen, was für einen schönen Tag es heute geben wird.

Roland sitzt auf der Bank vor dem Haus, verlassen und einsam, seine Stimmung verbittert. Was nutzt ihm jetzt das Licht der Augen, wenn Angela verschwunden ist? Anders kann er es jetzt nicht mehr deuten: Angela ist fort und hat ihn allein gelassen. Aber warum? Warum? Dieses kleine Wort ist der Kehrreim all seiner Überlegungen und bohrt sich wie eine Messerspitze in sein Herz und sein Hirn. Es ist ihm unbegreiflich, wie man einfach so fortgehen kann ohne eine Spur zu hinterlassen; keine Botschaft, keinen Brief, nichts!

Weiß sie denn nicht, dass sie ihn mit ihrem Fortgehen in ein neues Unglück hineinstößt? Freilich, er ist nicht immer gut zu ihr gewesen. Es fallen ihm jetzt alle Auftritte ein. Eifersüchtig ist er gewesen, oft genug hat er sie in einer Art und Weise gequält, wie man nicht einmal seinen Feind quält. Eine heiße Scham steigt plötzlich in ihm auf. Gearbeitet hat sie für ihn wie eine Magd: Blitzsauber ist alles im Haus. Hat er je einmal ein Wort des Dankes dafür gefunden? Nein! Es war ihm eine Selbstverständlichkeit gewesen, dass sie für ihn wusch, kochte und putzte, dass sie seine Blindheit mit derselben Liebe hinnahm wie seine Launen.

Immer größer werden die blauen Flecken im milchigen Weiß des Nebels. Ein Wind kommt auf, reißt ganze Fetzen aus den Nebelbänken und treibt sie davon. Die Berge werden langsam frei und leuchten schließlich glasklar in der Morgensonne.

Im Hof drüben schreit das Neugeborene, dem er gestern überhaupt keine Notiz schenkte, obwohl er der Erste war, dem Matthias im Frühjahr voller Stolz anvertraute, dass im Herbst ein Kind da sein wird.

Roland schließt die Augen und lehnt sich zurück. Ja, auch davon hat er geträumt in dem abgedunkelten Klinikzimmer. Ein kleines Kind, zart und rosig, hat sich in seinen Träumen bewegt. Es hat Angelas Augen und ihren schön geschwungenen Mund. Nun hat sich auch dies wie ein Trugbild aufgelöst.

Es fällt ihm weiter ein, dass er mit Angela an der Gemeindetafel aufgeboten ist, dass ihre Heirat bereits von der Kanzel angekündigt worden ist. Nun kann er zum Gespött der Leute werden.

Schritte lassen ihn auffahren. Es ist der Friseur des Dorfes, der bisher zweimal in der Woche kam, um ihn zu rasieren. Auch das ist nun nicht mehr nötig, denn in Zukunft wird er sich selber wieder rasieren können.

Nur heute will er es noch einmal geschehen lassen, weil der Mann nun schon da ist.

Der Friseur redet wie ein Buch. Er ist das Tagblatt des Dorfes, weiß alle Neuigkeiten, aber von Angela weiß er nichts, Roland wartet mit Spannung darauf, dass er den Namen Angela nenne. Selbst will er davon nicht anfangen; denn was in der Nacht noch Verbitterung und trostloser Jammer war, wechselt nun bei ihm allmählich in Trotz und Stolz über.

Wenn sie schon fortgelaufen ist, gut, er wird sie nicht ein zweites Mal rufen.

Nachher, als der Friseur wieder fort ist, schließt er die Augen und ist bemüht, etwas Ordnung in das Chaos seiner Gedanken und Gefühle zu bringen. Heute wird er gleich an seine Firma schreiben. Vielleicht wird er auch nach Stephanshall fahren um nachzusehen, wie sein Plan ausgeführt worden ist. Er wird dies tun und jenes, nur nicht länger hier so untätig herumsitzen und einem Mädchen nachtrauern, das ihn aus unbekannten Gründen verlassen hat.

Als er die Augen wieder öffnet, sieht er, wie etwas Dunkles auf dem schmalen Wiesenweg daherkommt. Seine Augen sind noch nicht so gut, dass er es auf diese Entfernung erkennen kann. Erst später sieht er, dass es ein Pfarrer ist.

Zunächst denkt er gar nicht daran, dass der Pfarrer zu ihm kommen könnte. Als dieser aber jetzt am Brucknerhof vorbeigeht, kann es aber nicht anders sein.

Beim Granatapfelbaum bückt sich der Pfarrer und hebt eine reife Frucht auf. Ein später Schmetterling taumelt um seinen breitkrempigen schwarzen Hut. Als sähe der Pfarrer erst jetzt den Menschen dort auf der Bank sitzen, bleibt er stehen und nimmt seinen Hut ab.

»So ist es also wirklich wahr, dass Sie wieder sehen können? Gott zum Gruß, lieber Ingenieur, und herzlichen Glückwunsch zu Ihrer glücklichen Heilung! Können Sie mich tatsächlich sehen?«

»Ja, Herr Pfarrer, ich sehe wieder.« Roland ist aufgestanden und dem Pfarrer entgegengegangen. Er reicht ihm die Hand. »Führt Sie etwas Besonders zu mir, Herr Pfarrer?« Plötzlich hat er das Gefühl, als ob der Pfarrer etwas wüsste.

»Etwas Besonderes? Nein, eigentlich nicht. Ich bin nur zufällig hier vorbeigekommen. Einen Krankenbesuch hab ich gemacht bei der alten Wimmerin hinten. Wird es nicht mehr lang machen, die alte Frau. Ja, und weil ich schon die Richtung hatte, wollte ich gleich nachsehen bei Ihnen, ob es stimmt, was man sich im Dorf erzählt.«

»Was erzählt man im Dorf?«, fällt ihm Roland nervös ins Wort.

»Na, dass Sie Ihr Augenlicht wiederhaben.«

»Ach so, ja.«

»Davon muss ich mich schon selbst überzeugen, habe ich mir gedacht. Also, das ist einfach großartig! Ich kann mir Ihre Freude vorstellen.«

»Ja, es ist ein unsagbares Glück, Herr Pfarrer! Wollen Sie vielleicht ein wenig Platz nehmen?«

»Sehr gern. Bei meinen siebzig Jahren wird mir das Gehen langsam schwer und ich muss häufig verschnaufen.« Beide setzen sich auf die Bank nieder. Ernst betrachtet der Pfarrer den Apfel, den er vorhin aufgehoben hat. »Sehen sie, Herr Ingenieur, von außen sieht der Apfel herrlich aus, aber ich wette, dass er wurmig ist. Wie oft kann man genau dasselbe bei den Menschen beobachten.« Er wirft den Apfel in die Luft und fängt ihn wieder auf. »Na, mein Lieber, was werden Sie jetzt tun? Sicher werden Sie in Ihren Beruf zurückkehren.«

»Ich bemühe mich darum und glaube, dass ich auch Aussicht habe.«

»Das steht außer Zweifel! Durch Ihr gewaltiges Bauwerk im Stephanstal sind Sie zu einer Art Berühmtheit geworden.«

»So? Ich weiß das nicht. Mir war ja alles verschlossen in dieser langen Zeit.«

»Doch, doch. Ich habe vieles darüber gelesen. Sie werden es leicht haben, Herr Hayder. Sie brauchen nur dort wieder anzufangen, wo Sie aufgehört haben. Sie seien einer der fähigsten Ingenieure der jüngeren Generation, las ich irgendwo einmal!«

Ein müdes Lächeln zuckt um Rolands Mund. »Das könnte mich freuen, Herr Pfarrer. Aber mir erscheint seit gestern alles so sinnlos. Ich weiß nicht, was ich tun soll.«

Der Pfarrer tut ganz erstaunt. »Wieso? Sie sprechen in Rätseln.«

»Es sind Herzensangelegenheiten, die mich bedrücken. Angela, meine Braut, mit der ich damals wegen des Aufgebotes bei Ihnen war, hat mich verlassen.«

»Ja, richtig. Angela hat sie geheißen.«

»Angela Vellhagen. Bis zur Selbstaufopferung hat sie mich gepflegt, solange ich blind war, und jetzt plötzlich ist sie wie vom Erdboden verschwunden. Ich verstehe das einfach nicht, Herr Pfarrer!«

Der Pfarrer streift mit der flachen Hand den Straßenstaub von seinem Talar. Dann blickt er auf.

»Manchmal ist es wirklich schwer, gewisse Dinge zu begreifen.«

Roland blickt ihn schnell von der Seite her an.

»Was meinen Sie damit, Herr Pfarrer?«

»Nichts Besonderes!« er zieht sein Taschenmesser heraus und schneidet den Apfel in der Mitte auseinander. »Sehen Sie, ich habe Recht. Er ist wurmig. Seine äußere Schönheit ist trügerisch. – Ja, wie war das jetzt gleich? Ihre Braut, Angela Vellhagen, ist fort, sagen

Sie? Wissen Sie denn ganz genau, dass es – Angela war, die bei Ihnen gewesen ist?«

»Natürlich, wer sollte es sonst gewesen sein?«

»Nun – vielleicht irgendein anderes Mädchen. Es gibt viele Mädchen dieses Namens. Vielleicht hat sie auch gar nicht so geheißen.«

»Das ist unmöglich, Herr Pfarrer. Das hätte ich doch sofort gemerkt!«

»Wieso? Haben Sie das Mädchen gesehen?«

»Gesehen? Als ich noch nicht blind war – natürlich! Dann freilich nicht mehr.« Roland springt plötzlich auf. »Herr Pfarrer, was wollen Sie damit sagen? Sie machen mich unsicher! Ich habe den Eindruck, dass Sie doch nicht zufällig gekommen sind!«

»Und wenn es so wäre, Herr Hayder?«

»Bitte, spannen Sie mich nicht länger auf die Folter! Sie wissen etwas, Herr Pfarrer. Wo ist Angela?«

Lange sieht ihn der Pfarrer an. Es ist doch nicht so einfach, wie er es sich vorgestellt hatte.

»Können Sie die reine Wahrheit vertragen, Herr Hayder?«

»Ich habe der Wahrheit standgehalten, Herr Pfarrer, als man mir sagte, dass ich blind geworden sei. Gibt es schlimmere Wahrheiten? – Ich kann diese marternde Ungewissheit über Angela nicht länger ertragen: Sprechen Sie, Herr Pfarrer, bitte!«

Der Pfarrer fasst Roland am Jackenärmel und zieht ihn wieder zu sich auf die Bank nieder.

»Setzen Sie sich wieder! Wir wollen einmal ganz vernünftig miteinander sprechen – von Mensch zu Mensch, oder wenn Sie wollen, von Mann zu Mann. Es ist so, wie ich gesagt habe. Angela war nie bei Ihnen, denn diese Angela, die Sie meinen, ist – längst tot.«

Roland verliert alle Farbe. Er starrt den Sprechenden an wie ein Gespenst.

»Nein«, schreit er, »das kann nicht die Wahrheit sein!«

»Doch, Herr Hayder. Sie werden doch nicht glauben, dass ich Ihnen Unsinn erzähle, nachdem ich Sie gefragt habe, ob Sie die Wahrheit ertragen können.«

»Ja, aber – um Himmels willen – wer war dann bei mir?«

»Nun – könnte es zum Beispiel nicht Angelas Schwester, Margret, gewesen sein?«

Erschrecken, Erstaunen, aufsteigender Zorn zeichnen sich auf Rolands Gesicht ab. Er will »nein« schreien, weiß aber plötzlich, dass er damit lügen würde, denn er spürt im tiefsten Herzen, dass der Pfarrer die Wahrheit gesagt hat.

Er ist wieder aufgesprungen, seine Hände haben sich zu Fäusten geballt, sein Gesicht ist dunkelrot vor Zorn.

»Sie brauchen mir gar nichts mehr zu sagen, Herr Pfarrer. Jetzt weiß ich Bescheid. Darum also hat sie sich aus dem Staub gemacht! Dieser Fratz hat sich nicht geschämt mir diese Komödie vorzuspielen.« Seine Stimme bebt vor Wut.

Der Pfarrer zieht den Kopf ein wenig ein. Lange blickt er auf die beiden Apfelhälften in seiner Hand. Dann sagt er ruhig: »Sind Sie nicht ein bisschen ungerecht in Ihrem Urteil?«

»Nein, das ist nicht ungerecht! Mit schamloser Frechheit hat sie sich die Rechte einer Toten angemaßt und hat angenommen, was niemals ihr gegolten hat! Denken Sie nur an das Aufgebot, Herr Pfarrer!«

»Sie hat aber auch gegeben – unendlich viel mehr als die meisten Frauen! Sie sind wirklich ungerecht, Herr Hayder!«

»So, so, ich bin ungerecht? Und sie – diese falsche Kreatur –, hat sie vielleicht recht gehandelt? Ist sie etwa gar eine Heilige in Ihren Augen?«

Der Pfarrer lächelt gütig und streicht sich über das Haar, das nur mehr seitlich links und rechts des Scheitels in dünnen weißen Strähnen vorhanden ist. Er weiß aus Erfahrung, dass man zornige Menschen nicht reizen darf, und darum schweigt er eine Weile, spielt mit dem Apfel in seiner Hand und wartet geduldig, bis Roland sich etwas beruhigt hat.

»Sehen Sie«, sagt er dann, »das ist schön von Ihnen, dass Sie selbst im Zorn das richtige Wort gefunden haben. Mir wäre es gar nicht eingefallen, das von der Heiligen. Ich will zwar nicht behaupten, dass sie eine Heilige ist, aber nur Menschen mit einem ganz großen Herzen vermögen ein solches Opfer zu bringen.«

»Opfer, Opfer«, will er aufbrausen, besinnt sich aber dann und lässt den Kopf auf die Brust niedersinken. »Vielleicht haben Sie Recht, Herr Pfarrer, dass es ein Opfer war.«

Der Pfarrer schaut prüfend in das Gesicht des Ingenieurs. Er wägt ab, ob der Umschwung zum Guten weit genug fortgeschritten ist.

»Sehen Sie, Herr Hayder«, sagt er dann, »das, was Margret getan hat, das kann man nur mit einem Herzen voller Liebe vollbringen. Wenn Sie die Beweggründe erst kennen, werden Sie begreifen, dass Margret nicht anders handeln konnte.«

»Warum hat sie mir dann nicht gleich die Wahrheit gesagt oder geschrieben?«, fragt Roland schon bedeutend ruhiger.

»Zuweilen kann ein Schweigen aus Mitleid besser sein als die schonungslose Wahrheit, mein Freund. Auf jeden Fall kam sie damals zu Ihnen mit dem Vorsatz, Ihnen die Wahrheit zu sagen, brachte es aber dann Ihrer körperlichen und seelischen Verfassung wegen nicht übers Herz.«

Roland geht jetzt, die Hände auf dem Rücken verschränkt, mit großen Schritten voller Unruhe auf und ab. Jedesmal, wenn er am Pfarrer vorbeikommt, hebt dieser seinen Kopf und sucht einen Blick aus Rolands Augen zu erhaschen. Aber Roland blickt starr zu Boden, bis er plötzlich stehen bleibt.

»Und wo ist Margret jetzt?«

»Seit drei Tagen ist sie bei mir. Kommen Sie mit, Herr Hayder! Was ich alter Mann habe begreifen können, werden auch Sie verstehen und vielleicht bewundern. Was sie gelitten hat seit dem Tag, an dem sie von der geglückten Operation erfuhr, das dürfte wie eine Strafe sein, sofern an ihrem Handeln überhaupt etwas straffällig ist. Ein kleinlicher Mensch hätte nie tun können, was sie auf sich nahm. Dazu gehört ein großes, tapferes Herz.«

»Kommen Sie, Herr Pfarrer, wir müssen sofort gehen! Es ist mir plötzlich, als habe sich ein Stein von meiner Brust gewälzt, als dürfe ich mich erst jetzt des wiedergewonnenen Augenlichtes wirklich freuen.«

»Gott sei Dank«, meint der Pfarrer mit einem befreiten Aufatmen und steht langsam auf. »Lange habe ich nachgegrübelt, wie ich es Ihnen beibringen soll. Nun ist es mir geglückt. Sie dürfen es mir glauben, Herr Ingenieur, es war ein harter Kampf. Ich habe in meinem langen Leben viele Menschen getröstet und aufgerichtet, aber das war eine meiner schwersten Aufgaben. Und nun bemühen Sie sich halt, der Margret gegenüber offen zu sein!«

So eilig hat es Roland auf einmal, dass ihm der Pfarrer kaum folgen kann. Schnaufend und schwitzend keucht er hinter ihm her. Schließlich gibt er es auf, mit dem Jüngeren Schritt halten zu wollen und bleibt zurück.

So sind die Menschen, sinniert er vor sich hin. Zuerst so böse und zornig, als ob es ihn zerreißen möchte, und jetzt kann er nicht schnell genug zu ihr kommen.

Roland dreht sich nach einer Weile um und will warten. Aber der Pfarrer winkt ihm mit der Hand:

»Gehen Sie nur zu! Im Obstgarten, meine ich, werden Sie sie finden, die Margret.«

Kurz vor dem Pfarrhof aber bleibt Roland doch zögern stehen, als müsse er sich noch einmal alles durch den Kopf gehen lassen. In seiner Erinnerung lebt Margret noch als der Fratz, der mit angezogenen Beinen in der Gutshalle am Feuer sitzt, krachend in einen Apfel beißt und dafür von Tante Marie gerügt wird. Er sieht sie im Geist im dämmerigen Flur: barfuß, knabenhaft schmal, ein Kind fast noch, dem er aufträgt, dass es auf die große Schwester Angela aufpassen solle, damit ihr nichts zustößt.

Margret, der Fratz, dem er nur ein ganz oberflächliches Andenken bewahrt hat, war der gütige Engel, der ihn während seiner Blindheit aufopferungsvoll geführt und umsorgt hat!

Er braucht eine ganze Weile, bis er sich all das Neue, was ihm da eben eröffnet wurde, zu Eigen gemacht hat. Dann aber atmet er tief auf und betritt den Apfelgarten des Pfarrers mit dem festen Vorsatz, Margret kein böses Wort zu sagen.

Das Laub raschelt unter seinen Füßen und von diesem leisen Laut wird Margret aus ihrer Arbeit aufgeschreckt. Ganz still und neugierig schaut sie Roland entgegen: Was er wohl sagen wird?

Freilich hatte sie es sich anders vorgestellt. Sie hatte gedacht, dass der Pfarrer zuerst kommen und ihr sagen würde, wie Roland die Sache aufgenommen hat. Dann hätte sie sich auf dieses Zusammentreffen innerlich besser einstellen können.

Als hätte ihr Blick ihn gebannt, bleibt auch Roland stehen, fährt sich mit der Handfläche über die Augen, als wolle er eine Vision verscheuchen.

Ist das wirklich Margret?, fragt er sich. Dann hat ihn seine Erinnerung schmählich getäuscht, denn dort steht ein junges, vollerblühtes Menschenkind in herber Schönheit. Die Herbstsonne leuchtet in ihrem Haar, dass es kastanienbraun aufglänzt. Er sieht, dass sie heftig atmet und ihre Augen, in denen sich Traurigkeit und Angst, Hoffnung und Liebe spiegeln, auf ihn gerichtet sind.

Nun weiß er sich auch das geheimnisvolle Lächeln der Klinikschwester zu deuten, als er vom hellen Blondhaar seiner Braut sprach. Auch Toni widersprach ihm ja deshalb.

Zum ersten Mal jetzt wirkt sich die neu geschenkte Sehkraft seiner Augen voll aus. Jeden Zug dieses schmalen Gesichtes fängt er mit seinen Augen ein. Er sieht ihre Hände an. Sie sind nicht weiß und kühl, sondern braun gebrannt von der Sonne dieses schönen Sommers. Jawohl, dieses Sommers, denkt er und fühlt dabei, wie alle Enttäuschung in ihm zerbröckelt und Zuneigung sein Herz erfüllt.

»Margret …«, sagt er endlich leise. Aber dieser geflüsterte Ruf erreicht sie doch und nun geht sie auf ihn zu, ganz langsam. Erst als sie vor ihm steht, hebt sie ihr Gesicht und blickt ihn voll an. Ihre gesammelte Kraft und Liebe liegen in diesem Blick. Sie sieht ihr Gesicht im Spiegel seiner Augen, bis sie plötzlich merkt, dass dieses Spiegelbild trüb wird wie unter dem Hauch ihres Atems. Tränen des Schmerzes treten in die Augen des Mannes, obwohl er die Kiefer krampfhaft zusammenpresst um seiner Rührung Herr zu werden.

Da senkt Margret den Kopf, weil es ihr nicht zukommt, der Rührung eines Menschen zuzusehen, in dessen tiefer Schuld sie steht. So sagt sie langsam, ohne aufzuschauen, indem sie jedes Wort betont:

»Was ich getan habe, Roland – ich habe es aus Liebe tun müssen. Wenn du glaubst, dass es nicht recht war, dann sag es mir jetzt, oder, wenn du es kannst, verzeih mir!«

Er stöhnt, obwohl er sich gefasst hat und alles nun mit voller Klarheit erlebt.

»Wie könnte es nicht recht sein, wenn du es aus Liebe zu mir getan hast. Was soll ich dir verzeihen, wenn es nichts zu verzeihen gibt?«

»Wie soll ich deine Worte verstehen?«

»Dass du bei mir bleiben sollst, Margret. Bitte bleib! Ich habe es seit gestern mit grausamer Deutlichkeit erfahren, wie sinnlos mein Leben ist ohne dich. Weil auch ich dir so manches abzubitten habe – ich denke nur an mein unbegründetes Misstrauen, an meine Eifersucht, an die abfälligen Worte über dich –, so wollen wir einen Strich unter alles Vergangene ziehen und gemeinsam ein neues Leben beginnen!«

Da hebt sie ihre bloßen Arme, legt die Hände zärtlich in seinen Nacken und küsst ihn lange auf den Mund. Leise spürt er ihren Atem und sieht eine Träne in ihrem Auge silbern schimmern – eine Träne des Glücks.

»Na also –«, sagt plötzlich eine Stimme hinter ihnen. Als sie sich umdrehen, sehen sie das gutmütig lachende Gesicht des Pfarrers hinter dem leuchtenden Laub eines niedrigen Apfelbaumes.

Eine Woche darauf feiern Roland Hayder und Margret-Angela Vellhagen Hochzeit. Sie hatten es in aller Stille tun wollen, doch die Kirche ist voller Menschen. Als Pfarrer Gruber von sich aus hinter den Namen Margret noch den Namen Angela setzt, so als würden beide Namen zusammengehören, da sehen sich die beiden lächelnd in die Augen, weil sie wissen, dass dies weniger für sie, sondern vielleicht mehr für die bestimmt ist, die heute teils aus Anhänglichkeit, teils aus Neugierde in der Kirche sind.

Nachdem Roland sein Jawort freudig gegeben hat, bestätigt Margret, dass sie Roland nun ganz angehört. Beide sind glücklich. Damit er fühlt, wie sehr sie ihn liebt, drückt Margret im Hinausgehen Rolands Arm fest an sich.

Die Glocken läuten, Menschen säumen den Weg durch den Kirchhof bis zur Straße, wo Matthias mit seinem altmodischen Landauer wartet. Seine beiden Braunen sind mit Zwergastern geschmückt, den letzten Blumen dieses Jahres.

Schwerfällig setzen sie sich in Trab und biegen dann in den Feldweg ein, der zum Bachgrund führt.

»Nun kann uns nichts mehr trennen«, sagt Roland und hält Margrets Hände fest in den seinen.

Nein, nichts Trennendes ist mehr zwischen ihnen. Das im Leid Erworbene verbindet und umschließt sie wie ein Zauberbann. Alles Künftige werden sie nur mehr miteinander und füreinander tun und erleben.

So bleibt Margret für die Menschen des Dorfes weiterhin die Angela, denn über den Zaun des Pfarrhausgartens wird nicht hinausgeredet, dass es sich in Wirklichkeit anders verhält.

Matthias verkauft ihnen das Häuschen. Sofort lässt es Roland nach eigenen Plänen ausbauen. Es wird kein Palast, keine Villa, aber ein Heim voller Behaglichkeit und Wärme, denn der Engel eines großen Glückes schreitet durch die Räume.

Für diesen Winter verschafft ihnen der Moser-Toni das nötige Brennholz. Er tut es wie ein selbstloser, guter Freund. Und Roland nimmt diese Freundschaft gern an. Er wird allerdings ein wenig verlegen bei dem Gedanken, dass er wegen dieses treuherzigen Menschen einmal in seiner törichten Eifersucht Fuchseisen um das Haus legen wollte.

»Wenn er einmal grob ist zu dir, dann brauchst du

bloß zu mir kommen«, sagt der Toni einmal im Spaß. »Ich nehme dich auch heute noch, Angela.«

Darüber müssen sie alle drei herzlich lachen.

Alle Eifersucht und das nagende Gefühl der Minderwertigkeit sind völlig verschwunden. Ein neuer Roland steht zuverlässig und fest im Leben, ein Mensch, der weiß, dass ihm in diesem Leben nichts geschenkt wird. Er sitzt wieder über Plänen und Zeichnungen. Eines Tages, gerade ist der erste Schnee gefallen, fährt ein schwerer Mercedes vor. Die Herren von der Hoch- und Tiefbaufirma steigen aus, für die er das Projekt im Stephanstal begonnen hatte.

Mit offenen Armen wird er wieder aufgenommen in den Kreis der engsten Mitarbeiter. Am liebsten hätten sie ihn gleich mitgenommen, aber Roland deutet auf seine Frau, die gerade dabei ist, ein paar Scheite in den Ofen zu legen.

»Wir sind noch in den Flitterwochen«, sagt er.

Einer der Herren fragt ihn schmunzelnd, wie lange Flitterwochen eigentlich dauern? Er selbst sei noch Junggeselle und wüsste das gerne.

An Rolands Stelle antwortet Margret mit glücklichem Lächeln: »Für uns dauern sie ewig, nicht wahr, Roland?«

Es lässt sich aber dann doch nicht vermeiden, dass Roland wieder ganz in seinen Beruf einsteigt. Da er ziemlich abseits wohnt, stellt ihm die Firma ein Auto zur Verfügung.

So ist Margret jetzt die Woche über fast immer allein. Erst am Freitagabend kommt Roland nach Hause und bleibt bis Sonntag. Bald ist er an dieser Baustelle, bald an jener. Eines Tages fällt ihm ein Tante Marie zu besuchen, weil er in ihrer Nähe ist.

Das Altersheim, in dem sie nun lebt, ist leicht zu finden. Es ist ein schönes, helles Gebäude mit geräumigen Zimmern. Und in einem dieser Zimmer sitzt Roland eines Nachmittags der Frau gegenüber, die Margret den Namen Fratz angehängt hat und die auch heute noch meint, dass sich der Fratz nicht geändert hat.

»Ich darf doch Tante Marie zu dir sagen?«, fragt Roland scherzhaft.

»O ja, du darfst es. Du sollst dich überhaupt bei mir wie zu Hause fühlen. Besuch mich nur immer, wenn du in die Gegend kommst, und sag es mir ruhig, wenn sie es zu arg treibt, die Margret. Offen gestanden, ich kann sie mir als Ehefrau nicht vorstellen.«

»Dann muss ich dich bitten bald einmal unser Gast zu sein, damit du dich von allem Neuen selbst überzeugen kannst.«

»Na, das wundert mich. Vielleicht hat der Brief doch etwas geholfen, den ich ihr geschrieben habe.«

»Möglich«, antwortet Roland, obwohl er von einem Brief nichts weiß.

»Das kommt vielleicht auch daher«, spricht sie weiter, »weil du ein grundgütiger Mensch bist und verzeihen kannst, wo andere verdammen würden. Ich glaube, du würdest selbst Angela verziehen haben.«

»Angela?«, fragt Roland schnell und sieht die Tante scharf an. »Hätte es da etwas zu verzeihen gegeben?«

»Nun ja, du wirst ja wissen, dass sie damals diese unglückselige Autotour mit diesem Georg Seestaller gemacht hat.«

Autotour? Georg Seestaller?, geht es ihm durch den Kopf. Hat Margret ihm nicht erzählt, dass Angela mit einer Reisegesellschaft nach Italien gefahren war? Ganz heiß steigt es in ihm auf. Sollte Angela ihn betrogen haben? Mit Gewalt zwingt er sich den Gleichgültigen zu spielen.

»Ach ja«, sagt er. »Wie war doch das gleich mit

diesem Seestaller? Margret, glaube ich, hat mir einmal davon erzählt.«

»Nun ja, ich kann mir ja gut denken, dass Margret reichlich übertrieben hat. Ich bin sicher, dass Angela doch zu dir wieder zurückgefunden hätte. Ach, sie war eben auch jung und so voller Lebenslust. Sie hat halt nicht nein sagen können, als sie der junge Seestaller zu dieser Italienreise einlud. Du hättest es ihr doch sicher auch gegönnt, wie ich dich kenne.«

»Selbstverständlich«, antwortete er mit grimmigem Spott. »Wie lange waren sie damals unterwegs? Ich habe es schon wieder vergessen.«

»Vierzehn Tage. Wir wussten es eigentlich gar nicht, meinten, sie sei zu dir gefahren.«

Nun ist ihm plötzlich alles klar. Darum waren ihre Briefe so flau geworden. Darum waren die Briefe dann ganz ausgeblieben, bis auf den einen, den ihm die Schwester im Krankenhaus vorlas. Aber war Angela damals nicht schon tot? Hatte sich da etwa schon Margret eingeschaltet?

»Und auf der Heimfahrt passierte es dann?«, fragt er sachlich weiter.

»Ja, natürlich, auf der Heimfahrt. Ich dachte, das hätte dir Margret alles schon erzählt.«

»Doch, doch. Ich kann mich nur nicht mehr so genau erinnern. Weißt du noch, an welchem Tag es war?«

»Den Tag werde ich nie vergessen. Es war am fünfundzwanigsten Oktober.«

Ende Oktober lag ich schon blind im Krankenhaus, denkt er. Wie kann dann dieser Brief noch gekommen sein? Ist er noch von Angela gewesen, dann war alles schon Lüge. Er bereut es bereits bitter die Tante aufgesucht zu haben. Bisher hat er Angela rein und ungetrübt in seiner Erinnerung getragen. Nun ist dieses Bild von hässlichen Flecken entstellt und er kommt zu der

Erkenntnis, dass Margret wirklich der einzige Mensch ist, der ihn immer schon ehrlich geliebt hat.

Roland lässt sich nicht länger halten. Er muss hinaus, weil ihm zumute ist, als würden die Mauern des Zimmers ihn erdrücken.

Als er an diesem Freitag heimkommt, fühlt Margret sofort, dass ihn etwas bedrückt, obwohl er sich alle Mühe gibt heiter zu erscheinen. Während des Essens hält sie es nicht länger aus.

»Hast du Ärger gehabt, Roland?«

»Ärger? Nein, Margret.« Er legt Messer und Gabel weg. »Sag einmal, Margret, hast du mir damals, als mir das Unglück passierte, einen Brief ins Krankenhaus geschrieben?«

Sie sieht ihn erschrocken an.

»Du brauchst mir nicht mehr zu antworten«, sagt er schnell. »An deinem Blick sehe ich, dass du es nicht getan hast. Aber ich erhielt damals einen Brief von Angela. Die Schwester las ihn mir vor. Irgendetwas muss da geschwindelt worden sein. – Kennst du einen gewissen Georg Seestaller?«

»Ja, Roland, wie kommst du darauf?«

»Ich war heute bei Tante Marie. Sie hat mir alles erzählt, allerdings in der Meinung, dass ich es bereits von dir wüsste.«

Da beginnt Margret zu weinen. »Roland, ich wollte dir nicht wehtun.«

»Ja, du wolltest mir nicht wehtun. Und ich? Was habe ich getan? Ich habe dich dauernd gequält und an die Treue meines falschen Idealbildes geglaubt, während du die verkörperte Treue selbst warst. Sei nur still, liebe Margret! Was du für mich getan hast, das kann man nur tun, wenn man grenzenlos liebt. Ich werde dir immer dankbar sein!« Er nimmt ihren Kopf in seine Hände und zieht ihn an seine Brust. »Und nun wollen wir nie mehr davon sprechen, Margret, nie mehr die Schatten der Vergangenheit heraufbeschwören. Ich glaube, liebste Frau, dass ich jetzt ganz zu dir gefunden habe. Hab Dank für dein Opfer und für all deine Liebe.« Er küsst ihr die Tränen von den Augen, lächelt sie an und drückt ihr das Besteck in die Hände. »Nun lass es dir gut schmecken, mein lieber Fratz. Nachher trinken wir noch eine Flasche Wein zur Feier des Tages. Im Übrigen – das möchte ich nur nebenbei erwähnen – hat dieser Seestaller auch einen Kostenvoranschlag für unser neues Projekt, die große Talsperre, eingereicht. Ich werde ihn am Montag zurückschicken, weil ich auf das zweifelhafte Vergnügen diesen Mann kennen zu lernen gerne verzichte. So – und nun kein Wort mehr davon! – Am Sonntag aber fahren wir beide ins Stephanstal.«

Ein neues Jahr steigt über das Gebirge. Der Frühling zieht mit Sonne und Blüten ein. Margret zählt mit sehnendem Herzen die Tage der Woche bis zum Freitag. An diesem Tag wandert sie hinaus bis zur großen Hauptstraße, auf der Roland mit seinem roten Zweisitzer kommen muss, um mit ihr in trauter Zweisamkeit das Wochenende zu verleben. Das Glück im Häuschen im Bachgrund steht auf festen Füßen.

Als der Frühling zu Ende geht, wissen sie, dass sie ein Kind haben werden.